当代修辞学与解释学读本

［美］沃尔特·约斯特
［美］迈克尔·J. 海德 编

黄旺 译

商务印书馆
创于1897 The Commercial Press

2018年·北京

Walter Jost, Michael J. Hyde
RHETORIC AND HERMENEUTICS IN OUR TIME: A READER

本书根据耶鲁大学出版社 1997 年英文版译出

语词基于句子上下文而具有意义。句子基于语言上下文而具有意义。语言基于生活形式的上下文而具有意义。生活形式基于世界的上下文而具有意义。世界基于语词的上下文而具有意义。

——斯坦利·卡维尔，《〈瓦尔登湖〉的意义》

目　　录

第二部分 发明与应用

第三部分 论辩与叙事

第四部分　公民话语与批判理论

前　　言

本世纪中叶，库尔提乌斯在具有权威性的《欧洲文学与中世纪 xi
拉丁文学》中谈到修辞学学习，他不仅大胆地宣称修辞学“作为一个独立的科目，已经长期从课程表中消失”，而且宣称“在我们的文化中，修辞学没有一席之地”。[①] 仅仅几年之后，牛津的学者 C. S. 刘易斯表达了类似的感想。刘易斯的一个身份是文艺复兴专家，在他看来，修辞学作为学习科目在现代被遗忘，为我们正确地进入远古文学制造了最大的障碍。[②] 对刘易斯和库尔提乌斯来说，修辞论题（topoi）、讲话类别、风格的层次和类型等事物构成的古老体系很久以来就“渗透了所有文学类型”，成为欧洲文学的“公分母”（ELLM 70），甚至成为它特定的基础（被许多人轻视地看作“地下室”ELLM 79），而要鉴赏西方文学遗产就必须理解它的古典和中世纪资源。当然，库尔提乌斯和刘易斯都没有寻求重新引入作为一个独立大学职业的修辞学，尽管两人作为文学史家，都熟知修辞学在历史上曾一度对人文科目发挥了普遍的影响。然而，在修辞学
的古钱币依然被少数有见识的人们所珍视的同时，它本身被大多数 xii

① E. R. Curtius,《欧洲文学与中世纪拉丁文学》(*European Literature and the Latin Middle Ages*), Princeton: Princeton University Press, 1953; rpt. 1990, 第 62 页。下文将简作 ELLM。

② C. S. Lewis,《16 世纪英国文学》(*English Literature in the Sixteen Century*), Oxford: Oxford University Press, 1954, 第 61 页。

人认为早就退出了流通领域，成为不受人注意、不起作用、特别是时代错置了的东西——也就是说，脱离了属于它的那个时代。

在库尔提乌斯做出这一评价半个世纪之后，修辞学的命运就发生了根本的逆转，以致另一个文艺复兴学者理查德·兰纳姆注意到“在过去的二十年间，修辞学已经从我们理智聚焦的边缘走向了核心”。[①] 修辞学与我们将要熟悉的作为阐释的技艺（或者说，与解释学）一起，使我们对关于理解和领会的新模式的崭新理解得以可能，使熟悉与陌生文本之间的交流得以可能，后者跨越我们智性的藩篱，使我们进入异域文学、进入新的课目和革新着的经典。因此，本书的标题可以被看作是画蛇添足，因为我们的时代就是这样的时代，在其中修辞学和解释学已经迈过学术的地平线而有了相类似的影响和势头（虽然人们并不总是乐意承认这一点）。的确，考虑到大量社会、文化、智性和经济的冲突对现代和后现代的影响，说这两个学科本应激起并不断激起如此广泛而多样的反响，这并不会使人们感到太惊奇。毕竟，修辞学和解释学的繁荣都以自己的方式建立在各种阐释和观点的冲突的基础上——正是这些冲突使学界内外的每个事业领域活跃起来。此外，它们也是在实际的“在世界之中存在”（海德格尔）的基础上才得以繁荣的，对于后者，某些人以怀疑和抵制的态度看待它，而另一些人则接纳它——当然，充满了忧虑，但也充满了理查德·伯恩斯坦所说的“惊奇的永恒冲动”。[②] 本书的目标是致力于向初学者以及专家表明当代修辞学和解释学的一些版本的基本面貌，并且指出这两者如何可以放在一起思考，因为每个不仅预设，而且同时扩展和修正了另一个。

---

① Richard Lanham,《电子语词：民主、技术和艺术》（*The Electronic Word: Democracy, Technology and the Arts*），Chicago: University of Chicago Press, 1993，第 71 页。

② Richard Bernstein,《新星座：现代 / 后现代的伦理政治视域》（*The New Constellation: The Ethical-Political Horizons of Modernity/Postmodernity*），Cambridge: MIT Press, 1991，第 28 页。

前　言

尽管在专著和期刊上人们对这两者的定义和范围的精细讨论如雨后春笋般出现，但直到现在还没有人在同时对修辞学和解释学感兴趣的思想家之间发起过对话。这种对话寻求阐明两者的关联和分道扬镳之处，弄清楚它们的共同原则、问题和目标，乃至它们彼此不同的方法和策略。在今天，解释学已经以多样的方式成为一个哲学、文学和批评的难题。它同时是广义上被理解的方法问题（解释学的现象学，读者－反应批评）、追求真理的哲学问题（人所具有的阐释本质）、同时以怀疑的姿态抵制方法和真理的问题（关于存在、语言、自身等的认识论动荡，或者对我们交往活动中的系统化威胁和意识形态扭曲的揭露）。① 解释学并不总是支配着这些领域； xiii
解释学首先是从圣经的解经事业发展而来（如让·格朗丹指出的，以非目的论的方式），② 这一关注最初扩展到圣经外的所有文本，然后在所谓的人文科学中扩展到理解的所有问题，最终达到对理解和解释本身的哲学关注。这些方法论观念和哲学观念的发展历经 19 世纪和 20 世纪，主要由德国思想家——弗里德里希·施莱尔马赫、威廉·狄尔泰、弗里德里希·尼采、马丁·海德格尔、汉斯－格奥尔格·伽达默尔——完成，他们某种意义上是回应伊曼纽尔·康德、黑格尔和埃德蒙德·胡塞尔等人的哲学总体化（totalizations）倾向。在占有了这个传统的某些内容并纠正了它的若干错误后，当代解释

---

① 有许多广泛适用的跨学科的解释学选集或文集；大部分都附有有用的文献目录。对解释学的历史层面和思想层面的有益的概要，读者可参看杰拉尔德· 布伦斯，《古今解释学》（*Hermeneutics Ancient and Modern*），New Haven: Yale University Press, 1992，让·格朗丹，《哲学解释学导论》（*Introduction to Philosophical Hermeneutics*）（New Haven: Yale University Press, 1994），第 170-228 页。一些侧重文学方面的运用，参看 William V. Spanos 编：《马丁· 海德格尔与文学问题：走向后现代文学解释学》（*Martin Heidegger and the Question of Literature:Toward a Postmodern Literary Hermeneutic*），Bloomington: Indiana University Press, 1976。

② 格朗丹，《哲学解释学导论》（*Introduction to Philosophical Hermeneutics*），第 3 页。

学不仅为哲学而且为跨学科的研究提供了革命性的方向，而且，在我们看来，它为我们许诺了进一步的洞见力和可能性，特别是当它与修辞学紧密联系在一起而被讨论时。

关于修辞学，库尔提乌斯再一次（以学术上轻描淡写的方式）指出，“德国人似乎对它有一种天然的不信任”（ELLM 62）——这一评价很好地把握了康德和黑格尔对修辞学主题和比喻（tropes）的轻视，但在涉及伽达默尔后期对两个学科之间广阔的共同地基的承认时，这个论断就不那么恰当。伽达默尔说：“我愿意承认这样的事实，即这是解释学和修辞学共享的领域：令人信服的论辩的领域（它不同于逻辑上的强制性）。它是实践和人文科学的一般领域。”[1] 伽达默尔这里所提到的实践和人文科学的一般领域，暗示了修辞学和解释学这一真正让人望而却步的领地。然而，它是这样一个领域，其范围完全与罗马和文艺复兴的修辞概念一致，而且也越来越与解释学的哲学、文学和批评的概念范围相一致，它提醒我们修辞学和解释学都不曾能作为严格的壁垒森严的课题。毋宁说，两者本质上都是跨学科的努力，这一努力的最富创造性的工作可能不是在我们的过去，而是在今天和未来，特别是在修辞学和解释学作为相互构造着的事业得到越来越好的理解时。

对如本书这样的著作感兴趣的大多数读者都会肯定修辞学和解释学对于人类实践的核心地位。但他们也会承认，要确定这些冲突的概念的确切含义存在许多困难。作为编辑者，我们一方面努力避免给这些概念以独断的定义，另一方面也避免过于松散地使用这些

---

① 汉斯－格奥尔格· 伽达默尔：《真理与方法》（*Wahrheit und Methode*），Tübingen: J. C. B. Mohr, 1960；《真理与方法》（*Truth and Method*）第二版修订本，New York: Continuum, 1993，Joel Weinsheimer and Donald G. Marshall 编译，第 568 页。关于修辞学研究的有益的参考书目，参见 Winifred Brynat Horner 编，《历史与当代修辞学中的学术现状》（*The Present State of Scholarship in Historical and Contemporary Rhetoric*），Columbia: University of Missouri Press, 1990，修订版。

概念。我们并不假设我们的读者是每个领域的专家，也不假设他们能够或应该被期望对如何最恰当地定义修辞学或解释学达成一致（本书的作者们也不能做到这点！）。事实上，在这两门学科的更完善形式中，两学科自身就否定了这种想要达成一致的企图。我们实际 xiv
上把两者的术语都用作发明的修辞学论题（topics）——也即，作为思想史上不确定的概念，并且这些使用能被用于暗示探究的新引线。这种开放性避免了哲学上对这些术语的含义做无根据的本体化或具体化，也避免径直地把一个术语等同于另一个术语。

的确，即使这些公开使用或援引这两个学科及其历史的神学家（如施莱尔马赫、布尔特曼）、哲学家和批判的思想家（如海德格尔、伽达默尔、利科、哈贝马斯、拉康、福柯），以及更加“文学性”的思想家和批评家（克尔凯郭尔、尼采、伯克、德里达、德·曼）也不能提供关于这两个学科的具体内涵及它们如何可以被放在一起思考等问题的现成答案。例如，在克尔凯郭尔那里，所有修辞学或公共演说，“所有的说服、讨价还价和通过本人自身获得的直接注意”，[①]都无一例外被丢到公共舆论和操纵的垃圾堆——换言之，都受到迎合取悦大众这一古老指责。然而在克尔凯郭尔的全部著作中，人们发现了有关间接交流和作为主观性的真理的精细而深思熟虑的理论与实践。因此，在口头上和实际上，如果不是在名义上，克尔凯郭尔热烈地拥抱了修辞学的说服和解释学的阐释。从历史上看，这一情况以及与之类似的使人迷惑的策略导致我们对这两个学科的叙述是复杂乃至支离破碎的，这一复杂性无法被我们的论文所（也许应该）致力于的齐整利落的概述所涵盖。然而，作为更加贴近地以总论（或实用主义）的方式规定这两个概念的方式，我们这一做法为说明修辞学与解释学之间的关系

① 克尔凯郭尔，《非科学的最后附言》（*Concluding Unscientific Postscript*），Princeton: Princeton University Press, 1941，David F.Swenson and Walter Lowrie 译，第 221 页。

如何被掩盖提供了进一步的思考线索。因为本书的标题指向修辞学和解释学中时间（和时机［timing］）的重要性，因此让我们简要地转向海德格尔对时间的阐述，（作为一种方式）它可以揭示把修辞学和解释学放在一起思考所具有的优点，这种好处是我们事先无法预料的。

在《海德格尔〈存在与时间〉的起源》一书中，希欧多尔·克兹尔重述了近十二年间海德格尔哲学如何步步突破，直至形成新的时间概念。这一新的解释不仅使海德格尔对此在的整个先验分析系统化，而且给出了基础；[1] 克兹尔恢复了海德格尔 1922—1923 年的术语，将它定名为“存在的时机论”（Kairology）。[2]

正如哲学解释学的学生们所熟悉的，海德格尔的深刻创新挑战了我们日常作为时间之神克罗诺斯（Chronos）的时间观念的自足性，后者是似乎永不停息地融入过去和未来的精确“当下”的严格序列。海德格尔与之形成尖锐的对比，他把时间性揭示为人的特定结构，或
xv 更准确地说，揭示为作为操心（Sorge）的人的存在论结构——这使得我们能够去响应（或毋宁说去朝向）我们自己的可能性。这一构想中的“朝向”（toward）意指在海德格尔时间性解释中，在与任何神话虚构中严丝合缝的当下相对时，未来在存在论上所具有的优先性；它是构成了我们的“期待”，激活了我们对过去的持续“重演”——或用伽达默尔和利科的术语说，“占有”——的未来的可能性。以此方式，我们的当下总已经（源始地）在可能性的筹划中被赋予了过去和未来的向度。因此克兹尔说：“专注于契机（moment）的时间，这一新的与众不同意义上的时间，同时是我独一无二的生命时间。以何种方式？通过‘同时’（同样原初地）预示我死亡的可能性和重复我

---

① Dasein 是海德格尔严格界定了的重要的术语，但在此我们把它视作“人”。

② Theodore Kisiel,《海德格尔〈存在与时间〉的起源》(*The Genesis of Heidegger's Being and Time*), Berkeley: University of California Press, 1993，第 421 页。

诞生（遗传、继承、遗产）的可能性。”[①] 因此，作为时机（*kairos*）的时间或“时间性”，不是作为一往无前的前进，而是作为理解和操心的自我占有的循环”。海德格尔主要从早期基督教对“时候到了（fullness of time）——作为一个生存的而非中立或客观地被给予的瞬间的再临（the Second Coming）——的关注那里引申出这个时机概念。

现在，这里的关键在于，隐藏在克兹尔对海德格尔之存在的时机论说明中的是这样的事实：如修辞学的学生所熟知的，“时机”是源自前苏格拉底时期戏剧、哲学、演说，特别是毕达哥拉斯、恩培多克勒及［不那么显而易见的］高尔吉亚那里的古老修辞学概念。在希腊戏剧和文学中，时机包含多种含义：简短、比例或适度（如同赫西俄德所说：“遵守好的尺度和比例［kairos］是所有事情中最好的事情”），与契机（moment）、权宜（expedient）、有效、正确或适当等匹配。[②] 在后来的修辞学理论中，Kairos［时机］被阐述

---

① Theodore Kisiel,《海德格尔〈存在与时间〉的起源》（*The Genesis of Heidegger's Being and Time*），Berkeley: University of California Press, 1993，第 438 页。

② 参见 William H. Race,《希腊戏剧中的语词［Kairos］》（The Word［*Kairos*］in Greek Drama），载 *Transactions of the American Philological Association*，Douglas E. Gerber 编，第 3 卷（Chico, Calif.: Scholars Press, 1981），第 197-213 页。其他有益的作品包括 Mario Untersteiner,《智者》（*The Sophists*），Oxford: Basil Blackwell, 1954，Kathleen Freeman 译；G. B. Kerferd,《智者派运动》（*The Sophistic Movemoent*）（Cambridge: Cambridge Univesity Press, 1981）；Jacqueline De Romilly,《古希腊的巫术和修辞》（*Magic and Rhetoric in Ancient Greece*），Cambridge: Harvard University, 1975，以及《伯里克利雅典的伟大智者》（*The Great Sophists in Periclean Athens*），Oxford: Clarendon Press, 1992，Janet Lloyd 译；Edward Schiappa,《普罗塔哥拉与逻各斯：希腊哲学与修辞学研究》（*Protagoras and Logos:A Study in Greek Philosophy and Rhetoric*），Columbia: University of South Carolina Press, 1991，特别是第 73-74 页；Dale L.Sullivan，“时机与信念的修辞”，*Quarterly Journal of Speech*, 78（1992），第 317-332 页；以及 Eric E.White,《Kaironomia：论发明的意志》（*Kaironomia:On the Will-to-Invent*），Ithaca: Cornell University Press, 1987。值得注意的是，鉴于它在修辞学中的起源，Kairos 并没有出现在 F.E.Peters 的历史辞典《希腊哲学术语》（*Greek Philosophical Terms*）（New York: New York University Press, 1967）中，因为它所高举的价值系列——时间，偶然性，发明适应观众和场合，说服——恰恰是从柏拉图到黑格尔的哲学家们所抵制的价值。

为“适合”（to prepon）、“得体（decorum）”（如在西塞罗那里），以及文艺复兴人文学者那里的 sprezzaturra（优雅 / 轻松），这三者都包含了演说者在不依赖理论规则的情况下适应处境和听众的实际能力。[①] 然而，最初 Kairos（时机）指原则和力量（dunamis），通过它，恰当的契机要求演说者基于直觉的、恰当的回应（而不是演说者在对处境做了有意识评估之后所发起的一个行动）。它是一个与计算和逻辑不相容的发明或发现（heuresis）的力量，它在需要选择和行动的关键时刻，结束纠结着的逻辑（contending logoi）的静态状态。这样的 Kairos（时机）超出了演说者的控制，而是作为一个赠礼乃至作为魔力（goetia）而降临。总之，人们强调的是作为接受性的 Kairos（时机），在以后的理论发展中，它特别指向作为灵巧行为的适当（prepon）和得体。

无疑，克兹尔表明海德格尔自己并不是没有意识到修辞学和 Kairos（时机）之间的关联，至少这个联系在亚里士多德的《修辞学》中出现时。然而，鉴于他追溯海德格尔思想的使命，鉴于在海德格尔的课程中或在他二十年代的著作中似乎从没有提到（例如）毕达
xvi 哥拉斯或高尔吉亚，克兹尔不考虑他与这些思想家的可能联系是可以理解的。尽管如此，前苏格拉底与海德格尔之间的潜在有趣但未被注意到的亲密关系依然存在，尤其是考虑到海德格尔自己对良知召唤（在《存在与时间》中）以及语言和存在的召唤（在后期著作中）的“倾听”和听取的特别强调。这看起来与高尔吉亚对作为一种力量的修辞发明的强调类似，人们主要通过倾听和听到而非讲话来感

① 关于 sprezzaturra，参见 Victori Kahn，“人文主义与对理论的抵制”，本书第七章。另参见 Lanham，《电子语词》（*Electronic Word*），第 148 页。从不同角度对这个术语的分析，可参见 Frank Kermode，《终结感：虚构理论中的研究》（*The Sense of an Ending:Studies in the Theory of Fiction*），New York: Oxford University Press, 1967，第 46-50 页。

受到这种力量。[①] 更重要的是，通过这样的切入点，我们顺理成章地获得一个视角，借此去衡量海德格尔如何有选择地（并且可能是无意识地）汲取 Kairos（时机）的修辞传统以滋养他自己的哲学解释学。然而，无论人们对后期海德格尔的异议是否正确——即一种寂静主义的被动性威胁并消除了实践 的思想和行动——一个积极的被动性与早期修辞学的"时机的"传统亲近，而与其后期疏远。随着亚里士多德和西塞罗对"时机"学说的发展——两人强调省略式三段论的或然性、市民责任、作为施动者的演说者、作为手段（agency）的论题，以及作为人的主动性（initiative）的发明——这一被动性减弱了。因此克兹尔（选择性地）强调："几乎不同寻常地，在修辞学中海德格尔的兴趣向［听］倾斜，讲话以被听为终点。讲话在交流中，在被经历或'遭受'讲话的听众的接受或认可中得以完成。一个似乎边缘化的论题，倾听者的'遭受'和作为其结果的'情感'（希腊语：pathos），现在成为了核心。"[②] 事实上，这一向听的倾斜重新恢复了高尔吉亚对修辞学和解释学的历史与理论的不可估量的贡献，尽管同时它冒着忽略修辞处境中讲话者的主动参与方面的危险。

因此，概而观之，并不完全显而易见的是，作为"时机"的时间解释学的修辞学回响表明，一些专家仅注意解释学而另一些专家仅注意修辞学的现象正在消失：也即，我们特定的在世界之中存在以错综复杂的方式不可分割地既是解释学的，又是修辞学的，并且多层面的讲话和倾听构成了我们的处境。我们自己的时代是一个资本主义和技术主义相结合的时代，是低俗化和土崩瓦解的时代。但它也是一个对语言阐释做深入反思的时代，它对下述事物加以反思：

---

① 在 Stanley Cavell 的《〈瓦尔登湖〉的意义》（*The Sense of Walden*, Chicago: University of Chicago Press,1982, expanded edition）一书中以有趣的方式追随了这一思想路径，第 88 页："《瓦尔登湖》在其对倾听和回答的强调中，描画了良知的认识论的轮廓。"

② Kisiel,《起源》（*Genesis*），第 296-297 页。

说服、跨越范式或世界观的“转换”、宣传、有关欺骗和权力的那些更令人反感的形式，以及电子语词（electronic word）和新的多媒介的诸形式。因此，它也是这样的一个时代，在其中我们需要同时去倾听和讨论伽达默尔所说的修辞学与解释学之间的“深入的内在交汇”。[①] 大卫·特蕾西在本书中也做出了相同的论断：“现在看起
xvii 来很清楚，解释学家必须同时承认并研究修辞学理论，反之亦然。”[②] 因此，人们反过来向这样一个时代提出的（适合于这个时代的），乃是这样的要求，即开拓辩论和讨论的新论题（topoi），开拓尚未被完全带到光线下的新关联和引申，这看来与本书编者和作者的意图一致。对亚里士多德来说，辩证法是“批判的”（《形而上学》，1004b 17-27），而它的“对立面”修辞学，在其用论题去考察和规定一个既定内容时是探索的和“发明的”。对本书的许多撰稿者来说，目前紧迫的任务包括更具体地把（现代形式的）解释学确定为修辞学的对立面（以及反之），并且把这两者看作所有思维和语言的特征或维度，而不仅仅视作特殊的方法或政治实践的能力。通过这种方式，本书意图推动思考修辞学和解释学之关系的一般趋势，特别是提供一些路标，借此那些与一个学科具有共鸣的人能够通向并进入它的对立面。

此外本书还以另一种方式提醒我们，修辞学和解释学本身是高度时机性的（kairotic），也即是时间的、处境的和被动机引发的（motivated）事业。就此而言，我们通过本书各章节对这两个学科的占有本身就以两种显而易见的方式受到限定和动机引发。第一，我们寻找在若干不同学科领域中工作的学者，并且我们自信已经做

① 汉斯－格奥尔格·伽达默尔，“怀疑的解释学”，载《解释学：问题与展望》（*Hermeneutics: Questions and Prospects*），Amherst: University of Massachusetts Press, 1984, Gary Shapiro and Alan Sica 编，第 55 页。

② David Tracy，“爱、模糊、清晰：奥古斯丁对修辞学和解释学的探索”，本书第 12 章。

了很好的安排，使得其章节呈现了我们今天所完成的那些最有趣和最富有启发性工作的一部分。第二，我们的编辑工作本身就是历史的，因而是时间性的，是我们自己的“效果历史意识”（伽达默尔）的产物，这一产物处于本书作者们自身彼此相异的遗产之后或之外。在导论和随后章节的选取中，我们对居于下述两者之间的一条中间道路持信任和认可态度，并受其引导：一者是所谓的在场的形而上学，另一者是镜像结构（mise en abîme），它被某些人断定为唯一替代选项，同时它受到修辞学对良心的关注和作为奠基的可能性的肯定，例如，在海德格尔和勒维纳斯那里，它作为诸位置的位置。在本书的选择和承诺的范围之内，我们相信，通过我们的作者的阐释和论证的方式以及他们所讨论的内容，本书这些章节恰恰在它们反思的时候，富有成效地思考了当代的当务之急。

当然，我们认识到“我们的时代”* 这一稳妥的术语有成为自欺欺人的陈词滥调的危险，因为它实际上是一个包含着深层疑难的表达。有些人会问，哪些价值是与“我们”亲缘的，如果它并不直接、鲜明甚至专门地区分了被压制和边缘化的人、非西方人、被殖民者、妇女、儿童——简言之，他人——的特征的话？我们意识到，题目中的术语我们所指示的东西潜在地是吊诡的。“我们”在这个时代共同分享的、对我们而言是共通的东西，乃是我们的断裂和不可通 xviii
约之感，恰恰是在探索它们时人们发现彼此缺乏共同的立足点，发现彼此可能越来越缺少共同的兴趣。然而，在处理这一作为行动契机的困境时，我们的作者的确在没有试图轻视或否定这些鸿沟和难题的情况下，使它们得到了沟通。以此方式，他们试图在既不诉诸普遍适用的理论，也不诉诸诅咒一切的怀疑主义的前提下重构他们

* 本书的原书名为“Rhetoric and Hermeneutics in Our Time: A Reader”，直译为“我们时代的修辞学与解释学：一个读本”，为符合汉语表述习惯和简洁起见，转译为“当代修辞学与解释学读本”。——译者

自己及他们的读者。

事实上，沟通（bridging）这个隐喻被伽达默尔和其他人用作定义解释学："解释学可以被定义为克服难以移情所导致的距离和不能轻易达成的一致的努力。总是存在需要被沟通的鸿沟。"① 如果不那么形象地说，我们则愿意跟随杰拉尔德·布伦斯的有代表性的做法，他把解释学称为"有关人们在理解任何事物——不只是文本，也包括事物之如何——时所发生的诸问题的家族"。② 这一改动不仅考虑到那些熟悉的解释学类型——作为"方法、哲学和批评"的解释学，也考虑到其历史表现的范围（古典、启蒙主义、浪漫主义、现代、后现代）。③ 作为哲学，解释学不仅阐释人，而且作为阐释的理解，也阐释在其所有显现中的存在（揭示"作为的结构"，例如把某物看作某物，"视作"［seeing-as］）；解释学讨论超出人们把握的"事情本身"（die Sache selbst）的面貌，如理查德·伯恩斯坦所说，讨论不可能的客观主义和恶意的相对主义（尽管没有人曾确切地表明这是如何完成的）。作为方法，解释学整理编纂关于文本及类文本的阐释规则和程序，把伽达默尔对艺术作品的洞见转移到对历史和所有文本的理解中去。作为社会批判，解释学提供一种质疑所有信息的表层明显内容的方法；解释学要求能够监督其对真理的主张，从扭曲那里争取自由的可能性的最大化（尽管包含在诸如伽达默尔与哈贝马斯之争中的那些问题很少被解决）。

跟随布伦斯，我们也能把修辞学思考为包含许多问题的一个家

---

① 伽达默尔，"怀疑解释学"，第 57 页。海德格尔对 Hermeneuein 的注释是："带来消息的展示，因为它能够倾听信息"：Martin Heidegger，"与日本人的对话"，载海德格尔，《通向语言之途》（*On the Wat to Language*），New York: Harper and Row, 1971，Peter D.Hertz，第 29 页。

② Gerald L. Bruns，"论解释学经验的悲剧"，本书第 3 章。

③ 参见 Josef Bleicher,《当代解释学：作为方法、哲学和批判的解释学》（*Contemporary Hermeneutics: Hermeneutics as Method, Philosophy, and Critique*），London: Routledge, 1980。

族，即在相关于任何不确定事物（的阐释）上，在自我影响和影响他人的过程中所包含的问题家族。[①] 恰恰是因为修辞学在不确定的领域中工作，它受到一个根本的不稳定性的刻画，受到在其致力于意义和行动的可能性范围中的那个“活动”（play）的刻画，理查德·拉纳姆笨拙地称后者为“双稳态的摆动”（bi-stable oscillation）。[②] 换言之，修辞学在下述两极之间摇摆：一端是论辩和诉求的不一致的可能性；另一端致力于罗伯特·弗罗斯特（Robert Frost）所说的“短暂的（也就是适时地，Kairotic）对混乱的抵制”。在修辞学中，这一游戏在其所有特征中不断重复。例如，修辞学的论题是模棱两可的，或二值的（two-termed），或与另一个论题矛盾的，并且它自身总是保持着不确定性。修辞辞格颠覆字面命题，放逐概念的论辩，质疑 xix
经验事实和理性的第一原则。论辩发生于问题的任意一方，加强其中一个立场，但仅仅持续短暂的时间，直到另一方的挑战再次开始。从风格到实质，然后再到风格，从语词到世界，从理论到实践，是与非（sic et non），可能性的连续体彼此融合，相互构造——这是一个无止境地从语词到世界的过程。

不幸的是，甚至在我们的过度修辞学（hyper-rhetorical）的时代，许多修辞学和解释学的倡导者把这一处于境域（weltliche，世界性）可能性中的游戏，这一处于运动和静态之间的运动，转化成一个单纯任意和虚构的（非）位置的“自由游戏”，或者转化成权力的极权主义政治，在其中选项被还原为高压和意志。在我们看来，这一非此即彼的做法是错误而贫乏的，尽管奇思异想和权力当然也是修

① 《亚里士多德的修辞学：市民话语理论》（*Aristotle's Rhetoric:A Theory of Civic Discourse*），New York: Oxford University Press, 1991，第 7 页。George Kennedy 写道：“最一般意义上的修辞学是内在于情感和思想中的能量，它通过包括语言在内的符号系统传递给其他人，以影响他们的选择或行动。”此时他有着与此类似的想法。

② Lanham，《电子语词》（*Electronic Word*），第 82 页。

辞学的一部分，并且限定着修辞学的界限。然而，修辞学家的典型特征乃是她懂得审慎地选择恰当立场，而（无疑）这部分地必须通过倾听处境来获得——即时而更侧重开放结尾和不确定性，时而更侧重封闭和选择，一切全看特殊情形的需要。常常这一境域性能力以独特的方式屈服于非修辞学的兴趣、魅力、风尚和动机（agendas）。我们自己对上述混淆的抵制，意味着对解构的更深层的修辞学真理的认可，虽然我们同情康奈尔·韦斯特对我们当代处境的估计："在这个普遍的犬儒主义、虚无主义、恐怖主义以及可能的灭绝（possible extermination）的厌世时期，存在一种对规范和价值（它能够进行区分）的渴望，对有原则的抵制和斗争的向往（它能使我们摆脱令人绝望的困境）。"①

首先，正如维多利亚·卡恩在第七章中所言，修辞学和解释学都位于非专家和非理论的区域。这是日常的行动和思想的领域，是我们移动着的家园持续争辩着的前提。任何类型的专家式理论都要将这个领域的一些方面孤立出来以便做特殊处理，构建其观察、观念、规则和法则的结构，但它们却总是冒着忘记那些无数不确定部分的危险，正是这些不确定部分结合起来组成作为整体的男人或女人，作为整体的行动、事件、处境、故事或生命，尽管我们对其特征、

---

① Cornel West,《美国人对哲学的逃避：实用主义谱系》（*The American Evasion of Philosophy: A Gendealogy of Pragmatism*），Madison: University of Wisconsin Press, 1989, 第 4 页，比较，Henry Staten,《维特根斯坦与德里达》（*Wittgenstein and Derrida*）（Lincoln: University of Nebraska Press, 1984），第 126-127 页："如果在德里达那里存在任何怀疑主义的话，它也是道德的而非认识论的怀疑主义——不是怀疑德性的可能性，而是对真诚的理想化图画的怀疑，后者没有充分地考虑在最真诚的人们心中的恐惧与欲望、软弱与欲望、虐待狂与受虐狂和权力意志的纠缠和纽结。"对此更加协调一致的说明，参见 Richard Bernstein,《新星座：克里斯托弗· 诺里斯、德里达》（*The New Constellation; Christopher Norris, Derrida*），Cambridge: Harvard University Press, 1987；以及，Drucilla Cornell,《界限的哲学》（*The Philosophy of Limit*），New York: Routledge, Chapman, and Hall, 1992。

外观和意义有着激烈的争论，尽管这些整体充满了大量裂隙、难题和不足。和解释学一样，修辞学使我们转向这一日常生存的争辩着的、有限的整体，与之相比较，所有理论尽管在其特定的用途中是影响广泛和强有力的，但在生存上却是虚弱的。

在我们的时代，充满希望的迹象出现了。我们逐渐认识到，修辞学和解释学为一种崭新的通识教育提供了手段——一个鲜明的修辞教化（paideia，拉纳姆的术语），其价值不在于理论，不在于固 xx 定下来的标准，也不在于对教育内容缺少共识的过分担心，甚至也不在于马克·特纳所竭力主张的普遍隐喻化的共同认知结构。[①] 毋宁说，修辞学教育乃在于我们如何理解和阐释我们实际生命的不确定整体——只有在理论忠于人们所共享的母体时，对那些具体的不确定性所作的阐释才得到理论的支持——以及如何理解和阐释可能有争议的、修辞学和解释学唯一关心着的日常的信念、价值、经验、情感、事件、隐喻、图像和叙事。我们需要聚焦那些我们与之冲突的东西，聚焦我们是如何会与之冲突的。在我们看来，这一对“如何”的定向主要通过阐释和说服的修辞学和解释学训练而得到培育；它被（暂时地）稳定在我们对自身和他人的动态传统的多样化理解之中。因此，在我们这个时代，修辞学和解释学的范围应该被理解为从具体的技艺（其手册表述了发明、演讲、应用的规则和策略），到最广泛的修辞属性［rhetoricality］（本德尔［Bender］和威尔贝

① Lanham,《电子语词》(*Electronic Word*)，特别是第4章和第7章；Mark Turner,《阅读心理：认知科学时代的英语学习》(*The Study of English in the Age of Cognitive Science*)(Princeton: Princeton University Press, 1991)。相关的阐述参见 Walter Jost,《约翰·亨利·纽曼的修辞思想》(*Rhetorical Thought in John Henry Newman*)，Columbia: University of South Carolina Press, 1989，特别是第6章：“‘一个总体性的观点’：通识教育中修辞学的角色”，以及 David Bromwich,《另辟蹊径的政治：高等教育和群体思想》(*Politics By Other Means: Higher Education and Group Thinking*)，New Haven: Yale University Press, 1992，特别是第4章。

瑞［Wellbery］的术语）的可能概念和作为人类生存维度的修辞性［rhetoricity］（查尔斯·阿尔提耶尔的术语）。①如同我们时代的拉纳姆和其他人，我们也追随库尔提乌斯和刘易斯并且相信，修辞学和解释学不仅能够收复它们以前在文科课程中的高贵位置，也能够恢复课程自身的非基础的根据（nonfoundational grounds），这整体课程作为日常不确定整体的流动着的全景，要求我们加以阐释和认同。的确，我们相信只有得到恰当的重新定义的修辞学和解释学才能表明，恪守原则的主题学科如何以实践（praxis）的非专家领域和实践推理为前提，以及前者如何必须自始至终对后者负责。这就是后文章节所面向的总体方向。

本书导论部分概要地为后面章节中所深入探究的主要主题确立位置。与导论的划分大致平行，本书被分成四个部分。这一构架为修辞学和解释学相互作用和影响提供了场所。第一部分确定修辞学和解释学所需要的处境和能力的不同版本以及通向它们的方法。第二部分表明该如何去思考作为发明和应用的事务的上述能力，包括思考这些相互蕴含的术语的方法。与论题自然地通向论辩及它们的前提相类似，本书第二部分自然地通向了第三部分，并且进一步表明论辩和叙述（就像论题和辞格）彼此以不同方式以对方为前提。表面上看，第四部分与导论的第四部分没有紧密的对应关系。但在
xxi 更深层次上，两者都致力于探究“德性的可能性”所属的位置。特别是在我们今天这个时代，修辞学和解释学已经与我们日常生活中的交谈的重要性相联系，在这个工作的过程中，与约埃尔·魏因斯

① John Bender and David E.Wellbery 编，《修辞学的终结：历史、理论和实践》（*The Ends of Rhetoric:History, Theory, Practice*），Stanford: Standford University Press, 1990；Charles Altieri，“作为表现的修辞学，修辞性和十四行诗”（Tennessee Studies in Literature 25［1980］: 1-33）。另也可参见汉斯－格奥尔格· 伽达默尔，“修辞学与解释学”，本书第1章。

海默的谈话让我们一再深切感受到的交谈重要性这一真理。我们很高兴地指出，从一开始 Joel 就给予了我们鼓励、支持和实践智慧。我们也感谢华盛顿大学的 John Campbell、马里兰大学的 Richard Harvey Brown、马奎特大学的 Ed Block, Jr.，以及芝加哥大学的 Wendy Olmsted 仔细审读本文导论。最后，要向书稿编辑 Susan Laity 表达我们的感激之情，她在风格和安排上有着无穷的优秀判断力。

对修辞学和解释学来说同样必要的是宽容的气质和游戏的态度。我们的家庭提供了这两者，他们鼓励我们从事这项工作，但也要求我们偶尔停下来——为了许多其他礼物中的上述礼物，我们感谢他们。

导论：修辞学与解释学：一路同行 1

沃尔特·约斯特　迈克尔·J. 海德

本篇导论有以下双重意图：一方面，我们要提出修辞学与解释学相互声援的几种可能方式，即是说，它们有助于对解释和说服这两者的实践之策略与哲学之特征的思考；另一方面，我们试图向读者展示以下章节中的探究和论证的大致线索，而且我们希望借此能刺激读者自己对这些问题做进一步的询问和思考。

作为本章和整本书的结构方式，我们探讨了修辞学和解释学交叉的四个地方或位置（*topoi*，论题）：第一，两者的“境域性能力”（situated competences）；第二，根本和相互关联的修辞学发明和解释学应用能力；第三，论证（topics，论题）、隐喻以及比喻（tropes）的双重含义；第四，良知（conscience）的召唤被理解为作为论题的论题（topoi），作为位置的位置（places），它将人的世界揭示为是价值的、义务的、理想的、议程的（agendas）、兴趣的、需求的世界，并且通过良知的召唤，促使我们去面向我们自己和面向他人。具体而言，我们在第一部分和最后一部分分别聚焦海德格尔和莱维纳斯，在第二部分则主要关注伽达默尔和维柯，将他们作为能够揭示当下 2
许多至关重要的问题的核心人物。第三部分的讨论中主要涉及诸如路德维希·维特根斯坦和斯坦利·卡维尔这类的思想家，很不幸他们被那些对修辞学和解释学感兴趣的人们忽略掉了。作为结束，导论尝试性地将良知概念思考为修辞学和解释学的论题的“第一原则”。换句话说，通过这个概念，我们不提议一种自明的真理，不提议某种定论性的（例如宗教的）内容，也不提议一种维柯所寻求的那种“普遍的论题”类型，而是提议一种由肯尼斯·伯克或米哈伊尔·巴赫金所研究的、或许可以称之为“时间性的论题”的类型。尽管我们没有在前三个部分明显地谈及良知，但我们整个的工作凝聚在这个概念之中了，因为我们主张良知是贯穿所有修辞学的和解释学的思考和行为的必要要素。

修辞学和解释学：境域性能力

由于人的存在的偶然性，我们寓居于一个修辞实践对于我们确实必不可少的世界之中。许多理论家都指出过这点，例如汉斯·布鲁门贝格（Hans Blumenberg）就说：“缺少决定性的证据和被迫行动是修辞学处境的必备条件。”[①] 的确，我们是修辞的存在，是有能力符号地处理具体问题的生物，这些具体问题被我们看作是紧迫的，需要深思熟虑和做出判断，但是在当下它们的含义和价值对我们来说是含糊、不确定和有争议的。修辞学的历史规定了一个这样的传统，这个传统由大量对符号行为在修辞学处境中之如何成形（taken form）的大量观察描述所构成。这个传统也通过同样大量的建立在上述观察基础上的理论规定而得到标识，它们一方面使得修辞学享有了艺术的地位，另一方面也为培养人们在偶然处境中行事的能力（我们可以称之为修辞的能力）提供了指导。伊索克拉底

① 汉斯·布鲁门贝格，《对修辞学当代意义的人类学研究》（*An Anthropological Approach to the Contemporary Significance of Rhetoric*），Robert M. Wallace 译，载于《哲学之后：结束还是转向？》（*After Philosophy: End or Transformation?*），Kenneth Bohman 与 Thomas McCarthy 编，Cambridge: MIT Press, 1987，第 441 页。

是最早重视这种能力对于构建和维持我们社会繁荣的重要性的哲学家之一，他说：“因为我们人根深蒂固地具有彼此说服和向他人表明我们愿望的力量，我们不仅超出了野蛮动物的生活，而且还聚集在一起、建立城市、制定法律、发明技术；此外，一般来说，我们设计的所有制度机构都依赖于言说的力量的帮助。因为这种力量，有关事情是正义还是不正义、是光荣还是可耻的法则才得以制定；如果不是这些法令，我们就不能够在一起共同生活。”[①] 正如这里所例示的，将修辞的能力与社会共同体的道德生态关联起来的是修 3
辞传统中的常言（commonplace），对修辞学教师来说，这是他们工作合法性的主要源泉。当在诸如柏拉图笔下的高尔吉亚和智者以及之后在笛卡尔、洛克、康德和黑格尔那里，“致力于说服的力量”成为一个太容易的目标，这种能力就脱离了它曾经宣称具有的与社会共同体和文化的道德的关联（以及与用以指导行为的理想追求之间的更广泛关联）。

修辞传统对狭义的修辞能力，即热心公益的说服的能力，已经有了很多阐述。例如，依据修辞艺术的典范的概念方式，修辞能力被具体化为对构思和呈现言说的五个阶段的熟练掌握：*inventio*（发明）、*dispositio*（安排）、*elocutio*（风格）、*memoria*（记忆）和 *pronuntiatio*（表现）或 *actio*（发表），以及对言说形式的以下类别的掌握能力：*exordium*（引论）、*narratio*（叙述）、*partitio*（分类）、*confirmatio*（立论）、*refutatio*（驳论）、*conclusio*（结论）。最重要的是，在运用这些典范和类别去安排论证时，应该从所谈的实际事实和争议点（*issues*）本身出发、从受众的情感出发、从言说者的自身特征出发。[②]

---

① 伊索克拉底，《论反无知》（*Antidosis*），Cambridge: Harvard University Press, 1982，G. Norlin 译，第 253-256 页。

② 对这些问题的历史研究，参看 Brian Vickers，《捍卫修辞》（*In Defence of Rhetoric*），New York: Oxford University Press, 1989。

当面对一个处境提出的偶然需求时，知道如何运用以上的东西，将会使一个人更有说服力（一个评论家称之为行为的“外在”目的的东西），但是对于古人来说，修辞能力也作为在自我和他人之间的一个整体的社会影响起作用（行为的“内在的”、伦理—政治的目的）。[①] 从智者开始，修辞能力的训练就已经开始作为行为的一个内在目标，它使人们的意见更容易被同等地得到倾听，以便他们及其见解意见能够被认可和尊重，对一个共同体的社会政治运行而言这被看作是重要的。[②] 而且，正如通过对这一点的详细阐述，亚里士多德本应该让我们懂得的：通过社会成员的修辞能力，成员给社会共同体提供服务，这种服务不仅是单纯地说服别人，而且也包括发展判断力（krisis）和实践智慧（phronesis）。修辞能力可被运用到合作的慎思（collaborative deliberation）和反思性的探究（包括个体成员的自我慎思）中。在修辞学的处境中，听众并不是被远远地丢在一边，相反，他们通过被了解、被卷入、被召唤的方式纳入言说者的实际关切之中。通过促进公民的参与，修辞能力能延续和丰富每个公众的知识，也有助于增强整个社会自身的活力。通过修辞实践的审慎（deliberative）的理性，一个社会能够认识自身并判断是否要认可某些认识论及道德方面的主张，这些主张由试图影响社会
4 的人们提出。[③] 由此，在它的特定功能中，修辞能力展示出自我存在

① 参看 Eugene Garver,《亚里士多德的修辞学：品格的艺术》（*Aristotle's Rhetoric:An Art of Character*），Chicago: University of Chicago Press, 1994。

② John Poulakos,《修辞学早期开端的可能性》（*The Possibility of Rhetoric's Early Beginnings*），the Van Zelst Lecture in Communication, Northwestern University, School of Speech，1991 年 5 月 14 日。

③ 参看《亚里士多德的修辞学：一种公民演说的理论》（*Aristotle's Rhetoric: A Theory of Civic Discourse*）（New York: Oxford University Press, 1991），George A.Kennedy 译，第 1 册，1354a，1355a-b；第 2 册，1381a。另参看亚里士多德,《亚里士多德的政治学》（*The Politics of Aristotle*），New York: Oxford University Press, 1979，Ernest Barker

的公共特征，并借此让所有人关涉到“共知”（know together，希腊词：sun-eidesis; 拉丁文：con-scientia）。对我们来说，就如同对希腊人一样，保持共同体的健康所需要的仅此足够。

然而，如果我们要理解把握修辞能力的本质和重要性（反对狭隘的对修辞能力的定义），我们还需要除了修辞学以外的另一种技艺 。这就是理解的技艺，或者说解释学的技艺。这种技艺如同语文学家和现代解释学理论的奠基者弗里德里希·施莱尔马赫所指出的：“立即依赖和预设了构思”，无论是口头表达的构思还是书面表达的构思。① 在此，施莱尔马赫将文本的构思与表达的艺术（修辞）联系起来，表达的艺术通过使作者得以阐明他的主旨，从而被其他人理解。由此，施莱尔马赫主张“解释学和修辞学具有内在关联，因为每一个理解的行为都是说话（或写作）行为的反面，人们必须抓住一个给定陈述底下的思想。”②

这个被强调的解释学任务规定了施莱尔马赫解释性理解理论的根本目标。为了完满地把握一个文本的意图（intended meaning），读者必须尝试去重构和重新体验作者在构思时所经历的独特思想历程。施莱尔马赫把作者的特定风格看作理解这些历程的一个主要的可以依据的来源。他写道：“思想和语言是纠缠在一起的，而且一个作者对素材的组织和对语言的使用方式显示了他对待主题的独特

译，1252b30，1253a13-15，1253a29-30，1281b1-6。对亚里士多德修辞理论的全面论述，可参看诸如，W. M. A. Grimaldi,《亚里士多德修辞学的哲学研究》（*Studies in the Philosophy of Aristotle's Rhetoric*），Columbia: University of Missouri Press, 1983；Thomas B. Farrell,《修辞学文化的规范》（*Norms of Rhetorical Culture*）（New Haven: Yale University Press, 1994）及 Garver,《亚里士多德的修辞学》（*Aristotle's Rhetoric*）。

① 弗里德里希·施莱尔马赫,《解释学手稿》（*Hermeneutics:The Handwritten Manuscripts*），Missoula, Mont.: Scholars Press，Heinz Kimmerle 编，James Duke and Jack Forstman 译，第 97 页。

② 同上书，第 97 页。

方式。”① 因此解释者需要一种对文本所透露出来的修辞能力的充分认识。

那么，似乎可以毫不夸张地说，解释者自身就类似于一个修辞学的批评者。然而，人们在施莱尔马赫推进这种含糊的主张时必须小心。对于希腊人来说，以及同样对于当代的许多理论家来说，修辞批评天然地受广义的修辞能力的指导：批评者深深地卷入了一个作品的制作过程，这个作品试图要具有说服力，但它也致力于培育他人的判断力和实践智慧。② 相反，施莱尔马赫主张解释学在根本上是一种哲学的事业；它“仅仅处理理解的艺术，而不处理（解释者）对被理解之物的呈现”。③ 然而，正如库尔特·穆勒-福尔默指出的，这种立场不是没有它的问题：“施莱尔马赫将解释学看作‘理解的技艺’，在这‘理解’被提升为一
5 种学术学科意义上的行为……然而，解释学若从程序中排除了呈现（presentation）要素，是否还能够完成施莱尔马赫所预想的使命，这看来是可疑的。因为语文学家的技艺主要在于普遍被接受的程序、预设、语词策略、一种约定俗成的知识主体，以及对解释能力标准的默认。对一个人的理解的呈现是理解艺术的内在组成部分。”④

---

① 弗里德里希·施莱尔马赫，《解释学手稿》（*Hermeneutics:The Handwritten Manuscripts*），Missoula, Mont.: Scholars Press，Heinz Kimmerle 编，James Duke and Jack Forstman 译，第 148-49 页。

② 参看 Michael J.Hyde 与 Craig R.Smith，《解释学与修辞学：一种可见但未被注意的关联》（*Hermeneutics and Rhetoric:A Seen but Unobserved Relationship*），载 *Quarterly Journal of Speech* 65（1979），第 347-363 页。

③ 施莱尔马赫，《解释学》（*Hermeneutics*），第 96 页。

④ Kurt Mueller-Vollmer，“导论”（“语言、心灵与人造物：启蒙以来的解释学理论概观”），载 Mueller-Vollmer 编，《解释学的读者：从启蒙到当代的德国传统文本》（*The Hermeneutics Reader:Texts of the German Tradition from the Enlightenment to the Present*），New York: Continuum, 1990，第 12 页。

那么事实上，解释学和修辞学要比施莱尔马赫所相信的要具有更内在的关联。因为施莱尔马赫没有认识到的是，理解的技艺——虽然它致力于去提升那些愿意作为学术事业一部分的解释能力——自身必须运用修辞的实践去清楚地揭示任何关于文本的作者意图的真理主张，并使之合法化。“证实和说服”，伽达默尔写道，“很明显，如同作为理解和解释的目的和方法一样，也是演说和说服的目的和方法。”[①] 在与理解的技艺的关系中，修辞能力必须被看作不只是研究的一个对象之类的事物，不只是某种起风格标识作用的通道，人们只是借助这个通道将读者引回作者思想的主观范围内。当然，修辞能力能够关注作者的主观思想；但施莱尔马赫仅仅关注这点，对发掘更深刻的（更少主观性的）修辞意图造成了不利影响。而我们现在认识到了，后者也在文本中起作用。正如卡尔文·舒拉格（Calvin Schrag）提醒我们的：“修辞意图的鲜明标识在于它寻求、瞄准以及被引导到作为听者、读者和受众的其他人。这种意图不是对客观中立的认识的理论反思，毋宁是具体处境中的实际参与。”[②] 知会于文本的修辞能力引导解释（在它应当致力的方向）与他人发生交互关系，以便于解释所声称的对特定内容的理解能够被分享、同意或争论。这就是解释学如何具有实践重要性的：在修辞学帮助下，从有关心灵的工作转向境域性的日常世界，转向实践的关注。

人们可以将这个转向看作解释学返回它的家园，因为正如海德格尔所表明的，我们现在所寓居的这个日常生活的世界，就是理解

① 汉斯 – 格奥尔格· 伽达默尔“论解释学的范围和作用”，G. B. Hess 和 R. E. Palmer 译，载于伽达默尔，《哲学解释学》（*Philosophical Hermeneutics*），David E.Linge 编，Berkeley: University of California Press, 1976，第 24 页。见该书 15 章。

② Calvin O. Schrag，《交流实践与主体性的空间》（*Communicative Praxis and the Space of Subjectivity*），Bloomington: Indinana University Press, 1986，第 198-199 页。

的技术最初活动的地方。[①] 人类理解在它转换成抽象和正式的理论知识的规则、逻辑和规律之前，就在具有“知道什么”（knowing-that）的倾向的同时，预设了更为源始和具有行为基础的“知道如何”（knowing-how），后者处理他（她）的日常和具有目标指向的行为的直接性。作为能“知道如何”的生物，也就是说，作为拥有一种默会的和非反思的能成功解决自身问题的能力的生物，我们体现和
6 展示了一种去理解世界和使自身被卷入世界的解释能力。这种解释能力或者说解释的视界是一种“寻视”，它以一种使我们的实际生活目的变得和保持有用的方式关涉世界。在此解释能力第一次将自身展示为“equipment”（才能素养）。如果我们牢记导论中所说的，那么，例如我们朝向我们的电脑的方式就不是将之作为一个我们眼前呈现的客体，而是当作当下上手的工具和工作的用具。当它们进入我们的“知道如何”的“寻视的解释”时，我们就将使用得顺手的电脑看作有助于一个具体工作的工具。

海德格尔将此“存在性的－解释性的‘作为’”称作源始的理解（知道如何）：它是原初的、我们日常生活的话语（Rede），尽管是未理论化和缺少表达的。它是与周围事情关涉着的境域性的行为（BT 200-201 以下）。为了能够熟稔地生活和去做对正确地工作而言恰当的事，我们所过的生活必须具备这种行为的解释能力。解释能力是实践智慧（phronesis）的结果，并通过实践智慧得以保持，此实践

① 参看，例如海德格尔《存在与时间》（*Being and Time*），John Macquarrie 和 Edward Robinson 译，New York: Harper and Row, 1962，第 95-122 页。之后文中引用均简写作 BT。对海德格尔相关思想的简明分析，可参看 W. B. Macomber，《醒悟的解剖：马丁・海德格尔的真理观》（*The Anatomy of Disillusion: Martin Heidegger's Notion of Truth*），Evanston, Ill.: Northwestern University Press，1967，特别是第 34-44 页；以及 Hubert L. Dreyfus，《在世界之中：对海德格尔〈存在与时间〉第一部分的评论》（*Being-in-the-World:A Commentary on Heidegger's Being and Time,division I*），Cambridge: MIT Press, 1991，特别是第 184-214 页。

智慧建立在既有文化的“解释学处境”（这个富有洞察力的理解的世界）之中，并将具有明智见识的习性灌注到行动中。[①] 修辞学和解释学的关系根植于这个寻视的操劳的生存处境之中。修辞学也是一种“知道如何”的知识，一种综合的能力，这种能力——在其他事情中——展示出我们的说服能力，使有用的和不明智的、恰当的和不恰当的、正义的和非正义的事物暴露出来，由此使我们得以让他人参与关于可争论事物的合作的慎思（collaborative deliberation）中。借此，修辞能力的“知道如何”的知识不但道出文化的历史性奠基的解释学处境，而且有助于理解的主体间区域。用海德格尔的术语来说，修辞能力的“知道如何”的知识因此必须被理解为与“共在

① 海德格尔将文化的解释学处境的本体论结构描述为由“前有”、“前见”、“前把握”组成。前有是一个文化提供给它的成员的可能性领域，它先于文化体中的成员做出的任何特定解释行为。这个理解的主体间领域构成了存在的变量，在其中文化成员学会以其他成员能够容易理解的方式去思考和行事。前见是前有的一种抽象；当文化体中的成员占有该文化的前有，并以此形成特定的用以指导对一定对象的解释的“观点”，他们就具有了前见。因此，这些观点也先于任何特定的解释行为；它们是把我们带向解释的场景的定向，使得我们懂得我们所看到的。一个“偏见”，例如，是一个在此被本体论地规定为某种观点的实体表现（理解的前见）。前把握涉及的是我们如何在解释行为之前组建我们的前见的语言可能性。例如，用以引导科学实验或修辞学分析的范畴系统，就是前把握的一个例子。（参见 BT，第 188-195 页）所有的解释都在理解的“前结构”（“前有”、“前见”、“前把握”）中运作。随着理解发展为解释，理解既以共时的形式，又以历时的形式表现自身。由于任何特定的解释性理解行为都是具体时刻中的语言的结构，理解就成为共时的；它受环境的束缚。由于一旦理解位于解释之中，它就超出特定的解释，并丰富了随着时间而不断更新语言的历史传统，所以理解又是历时的。（见保罗·利科，《解释的冲突：解释学文集》（*The Conflict of Interpretations: Essays in Hermeneutics*），Don Ihde 编，Evanston，Ill.: Northwestern University Press, 1974，特别是第 27-96 页；以及保罗·利科，《解释理论：话语及意义过剩》（*Interpretation Theory: Discourse and the Surplus of Meaning*），Fort Worth: Texas Christian Universty Press, 1976）统而言之，理解的共时和历时维度（及其相应的前结构）构成了任何给定文化和人的一般存在的解释学处境。人的存在的意义，由于处于并通过解释性的理解而得到展开，因而总是发生于解释学处境中。一个人的解释能力也是如此。

（Being with one another）的日常性”有密切关系，与我们“公众性”（publicness）有密切关系。海德格尔高度评价亚里士多德的《修辞学》，认为它提出了关于这种存在的公共性（communal）特征的“第一个系统的解释学”。此外，和亚里士多德一样，通过海德格尔我们本应懂得：我们和他人共同存在的日常方式如何规定着情感定向和心绪（也即，情绪）的区域，它们持续地使我们与我们作为其中一部分并且永远在我们眼前展开着的处境相协调。因此，在关于《修辞学》的一个评注中，海德格尔写道：“公众性……不仅一般地以自己的方式具有情绪；而且公众意见需要情绪并且为自己‘制造’情绪。演说者的说话一会儿沉浸在情绪中，一会儿超然于情绪。为了正确地（也即，以正确的或恰当的方式）激起和引导情绪，演说者必须懂得情绪的各种可能性。”（BT 178）[1]

由于修辞与情感的关联，哲学长期扮演修辞学的批评者的角色。
7 这种批评典型地具有柏拉图哲学的语气：由于迎合听众的情感，修辞学抑制了人们以理性知识（episteme）为基础的才智的发展；由此鼓励大众成为“最彻底的诡辩家”。[2] 然而，从解释学本体论的立场来看，这种观点过于消极和简单。因为如海德格尔在情感的分析中所揭示的，人的情感的根本性的劳作在经验的构造中发挥着重

① 括号中的词语对应的德文原文是：“in der rechten Weise.”见马丁·海德格尔，《存在与时间》（*Sein und Zeit*）（Tübingen：Max Niemeyer，1979），第 138-139 页。而 Macquarrie 和 Robinson 将这个短语译为“aright”，我们建议使用更为恰当的不那么浓缩的译法（in a right or just manner）。德文词 recht 可以带有在我们的阅读中被强调的道德的含义（例如当人们说“es ist nicht recht von dir”，“这对我是错的（wrong）或不公平的（unfair）”。而且，如果人们认为海德格尔关于《修辞学》（*Rhetoric*）的注释是对的（right）、恰当的（just）和公正的（fair），那么我们建议的译名就是合适的，因为，对亚里士多德来说，修辞在城邦中扮演着道德的角色）。

② 柏拉图，《柏拉图的理想国》（*The Republic of Plato*），New York: Oxford University Press, 1979，Francis M.Cornford 译，xxi，vi，487a-497b。

要的作用。也即，情感提供了一种视域，通过这种视域，世界被看作有趣的、有价值的和能够被解释的。借助这种功能，我们得以与事情相符合、与他人相一致。人的情感因此必须被理解为某种能够给出和使我们聚焦于“知道如何”的源始理解的“寻视的解释”的东西。或者如海德格尔所说：“理解常常是带有其相应的情感的。”（BT 182）

作为“知道如何”的知识的一种类型，修辞学必然与情感的解释工作联系在一起。如果修辞学要完成其最有价值的使命，即努力使人们朝向具体处境中的善，那么它必须关注公众是如何寻视着地，以及因而伴有情感地卷入当下的处境的。这就是演说者尽最大可能使他的听众对他所说的东西感兴趣的方式，通过这种方式，听众自身也可能在改善他们看待、解释以及关涉事情和他人的现有方法上发挥作用。没有这种共同兴趣的形成，合作的慎思就根本不可能。

海德格尔是对的：为了以恰当和正当的方式激起和引导人们的情感，演说者（我们用这个词更一般性地泛指在任何具体情况中具有修辞能力的人）必须懂得情感的种种可能性。这种修辞能力活动于当下的直接性、此时此刻此地的生存空间、有关“知道如何”的生存和实践指向的世界。修辞学提供了对这个世界的一种解释性理解；它清楚地阐明了以下这类事情：人们是如何在与事情和与他人的日常关系中生活着的，以及，为了更好地理解和尽可能改善特定处境，他们可能会如何思考和行为。从属于修辞对话的解释性的理解因此表明自身是这个寻视着的解释的源始的、解释性的“作为”的一种“派生模式”。海德格尔在与以下问题的关联中谈论这种解释性理解的派生模式：它如何作为一种“命题”、“谓述式”话语（apophansis：使明了）而运作，这些断言和命题式话语通过以确定的方式规定某事来指明某事，从而使被谈论的事情能够与他人交流和分享。（BT 196-199）

8 现在，修辞学的谈话无疑使用命题。在逻辑和科学的谈话中尤其如此。然而，后者及与其相关联的谈话形式与前者（修辞学谈话）的谓述运作模式之间有一个重要的区别。① 海德格尔分析了逻辑和科学的命题如何使“寻视的解释的源始‘作为’被敉平”，（BT 198-201）借此，他为我们理解这种差别指明了方向。诸如医生被训练成遵循和表达以科学为导向的“医学科学的声音”，“正常地”记述患者的医学案例史，就属于这种现象。

医学案例史植根于患者的“得病的故事”。根据艾瑞克·柯赛尔的说法，这种故事“不同于其他故事，因为得病的故事几乎常常对得病的人来说至少有两种特性。它们常常至少包括一个人和这个人的身体。”② 在这两种特性中，身体，疾病所在的修辞学－解释学位置（topos，论题），才是医生的首要兴趣。在这种优先性的指导下，医生就能够开始建构一个故事，这个故事将（或者，对于他的同行来说，至少是应该）像手术刀一样刺穿病人的个性，而直达并借此仅仅保留病人的历史的以下部分：这些能够在某个身体那，在临床上被用于制作一个关于某疾病的好的病例的部分。医学案例史勾勒出一种旨在无个性地感知和说明患者的解剖式努力。它们以谦逊的客观性和效率为荣，而这两者都是通过关于“病史”的纯化了的语言来实现的，它必须把事情说成诸如心绞痛、风湿性二尖瓣或肺小细胞癌。医学病例史使用的是一门讲述身体的故事而非人的故

---

① 作为一种讨论，参看 Walter Jost，“哲学修辞学：纽曼与海德格尔”，载于 Gerard Magill 编的《话语与语境：对约翰·亨利·纽曼的一种跨学科的研究》（*Discourse and Context: An Interdisciplinary Study of John Henry Newman*），Carbondale: Southern Illinois University Press, 1993，第 54-80 页。

② Eric J. Cassell，《与患者交谈》（*Clinical Technique*），第二卷：“临床技术”，Cambridge: MIT Press, 1985，第 15 页。在这一段和下段提及的关于医学案例史的内容是建立在 Michael J. Hyde 的分析基础上的，“医学、修辞与安乐死辩论：一个后现代话语方式的案例研究”，*Quarterly Journal of Speech* 79（1993）：第 201-214 页。

事的语言。从医学科学的立场上看，这两种故事不是非得要结合起来。它们玩的是不同的语言游戏，他们的各自特性是不可通约的。确实，“人”的特殊的主观性妨碍了身体的客观性。如果这两者搅和在一起，那医学问题就会变得过于花费时间、过于存在论的、过于不确定和武断。希波克拉底规则告诉我们：“实际上有两种事情，科学和观点；前者产生知识，而后者与知识无关。”[①] 医学案例史给出的是符合规则的故事。

那些从医生讲述符合规则的故事的能力中获益的人能够证实其重要性。然而，当抱怨出现时，它们常常与如下事情相关，即在患者与医疗行业打交道过程中，医生对待患者的方式不当，这些医生因为科学的环境和视野导致看不到医学和生活的区别。伴随着这种 9
失明，患者是人且应当被当作人对待这个事实被遗忘了。患病的身体也是一个活着的身体，要求在医疗服务中能感受到大量的人性化的关心、关怀和重视（“知道如何”的世界），患者可能希望参与到治疗方案的设计中。患者有权利这么要求；他们有权利知道在医学面前他们是谁。正如以上所表明的，患者的人性这一重要的一面被排除出了身体的故事。这就是寻视着的解释的源始“作为”被敉平的一个例证。身体故事的命题以一种起限制作用的方式指出和规定了它们的对象。它们的谓述模式的操作，如海德格尔可能会说的，“不再涉及一种整体性的考虑”（BT200），不再涉及患者或普通人的解释性地告知的“知道如何”的世界。

当然，人们可以谈论作为身体故事的修辞学。判断文本是如何意味着的，这是一个真正的修辞学问题。但在这个例子中，真正被涉及的是谈话的一种模式，一种已经从修辞学的真正召唤所源自

① W. H. S. Jones,《希波克拉底（法则）》(*Hippocarates*（*Law*）), 第二卷，London: William Heinemann, 1923, 第四部分。

的世界中被逐出来了的模式。而修辞学在“知道如何”的世界中才首先和根本上获得生机。修辞学从人们卷入日常操心（concerns）和生活的偶然事件的方式中，获得了工作所需要的素材。说服可以采取的各种方式在那里才能被发现，人们等待他们的特殊兴趣被那些人认可，正是那些人使他们参加关于有争议的事情的合作的慎思。修辞学的效力依赖于修辞学与实践和人的情感调谐领域保持联系。因为修辞学只有在这种联系之中才能够——怀着弄明白和改善的希望——把握听众与事情和他人的活生生的联系。这种希望引导着修辞学活动的谓述模式；它的命题必须讲述“知道如何”的世界。因此，在修辞之最具有启发性和使人顿悟的时刻，说修辞的命题呈现了诗的本质，并不是耸人听闻的说法。海德格尔告诉我们“诗、创造性的文学作品，只不过是基础元素的涌现之进入语词，是作为在（‘知道如何’的）世界中存在的生存之进入开显。”①在海德格尔的意义上，诗的阐释能够很好地服务于修辞学。诗与解释学的能力的展现——如果以适当的、吻合的、有吸引力的（也即娴于修辞的）方式被运用——就可以帮助提高其他人当下看待、解释和投身眼前处境中的问题的方式。简而言之，作为一种“知道如何”的能力或解释的能力，修辞能力的实践必须在他人那里培养起实践智慧，人们的实践智慧通过这些能力得到维持和增强，而没有一个社会可以缺少实践智慧。日常之“在他人中存在”的、公众性的社会财富、政治以及道德财富，是修辞学关心的主要对象。

当然，也存在不那么高贵的思及修辞学的方式。例如，在海德格尔对公众性如何规定一个世界的常识和共同实践的描述中，

① 马丁·海德格尔，《现象学的基本问题》（*The Basic Problems of Phenomenology*），Bloomington: Indiana University Press, 1982，Albert Hofstadter 译，第 171-172 页。

他倾向于强调它的“群体”（mass）性倾向（柏拉图）、“庸众”（crowd）性倾向（克尔凯郭尔），以及“畜群”（herd）性倾向（尼采），它使信奉者盲目地顺从。修辞学能够并且实际上也确实在维持我们的公众性方面起了作用，这是无可置疑的。按照海德格尔，那么我们能够说，那些实践修辞艺术并将之理论化的人，是在与一种技艺打交道，这种技艺的存在方式允许大量的非本真性（uneigentlichkeit）。[①] 伽达默尔对修辞学做了一个类似的评价，当他把修辞技艺当作“并不表达实际内容的东西”，当作“以口头或文字形式、具有言语交换的纯粹功能性作用和程序性作用的东西”，因而作为一种“被剥除意义”的“伪文本”。[②] 修辞学诚然也会存在于这种堕落的状态中，而哲学解释学的教导能够对此起到提醒和警告的作用。但是这些教导也能够使我们对以下事实有更好的理解：修辞学还包含一种能够处理其他事情的能力，当有实际需要的时候，这种能力能“以正确和恰当的方式”被唤起和得到引导。

① 参见，例如 Michael J. Hyde 与 Craig R. Smith，“亚里士多德与海德格尔论情感和修辞：时间与空间问题”，载《批判的转向：后现代话语中的修辞学与哲学》（*The Critical Turn: Rhetoric and Philosophy in Postmodern Discourse*），Ian Angus 与 Lenore Langsdorf 编，Carbondale: Southern Illinois University Press, 1993，第 68-99 页。这些作者和其他很多人一样，没能考虑到海德格尔对“良知召唤”的本体论估价如何用于质疑这个一般的解释。对此问题的继续讨论，参见 Michael J. Hyde，“良知的召唤：海德格尔与修辞学的问题”，载 *Philosophy and Rhetoric* 27（1994）：第 374-396 页。在导论的后面部分我们还将讨论良知的召唤。

② 汉斯－格奥尔格·伽达默尔，“文本与解释”，Dennis J.Schmidt and Richard Palmer 译，载于《对话与解构：伽达默尔与德里达的遭遇》（*Dialogue and Deconstruction: The Gadamer-Derrida Encounter*），Albany: State University of New York Press, 1989，Diane P. Michelfelder and Richard Palmer 编，第 106 页。也许这个关于演说艺术的准确概念与伽达默尔“遭遇”德里达有一定的关系。如此次遭遇的结果所表明的，德里达这个后现代的修辞学家，不会接受伽达默尔把握文本内容的“真理”的解释学方法。

修辞学发明和解释学应用

在这部分我们的当务之急是搞清楚人们是如何在修辞学和解释学处境中变得如鱼得水的，也即，需要使用哪些特定的理智的、情感的和想象的手段，以及作为一个训练有素的读者和说话者，具有这些能力究竟意味着什么。是什么东西特别地赋予他们才智、德性、规范和决心去面对不确定的处境？这首先是一个方法论和存在论的问题，涉及由现成道德责任和良知所激发和赋予的才智和能力（或者说机智）——有一个文学思想家恰当地称之为“由本能所支持着的能力”①。当今修辞学和解释学的描述提供了解答这个问题的不同方法，但伽达默尔的《真理与方法》② 这一权威著作以明确主题化（为其他批评家所没有）的方式同时反思和涵盖了修辞学和解释学，它将使我们懂得像维柯、伯克以及伽达默尔等人如何有助于我们全面把握两者的新关联。③

---

① David Bromwich,《遗产的选择：自我与共同体，从埃德蒙·伯克到罗伯特·弗罗斯特》（*A Choice of Inheritence:Self and Community from Edmund Burke to Robert Frost*），Cambridge: Harvard University Press, 1989 第 265 页。

② 汉斯－格奥尔格·伽达默尔,《真理与方法》（*Truth and Method*），Tübingen: J. C. B. Mohr, 1960；《真理与方法》（*Truth and Method*）修订版，NewYork: Continuum, 1993，Joel Weinsheimer and Donald G. Marshall 编译，第 568 页。本文的其他引用都是据这个版本，在括号中简写为 TM。

③ 在对《真理与方法》（*Truth and Method*）的评论中（简写为“汉斯－格奥尔格·伽达默尔的〈真理与方法〉”），Marvin Brown 编译，载 *Philosophy and Rhetoric*, 13［summer］：第 160-180 页；原始评论首先载于 *Göttingische Gelehrte Anziegen*，第 218 页，nos. 3-4［1966］），克劳斯·多克霍恩做了类似的评价（第 161 页）。但多克霍恩的整个重点（以及在伽达默尔的赞同地提及多克霍恩的评价中所强调的重点，见本书第 15 章）在于情感（*pathos*）。如我们下面解释的，这种做法潜在地加重了那个长久以来的误解：生活中的修辞学的使命主要是为了个人的利益而操纵情感。我们的重点放在 logos 上，或者更准确地说，放在参与寻找和探索用以发现具体事例的不但是伦理（ethos）和情感

值得注意的是，伽达默尔在《真理与方法》的开头就专门讨论了人文主义传统的几个基本概念（教化、共通感、判断力、趣 11
味），因为这些概念从智者派以来就是修辞学讨论的对象。同样有意思的是，伽达默尔在这部书的开头转向维柯，在后记中又谈到他，而且主要关注的是维柯的修辞学与修辞教育方面的文章，*De nostri temporis studiorum ratione*（《论我们时代的研究方法》，1709）。[①] 按伽达默尔的看法，通过表明修辞学对"批判"（笛卡尔主义的、演绎的）哲学的抵制如何可以运用到对解释学的理解上，以及解释学对后世形形色色的理性主义哲学的抵御上，维柯为解决解释学的疑难"提供了一个很有价值的出发点"（TM 19）。修辞学的目标是"对具体处境的理解和道德上的掌控"（TM 21）而非抽象普遍的知识（"科学"及其衍生的技术），就如同解释学一样："实践知识……指向具体的处境。因此它必须把握'情况'的无限变化。这就是维柯所明确强调的。"（TM 21）学习修辞学的人将在这些情况中认识到古代修辞学家所说的事情的 peristaseis（处境）或 circumstantia（处境）——时机、听众的信仰和价值观、独特的事实序列——演说者的所有努力都是以此为导向的。我们可以这样总结：一方面，这些修辞学学说早已频繁地将当代解释学（哲学）对实践的诸多反思成果运用于自身，但另一方面后者以尚未被认识到的方式加深和拓展了传统的修辞学理论。无论如何，问题不再是"抽象地来说，什么

（pathos），而且是实质（logos）的论题的能力上或"知道如何"的知识上。这就是埃内斯托·格拉斯（在维柯和海德格尔之后）称之为"论题的哲学"的东西，以及肯尼斯·伯克在他的语法动机和修辞动机中作为中心内容的东西。

① 焦万尼·巴蒂斯达·维柯，《我们时代的研究方法》（*On the Study Methods of Our Time*），Ithaca: Cornell University Press, 1990，Elio Gianturco 译。本文以下的引用都是这个版本，在括号中简写为 Methods。对维柯思想的极好的解释（我们在此的课题已受其影响），参见 Donald Philip Verene，《维柯的想象科学》（*Vico's Science of Imagination*），Ithaca: Cornell University Press, 1981，特别是第六章，"修辞学"。

是真的或对的？”而是“在这个唯一的情况中什么是真的、对的或好的？”即使这个表述也表明两个问题之间存在类型上的界限：好像一般问题是相关于（哲学的、非修辞的）真理，而特殊问题是关于偶然可能性（仅仅是修辞学的）。西塞罗在《论演说家》中（综合了克拉苏与安东尼乌斯）反对这种区分，只要演说者避免哲学抽象与实践和公众考虑（“人们的行为、心灵、生活”）之间的绝然割裂，我们就可以使不但特殊的而且普遍的东西同时成为言说的内容，借此，西塞罗在这个鸿沟上架起了桥梁。伦理的－政治的整个基础得以通达一切维柯称之为共通感的东西：“雄辩的真正力量在于它容纳起源、影响、世上所有事物的变化、所有道德、责任和所有本质，只要它影响人们的行为、心灵和生活。”①

伽达默尔的观点与此基本一致，因为他和西塞罗和维柯一样，将一般牢固地树立于特殊之中，于我们自身处境、时间和地点的具体情况中：大写的真理理论转向了分散的历史实践，解释学哲学通过帮助其他领域保持与特定的共同事业和包含它们的信仰和价值观之竞争的联系而发挥最大的作用。实际上，这里有一个重要的平行
12 关系既未被《真理与方法》，也未被解释学的学习者们一般地加以探讨。这就是被维柯看作是修辞学的根本活动的发明（说服的可用的方式）（Methods 14）和被伽达默尔看作“解释学根本问题”的应用（指在解释行为中，通常是暂时性地，使陌生的意义得以实现的行为）（TM 307 以下）之间的平行。我们现在提出的这种平行在培根的《学术的进展》（1605）中有所暗示，在那里培根将修辞学的发明以一种和维柯一致的方式定义为“回忆……伴随一种应用”。按照维柯的精神，我们能够通过将解释学的应用规定为“回忆……

① 西塞罗，《论演说与演说家》（*On Oratory and Orators*），J. S. Watson 编译，Carbondale: Southern Illinois University Press, 1970，第 213 页。

伴随一种发明”而哲学地加深这个概念，完满地阐释这个概念。[①] 伽达默尔在《真理与方法》的后记中也以没有明说的方式认同这点：“我发现我们没有认识到以下事实，即解释学和修辞学共同分享如下领域：令人信服的论据的领域（而非逻辑强制性领域）。它就是实践和一般人性的领域……修辞和论辩的艺术（以及它们的未曾明言的比喻，自我的深思熟虑）在这里找到自己的家园。如果说修辞学诉诸情感（这一点早就为人所知），那它也绝未因此就脱出了理性的领域。维柯正确地赋予它一种特有的价值：Copia，即丰富的观察角度。”（TM 568）[②]

换句话说 copia（丰饶），即丰富的观察角度（它构成了共通感的材料和修辞学发明的源泉），在维柯意义上的经典修辞学传统中，是论题术（ars topica）的源泉（我们现在可以称论题为海德格尔的“解释学的作为”或维特根斯坦的“看作”的技艺和能力）。[③] 考虑到沉

---

① 弗兰西斯·培根,《学术的进展》(*The Advancement of Learning*)，G. W. Kitchin 编（London: J. M. Dent and Sons, 1973），第 127 页，着重点是后加的。还可参看 Victoria Kahn，“人文主义与对理论的抵制”，本书第七章。

② 也可参看汉斯－格奥尔格·伽达默尔，“修辞学与解释学”，本书第一章：“无可否认的，维柯用他的论辩所维护的修辞学的教化功能这件事实在当时一直存在，而且一直持存至今——当然主要不是在讲话艺术的真实运用和尊重讲话艺术的专门技能中，而是把修辞学传统转用到对古典文本的阅读。”如同之前所暗示的，这种对修辞学的解说，完全不同于海德格尔对亚里士多德的《修辞学》(*Rhetoric*）中的 pathe（情感）的兴趣，因为在海德格尔那，本体论的情感倾向于与那种实践行为分离开来，即需要讲话者去发现在某个偶然处境（或文本）中什么是相关的或有说服力的行为，简言之，与修辞的发明分离开来。对我们这里谈论的和伽达默尔刚才提到的观点的具体阐明，参见大卫·特蕾西，“爱、模糊、清晰：奥古斯丁对修辞学与解释学的探索”，本书第 12 章：“因此这是一个悖论：一个正统的解释学同时是发现或发明的新修辞学。”

③ 参看 Methods，第 15 页：“批判是真正言说的艺术；雄辩的‘论题艺术’[copia, copiousness]。”参见，西塞罗,《论题》(*Topica*)，第 386-387 页。另可参看 Ernesto Grassi，“批判的哲学还是论题的哲学？对《我们时代的研究方法》(*On the Study Methods of Our Time*）(de nostri temporis studiorum tatione）的思考”，载于《维柯：

默和非专题化的“第一阶段”论题和有意识展开了的“第二阶段”论题的区别①，我们可以这样说：有意识的修辞学发明成为回忆，即通过（第二级的、反思的）论题和其内容在新的例子或文本中的运用而成为“回忆”。相应地，解释学的应用也是伴随着论题发明的、对事例或文本的回忆。那么，更具体地说，论题是什么？以及，这种平行对修辞学和哲学的、文学的解释学来说意味着什么？

在修辞学传统中，论题常常指或多或少默会的、但又或多或少可以表达的能力，这种能力用以通过商议达到社会和文化“认同”（肯尼斯·伯克）或共通感（维柯）。论题是我们和他人共同拥有的位置（争议点［issue］、价值观、承诺、信仰、可能性），我们居留于其中并为之争论，为了发现一个特定事例中的争议点和前提而反思地使用它。它们的力量来自于它们的两面性。它们以带有视
13 域和时间性的方式恢复和召唤过去，并且运用于不确定的当下和未来（因此这种论题不能被斥为政治保守主义，尽管亚里士多德可能

一次国际研讨会》（*Giambattista Vico:An International Symposium*），Baltimore: Johns Hopkins University Press, 1969，Giorgio Tagliacozzo and Hayden V.White 编；本书的维多利亚·卡恩那一章；以及本书卡尔文·舒拉格那一章：“不仅有对话者 / 接受者 / 读者的他者性，而且有论题的他者性，后者与信念、实践和制度的过剩（plethora）（它们凝成生活的多种形式）有关。”

① 参看 Theodor Viehweg，《论题与规则》（*Topics and Law*），Frankfurt am Main: Peter Lang, 1993，W. Cole Durham, Jr. 译，第 22-23 页：

当一个人在某个地方偶然遇到一个问题，他能以多少尝试性甚至错误的方式武断地选择某个观点［论题］，以此方式前进……观察告诉我们，在日常生活中，我们几乎常常是如此行事的。而且，在这些情况中，更准确的研究将给出一定指导性观点，为在困境中的我们提供特定的方向。但它们都没有被明确化。为了概括的需要我们将这个过程称之为第一阶段的论题。

这种方法的不确定性也是很明显的，为了使之容易理解，人们寻找某种资源，观点的目录（repertorie）就是这种资源的最简单形式。论题类目（topoi-catalogs）于是产生。我们将使用这种类目的过程称之为第二阶段的论题。

会这么认为）。[①] 从纵向或理智的角度看，它们是术语、命题、比喻（figures）、寓言、一些普遍性的事例（它们的语词形式是第二位的，因为语词形式会随所涉及的不确定性种类的变化而变化）[②]，借此我们可以通达所有从事具体特定事例和具体情况的行为；以此方式论题避免了被指责为社会精英主义或学究气。哲学家伯纳德·纳根（Bernard Lonergan），一个常被人们忽视的思想者，认识到了论题是如何源于并工作于共通感之中（虽然他自己不提及修辞学传统）："共通感是一种不同于科学的具体特定情境中的特殊化。它是共同的，但不是以抽象概括的方式成为共同的，因为共通感在于一系列的不完善的洞见，需要进一步的对当下处境的洞见来使之完善；而且一旦那个处境发生变化，这个增加的对当下处境的洞见又过时了，因此共通感立刻又回到了它的通常的不完善状态。"[③] 因此论题是保持不完善状态的洞见，这个特定的缺陷恰恰使得探究者在新的处境中去展开他们的理解。这个新处境人们尚未完全理解，人们需要尝试着就这个新处境中人们意欲共同发现并使之合理的东西去说服他人和自己。

---

① 参看 Garver,《亚里士多德的修辞学》(*Aristotle's Rhetoric*), 第 81 页。

② 同上书, 第 82 页："注释者们对'在亚里士多德的《修辞学》(*Rhetoric*) 中论题是什么？'这个问题给出了各种答案，这些答案不但没有带来混淆，反而表明了论题是何物的可能性和论题的作用方式会随着他们被用于何种目的的不同，以及被用于不同的事物而发生变化。" 对论题的更多探讨，参看 Richard McKeon, "创造性与常言", *Philosophy and Rhetoric* 6（1973）：第 199-210 页；Nancy Struever, "历史中的论题", *History and Theory* 19（1980）, 第 66-79 页；Walter Jost,《教授论题：性格、修辞与自由教育》(*Teaching the Topics: Character, Rhetoric, and Liberal Education*), *Rhetoric Society Quarterly* 21（Winter 1991）：第 1-16 页；以及 Michael C. Leff, "Recherches américaines sur les lieux", 载 *Lieux Communs, topoi, stereotypes, cliches*, Christian Plantin 编（Paris: Editions Kime, 1993）, 第 506-517 页。

③ Bernard Lonergan,《洞见：一种人类理解的研究》(*Insight: A Study of Human Understanding*) 第三版，New York: Philosophical Library, 1970, 第 175 页。

上述阐明还暗含着一个进一步的张力。修辞学家常常谈到第二阶段的论题，将之看作艺术（技艺［techne］）或一整套的技术，它的形式是一个可修改的表格（list），里面包含在修辞学历史上极为常见的一般题目和命题；它有堕落的倾向，如果人们死记硬背和机械地使用它们的话。但另一方面，第一阶段的论题可以作为受到教化的才能（dunamis）或感觉、技术、功能之类的聚焦点，它的高级状态是浪漫天才和神秘感悟的自由活动，而它的正常的、不受规则制约的行为的状态，如我们曾经说过的，则是实践能力、多少是默会的良知状态以及“知道如何”（本能）。[①] 我们能从维柯的叙述中感受到这两方面之间存在的张力：“那些（本能地）知道所有场所［topoi，论题］，也即要使用的论点的人，能够（与读白纸黑字相似的方式）即兴地抓住内在于任何情况或问题中的说服的要素”（Methods 15）。即兴地抓住就是通过自身努力和接受教化（Bildung），去获得一种本质上难以言传的洞察力、趣味鉴赏力和得体感。然而，要传授这种能力，如同维柯和其他人也想去做的，人们必须引导学习者以创造性模仿的方式去学习第二阶段的表格，例子和练习。这种张力本应对我们有益，只是人们不能很好地把握它们，常使它们周期性地陷于偏好这边或那边的二元对立之中。

---

① 参见昆体良，《雄辩术原理》（*Institutio Oratoria*），H. E. Butler 译，四卷本。Cambridge: Harvard University Press, 1985, 第二卷：5.10.100：“但知道所有证据或者源于人或者源于事，这在本质上是不够的……因此已经懂得论证必须来源于以往经历、当代事物或后来的事实的人，在掌握用以理解源于每个具体情境的论证的方法的知识中，得到的指导是不充分的；特别是由于大部分的证据都只能在个别事例的特殊处境之中被找到，而且与其他的争论没有关联，所以如果它们是最强有力的，也就是最不明显的。因为即使我们从一般原则那得到适合于所有例子的论证，我们仍不得不自己找到专门针对我们手头那个事例的论证”（第 257-259 页）。在事先未预料到的地方，论题所需要的精微感受力得以反复地演示：这就是法国人口中的 le bon sens（常识）、帕斯卡的 esprit de finesse（敏感性精神）、纽曼的 illative sense（推断力）、波兰尼的 tacit knowledge（默会知识），以及解释学传统中的 subtilitas applicandi（应用的技巧）。

例如，作为表格化的、可教的技术，第二阶段的论题对实践中的难题有事先预备好的应对方案，即一个相对稳定的关于历史或社 14
会的对立思想行为的目录。深思熟虑的探究者在这个目录中寻求那种能反复使用的，对新的情况下同一问题的正反两面均加以考察的资源。亚里士多德的修辞学第一卷第 3 到 15 章，以及第二卷的第 1 到 25 章（也即不少于全书三分之二的内容）就是这样一个一般目录。亚里士多德认为随着运用场景的变化，这些目录可以增加或者删减。更具体的目录或列表原则上应该包括所有“该如何做”的手册：如《联邦党人文集》，或本杰明·卡多佐的《司法过程的性质》，或者克尔凯郭尔的《不合科学的补遗》，或者任何类似著作，它们通常不被看作修辞学著作，而被看作具体处境下的实际思考所需的论题资源库。

然而，当论题（作为表格或节目单）的意义过于一律化或被规定得死死的，它们也就不再作为修辞学的位置发挥作用，而成为某种其他的东西，即单纯的事实、或确定的研究原则、或意识形态。作为有价值的发展成果，论题产生抽象知识或科学及其专业技能的一部分，或者相反，成为那个部分；这些成果源于一些较大的不确定整体的某些方面，即经过筛选了的稳定和可重复的方面；它们追求的不是整体及对整体的彼此竞争的解释。（实际上，所有理论如果要有实际用途，都要在某种程度上具体化。）然而，理论不恰当地或诡辩地运用于实际中，就产生了类似于拉斯柯尼科夫这样的人，对他而言带来一个“新词”不再是一个论题的发明，而是粗暴地镇压：用孤独的个体意志的重击摧毁所有探究和境域性能力。① 这里，修辞学的本真的良知观念一旦被质疑，它就不再为共享的位置负有责任。

① 费奥多尔·陀思妥耶夫斯基，《罪与罚》（*Crime and Punishment*），New York: Norton, 1989，George Gibian 编，第 222、224 页。

反而在自己或他人的个体权力的断言下，走入了简单直接的成功或失败的误区。权力意志和论题修辞之政治学的不那么极端的版本，把论题发明看作近似于个人的偏好和已被规定的趣味。与上述两个版本相反，真正的论题，拒绝僵化成确定的原则或无原则的决定论，借此，它能帮助我们发现我们应该感兴趣的言说内容、发现我们“最本己的”处境中尚未被理解的部分（它永远不能被彻底地理解）。通过向我们已知的、已做的或已经相信的东西的类比外推（analogical extrapolations）保持开放，我们能做到这一点。就此而言，论题的艺术必须抵制将它僵化成确定的表格、规则和“知识”的企图，并且通过应用，向新的观念、图像和叙事保持开放。①

作为一种能够通过旧事物（在旧事物中）发现新事物的天赋能力和培养起来的才能，第一阶段论题的才能最终超出所有能用言语表达的修辞艺术。由此，第一阶段的论题逐渐远离一致性和同一性，成为“丰富的心灵”、“自由的教育”所具有的特性，要求无所不在的权力，要求创造力与浪漫表征主义（expressivism）（历史地）结盟，以及封闭的语言自由游戏（作为这条线的另一个极端）。明智地追随论题，我们就能达到这一点：论题现今在作为世界的揭示的层面被理解，这一点也正是例如海德格尔后期思想中关于诗歌开放一个场所（Gegend）或地带（ort）所走的道路抵达的终点，它迄今为止没有被日常的思想和说话触及到。②

---

① 有关于此的一个典型例子，参看 Albert R. Jonsen and Stephen Toulmin 著，《决疑论的滥用：道德推理的历史》（*The Abuse of Casuistry: A History of Moral Reasoning*），Berkeley: University of California Press, 1988。

② “存在的拓扑学”，载于 Otto Pöggeler 著，《马丁·海德格尔的思想道路》（*Martin Heidegger's Path of Thinking*），Atlantic Highlands, N. J.: Humanities Press, 1987，Daniel Magurshak and Sigmund Barber 译，第 227-242 页。Pöggeler 将诗与思（在海德格尔的意义上）看作一种“场域化”（拓扑化）：“场域（emplacement）意味着就其中未被思考的，询问已被思考的，意味着让未被思考者达乎语词。”（第 238 页）。明确地涉及修

反之，伊万·卡拉马佐夫的宗教大法官以一种绝然地排斥理智的方式追求论题。对宗教大法官来说，好奇心不是修辞式地探究上帝或人的不确定的本质，而毋宁说是教条的强加，不是通过反修辞的统治而是借助过度修辞的（诡辩的）引诱，致力于减少人类“听众”的思想和自由（也即，世界的真正向未来开放的处境）的重负。按照伊万的说法，人的本然的欲求，作为对良知召唤的创造性的回应，不是被引诱到征服他人的成功或失败，而是在公共领域的阳光和“奇迹、神秘和权威”①的可供躲避的阴影之间的不易察觉的来回跑动。这种方式的不那么极端的版本是：将论题转换为，在良知将被看作存在的地方，对共同体决定（将之看作好像是有关决定的问题）的解释性的协商同意。与之相反，真正的论题认可我们自身一直延续着的认知（我们的生活形式）所把握到的已经寓居于其中的世界，同时又坚持不断地检验它们：通过我们已有的思想和价值的全副武装，也即，通过生活形式，以可共享的能告知和能纠正的良知召唤的形式检验它们。在这方面，论题是一种永不枯竭的动力，不断地审查“所有”有关的说服手段。因此维柯这样表述：“对于一个演讲的最好的褒奖是称之为‘无所不包’：赞扬演说者所有该谈的都触及到了，论辩中未忽略任何东西，他的听众也没有漏掉所讲的任

辞学传统的类似谈论，参见 Otto Pöggeler，“形而上学与海德格尔的存在的拓扑学”，载于《作为一个人与一位思想家的海德格尔》（*Heidegger:The Man and the Thinker*），Chicago: Precedent, 1981，Thomas Sheehan 编，第 173-185 页；另，William L.Nothstin，“当代修辞理论与批判中作为本体隐喻的‘论题’”，载 *Quarterly Journal of Speech* 74（1988），第 151-163 页；Michael R.Heim，“论题，论题性与新的论题”，*Philosophy Today*（summer 1981），第 131-138 页；同上，“哲学作为终极的修辞”，*Southern Journal of Philosophy* 19（summer 1981），第 188 页：“共同的文化环境，先于论证的或判断的命题而首先被当作意义显现的处所而被探究……这是关于存在的修辞学的论题，是此在之此的指引。”

① 费奥多尔·陀思妥耶夫斯基，《卡拉马佐夫兄弟》（*The Brothers Karamazov*），New York: Knopf, 1992，Richard Pevear and Larissa Volokhonsky 译，第 255 页。

何东西。”（Methods 15）

现在，在解释学的应用中，伽达默尔式的“前见”（来自对海德格尔的“理解的前结构”概念的甄选和组织）（BT 191）有效地作为理解和解释我们自身和世界的一阶发明论题而起作用。当谈到阅读陌生的文本时，正如伽达默尔所明确认为的：“对文本意义的把握呈现出一种独立创造性行为所具有的某些特性，它更接近于演说者的艺术而非单纯倾听的过程。”① 在解释学的，也包括修辞学的历史中，以哲学的方式去阐述这些前结构是有益的。而这些哲学家的实际运用行为（译按：即哲学阐述）本身也
16 是在相应共通感之内和之上的修辞发明行为。② 对伽达默尔（如同对维柯和西塞罗）来说，应用与发明的典范都是法律。两者都需要解决现有的但陌生性的规则或文本与新的紧迫的事例之间的关系这一问题。问题成为这样：如果我们不能说，我们是去“运用”在某种意义上我们当下所没有的东西，如果新的前见和处境阻止对已拥有的旧规则的机械模仿，那么应用是如何进行的呢？我们在何种意义上“拥有”传统和文本？为什么它们的工作应该被称为是发明的？③

看起来是苍白无力的回答，如果回到这样的观点：拥有论题能力能抵制理论化的构造，这种发明 / 应用的能力包括不完善的洞见，它只有在涉及具体处境的判断中才会得到完善，换句话说，我们是“有缺陷的存在”（布鲁门贝格的术语），而这种不完善恰恰是我

---

① “修辞学、解释学与意识形态批判”，本书第 15 章。

② 参见 Viehweg，《论题与规则》（*Topics and Law*），第 30 页，“解释作为论题的一部分”；另，Walter Jost，“哲学修辞学：纽曼与海德格尔”，载于《话语与语境》（*Discourse and Context*），第 54-80 页。

③ 参汉斯－格奥尔格·伽达默尔，《真理与方法》（*Truth and Method*），第 324-330 页，第 518 页以下；以及同上，“修辞学与解释学”，本书第一章。

们的优点。[1] 因为这和我们想要阐明的（它永远不会完全被阐明）非常接近。读者在解释文本时，运用她的论题的前见去探索陌生的文本，以此方式来揭示文本中的新的论题（或以新的观点揭示旧的论题），这些新的论题常常对读者来说看起来是无位置的、陌生的或奇怪的（*atopon*）。[2] 借用巴赫金的术语，"域外"（exotopic）文本不是严格意义的或完全"在他处"，而是一方面进入我们的视域，另一方面又提供更多超出预料之外的、与探究着的读者的偏见和视域相抵触的论题。[3] 以此方式恢复旧的东西等于展开新的东西，因为尽管在接触时，人们在某种意义上已经"拥有"已熟悉的文本和论题，但这两者都为探究和行动揭示了新的应用、新的位置。[4] 例如，通过对法令做新的推演（常常是类推），一个法令将随着时间展开自身，而一首诗能通过使固有的词语、思想和行为焕发新的含义，从而呈

---

① 汉斯·布鲁门贝格，"对修辞学当代意义的一种人类学研究"，《哲学之后》（*After Philosophy*），第 428-458 页。在讨论关于我们如何知道何时某些事情已经被阐释得足够清楚，即不用再费口舌的时候，理查德·拉纳姆将这个同样的不完善置于他的修辞学意识的最活跃的中心。他写道："当我们谈到什么时候才是阐述得足够了、什么时候应该简洁扼要，修辞学［作为理论－技术］的智慧就荡然无存了……［毋宁说］你是通过广泛的本能领域来做决定的，修辞学的全面教育（paideia）训练你这种能力，但从不给出现成明确的答案。"（《电子文字：民主、技术和艺术》（*The Electronic Word:Democracy,Technology and the Art*），Chicago: University of Chicago Press, 1993，第 75 页。）另可参看 Drucilla Cornell，《限度的哲学》（*The Philosophy of the Limit*），New York: Routledge, Chapman and Hall, 1992，第 111 页："法令中的合法原则的特定发现过程没有一个简单的起源……将关涉于发明。"

② 参看伽达默尔的论文，"修辞学、解释学和意识形态批判"，本书第 15 章。

③ 参看 Tzvetan Todorov，《米哈伊尔·巴赫金：对话的原则》（*Mikhail Bakhtin:The Dialogical Principle*），Minneapolis: University of Minnesota Press, 1984，Wlad Godzich 译，第 99 页。

④ 这种解读与 John D.Schaeffer 的观点正好相反。后者将伽达默尔看作一个抵制偶然的修辞学常言和暂时性真理的启蒙哲学的当代版本，见《共通感：维柯、修辞学与相对主义的限度》（*Sensus Communis: Vico, Rhetoric, and the Limits of Relativism*），Durham, NC.: Duke University Press, 1990。

现新的效果。

就此而言，能将发明和应用结合起来的唯一的、历史的共同术语就是“占有”（appropriate）。在古希腊修辞学中，修辞学者致力于找到合宜性（to prepon），即对处境来说正确和适当的东西，在西塞罗和昆体良那里则成为“得体”（decorum），它是修辞学的主要原则，类似于伦理的明智 （prudential）或实践智慧（phronesis）——即伽达默尔在论及亚里士多德、维柯和人文传统时所鼓吹的实际情况中的正确判断，又常常被称作机敏（tact）。[①] 与修辞学中的情况相类似，在解释学中，占有变成“居有”（appropriation）：在海德格尔那，自成（Ereignis，又译本有、成己）是作为献给敏锐的听者的礼物的“居有的事件”，一种荒谬之物（atopon）的礼物（译按：实践智慧没有普遍规则，一切因情况而定，故希腊人称之为荒谬之物）；在伽达默尔那，它是从不“统一、同化或归并为一个更高或更广的视角”（如布伦斯指出的）的视域融合；[②] 在利科那里，占有是一种我们迄今为止仅仅不完善地拥有的“自得”（Aneignung），占有包含一种
17 读者和文本之间的辩证法，这种辩证法通过使主体高于文本来抵制意识形态的统治。利科写道：“远不是说，主体掌握了他自己的在世界之中存在，投掷出一个自身理解的先天［论题、前见］，并将这个先天强加于文本，毋宁说，新的存在样式（或者，如果我们偏爱维特根斯坦而不是海德格尔的术语，即新的‘生活形式’）的揭示给予主体新的理解自我的能力［新的论题］。”[③]

① 对此的一个极好的说明，参加 Michael Leff，“得体与修辞的解释：拉丁人文传统与当代批判理论”，*Vichiana* 3（1990），第 107-126 页。

② Gerald L. Bruns，《古今解释学》（*Hermeneutics Ancient and Modern*），New Haven: Yale University Press, 1992，第 237 页。

③ 保罗・利科，“占有”，载利科，《解释学与人文科学》（*Hermeneutics and Human Sciences*），John B. Thompson 编译，Cambridge University Press, 1981，第 192 页。

通过这种方式，解释学应用和修辞学的论题一样，用已有的共通感去建设一个新的但是非同一的（非总体化的）共通感，在复数的意义中和复数的共同体中去找到用以承认和询问的普遍可接受方法。将修辞学与这个问题联系起来的价值在于，它使得修辞学说以自己的方式与以下东西保持联结——正如查尔斯·阿尔提耶尔在本书他写的那一章中指出的——与原则上对所有人都共同的不熟悉的题材和价值观联结起来，与在我们的位置上的争论和竞争联结起来，以及，如同温迪·奥姆斯特德在本书他写的那一章中指出的，与推理和辩论联结起来，比如说，一种生活形式通过类推推理方式而得以扩展。修辞学让我们回到一种作为施事者或施事机构的语言，在其中“我们是谁”这一问题在我们每次说话时都需要重新回答。论题提供一种方向和一种能力，用以把握固定了的认同与新视角和价值的可能性这两者，并以此方式抵制在权力和伦理－政治之外的地方去获得意义和历史的自我满足。

相反地，将解释学与修辞学联系起来，如帕尔默、舒拉格和布伦斯在本书中以不同方式表达的，其价值在于解释学开启了理解和接受论题的新方式。例如，通过对修辞实践做历史化的延伸，像“占有 / 应用”这样的论题，就使得古代发明概念，或 18 世纪的“批判”概念（人文主义传统的另一个术语）包含的疑难得以改观。也即，面对修辞学的各种“平息混乱”（stay against confusion）的办法可能在纯粹的“瞬时性（monentariness）”中被消解的威胁，海德格尔的“占有的时刻”将修辞行动置于历史性的时间和对良知召唤的遵从（如果有争执的话）中，从而解除了这一威胁。问题于是变成：我们如何鉴别各种召唤，我们该响应哪个召唤?

修辞学的论证和解释学的揭示

我们曾说过，当我们仅仅在被普遍接受的古典意义上来思考论题，将之作为二阶论题类目或发明体系时，我们就会对论题的特性和价值做出错误的评价。原因在于“系统”观念常常将概念、信仰、命题、规则和逻辑论证等放在优先的位置上，而实际上修辞学家只
18 是借助这些概念以便活动于修辞学和解释学的处境之中。[①] 而且，系统观念把做出决定看作通过判断来达到一致同意，而对于阅读和解释的行为，系统观念不但倾向于预设不变的文本含义和作者意图，而且预设不变的叙述者并把读者规定为或多或少服从于传统和文本。[②] 与之相反的办法是将论题看作广义的能力，或看作属于常常已经在思想中起作用的创造性策略，或看作不受作者控制的语言（也即：完全凌驾于作者之上）。依据这种做法，任何概念的独立的同一性和完整性都会被拒绝。例如，在“修辞学的时间性”中，保罗·德·曼感到浪漫修辞学中存在着据称是固定的符号和弥漫着的不稳定的寓言（借助于其他辞格，甚至是反语的结盟）之间的矛盾张力。在他看来，我们都被迫选择后者，即明确地让系统和传统的论题服务

---

① 参 Roland Barthes，“古修辞：一个备忘”，载《符号学的挑战》（*The Semiotic Challenge*），Richard Howard 译，New York: Hill and Wang, 1988，第 22 页：“亚里士多德的修辞学首先是有关证据、推理、近似三段论（enthymeme）的修辞学；它是一种刻意减弱了的逻辑，通过自身调整以适应于‘公众’的水平，也即共通感、流行观点的水平。”伯克也持这种观点，“修辞学的处境”，第 268 页：“我止不住地惊叹亚里士多德的《修辞学》（*Rhetoric*）对‘说服’的系统研究。我对他列举说话者试图说服或劝阻、赞美或谴责、美化或贬损一个人格时所能使用的‘位置’（topics, *topoi*）的方式印象深刻。但整个过程是如此深思熟虑，它看起来不能覆盖各种处境，这些处境不能通过清晰的、形式的合目的性而得以规定的，而经典修辞学书首先涉及就是这些清晰的、形式的合目的性。”

② 参 Wayne Booth，《虚构的修辞》（*The Rhetoric of Fiction*），Chicago: University of Chicago Press, 1960; rev. 1990, 以及 Booth，《反讽的修辞》（*A Rhetoric of Irony*），Chicago: University of Chicago Press, 1974。作为对这种修辞学解读的一个批判，参看保罗·利科《时间与叙事》（*Time and Narrative*）三卷本，Chicago: University of Chicago Press, 1990，第 3、164 页各处。

于让人迷惑的和破坏性的辞格和论题。[①]“修辞发明”不是让位于修辞学－解释学的“揭示”，让位于我们生存和世界的竞争性的解释学“作为结构”的召唤，而是让位于解构的“延迟”，即对意义的任何权威的基础的无止境的追问。德·曼反对修辞学传统非常看重（这是有争议的）的东西，德·曼声称要将“修辞学”还原为一种不稳定的辞格，在其中论题和证据（“观念”）服从于并最终归入为非权威和不稳定的隐喻（“图像”），[②]而解释学的阅读也相应地还原为能指的语法延异（différance）。

类似于海德格尔、伽达默尔和利科，肯尼斯·伯克开辟了一个平行于但完全不同于德·曼的道路。伯克也探究“观念”和“图像”之间的相互作用，但却是通过以吻合于古典修辞学的典型倾向的方式，而非以吻合于浪漫表征主义的先验转向的方式去探究的。伯克写道：“跟随黑兹利特（Hazlitt）的天才表述，即‘图像的观念’，我们开始思考是否有将图像和观念结合在一起的术语。‘称呼’（或‘别名’）看来能够满足这个要求。因为修辞学家通过‘称呼’（无论是图像的还是观念的）将一个人或一个目标与（在他的判断中）能够唤起想要的回应的任何事情等同起来。他会选择符合他主观前见和他的听众的观点的那些称呼。但是这些称呼（或‘命名’、‘身份’）除了是另一个亚里士多德式的‘论题’术语外还能是什么？它如此轻易而隐秘地在观念和图像之间来回转换，以致我们会奇怪

① 保罗·德·曼，“时间性的修辞学”，载于《盲视与洞见》（*Blindness and Insight*），Minneapolis: University of Minne sota Press, 1983, 第 187-191 页；另参看“修辞学的隐喻（尼采）”和“修辞学的说服（尼采）”，载于德·曼著《阅读的寓言：卢梭、尼采、里尔克和普鲁斯特的比喻语言》（*Allegories of Reading: Figural Languagein Rousseau, Nietzsche, Rilke, and Proust*），New Haven: Yale University Press, 1979, 第 103-118 页；第 119-131 页。

② 德·曼，“时间性的修辞学”，第 189、191 页。

这两个领域在历史上怎么会争执起来。”①

从这一观点来看，论题不仅如德·曼所认为的，是记忆的位置，它的图像能系统地储存信息；也不是仅仅作为常识观点（doxa）和
19 可能论证的发源地（endoxa）。② 毋宁说，它们是迈克尔·勒夫所说的“能推动实质性探究的灵活的策略”③。它们是用以说服和认同的发明的源泉，产生或通往原料的领域：从概念和论证这一端，其目的是以说服的方式支撑着主张，其最佳表述是明智或实践智慧；到作为图像、比喻和辞格的另一端，其目的是去“揭示”、“唤醒”、或“显示”（epi-deixis）有关所有思想和行为的论题的第一原则，而非去论证，它的最佳表述不是理性的 phronesis（“洞见”、正确的判断），而是非理性的 kairos（恰当的时机，得体），即与所遭遇的处境的调谐。④ 对于德·曼来说，这个观念和图像的领域会再次对立，并迅速变成不值得信任的比喻的统治（如同符号变成反语、本体的语法让位于修辞策略），摧毁任何权威性的说服或证明的要求。⑤ 但对于伯克及其他人来说，由论题所产生的修辞材料领域仍是

---

① 肯尼斯·伯克，《动机修辞学》（*A Rhetoric of Motives*），Berkeley: University of California Press, 1969，第 86 页。

② 作为以此方式谈论论题的一个例子，参看 Harold Bloom，《西方正典：伟大作家和不朽作品》（*The Western Canon: The Books and School of the Ages*），New York: Harcourt Brace, 1994，第 39 页：“伟大的作者在经典的记忆剧场中取代了‘位置’的角色，而且他们的杰作占据了之前由记忆艺术中的‘图像’所填充的地方。”

③ Michael Leff，《对场所的美国式研究》（Recherches américaines sur les lieux）（作者原稿）。

④ 维柯类似的观点，参看 Donald Phillip Verene 著，《维柯的想象科学》（*Vico's Science of Imagination*），第 159 以下，第 172 页各处；另 Ernesto Grassi，“修辞学与哲学”，*Philosophy and Rhetoric* 9（1976）：第 200-216 页。

⑤ 作为德·曼对伯克的计划的不充分的注释，参看“符号学与修辞学”，载于《阅读的寓言》（*Allegories of Reading*），第 8 页，另，保罗·德·曼，“拒斥理论”，载德·曼《拒斥理论》（*The Resistance to Theory*），Minneapolis: University of Minnesota Press, 1986，特别是第 14-21 页。

一个连续体，即另一个美国文法修辞学家斯坦利·卡维尔所理解的那种冲突的连续体，卡维尔写道："应该说，我的兴趣在于找到我的信念的意义，知道它们所处的特定根基。这不同于为它们提供证据，虽然人们也能说这事关为它们提供证据。"[①] 简而言之，这个连续体，既是修辞学的存在也是解释学的存在，它处于下述两者之间：一方面是通常被看作论证的位置（"提供证据"）的论题；另一方面是用以作为揭示手段的、作为海德格尔意义上的"世界"现象的展示（"使之开显"）的辞格及其他技术。有关事情的这个观念远远超出了语言的指称的自身展示。

在此不可能讨论伯克的这个见解：他认为古典修辞学家已认识到并使用了类似于修辞材料的连续体观念。例如，安排（Dispositio）和叙述（Narratio）对于古人来说不仅仅是人造的装饰，更不（仅仅或唯一地）是作者和听众眼中捉摸不定的陷阱，而是一个社会团体的实质性的资源——如果不是常常与证明自己有理的论证在一个层次的话。[②] 谈到与（有关叙述的）展示的技巧关系最为密切的那种修辞类型，即展示性修辞（或译仪典修辞），昆体良曾经说："我确实不肯定，在实际行为中这不是修辞学中最重要的部分。"（institutio 2.1.10）我们今后的问题是，如何借助于当代解释学对于发生在理解和解释中的揭

---

① Stanley Cavell，"知道与承认"，载《言必所指？》（*Must We Mean What We Say?*）（Cambridge: Cambridge University Press, 1976），第 241 页。关于卡维尔对德·曼之分离语法和修辞的挑战（或，反过来说，德·曼将意义的语法环境转变成无限不稳定的修辞），参看"解释的政治（政治作为对何物的否定？）"，载《失学主题：效果与原因》（*Themes Out of School:Effects and Causes*）（Chicago: University of Chicago Press, 1980），第 27-59 页。作为一个将论题与辞格统一起来的尝试，参看 Michel Meyer 著，《修辞、语言和理性》（*Rhetoric,Language, and Reason*），University Park: Pennsylvania State University Press, 1994，特别是第 155-156 页。

② 关于这一类的说明，参看 John D.O'Banion，《修辞学的重新定向：表格与故事的辩证法》（*Reorienting Rhetoric:The Dialectic of List and Story*），University Park:Pennsylvania State University Press, 1992。

示的反思，来重新思考修辞学的论题和辞格。为了突出至关重要的问题所在，我们打算将讨论从较为熟悉的文本解释层次转向更根本的层次，即对作为实际“生活形式”之理解的对“世界”的理解。

20 应该注意到，卡维尔的区分暗示了给出证据（通过论证）和获取证据（通过图像、比喻、例证、寓言、类比、谈话片断、假说，以及其他种种）[1] 是在不同层次上共同工作的。前者是我们的“信念”及其在典型问题或文本中的使用这一较为一般的层次，在稳定的生活形式及其语言游戏中得到阐释（按照西塞罗、维柯和伽达默尔，法律案件是这里的范例）。后者是这些信念的“土壤”或基础这一更深的层次，位于一种原初的生活形式中。[2] 在此我们希望只是前语法地描绘出，在这个更为“基础的层次”上，修辞格和其他非逻辑的策略如何以同逻辑论证和证据不可分离，但又不能简单等同的方式，首先召唤和展示了世界。换句话说，和德·曼类似，卡维尔和伯克认识到（无论是内在的还是超越的）世界不再被看作是例如表现在符号中的被制作的自身呈现之物。但是对于这些晚近的思想家来说，例如海德格尔，世界洗不尽其比喻性。如同大卫·特雷西指出了最后这点：“比喻的修辞不能简单地代替有说服力的论证（论题）。”[3]

也许板块构造学说为我们所处的情境提供了一个恰当的比喻：大陆漂移了，但尽管如此我们没有掉进大海。相反，我们享受的稳

---

[1] 参看 Stanley Cavell，“调查的风格”，作为“维特根斯坦后期思想的实用性”的一部分，载于《言必所指？》（*Must We Mean What We Say?*）第 71 页：“疑问、笑话、寓言和命题如此引人注目（其方式是诗歌式的）以致单纯的信念感到震惊。”

[2] Charles Altieri 追随类似的方针，《经典及其效应：对想象典范的伦理力量的反思》（*Canons and Consequences:Reflections on the Ethical Force of Imaginative Ideals*），Evanston, Ill.: Northern University Press, 1990，第 87 页各处，他认识到了嵌入我们的社会目的和实践的不同层次。

[3] David Tracy，《多数性与模糊性：解释学、宗教与希望》（*Plurality and Ambiguity: Hermeneutics, Religion, Hope*），Cambridge: Harper and Row, 1987，第 62 页。

固源于我们的大地有足够的自由通过调整去应对不断的变化(当然，尽管会造成相当的精神不安)。在我们这个变动的时代，恢复诸如“世界”或“我们信念的根基”这样的词语看起来是在倒退。但当维特根斯坦这样说：“一些东西必须被当作一个基础而给予我们”[1]时，他为我们提供了一个着手恢复和运用这类观念的典型案例。与卡维尔一样，当维特根斯坦谈到基础的时候，他提出没有一劳永逸的基础主义：“困难在于认识到我们信念的无根基性”(OC 166)；或者还有：“在根基牢固的信念底下是无根基的信念”(OC 253)。我们如何使这些看起来彼此对立的陈述以一种同时能启发以下两者的方式彼此一致：修辞学(也即，发明的论题和这些论题产生出来的论证和比喻)和解释学(恢复、应用和占有“atopic”[生僻]和“exotopic”[域外]的文本和传统)？

维特根斯坦对我们的问题的其中一个回答是：“知识最终奠基于承认(acknowledgement)”(OC 378)。这个观点的修辞学-解释学版本是：1. 审议性修辞(deliberative rhetoric)的典范从一开始就奠基于比喻、例证和叙述的展示性修辞(epideictic rhetoric)；正如2. 明确的解释学阐释常常已经奠基于对视域阐明(Rede)的操心的理解，即奠基于世界之如何呈现为常常已被构造或连接了的。[2]问题自然变成：维特根斯坦的“承认”意味着什么，何种类型的事情被“承 21

① 路德维希·维特根斯坦,《论确定性》(*On Certainty*), G. E. M. Anscombe与G. H. von Wright编, Denise Paul与G. E. M. Anscombe译, New York: Harper and Row, 1987, 第449小节, 以下引用均简写作OC。

② 作为补充，参看Richard Shusterman,“解释之下”, 载于《实用主义美学：活生生的美、反思的艺术》(*Pragmatist Aesthetics:Living Beauty,Rethinking Art*), Oxford:Basil Blackwell,1992, 第114-135页；以及Lawrence W.Rosenfield,“展示性的实际庆典”, 载于《转变中的修辞学：修辞学的本质与用途的研究》(*Rhetoric in Transition: Studies in the Nature and Uses of Rhetoric*), University Park: Pennsylvania State University Press, 1980, Eugene E.White编, 第140页。

认”而不是被“知道（known）”，它们是如何就被“承认”了？在《论确定性》这整本书中有诸如这样的例子：“为什么在我站起来时无须使自己确信我有两只脚？这并没有为什么。我只是不这样做。这就是我做事的方式。”（OC 148）在《呼唤理性》一书中斯坦利·卡维尔花很大工夫以表明我们知道其他人的确是人的方式不同于，例如我们知道这个在桌上的黄色小物体是铅笔的方式。① 然而，卡维尔和维特根斯坦都不是以此方式尝试去诱捕或出其不意地获取基础性的信念或实践。而是相反：他们的工作构成了一种修辞学 – 解释学的展示，一种借助论证和例证 / 比喻的发明和应用而进行的揭示，一种对不但是我们的信念而且是我们在生活的世界中从事的（或被卷入的）实践的揭示。简而言之，卡维尔和维特根斯坦都提供了一份关于世界如何向他们（作为一个文化或生活形式中的成员）呈现的“供词”或证词；推而广之，对我们来说：“所有这种类型的哲学家，能做的就是尽其可能去表达他的世界，并使我们专注于我们自身。”② 因为，当这两位作者说我们不知道我们有两只脚或其他人

① Stanley Cavell,《呼唤理性：维特根斯坦、怀疑论、道德与悲剧》（*The Claim of Reason: Wittgenstein, Skepticism, Morality and Tragedy*），Oxford: Oxford University Press, 1979，以下简作 CR。

② Stanley Cavell, “现代哲学的美学问题”，载《言必所指？》（*Must We Mean What We Say?*），第 96 页；另参看同上，“维特根斯坦后期思想的实用性”，第 71 页：“维特根斯坦选择供词……它包含严肃的供词所应该包含的：对诱惑的完全承认……以及愿意改正它们和放弃它们。”参 Charles Altieri，“修辞、修辞性与十四行诗作为作品”，载 *Tennessee studies in Literature*25（1980）：第三页：“维特根斯坦和德里达都有力地表明了，一旦逻辑单一性基础上的经验本体论中的不可避免的矛盾浮现出来，那么修辞学（而非逻辑）将成为哲学探究的中心”；以及 Richard Shusterman，“维特根斯坦与批判理性”，载 *Philosophy and Phenomenological Research* 47（September 1986），第 102 页：“维特根斯坦承认他的大多数哲学论证都只是说服他的受众或读者去以特定的方式去看特定的现象，更类似于评论家试图去说服他的读者以特殊的方式看艺术作品。‘我所做的也是说服。如果有人说，“这里没有区别”，那么我会说，“这里有一个区别”，我正在说服；我正在说：我不希望你以那种方式去看这件事物。’”另参看维特

是人类的时候，他们的目的只是指出，我们与这些事情的联系比术语知识或论证所许可的还要更为牢固。

我们已经预示，这种展示（epideixis）作为证词并不妨碍我们给出“知道（know）和知识这两个术语并不恰当”的理由。在《论确定性》中，维特根斯坦给出两个这类理由。第一，并没有比有关脚和人的断言更有根据的论证式的前提可供引用，使得这些断言成为论证的结果。第二，任何对这个主张的怀疑都预先设定了怀疑的经验和断言的经验，也即，预设了相关的已被给予的语言游戏和生活形式，而这是自相矛盾的。上述论证和给出的例子很少是无可置疑的证据；它们也不是在认识论上打败怀疑论（他们也不打算这么做）。毋宁说，它们是一种解释学－修辞学揭示的模式，这种揭示将语法（规则、结构、意义的语境）和修辞（偶然性、回应）结合起来。这些诉求与其说导致修辞学的结论，不过说构建了修辞学的论题和辞格——即分享的同意的位置、轶事、事例、故事，理性和论证，断言和推论在这些论题和辞格中产生，“怀疑”和“知道”在其中第一次被规定。但这些论题和辞格自身并不承认任何最终的论证的正当性，尝试后者明显将导致一种无限后退。它们既不是理性的也不是非理性的，而是居于两者之间；怀疑它们同时就是去预设它们。它们是“在判断中”（OC 140）[①]和在实践中（“生活形式”；PI 241）的同意，卡维尔称 22

根斯坦著，《讲座与对话集：论美学、心理学与宗教信仰》（*Lectures and Conversations on Aesthetics,Psychology and Religious Belief*），Cyril Barrett，Berkeley:University of California Press,n.d.，第 27 页。这种论证本质上不是典型的审议性的，而是广义上的感悟性或表现性的一种展示。关于现代艺术和文学中的表现，参看 Charles Taylor，《自我的根源：现代同一性的形成》（*Sources of the Self:The Making of the Modern Identity*），Cambridge:Harvard University Press, 1989，第 418-493 页。

① 另参看路德维希·维特根斯坦，《哲学研究》（*Philosophical Investigations*），第三版，G. E. M. Anscombe 译，New York: Macmillan, 1968，242 小节，以下均引作 PI。

是在我们的“调谐”（CR 32 及各处）中的同意。

如果修辞学家所称的“好的理由”的修辞在这些较深的层次上最终失效，因为被看作是好的和作为理由的东西都是成问题的，那么到现在那个熟悉的问题又回来了：对那些信奉奴隶制的人，或者否认妇女、儿童、同性恋或其他人种有基本自由权的人，我们说些什么好？一个宗教信仰者该如何与无神论者谈话（或者反之）？维特根斯坦将这些问题放在明确的修辞环境中：“当两个无法相互调和的原则真正相遇时，每个人都会把对方叫作笨蛋和异教徒……我会‘反对’另一个人，但是难道我不会给他一些理由吗？当然。但是这些理由有多大效力？理由穷尽之后就是说服”（OC 611，612）。又或者：“我能想象这样一个人，他曾在十分特殊的环境中长大，并被教导说地球形成于 50 年前，并因此相信了这一点。我们可能会教导他：地球已经存在很久……等等。我们应该尽力把我们的世界图景展示给他。这将会通过一种说服来达成。”（OC 262）维特根斯坦指的是哪种说服？因为，在我们已经表明，语法标准的实际运用、论证等自身常包含着实际说话者回应的修辞场合和得体性要素的情况下，这里的说服就不能被解释成标准、规则、论证、知识的反题：偶然的修辞场合是更彻底的环境，哲学的标准根源于此环境，并且永远不能摆脱它的制约（除非在大写的理论中）。

尽管维特根斯坦没有继续推衍这个观点，但哲学家拉斐尔·迪莫斯富有启发性但不幸被忽略了的论文《论说服》（1932）继续了这个工作，并预告了许多后来由不同的哲学家如托马斯·库恩、理查德·罗蒂、理查德·贝恩斯坦、查尔斯·泰勒所推进的观点。[①] 迪莫斯反对绝对相对主义（种族中心主义），这种观

① Raphael Demos，“论说服”，载 *The Journal of Philosophy* 29（April 1932），第 225-232 页。引用简写作 OP。

念认为理论无限地创造自己的事实，因此无止境地在一个不是语言而是文化实践的牢笼中肯定自身，他既主张不同的理论或世界观可以同等地解释“事实”，同时又认为“光解释事实是不够的；一个理论必须是真的”（OP 226）。而且，这种真理不是一个高于论证的简单之物，因为论证和理性的特定观念处于竞争之中。对于迪莫斯（也包括维特根斯坦）来说，一个理论或世界观优于另一个恰恰在于“细微的思虑所积累的力量”（OP 228）；最终“它是不同模式之争。说服不是一个机械的过程，而是活的生长过程，在其中要素逐渐地积累，并最终改造了那些同化它们的特定组织”（OP 228）。[1]

说服是什么，以致给予我们的论证和理性需要比喻、例证、故事、风格来为我们的信念和实践奠基？在迪莫斯看来说服事关我们对具体情况累积而成的模式的“认识”（是达到对此模式的经验，而非仅仅理智的了解），而且这种认识乃是通过“唤起”（evocation）来完成的： 23

> 为什么人与人之间的很多讨论是无效的？其原因常常在于：一个人鲜活地认识到某种东西，而另一个人则没有。唤起就是传递这种鲜活性的过程；它以给人们带来真实的方式来呈现一个观点。人们说论证是使得个体经验变成共同财富的方法；事实上，与鲜活的对经验的唤起相比，论证的说服力要小得多。单单列举所有相关论点来支持一个理论并削弱它的对立面是远远不够的；更有效的是在一个观点的所有具体性中和所有有意义的相关方面来陈述这个观点，这才充分；论证仅仅在这个过

---

① 作为对真理的一个近于历史的说明，参看 John Henry Newman,《同意的文法》（*An Essay in Aid of a Grammar of Assent*），Oxford: Clarendon Press, 1976。

程完成后才发挥作用。（OP 229）[①]

有两点需要注意：第一，一个人鲜活地认识到某事；第二，他所认识到的是一个“模式”或“整体”，其他东西只有在整体中才有意义，维特根斯坦称之为我们实践和知识的“体系”或“传统背景”（OC 94）：“我们不是通过学会规则才学会做出经验判断的：我们被教会判断以及该判断与其他判断之间的关联。一个由判断组成的整体对我们来说才合乎情理。”（OC 140）“当我们第一次开始相信某事时，我们相信的并不是一个单独的命题，而是一个由命题组成的整个体系。（光是逐渐照亮全体的。）”（OC 141）“让我感到明白无误的并不是一些单个的公理，而是一个前提与结论相互支持的体系。”（OC 142）查尔斯·泰勒称这种模式为我们的道德“框架”，它的支撑因素是我们的“超善”（hypergoods），也即，那些我们相信值得我们赞赏和信奉的、超出我们自己的意欲和愿望的“强评估”或善的直觉，总之，它属于人之作为人的东西。[②] 对于泰勒及我们提到过的其他哲

① 参 PI122：“我们对某些事情不理解的一个主要根源是我们对语词用法缺乏一个明确的统摄性观点。——我们的语法缺乏这种清晰性。明晰的表现方式居间促成理解，而理解恰恰在于我们“看到联系”。从而，发现或发明中间环节是极为重要的。”另可参看 Altieri，《经典及其效应》（*Canons and Consequences*），第 97-98 页。关于在 George Campbell 和大卫·休谟那里活泼（vividness）与生动（vivacity）的关系，以及与亚里士多德的 *enargeia*（成全）的关系，参加 Walter Jost，“修辞学中的隐藏与描述：纽曼与克尔凯郭尔”，载 *Rhetoric Society Quarterly*（Winter-Spring 1995），第 51-71 页。

② 在《呼唤理性》（*The Claim of Reason*），第 111 页中，卡维尔以自己的方式发展了该思想：“但现在我们不把习俗（convention）看作一个特定的文化依据它的历史和地理，为了得到人类生存的必需品，所找到的便利的安排，而是看作作为任何能被称为人的生物群的规范的生活形式，即任何那些例如我们能说他们有一个历史需要回应的生物群……在此，一系列的‘习俗’不是那种使人们彼此区别的生活模式，而是所有人都享有的行为和情感的迫切需求。维特根斯坦所发现或再发现的是人类生活中的习俗的深度；此发现不仅坚持人类社会的习俗性，而且我们还能说，坚持人自身本质的习俗性，坚持当帕斯卡尔说‘习俗是我们的本质’时意味的东西。（pensées, #89）”

学家来说，信奉这些框架属于实践推理行为，也属于对某些整体的鲜活认识，但除此以外还包括：从A转向B中得到的“认识论收获”。这种转变(说服)对泰勒来说，就如同对卡维尔来说，是奠基于个人(之间)的供词(confession)和故事：“实践推理……是处于转变中的一种推理，它的目的不是建立某些绝对正确的立场，而是使得某些立场优越于其他的”：“这种形式的论证在传记叙述中可找到其根源。我们确信某种特定观点要更优越一些，是因为我们曾经经历过一个转变，我们把这个转变理解为减少错误的过程，并由此作为认识论成果。我 24
懂得了我过去搞不清楚恨与爱的关系，或者我懂得了爱是有程度之分的，而我以前对此缺乏敏感。但这不意味着我们不会和不能就此进行争辩。我们在以往道德的生活中成长起来的确信会受到另一个的挑战。毕竟，它可能是一个错误。由此我们争辩；争辩在此就是关于我们过往生活的不同解释之间的竞争。”[1]

在海德格尔、维特根斯坦和卡维尔之后，在索绪尔、德里达、德·曼之后，这种直证自明的(揭示的)修辞不再能够被理解为自我或世界的无中介的呈现：所有这些哲学家都以不同的方式建立了

---

① Taylor,《自我的起源》(*Source of the Self*)，第72页。着重号是后加的。这会看起来是迪莫斯的立场；与Ronald Dworkin的观点类似的是，Judge Hercules将会寻找所有可能的最无所不包的合法理论，这个理论既理解事实，而且推进一个与最好的政治正义观相吻合的全面法律规划。尽管维特根斯坦的观点并不需要完全地蕴含这个观念，即存在一个对无数“生活形式”的最好的说明(例如，人们可能有想劝说某人改变自己的世界观动机，但却没有支持这种行为的“认识论的成果”[epistemic gain])维特根斯坦所说的大多数内容包括了泰勒的论证脉络，但不包括下面这点，如同Richard Harvey Brown所认为的，人们丧失使任何意识形式中的错误暴露出来的所有希望：“这种丧失在Peter Winch的文章中得到表现，‘理解原始社会’(1970)，在其中Winch根本排除跨文化人类学比较的可能性。”(《作为公民对话的社会科学：有关社会理论的发明、合法化和使用的论文集》(*Social Science as Civic Discourse:Essays on the Invention,Legitimation,and Uses of Social Theory*)，Chicago: University of Chicago Press, 1989，第41页。)更多有关于此的问题，见本书斯蒂芬·梅劳克斯所撰那一章。

各种关于我们的实践、感知和历史多样性的“作为”结构，并就这些结构何者为（尽管是暂时性的）“真”而展开竞争。论题或比喻可以作为位置和“唤起”而起作用，但却不是无可辩驳的论证或一个超验法则的透明象征。然而，认可论题或比喻的作用，不是让我们放弃论证，也不是（也不可能）试图要完全排斥它们。而是说我们要记得把我们的话语带回“家园”（用维特根斯坦和卡维尔的后浪漫主义的语言），带到这样一个领域，在其中，我们的论证（包括现实的例证和寓言）实际地承担（挑战）世界的最初构建。我们回到实践和起抗拒作用的环境之间的作用和反作用，就如同约翰·杜威很久以前就建议的。由此我们会同意理查德·伯恩斯坦说的，例如，德里达“常常鼓励我们去质疑被我们看作是我们的中心、与生俱来的家和本原（arche）之类事物的地位”；但我们也不要忘记，如同许多人倾向于去做的那样，伯恩斯坦还注意到：“在德里达一篇最漂亮和引人入胜的论文中，德里达表达了对莱维纳斯的尊敬（德里达从他那借鉴了太多东西），他写道——这一次他挑动海德格尔对抗莱维纳斯——要尊敬他者，将他者看作自身所是：他者。没有这种不作为一种知识的承认，或者说没有对他者这个存在者，即作为我之外的、在其自身本质之中（首先在它的他性中）的他者的‘让存在’，没有什么伦理是可能的。”[①] 在接下来的部分，我们力图推进德里达的这个工作，即通过将海德格尔和莱维纳斯的工作放在修辞学观念的领域（位置）考察，也即，将之作为对一个社会的无基础的实践的继续研究，来挑动海德格尔对抗莱维纳斯。

---

① 理查德·伯恩斯坦,《新的星座：现代/后现代的伦理学—政治学视域》（*The New Constellation: The Ethical-Political Horizons of Modernity/Postmodernity*），Cambridge: MIT Press, 1992，第193页，184-185页，着重号是后加的。另参看雅克·德里达,《有限公司》（*Limited Inc*）的后记，Evanston, Ill.: Northwestern University Press, 1988。

良知的召唤

之前，当我们谈到，弥漫在文本中的修辞能力如何指导“理解的艺术”回到它的存在的和解释学的源头，回到处于境域中的操心和实践的日常世界时，我们就谈到过一种“返回家园”。修辞学在这发现了这种材料（论题），即及时恰当地应用“知道如何”的知 25
识所需要的论题。在此，我们与事情和他人之间的态度关系以“唤起”的方式被展示出来、得到阐明，此外，致力于合作的慎思和实践智慧的说服论证得以发明。在解释学理论的帮助下，在对这些修辞能力的相关活动的探讨中，我们本来的目的部分地就在于询问：修辞学和解释学的事业如何能够以对两者都有启发的方式放在一起思考。记住这个目标，我们现在来考虑最后一个问题：良知。尽管这个问题已经暗中支撑着我们的整个论述，但还没有作为对修辞学和解释学的共同参照点而得到专门详细的探讨。①

老实说来，修辞学毕生的麻烦，即哲学对它的不间断的批评，

---

① 以下大部分建立在这些论文的基础上，Michael J. Hyde，“良知召唤：海德格尔与修辞学问题”，*Philosophy and Rhetoric* 27（1994），第 374-396 页。以及同上作者，《良知的召唤：哲学、修辞学与安乐死之辩》（*The Call of Conscience: Philosophy, Rhetoric, and the Euthanasia Debate*），Columbia: University of South Carolina Press，即将出版，它包括那篇论文的修订版。关于将良知理解为修辞学的论题，参见 Walter Jost，《约翰·亨利·纽曼的修辞学思想》（*Rhetorical Thought in John Henry Newman*），Columbia: University of South Carolina Press, 1989，特别是第二章和第七章。对作者来说，“良知”的作用类似于 caritas（博爱）在奥古斯丁那的作用方式；参看 David Tracy，“仁慈、晦涩、清晰：奥古斯丁对修辞学与解释学的研究”，本书第 12 章：“那么，caritas（博爱），如同 ethos（伦理）和 logos（逻各斯），也被证明是关于发现（inventio）的新修辞学核心原则，既作为在对异教徒经典中真智慧的研究中的 eros（爱欲）的标志，也作为在新的经典即圣经中的 agape（圣洁之爱）的标志。”

始于苏格拉底提出的一种特定的对良知召唤的阐释。[①]那个召唤的“先知的声音”要求他“服务于神”（23b），他认为这意味着他毕生的使命一定是“过哲学的生活”（28e）、为他人“阐明真理”（29d）、鼓励他们“不要考虑现实的利益超过……（他们的）精神的道德的福祉。”（36c）“我是”，苏格拉底对那些指责他败坏青年的心灵的人说：“……神派来的礼物。”（31a）如果他不相信它是真的，他就不会这么说，因为“那个声音”（他的庇护神），常常清楚地说出并阻止他做任何坏事（40a-b）。当召唤来临，说谎不再可能，正如以被败坏了的方式参与政治生活之不可能，政治生活被那些人的教导所败坏：那些雄辩但并无智慧的人们，那些善于通过使用“绚丽的语言……装饰华丽的辞藻”，使“较弱的观点打败较强的观点”的演说技巧的人，当他们从事煽动群众和肆无忌惮的修辞活动时却全然不会感到羞耻，而且如苏格拉底审判所表明的，那些人可能严重威胁他的生命。不幸的是，苏格拉底没有逃脱这种威胁。在他的辩护期间，理所当然地向它的随从承认“任何凭良心反对你们，或者反对任何别的有组织的民主制的人，任何公开阻止他的国家犯下重大错误和做不法之事的人，都不可能保全性命。正义的真正战士，如果想要活下来，即便很短暂的时间，也必须把自己限制在私人生活中，远离政治。”（31e-32a）

当苏格拉底喝下那杯毒芹汁，当柏拉图继承他的导师的“召唤”，修辞学传统的命运多少就确定了。从那以后，任何打算为演说艺术说好话的人，都不得不澄清修辞学如何不仅仅是哲学家们多少修辞性的论证的一个工具（替罪羊），以此回答这两位希腊大哲对诡辩
26

① 对此解释的讨论建立在柏拉图的《申辩篇》（*Apology*）的基础上，Hugh Tredennic 译，载于柏拉图，《柏拉图精选对话集》（*The Collected Dialogues of Plato*），Princeton: Princeton University Press, 1961，Edith Hamilton and Huntington Cairns 编。

术提出的控告。修辞学不仅在创造、延续、矫正政治实体中的道德（不道德）生态方面，而且在阐明我们作为人的竞争性（论题的）本质中，都扮演着合法且必不可少的角色。

良知的召唤不得不告诉我们什么呢？哲学解释学为修辞学正视和解决这个问题提供了便利。如同研究海德格尔著作的人们所明确意识到的，《存在与时间》中对良知召唤问题有大量阐述。在那人们知道，乃是海德格尔描述为作为人（此在）的本质意义的"时间性"，使良知的召唤（Ruf）成为可能的。由于自我总是在成为自身所是的过程之中，所以时间成为关键性的。对海德格尔来说，良知的召唤源于此在生存的时间性，它激励我们去本真地关心我们的存在的本己性，去承担个体和伦理的责任，即以果敢的选择来践行我们的自由。《存在与时间》花了大量篇幅描述这个过程。这种描述，至少来说过于复杂。考虑到这篇导论的篇幅有限，我们将仅仅讨论海德格尔所看到的一小部分，这将使我们廓清良知召唤、解释学、修辞学三者是如何彼此联系的。

良知召唤着：我们从这里开始。然而，由于海德格尔将这个问题看作本体论的，于是很明显这种良知召唤不同于宗教和道德的讨论试图教导我们的良知召唤。确实，根据海德格尔，良知召唤着，但这是一个沉默的召唤——我们进行着的"筹划"之沉默，参与那个成为和理解我们之所是（我们的可能性）的时间性过程。"良知的说话从不发声"，海德格尔写道，"仅仅在沉默中良知才发出召唤"（BT 342-343）。那么，这个召唤不应与某些现存的已被确立的话语相混淆，这些话语告诉我们什么是善的和恶的。相反，良知的召唤常常在任何实际的指示和训诫宣布之前就已经起作用，因为召唤揭示自身首先是作为对人的时间性、生存和向存在开放的"理解的给出"。良知的召唤是这个揭示；它由此展现那个能够指出、显示、阐明世界某些方面的话语（Rede）的形式结构。[1] 良知的召唤是一种源始的说（logos），它起源于那个存在者（此在）的时间的开放性，此在对他的存在的关注，这使他能对所听到的东西保持足够的领会和操心。在修辞学的视野中看待这个问题，我们也能说良知的召唤论题地起作用：它用它的“说”所揭示、唤起、显示的是人在世界
27 中的根本的位置性，它常常以“在途中”（unterwegs）的方式，去理解生活中能够是或将是但“仍未”是的东西。良知的召唤构建起被所有其他人都预设了的常言（commonplace）；良知的说使我们朝向我们生存的开放性，开启着我们发明资源的源泉。

在焦虑的时候我们对这个说法会有最好的体会，例如，当我们日常世界的寻视着的操劳和“知道如何”的前进受到偶然事件（例如，严重的疾病）的阻碍（如果不是完全停止），这些事件打断习惯了的生活轨迹和我们与事情和他人的关系。那么，我们就必须面对我们存在的本真潜在可能性（哪怕仅仅是在焦虑的时刻），随后我们被召唤去预测我们的可能性，通过果敢的选择去承担践行我们自由的责任，以及为了重塑我们的生活，而亲自（即本真地）参与存在意义的重新创造。从事这种赋予生命的活动，对海德格尔来说，就是去倾听和响应良知的召唤——此召唤伴随着“一种驱使的动力”出现，并由此激励此在去操心他的时间中的生存的真理、通过一些有意义的方式去直面活出此真理（living this truth）的严重挑战。[2]

---

① 参见海德格尔，《存在与时间》（*Being and Time*），第 196 页，在那他讨论了话语的指明特性。关于海德格尔与维特根斯坦就这些及其他相关问题的比较，参看 Stephen Mulhall，《论在世界之中：维特根斯坦与海德格尔论看之角度》（*On Being in the World: Wittgenstein and Heidegger on Seeing Aspects*），London: Routledge, 1993。

② 参 Michael Zimmerman，《逃出自我：对海德格尔本真概念的发展》（*Eclipse of the Self: The Development of Heidegger's Concept of Authenticity*），Athens: Ohio University Press, 1981，第 75 页：“良知现象证实人的存在具有自我纠正的力量。用亚里士多德的话来说，人类具有他们自己的 telos（目的），并趋向于它的完满实现。我们的目的向我们的可能性去开放：生存渴望成为真实的……良知是我们的时间的开放性对不完善活动感到不满的标志。”

换言之，良知的召唤呼吁我们的能力去发现这些发明的资源（论题），这些论题的材料能暂时地组建一个可靠的生活形式。

海德格尔把此在能够以负责的方式倾听和响应良知的召唤描述为“愿有良知”。然而，在愿有良知中，我们必须甘心忍受我们的罪责。根据海德格尔，“良知的呼唤具有把此在向其最本己的能自身存在召唤的性质，而这是通过将其召唤到他最本己的罪责中的方式来完成的。”（BT 314）作为这样的存在者——他总是处于为未来做出选择的时间性和论题性的过程之中，我们永远不能逃脱我们的罪责。因为在选择和实现一定存在的可能性时，我们必然牺牲了别的。而且，由于我们作为自身就是我们的可能性，这种牺牲让我们永远为自己忽略的行为感到愧疚。良知召唤我们趋向此“罪责存在”，因为“去本真地倾听召唤，意味着将自身带入实际行动，”选择必须借此被做出（BT 341）。由此，海德格尔指出我们的“本质性的有罪责存在，同样源始地是‘道德上的’善恶之所以可能的生存论条件，也即，是一般道德及其实际可能采取的诸形式之生存论条件。源始的‘罪责存在’不可能由道德来规定，因为道德已经为自身把它设为前提。”类似于呼唤我们趋向于此的良 28
知召唤，“罪责存在比任何有关于它的知识都要源始。”（BT 332）

良知召唤我们去承担通过果敢的选择以践行我们的自由的责任；由此它呼唤我们直面自己的罪责。海德格尔强调这组建着一个就人而言的“亲身的（personal，本真的）”任务；但他同时也承认这与他人有很大关系。响应召唤不是将一个人与“他的世界”割裂开来和孤立自身“以便成为一个自由飘浮着的‘我’”去行动。相反，通过响应来展示自身的决心“常常是一些处于特定时间中的实际此在的决心”。愿有良知是一个境域性的事件，它“把自身恰好带到当下有所操劳地寓于上手事物的存在之中，把自身推到有所操持地与他人共同存在之中”。（BT 344）换言之，使一个人成为一个负责任地处理他或她的世界中的事与物的人。但现在这个自我处在这样一个位置上：

当他利用发明资源（比喻、故事、论证）时——这些发明资源被认为是唤起世界观和提供充分理由的适当方式——他有额外的责任为那些愿意倾听的人，而去成为一个良知的声音。在海德格尔所提到的“率先解放着的（本真的）操持”之中，良知声音必须坚持它自己认为正确的观点，与此同时，通过“顾视”（Rücksicht）和“顾惜”（Nachsicht）的方式，鼓励来自于他者的本真响应。用海德格尔的术语来说，这里的目标是去全力“致力于共同的事业”，“本真地团结在一起”，并以此方式揭示出彼此当下的处境。（BT159）

在海德格尔关于良知召唤的分析中，我们懂得了有决心的自我如何通过呼唤他人果敢的选择去承担践行他们自由的责任，从而实现一个本真的共同体。在这么做时，这个有决心的自我不仅展现了先于他人去检验他的整个本真性的意愿——海德格尔强调，这个检验必须一再地进行——而且使他人一道参与努力培养所有富于传统的人这一相关任务，以便他人也能在他们的共同天命的组建中有发言权。海德格尔这样总结这个总体的任务：“仅当在（与他人）的交流和斗争中，天命的强力才会变得自由。”（BT 346）

我们主张，这种致力于共同体的孕育的人们之间的参与行为（engagement），需要我们在此导言中一直描述着的修辞能力的实践，即海德格尔曾指出的，那种在“以正确和恰当的方式”引导着
29 我们的道德使命中要发挥作用的实践。修辞学回应处境的特定需要，以此呈现自身；它用眼睛和耳朵、以适应着他者的需要的方式活动着；在有争议的环境中，它为我们提供在合作中进行选择的一个机会；它的最终目的不是单纯的操纵和说服，而是规定慎思和判断，是实践智慧和恰当时机感的培育。换言之，修辞学推动公众的参与和公民的德性；由此致力于使个体之共同体存在方面的道德品性得以丰富。或使所有这些变得有所不同：在已听到良知的召唤，并愿意立即通过与他人的“交流”和“斗争，来验证他所选择的观点是

否健全的人那里，修辞学能够发出召唤，此召唤唤出（acknowledges）我们与事情和他人的行为关系，并呼唤我们去选择、行动，乃至有可能去改善我们的生活。在倾听这种召唤中，毫无疑问，我们可能发现此声音对坚持错误观点的行为感到负有罪责；但是，尽管这种声音向我们显示出“顾视”和“顾惜”，它却为本真的响应提供现实条件，以致对处境的共同揭示成为可能。

良知召唤人去抉择，去选择有趣味的东西。修辞学有助于在他者得以被分享、检验、同意或争论之前，确保选择的诚实（integrity）和“如实”（truthfulness）。海德格尔使我们记住，人的生存烙有无法磨灭的公共特性：“此在的世界是共同的世界（Mitwelt），在（世界）之中就是与他人共同存在。”（BT 155）修辞学对这一自我之生存的、寓居于此世界的方式的本质特征表示敬意。作为能够倾听和响应良知召唤的存在者，我们有责任“修辞地活着”。属于我们的与他人共在的存在方式要求我们如此。

海德格尔对上述责任的方式方法言之甚少。他在发展自己哲学的时候，更热心于去揭示自我如何进入与存在的本真“交谈”，而非详细揭示自我如何能显示一种发起和保持与他人交谈的能力。[①] 作

① 海德格尔的批评文章特别强调这一点；参看，例如保罗·利科，《作为他者的自我》（*Onself as Another*），Chicago: University of Chicago Press, 1992，Kathleen Blamey 译，第 349 页：“通过强调罪责的本体论（在罪责中），海德格尔使自我与共通感最倾向于依附于债务的观念分离开来，也即它归属于其他人而非自我——负有债务人责任的那个人——最终，共在即是公众意见。”理查德·伯恩斯坦坚持称海德格尔那有一个“危险”，因为他的筹划实质上“封闭了致力于培育人们的团结和共同性的那类思想和行为的空间。”由此，伯恩斯坦想让我们记住他认为后期海德格尔忽略了的东西：“我们不仅是与存在本身，也是与其他人展开对话和交流活动。”“海德格尔论人道主义”，载理查德·伯恩斯坦《哲学的肖像：实用主义风格的文集》（*Philosophical Profiles: Essays in a Pragmatic Mode*），Philadelphia: University of Pennsylvania Press, 1986，第 208、219 页。作为对此反对意见的回应，参看 Fred Dallmayr，《语言与政治学》（*Language and Politics*），Notre Dame, Ind.: University of Notre Dame Press, 1984，第 191 页。

为以他者导向为其特有本质的行为，修辞渴望寻找那种对承认和关心他者的重要性高度重视的哲学。在哲学解释学传统中，我们知道没有人比伊曼努尔·莱维纳斯更倾心于此项任务。因为这个哲学家让我们懂得，良知召唤不是起源于“存在的时间性”，毋宁说是源于“人与人之间的时间性”，源于在自我与他人之间遭遇的“面对面”。根据莱维纳斯，这种遭遇规定着伦理的源始区域，在此区域中，自我，
30 在与他者的持续“亲近”的存在之中，总是力图与如下事物相妥协：他者的他者性或他异性、那些自我永远不能将其彻底纳入身心的东西、生活中包含的根本的差异性。这种差异性构成各种形式的社会批判的存在基础，因为它的单纯在场“质疑”自我的自私倾向和无所不知的态度。莱维纳斯将这个永恒持续着的质疑事件等同于良知召唤，这种召唤的声音意味着“对我的权力的限制的揭示”和“我作为一个生活着的存在者的光荣的自发性”。[①] 他者的独特性，他的“脸”的纯粹性，提出了责任问题：我是一个恰好有按我的意愿去做和去说的自由存在吗？他者性呼吁自我去证明它的特殊的主体性究竟为何。莱维纳斯这样表述：

> 我被定义为一个主体性，一个单个的人，一个“我”，恰恰是因为我暴露在他人面前。我的难以摆脱和无可置疑的对他者的责任使我成为一个个体性的“我”。因此，当我同意废黜自我的王位——放弃自我的中心地位——支持脆弱的他者，我才成为一个负责任或伦理的“我”……伦理的“我”是主体恰恰在于他屈服于他者，在于他牺牲自己的自由以响应更为源始的他者的召唤……我永远不能逃避这样的事实：在我不去回应

① 伊曼努尔·莱维纳斯，《总体与无限：论外在性》（*Totality and Infinity: An Essay on Exteriority*），Pittsburgh: Duquesne University Press, 1969，Alphonso Lingis 译，第 84 页。

他者的要求而去肯定我的自由之前，他者已经首先要求我给出回应。[①]

伴随着他者、良知的召唤，自我被迫以亚当、亚伯拉罕和摩西的方式去回应："我在这里"，因为你的缘故。伴随着此召唤，自我的处境成为"宗教性的"。[②]的确，他者保证了顾视和顾惜（海德格尔）；但鉴于它的身体的困境，它的痛苦和挫折，他也应该得到同情。"肉体"的经验在海德格尔对召唤的解释学式的阐释那得不到发展。另一方面，对莱维纳斯来说，再多的语言也不能完全道出这种经验。深入希伯来的圣经解经学传统，莱维纳斯把他者的脸解释为一种召唤，即无条件地献身于他者的脸的经常是绝望的需求的召唤。"道德"，莱维纳斯写道，"不是诞生于平等，而实际是诞生于无限迫切的需求、诞生于服务穷人、陌生人、孤寡，会聚于世界的一点。"[③]这一点就是他人，他人朝向自我并发出召唤。

海德格尔通过"人自身的"（自我的）生存来适应一种召唤。莱维纳斯则以不同的方式倾听召唤：良知的召唤来源于他者。和德里达和利科的观点一致，我们认为，是否这两种看法如莱维纳斯似

---

① 伊曼努尔·莱维纳斯，"无限的伦理"，Richard Kearney 译，载于《与当代大陆思想家对话：现象学的遗产》（*Contemporary Continental Thinkers:The Phenomenological Heritage*），Richard Kearney 编，Manchester: Manchester University Press, 1984，第 62-63 页。

② 莱维纳斯在他的整个哲学中贯穿着对此的发展；参看，例如，他的《伦理与无限：与菲利普·尼莫的谈话》（*Ethics and Infinity: Conversations with Philippe Nemo*），Pittsburgh: Duquesne University Press, 1985，Richard A. Cohen 译，第 85-122 页；以及他的《超在或超越本质的存在》（*Otherwise than Being,or Beyond Essence*）（Boston: Kluwer, 1991），Alphonso Lingis 译，第 141-165 页。

③ 莱维纳斯，《总体与无限》（*Totality and Infinity*），第 245 页。

乎表明的那样彼此冲突，还值得考虑。[①] 莱维纳斯关于面对面的遭遇
31 所不得不说的内容，仍然是对海德格尔的那个思想的有意义的补充：即对良知召唤如何关联于人之存在的不可消除的公共特性这一思想的补充，海德格尔对此的处理过于粗略。这里有一种颇具诱惑力的想法，即认为莱维纳斯的这种扩充能为对修辞能力的价值的认识是多么重要提供进一步的支撑。修辞能力帮助自我去尝试承认他者并和他人一起进行合作的慎思。但莱维纳斯拒绝充当这种支撑。因为他将修辞学等同于“诡计、冒险和利用”，并指责它对“雄辩”的“热心”经常使我们无能去倾听本真的从不消失的“话语”（他者的原初召唤、脸的言说 /logos、良知的召唤）。[②] 如果要从莱维纳斯的思想中挽救出对修辞学的积极评价，那只能就来自于他诸多阐明脸的言说的重要性的论文中的一篇（《非雄辩的日常语言和修辞学》）。莱维纳斯的术语“无雄辩的修辞学”似乎暗示着后两者能够在没有前者的情况下存在。很明显，根据词语的字面意义，不是所有的修辞学都是雄辩的。然而，在莱维纳斯文章的上下文中，我们应当以不同于传统的方式去设想这个概念。情况也许是：脸的言说——它对自我的自由表示怀疑，并召唤它朝向他者——自身就是无雄辩的修辞学，即所有修辞中最为源始的修辞？莱维纳斯没有说。

解释学、修辞学和良知，海德格尔使我们懂得了这三者是如何结合起来的，但他本可以说出更多。莱维纳斯帮助我们修补了这个缺陷，但却对修辞学不无嘲讽。海德格尔在赞扬这种艺术的

① 参看雅克·德里达，“暴力与形而上学：论伊曼努尔·莱维纳斯的思想”，载于他的《书写与差异》（*Writing and Difference*），Chicago: University of Chicago Press, 1978，Alan Bass 译，第 79-153 页；及保罗·利科，《作为他者的自我》（*Onself as Another*），特别是第 297-356 页。

② 参看伊曼努尔·莱维纳斯，《总体与无限》（*Totality and Infinity*），第 70-72 页，以及“非雄辩的日常语言和修辞学”，载于他的《主体之外》（*Outside the Subject*），Stanford:Stanford University Press, 1994，Michael B. Smith 译，第 135-143 页。

地方戛然而止，莱维纳斯却在谴责这种艺术时走得太远。在这个导论中，我们已经试图超越这两种倾向，并在这两者之间建立一个中间地带。随后的章节可以被看作对推进这个计划的进一步的指导。

第 一 部 分

位置与学科

1. 修辞学与解释学

汉斯－格奥尔格·伽达默尔

在尤吉乌斯学会讲座的语境中，人们很难找到一个论题听起来 45
会比修辞学和解释学更不恰当。因为尤吉乌斯的与众不同之处——并不只是在莱布尼茨的眼中（莱布尼茨把自己看作是尤吉乌斯这个十七世纪科学的伟大开拓者的盟友）——乃是决定性地脱离辩证法和解释学的前进道路，转向经验主义和证明的逻辑（尽管清洗掉了奴隶般地尊崇亚里士多德的成分）。尤吉乌斯不仅是在以辩证法和修辞学为基础的人文主义的文化中被培养起来的；而且在后来，他依然赋予它预备性的价值，且把对“辩证法和解释学的能力”的强调看作是重要的，特别是对于护教神学（polemical theology）来说（参阅他 1638 年与雅克·拉古斯的通信）。当然，这个表述出现在书信中，并且更多地具有教育和外交的意味而非真正的评价，因为尤吉乌斯实际上是想使他以前的学生对方法论和科学的逻辑产生兴趣。但即使如此，他的灵活态度也表明，对于那个时代科学界的一个大人物来说，修辞教育依然是理所当然的事情。只有在这一背景
上，我们才能开始估量类似于尤吉乌斯这样的新科学态度的先驱的 46
特殊贡献。

然而，“修辞学”具有它自己的主题兴趣，而不只是作为任何想去理解人文科学的认识论命运和科学命运的人们——这些人在浪

漫主义精神科学（Geisteswissenschaften）的形式中被构造之前——的背景。在这个关联中，解释学理论的角色或多或少是次要的，它远没有修辞学的古代、中世纪和人文主义的传统那么重要。作为三艺的一个部分，修辞学引导着一个由于如此明显而几乎不为人注意的生活。然而，这意味着古老的历史科学中不引人注目的变化开始逐渐为新历史科学开辟了道路。解释学理论的历史经历了路德、梅来希顿和弗兰西斯在抵制对路德新教的特伦托宗教会议式反宗教改革攻击的过程中所得到的发展，以及经历了理性主义的最初阶段和与之相对的虔信主义（pietism）阶段，直到浪漫主义时代历史世界观的崛起：这一历史不是作为一种认识论和科学理论而展开，而是在由宗教改革所引发的神学争论的压力下展开的。这的确是现代的历史的人文科学的首要问题，正是出于对这一历史的追问，威廉·狄尔泰和约金姆·瓦赫写出了这部历史。

现在，与前理解概念相连的解释学真理在此发挥作用。甚至对解释学历史的研究也被前理解的普遍解释学法则所支配。通过导论，我们能在三个例子中看到该法则的影响。

第一个例子正好构成了狄尔泰“对解释学历史的研究”一文的基础，该文是作为年轻学者的狄尔泰撰写的由柏林科学院选出的获奖论文。之前这篇文章只有一小部分连同 1900 年的删节版为人所知，直到最终通过马丁·雷德克尔对狄尔泰的《施莱尔马赫传》的未完成的第二卷的编辑，其全文才于 1966 年得以发表。[①] 在该文中，狄尔泰对弗兰西斯做了精湛的、引证丰富的说明。通过运用逐渐自觉意识到的历史意义尺度和批判的历史编纂学的科学方法的尺度，狄尔泰检查了弗兰西斯的解释学理论并对之做出了评价。依此尺度，弗兰西斯既展示了对真理的天才预见，同时又令人费解地陷

---

① 威廉·狄尔泰，《施莱尔马赫传》（*Leben Schleiermachers*），2：595。

入了狭隘独断主义和空洞形式主义。如果事实上在阐释圣经时，除了通过自由主义时代（狄尔泰属于这个时代）的历史神学所认可的问题外，不能提出其他问题，那么关于这个主题就没什么好说的了。如果像施莱尔马赫那样，人们把“心理的”解释放在突出位置，那 47
么运用到新约解释中，从上下文来理解每个文本及抵制独断论压力的值得称赞的意图将最终导致教规的解体。因为这样的话每个新约的作者都依语境的解释学立场被看待，这就损害了支撑着新教教义的“唯有圣经”原则。狄尔泰含蓄地认同了这一推论。这构成了他对弗兰西斯批判的基础，因为他把弗兰西斯的释经缺陷归结为后者对整个圣经或教规做了非历史的和抽象逻辑的理解。类似地，教义学和释经之间的张力在狄尔泰其他方面的观点中得到体现，特别是在他对弗朗茨的批评和对圣经上下文整体对于个别文本的优先性的坚持中得到体现。由于狄尔泰，在过去的半个世纪中对历史神学的批判——它在福音启示（kerygma）的概念中达到顶点——已经使我们更易接受教规的合法性，以及由此而来的弗兰西斯独断兴趣的合法性。

在诠释学历史的研究中，前理解的作用在 L. 盖尔德赛策对独断论和探究型解释学所做出的区别那得到进一步的体现。[①] 通过区分受教义束缚的阐释、由机构及其权威所固定的阐释和特定处境下对文本的非独断、开放、探究的阐释（它包含阐释的任务，通向不明确［non liquet］的结论——这种无明确结论是一种中性现象），解释学历史呈现出这样的形式：这种形式抛弃了现代科学理论所塑造的前理解。尽管新的解释学承认神学的独断论兴趣，但把法学解释学（juristic hermeneutics）放在更优先的位置，法学解释学以独断的方

① 参见盖尔德赛策在重版梯鲍特和弗兰西斯的诠释学时非常富有教益的导言，第 XXX-XLIII 页。

式把自身看作就是去实行已经在法律中固定的法规。然而这里存在一个问题，即法学解释学可能误解了它自己的本性，在揭示法律的努力过程中，它忽略了法学阐释的探究要素，并把法律解释学（legal hermeneutics）看作本质上是将一个案例归属于已经确定的普遍法条之下。这里，最近有关法律和案例之间的辩证关系的洞见——它在黑格尔那获得有决定意义的支持——已经改变了我们对法律解释学的前理解。判决的角色总是从源头处就限定了归属模型。判决实际上通向了正确阐释法律的终点（而不只是正确地运用法律）。这对于圣经的阐释（以及，加上必要的修正，对古典著作的阐释）更为适用，因为它们摆脱了各种实践的目的。正如“信仰的类比”对于圣经阐释来说不是独断地固定或预先确定的，同样，把古典文本传递给既定读者的语言也是如此，它也不应被理解为用客观性的认识论概念规范人们的思想，或被理解为把文本的典范性仅仅看作狭隘教条体系的臆构。独断和探究的解释学之间的区别在我看来本身就是独断的，它应该成为解释学消解的对象。

48 第三个前理解的有趣类型——它使解释学历史在特定的光线下呈现——主要由哈索·耶格在关于早期解释学历史的博学的文稿中给出。[①] 耶格把“解释学”这个词的首次使用归于丹恩豪尔，指出丹恩豪尔用阐释的逻辑扩展了亚里士多德的逻辑观念。他把丹恩豪尔看作人文主义的“文学界（res publica literaria）”[*] 在理性主义使之僵化前的最后一个代言人，而非理性主义和现代主观主义把它们的有害要素从施莱尔马赫，经由狄尔泰，传播到胡塞尔和海德格尔（或者等而下之的人）那里。令人惊奇的是，作者既没有提及人文主义

① 哈索· 耶格，“studien zur fruhgeschichte der hermeneutik”，《概念史档案》（*Archiv für Begriffsgeschichte*），18（1974）：第 35-84 页。

* “文学界”指 18 世纪人们所设想的不受地域和国别限制，由文人组成的、想象的“共和国”概念。——中译者

运动与“唯有圣经”的宗教改革原则之间的关联，也没有提及修辞学在整个阐释难题中所扮演的关键角色。

现在毫无疑问，正如狄尔泰清楚意识到的那样，这个宗教改革原则自身，和它的理论辩护一样，与广义的人文主义实践相吻合，这一人文主义实践远离经院教育学及其对教会权威的诉求，而是要求阅读原典自身。而且，这一原则还处于更大的人文主义上下文，即对古典作品的再发现中，这些古典作品当然特别指的是西塞罗的古典拉丁文。然而，这不仅仅是一个理论的发现；它同样是一种模仿（imitatio）的功能，是古典演说术和风格学的革新。于是修辞学成为无所不在的。

然而关于雄辩术（declamation）的复兴，有一些奇特的现象。在没有它的古典空间——城邦（polis）或共和国（res publica）的情况下，古典演说术的复兴如何可能？罗马共和国终结之后，修辞学失去了它政治上的核心地位，到中世纪时期它构成了受教会监视的学院文化的一部分。若不经过极为激烈的功能转换，修辞学不可能经历人文主义所力图达到的那种复兴，因为古典时代的重新发现与两件具有重大后果的事情相关联：印刷术的发明，以及随着宗教改革而来的阅读和写作的大规模普及，后者与普遍祭司的教义（the doctrine of universal priesthood）* 相联结。由此开始了一个进程，它经过多个世纪之后，最终不仅消灭了文盲，而且同时通向了默读文化，这种默读文化使口头语言乃至大声朗读的语词降到次要地位。这是一个巨大的内向性（introversion）事件，我们只是在最近，在大众媒介开启了新的口头表达通道后，才真切地意识到这一事件。

因此，修辞学的人文主义复兴——它更多地依赖于西塞罗和昆

* “普遍祭司的教义”也即“信徒即祭司”，指教会的每个成员都被赋予了宣讲和阐述基督教的权利义务。——中译者

体良而非亚里士多德——很快把它的源头抛在后面，进入了改变其外观和作用的新影响范围。它的全部理论形态可被概括为或然性逻
49 辑，并与辩证法构成一个不可分割的整体。如此，它就从逻辑形式主义学派和以权威为基础的神学教条中摆脱出来。然而，或然性逻辑强烈地受到逻辑标准的限定，以致从长远来看它不会危及以亚里士多德《分析篇》为典范的必然性逻辑的优先地位。

因此，类似于古典时期的修辞学与哲学之争在文艺复兴时期再次重演。然而，这次不再是哲学，而是现代科学和与之相适应的判断、推理和证明的逻辑挑战修辞学的合法性和适用范围，并且最终取得胜利。

对新科学的压力的一个深刻见证乃是，甚至在以其传统自傲的那不勒斯，吉安姆巴蒂斯坦·维柯也感到捍卫修辞学的必要性。① 当然，维柯为之辩护的修辞学的教育功能一直存在——尽管较少在雄辩的实际实践中和重视它的专门技能中，而更多在使修辞学传统重新面向对古典文本的阅读方面。

然而，一些新的东西最终在这里发生，即便只是在对古代演说术的研究中：也即，一种提供了对文本阐释（textual interpretation）的说明的新解释学。现在，就某方面而言修辞学和解释学是密切关联的：说话的能力和理解的能力一样，是人的自然能力，都无须有意识地运用规则就能充分地发展起来，只要把自然的天才和恰当的培养和训练结合起来就能起作用。

因此，当古典修辞学仅仅指人们撰写演说词时的自觉实践，并且由此把演说术区分成法律、政治和仪典（/展示，epideictic）类型，就是对修辞学内容的根本性限制。在这个关联中，非常有特点的是，

① G. 维柯，De ratione studiorum（《论我们时代的研究方法》（*On the Study Methods of Our Time*），Ithaca: Cornell University Press, 1990, Elio Gianturco 译。

“德意志的导师”梅来希顿增加了一个新的类别，即 didaskalikon（学术）或教育演讲。①然而，更加与众不同的是，梅来希顿认为修辞学（古典的优美讲话艺术［ars bene dicendi］）的恰当用处，恰恰在于年轻人不能缺少良好的阅读艺术——也即，理解和评判讲话、长时间争论、特别是书籍文本的能力。②最开始，这听起来单纯像是学习和培养发言的意愿（readiness）的一个辅助理由。但在梅来希顿的表述过程中，如此这般的阅读——以及对宗教文本中所发现的信仰真理的传递和占有——逐渐优先于模仿的人文主义理想。于是，梅来希顿的修辞学讲演决定性地影响了新教的教育体系。

这样，修辞学的任务就转向了解释学，虽然人们还没有充分意识到这种变化，而且“解释学”这个词还没有被使用。修辞学的巨 50
大遗产在许多关键方面对文本阐释（textual interpretation）的新兴事业发挥着影响。正如对柏拉图的学生来说，真正的修辞学不能离开有关事物的真知识（rerum cognitio），否则必然堕入绝对的虚无，③同样，人们在阐释文本时也预设了这样的前提：被阐释的文本包含了关于事物的真理。在人文主义时代的修辞学复兴初期，由于完全受模仿的理想所引导，这一点被看作是显而易见的。对于我们正在思考的那种解释学类型来说，情形的确如此，因为对梅来希顿，以及对新教解释学的最初创建者弗兰西斯·伊吕里库丝来说，对圣经的理解的神学争论是最根本的动因。基于这样的原因，是否理解的技艺被要求揭示诸如一个错误句子的真实含义，这样的问题根本不

---

① ［菲利普·］梅来希顿全集，［*Opera quae supersunt omnia*, ed. C.G.Bretschneider, Halle: Schwetschke and Sons, 1846; rpt. New York: Johnson Reprint, 1963］，第十三卷，［*Ad historiam profanam et philosophiam spectantia*, part 4 : Elementorum rhetorices］，第 423 页以下。

② 同上书，第 417 页。

③ 同上。柏拉图，《斐德罗篇》（*Phaedrus*），第 262C 页。

会提出来。十七世纪，伴随着方法论意识的兴起，这一处境发生了改变——在这点上扎波雷拉（Zabarella）发挥了很大影响——与之相关的，科学理论中的解释学根据也发生了变化。我们能够在约翰·丹恩豪尔那观察到这一点，丹恩豪尔把修辞学放逐到附录中，并且试图通过借助亚里士多德的逻辑来为新修辞学奠基。当然，这并不意味着他所说的内容完全脱离了修辞学传统，因为后者实际上为文本阐释提供了模型。

如果我们接下来考虑梅来希顿，我们将发现路德的"唯有圣经"原则在他论修辞学的课程中是一个自明的前提，并且在其内容中扮演了一个角色，尽管它并不支配论证的整个流程，整个流程完全按逍遥学派的方式被引导。正如我们已经描述的，梅来希顿完全是在修辞学对阅读方面的新用途角度去为修辞学的含义和价值辩护的。"因为没人能内在地理解冗长的阐述和复杂的争论，如果他不依靠一种告知他部分如何编排、讲话者的意图和说明澄清晦涩内容方法的艺术。"[1] 这里梅来希顿当然也想到了神学争论，但当他将修辞学与辩证法紧密地联系起来时，他完全遵循了中世纪的亚里士多德和人文主义传统；这意味着没有给它分配特殊的领域，而是强调其普遍可适用性和效用。

"第一和最重要的事情乃是话语的主要内容和核心观点，或者如人们所说，话语的意图（scopus）。"[2] 因此，梅来希顿从亚里士多德伦理学的方法导论中借用了一个概念，它成为后期弗兰西斯解释学的一个主导概念。很显然当梅来希顿谈到希腊人试图在他们所
51 有书本（原文如此！）的开头提出问题时，他不再在狭隘的意义上思考说话。知道一个文本的基本意图对于充分理解文本是关键性的。

---

① 梅来希顿全集，第 13 卷，第 417 页以下。

② 同上书，第 442 页以下。

而且，这一点对于梅来希顿所建立的最重要学说，也即共同论题（loci communes）来说也是根本性的。他把它引为发明（inventio）的一部分，并且由此追随了古代论题（topic）的传统，尽管他很清楚地意识到其中所蕴含的解释学问题。他强调这个最重要的章节“包含了全部艺术的开端和终结，”[①] 而并不仅仅包括观点的汇集——这些观点是演说家或教师应该尽可能多地获取的；这些恰当搜集而来的论题（loci）构成了知识的整体。这等于从解释学角度对肤浅的修辞学论题（topics）所做的一个含蓄批判。[②] 另一方面，它又被用于为梅来希顿自己的做法辩护，因为他把早期新教教义建立在对圣经的关键段落的明智选择和收集的基础上：这就是 1519 年第一次面世的 loci praecipui（《首要论题》）。后来天主教对“唯有圣经”的新教原则的批判——即指责宗教改革者的原则不合逻辑，因为它构建了这些教条式的格言警句——并不完全是公正的。的确，选择总是暗含着阐释，而且由此有独断的意味，但早期新教神学的解释学特性在于，它的抽象独断教义是正当的，是依自圣经自身及其意图的。

“唯有圣经”的关键用意在于抑制寓意阐释（尽管相关于旧约，寓意阐释依然在某种程度上是不可或缺的，正如在所谓的类型学阐释形式中，人们依然能看到它起作用）。梅来希顿在阐释申命记和

---

① 梅来希顿全集，第 13 卷，第 470 页。

② 显然梅来希顿的学生们没有充分意识到这个问题。我在约翰纳斯·斯图姆《论拉丁语言的翻译方法》（*Linguae Latinae resolvendae ratio*）（1581）中找到如下文字：“在新时代我们这些门生积极致力于学习普遍论题。其中有一些我们是从埃拉斯姆斯（伊拉斯谟）所出版的关于研究方法的书中摘引出来的。我们满怀敬意回忆起的菲利普（梅来希顿）曾传授了一些共同论题，而另一些人也传授了另一些共同论题。我认为，我们不仅应当陈述关于德行和恶行的共同论题，也应当讲到所有事物的共同论题……这些共同论题可能有助于你们记忆或回忆。”［原文为拉丁文，这里的中译基本取自洪汉鼎在《诠释学 II 》中的译文，谨以致谢］可见，梅来希顿的学生们对收集论题时所包含的解释学维度不太清楚。

先知书时，明确援引路德的解经实践，这表明了他的原则依然起作用。梅来希顿说："这并不只是传达寓意而已，但是首先，历史自身与信仰和著作的 loci communes（共同位置）有关，只有这样寓意才源自这些论题（loci）。但人们若不是博学多识，就不能够遵循这一进程。"[①] 甚至这种妥协也印证了我们的如下理解："唯有圣经"原则依然具有根本的地位。

我们能在后期解释学的原则中进一步识别出修辞学的要素，但可能不需要这么做，因为一般的考察就能实现这一点。修辞学与阅读的新任务有关。相对于口头话语，书写或再造的文本被剥夺了讲话者着意提供的各种阐释的辅助手段。这些都能够被归于恰当强调的概念之下。理解的整体性被纳入准确强调的理想情形中——尽管从没有完全实现，每个人都知道以真正恰当的语调说出一个句子是
52 多么难。丹恩豪尔曾正确地评论道，书面的"文学作品实际上没有别的办法能使之被理解，除活生生的教师外。没有这样的帮助，谁能够真正理解修道士们的古老手稿？只有在演讲者对相关的句号、顿号、冒号的规定的基础上，标点符号才能够被理解。"这段文字证实，标点符号为阅读所提供的新帮助依赖于受修辞学支配的古老构思艺术。

然而，整个问题直到虔信派解释学出现后才得到真正完全的理解，虔信派解释学源自奥古斯特·赫尔曼·弗兰克，并且通过 J. 兰巴赫及其追随者而得到发展。因为正是在这里，古典修辞学中的古老篇章，即情感的唤起，才第一次被当作一个解释学原则。情感植根于心灵的最深处，内在于所有话语；我们都很熟悉这样的经验："以不同的情感和肢体语言讲话，同样的语词意思变化很大，有时会有完全不同的意义。"这样，对所有话语的情感调谐（affective

① 梅来希顿全集，第 13 卷，第 452 页。

modulation）（特别是布道）的承认就建立在由施莱尔马赫所建立的“心理学”阐释的基础上，以及最终建立在所有移情理论的基础上。例如，如兰巴赫所说：“阐释者需要如此地呈现作者的精神，以致他逐渐变得像他的第二个我。”

然而，这是后话了。第一个解释学的自我意识已经由宗教改革运动中的弗兰西斯实现。他还首先是一个语文学家和人文主义者，这是由路德和宗教改革运动所争取到的。他无可争辩的成就在于运用解释学捍卫了路德的“唯有圣经”原则，使之经受住了三位一体神学家的攻击。他对圣经的优先性的捍卫似乎不得不在两条战线上同时发起战斗：一方面，反对西塞罗式的人文主义理想，这一理想并不适合圣经；另一方面，反对反宗教改革的指责，后者认为除非在教会传统教导的帮助下，否则圣经一般来说是不可理解的。不通过后者的独断的钥匙去打开圣经，正是弗兰西斯撰写所谓《圣经指南》（*Clavis scripturae sacrae*）的基本意图。这里他彻底地考察了圣经困难的根源，并且因为这一努力（以及因为对基督教父的丰富知识），他还从他的天主教批评者理查德·西蒙那收获了讽刺性的赞扬。现在，对弗兰西斯来说，基于“唯有圣经”的整体原则，圣经中最重要的困难不在于用陌生语言写成的文本向理解提出的一般困难。对于陌生语言这个方面，弗兰西斯做了充分的阐明，因为他是一个卓越的希伯来语和希腊语学者，因而在这个领域很内行；从根本上说，造成困难的更重要原因是宗教方面的：“根据神圣的教义，所有人
天然地不仅愚笨；而且，他们还强烈地趋向于相反的意义；我们不 53
仅没有能力去爱它、荣耀它和理解它；我们还认为它是愚蠢的和不虔诚的，并且对之退避三舍。”

这里，所有解释学的一个核心动机，也即，克服和同化陌生性的任务，获得了一个特殊的乃至唯一的表现形式，与之相比，所有其他文本陌生性类型——无论是语言的、历史的视角，还是表达形

式的陌生性——都是次要的。因为这里所涉及的是新教教义的原初动机：律法（law）与恩典的承诺之间的对立。如果我们由于这一教义的兴趣而称以此为基础的解释学是独断的，我们就太轻率了。当然它（这一核心动机）的确试图帮助基督教信仰和福音启示的接受，但它很少是一个纯粹解释学的成就。它在于完善"唯有圣经"的新教原则和为它辩护，它的应用证实了仅仅通过信仰来保证的宗教假设。

通过现代科学理论和科学性标准的偏见来看待文本阐释的任务是一个不自然的、狭隘的视角。具体阐释的任务从不仅仅是某些话语的意义的逻辑—技术的转移，后者与言说内容的真理完全不相干。任何理解文本的尝试都意味着接受它所提出的挑战。它的真理主张因此是整个阐释事业的前提预设，即使当更好的理解导致对这个句子的批判并表明它是错误的。我们也能在弗兰西斯构思他的解释学的方式中看到这点。他知道福音启示所提出的挑战意味着什么。在他看来，列举正确理解圣经的所有必要条件既不是多余的，也不是独断的。这里所涉及的，举例说来，不只是我们将倾听上帝语词的虔诚期待，如弗兰西斯所要求的，更是我们的灵魂摆脱所有烦恼的条件，在所有困难情形中这一点显得格外必要。或者说，除了记住我们并不完全理解的事情，"希望上帝将有一天让我们明白"这一建议外，他还给出另一个对每个读者真正普遍且有效的建议：首先要牢记整个文本的 *scopus*，即目的和意图。

这种一般建议不应归结为圣经的独特性要求；毋宁说，通过运用它们，上述要求得到更恰当的突出。"我们必须牢记，这本书不仅包含一般书通常包含的学说信条，而且还包含了律法和福音二者。当然，这两者的本性彼此相对立，但它们仍是和谐的，因为当律法暴露我们的罪恶时，它间接地鼓励我们接受（来自救世主的）宽恕。"
54 甚至这也是一个解释学问题。它意指圣经要求一个特殊类型的同化，也即信仰者对福音消息的接受。这就是圣经的意图（scopus），据此即使当有人仅仅作为一个历史学家，或一个无神论者来处理圣经，把它看作是虚假的——例如在马克思的立场上，也必须遵循这一意图。这类文本和所有其他文本一样，也必须根据它的意图来理解它。

在每个情形中——但特别是在复活圣经以使其福音得到更新的传道中——阅读和阐释圣经都隶属于福音的传道要求。解释学意识需要懂得这一事实，而且这并不能证明弗兰西斯的解释学理论是独断的。它提供的无非是对路德所建立的"唯有圣经"原则的充分理论支持。当弗兰西斯把宗教文本当作信仰福音来理解时，他的解释学理论并不违反有关正确阐释的人文主义原则和语文学原则。它并不要求内容方面的独断假设，这种独断假设不是源自新约文本，而是相反拥有超越于它的权威。弗兰西斯的整个解释学遵循这一原则，只有上下文才能真正决定个别语词、段落等的意义："Ut sensus locorum tum ex scopo scripti aut textus，cum ex toto contextu petatur"（段落的意义都应当得到研究，不管它是从著作或文本的目的而来，还是从整个语境而来）很清楚，这里是反对所有不是基于文本的教理（doctrinal）传统的论战前沿阵地。弗兰西斯和梅来希顿一样跟随路德，警惕寓意解释的危险——这是一个基于事实的结论。Scopus totius scripti（整部著作的意图）的原则正是被用来防止人们屈服于寓意解释这一诱惑。

更仔细地考察这个问题可以揭示，修辞学的古典概念性隐喻在此可使圣经避免屈从于教会的独断式教理（doctrinal）权威。Scopus（意图）被当作文本的头或脸（Gesicht），这一点仅从标题上就可看出，但首先可从思路的基本线索中显现出来。这个意见采纳、拓展了有关 dispositio（安排，组织）的古老修辞学观点。也就是说，人们必须对头在哪里、胸在哪里、脚在哪里，个体成员和部分如何构成一个整体的问题给予特别的注意。在这种联系中，弗兰西斯谈到了文本的“解剖学”。这是纯粹的柏拉图主义。不是语词和句子的单纯排列，而是每个话语都必须像有自身躯体的活的生物一样被组织起来，而不会缺胳膊少腿；内在和外在都和谐地存在并服务于一个整体。这就是《斐德罗篇》（264c）所说的。甚至当亚里士多德描述悲剧的结构：hosper zōon hen holon（正如一个作为整体的生物）时，[1]他也是遵循这一修辞学构造。我们德语的表述“das hat Hand und Fuss”（有手有脚）也来自这同一个传统。

55 说修辞学的本质在技艺或技术的可表达规则中并没有被穷尽，这也是纯粹的柏拉图主义（并且亚里士多德已经为这一事实提供了说明和基础）。在柏拉图《斐德罗篇》中受到批判的那些修辞教师从事的是先于修辞学本身的事情。因为修辞学的真正技艺既不能与真理的知识，也不能与“灵魂”的知识相脱离。借此柏拉图意指听者的精神处境，以及话语为了说服的目的所要唤醒的听者的情感和情感。这就是《斐德罗篇》所要教导的，因而整个修辞学迄今为止在日常会话中都遵循着 argumentum ad hominem（为了人的论辩）这一原则。

而今，的确，在理性主义时代和17、18世纪所展开的新科学时代，修辞学和解释学之间的纽带松弛了。最近，哈索·耶格以其显著的方式唤起了人们对丹恩豪尔的 Idea boni interpretis（好的阐释者的理想）概念所扮演的角色的注意。[2]丹恩豪尔似乎是第一个以术语的方式使用“解释学”这个词的人，而这显然可溯源至亚里士多德工具论中的同名篇章。这表明丹恩豪尔是在推进和实现亚里士多德在《解释篇》中所开启的事业。正如他自己所说，他致力于“通过增加一个新城市的方式来扩展亚里士多德工具论的疆域。”于是，他的工

① 亚里士多德，《诗学》（*Poetics*），23.1.1459a20。

② H. 耶格，“解释学前史研究”，载《概念史档案》（*Archiv für Begriffsgeschichte*）18（1974），第35-84页，特别是第41页以下。[此注释为第二版所加]

作以逻辑学为指向。作为一个更远的部分，一个更广的哲学科学的逻辑学，意味着取代阐释，并且以如此普遍的方式取代，以致它将优先于神学解释学，以及类似的，法学解释学，正如逻辑和语法优先于所有特殊的运用。因此丹恩豪尔略去了所有他称为雄辩阐释的东西，也即略去了人们用文本所力图达到的应用和效用，以及一般被称为 accomodatio textus（文本的适应）的应用和效用，并且他试图通过解释学，使人们在一般理解时能实现等同于逻辑的绝对可靠性。这种对新逻辑学的倾向，引导着他把解释学与分析逻辑平行起来，并且公开强调后者。逻辑的这两个部分（分析的和解释学的）都必须与真理有关，两者都教导我们如何避免谬误。但是它们通过以下事实而被区分开来：解释学教导如何发现一个错误句子的真正含义，而分析能从真的前提推出真的结论。于是，前者只是与句子的"含义"有关，而与所说内容的正确性无关。

丹恩豪尔非常清楚这里所存在的困难：作者所意指的意义不必是清楚和单义的。这恰恰是人性的弱点：一个单个的讲话可以有许多含义。但他主张，经过足够的努力这种多义是能够被消除的。丹恩豪尔提出解释学的理想就是去改变，也即使不合逻辑的话语变得合乎逻辑，从这里我们可以看出，在这个问题上他的思想带有多么强的理性主义色彩。他建议，关键在于把这种话语（例如诗性话语）放置在恰当的光线下，以便它不能迷惑任何人。在丹恩豪尔看来，56
它的真正位置乃是在逻辑的话语、纯粹的叙述、范畴的判断和恰当的讲话方式中。

如耶格那样把这样一种逻辑学的倾向吹捧为解释学理想的真正实现，在我看来是错误的。作为 17 世纪早期斯特拉斯堡的神学家，丹恩豪尔把自己看作是亚里士多德工具论的学生，正是工具论使他从当代辩证法的混乱中摆脱出来。然而，如果我们考虑到丹恩豪尔与科学理论的联盟关系，并且仔细检查他所说的内容，我们能够看到他几乎共享了新教解释学的所有主张；而且如果说他忽略了与修辞学的关系，那不过是因为他在这点上依赖弗兰西斯，他认为后者已经对问题的这个方面给予了充分的注意。事实上作为一个新教神学家，他明确承认修辞学的重要意义。在《圣经解释学》一书中，他整页地引证奥古斯丁以表明圣经不能被描述为（如从西塞罗修辞学理想的视角看来那样）只是质朴的；毋宁说它具有一种适合于具有最高权威的，近于神圣的人的特殊类型的雄辩。我们能够看到，修辞风格的人文主义标准在这里依然保持着它们的效力，因为基督教神学家们（就像奥古斯丁）只是通过捍卫圣经的最高修辞标准来反对它们。这样，凭借新的内容，解释学方法论的自我理解的理性主义重新定向所带来的东西，在根本上并不影响建立在“唯有圣经”原则基础上的解释学事业的实质。丹恩豪尔常常卷入充满争议的神学问题，并且如同其他路德派教徒那样，强调解释学的能力以及理解圣经的可能性是所有人共有的。对他来说同样，解释学能力的培养可作为抵御天主教徒的手段。[①]

然而，不管人们按照逻辑学的典范还是按照修辞学和辩证法的典范来塑造他们的方法论自我意识，解释学的技艺（Kunst）都具有超越所有特殊应用形式（如圣经的、古典作品的、法律文本的）的普遍性。它同时被包含在这两个方向中，并且在Kunstlehre（技艺的规则）这一概念及其发展历史（最先由亚里士多德引入该概念）所包含的特殊疑难中有其基础。相对于techne（技术）或Kunstlehre（技艺的规则）的“纯粹”情形，修辞学和解释学表现为特殊情形。这两者都与整个语言领域有关，而不是与确定和有限的生产的领域有关。与之相关联，它们差不多都不断从人讲话和理解的自然普遍能

① 上面所提到的斯图姆无疑依赖于亚里士多德。斯图姆实际上提醒耶稣会士“他们（指耶稣会士）比神学家还更亚里士多德派”。

力向讲话和理解规则的有意识运用过渡。但还有另一个从现代科学 57
或技术（techne）概念角度无法看到的重要方面：即要把“纯粹技艺”和日常实践的自然和社会的处境分开，这只是在有限程度上才是可能的。在修辞学情形中，这意味着与自然处境和自然实践相隔离，仅仅学习和懂得规则无助于任何一个人获得真正的雄辩；并且反过来，这意味着，仅仅遵循规则而没有任何适当内容的话语仅仅是空洞的诡辩。

把这点转移到解释学上，我们发现，好的阐释艺术与一个特殊的居间类别，也即固定在书写或印刷中的话语有关。一方面，这意味着理解变得更困难了，即使词汇和语法都不构成障碍。死的语词仍有待在活的讲话中被唤醒。另一方面，这种固定意味着理解变得容易了：被固定的内容保持不变，因而人们可以反复地去试图理解它。然而，这里的关键不在于单纯计算固定化的有利之处和不利之处。解释学与阐释文本有关，而不论文本被用做大声朗读还是默读，就此而言，在上述每种情形中阐释和理解的使命都与书写的艺术协同合作。因此在口头文化的早期阶段，一种书写的特殊技艺被建立起来，从而为领会口头陈述提供文本基础。这是一个重要的文体上的装置，它在希腊和罗马的古典时期都发挥了决定性作用。随着默读的普遍增加，特别是随着印刷术的出现，标点和分段等阅读的特殊辅助手段变得可能和必要起来。显然，对书写技艺的期待也发生了改变。塔西佗在《对话集》中提供了对雄辩术衰落的解释，与此解释平行，印刷技艺也可以解释史诗文学的衰落和书写艺术的变更（它与阅读艺术中的变更相对）。我们可以看到修辞学和解释学与手工艺人模式的知识有多么大的区别，后者与 Kunstlehre（techne，技术）的概念相关联。

在施莱尔马赫那里，甚至在 Kunstlehre（技术）它被运用到修辞学和解释学中去时，这个概念所包含的疑难也依然存在。理解和阐释之间的相互作用就像讲话和演讲（giving speeches）之间的相互作用。在这两种情形中，规则的有意识运用所起的作用是从属性的，因而在修辞学和解释学中，如同在逻辑学中，更适合谈到理论的意
58 识的实现——也即，给予它们一个“哲学的”说明——它与任何功能性应用没有多少关系。

这里有必要回想亚里士多德的实践哲学在其中所占据的特殊位置。它被称作 philosophia（哲学），这个词通常指一种“理论”而非实践的兴趣。然而，正如亚里士多德在他的伦理学中所强调的，它不是一种以单纯知识为目标的努力，而是一个 arete（德行）——也即，某种追求实际存在和行动之目标的东西。现在，我觉得非常值得注意的是，这里应该谈到同样的事情，即亚里士多德在《形而上学》第六卷中称为 poeitike philosophia（创制哲学）的东西，后者显然把诗学和修辞学包含在内。创制哲学也不是技术知识意义上的单纯 techne。两者的确都依赖于人的一个普遍能力。与 technai（技艺）相比，它们的特殊地位显然不是如实践哲学的观念那么清楚，实践哲学的观念以交锋的方式在与柏拉图的善的观念的对比中得到刻画。此外我认为，它可以看作与亚里士多德的如下思想吻合，即诗哲学的特殊位置能够通过与实践哲学相类比而得到规定。无论如何，历史已经证实了这种关系；因为与制造和生产事物的特殊方式相比，三艺——它被分成语法、辩证法和修辞学（并且诗学被包含在修辞学的标题之下）——拥有一个与实践哲学类似的普遍性，因为它们一般地与实践（praxis）和统治它的理性类型相关联。三艺的这些组成部分没有要成为科学的要求，它们是“自由的”技艺——也即，它们属于人的此在的行为基本形式。它们不是这样的东西：人们从事或学习它们，以便使自己成为掌握了它们的人。这种教化（bildung）的能力属于人自身的可能性，属于每个人所是或所能是的东西。

正是这一点最终体现了我们所思考的修辞学和解释学之关

系的重要意义。阐释的技艺和理解的技艺都不是一个特殊的技能，即那种人们能够获得它以便成为掌握它的人的技能，如专业的口译者之类；毋宁说它们属于人自身。在此意义上，所谓的 Geisteswissenschaften（精神科学）恰如其分地具有人学（humaniora）或人文科学之名。这一点可能由于方法的垄断和具有典型现代性特征的科学而变得模糊不清。然而，实际上，一个给予科学以及以此为基础的技术以领先地位的文化绝不能完全打破人得以在其中构成的社会 Mitwelt（共在世界）这一更大框架。在这个更大的框架中，修辞学和解释学具有一个无可置疑和涵盖一切的位置。

约埃尔·魏因斯海默 英译

60

2. 修辞学—诗学—解释学

保罗·利科

此标题下研究的困难源于如下倾向：这三门学科如此地彼此交错，使得它们被一个覆盖整个领域的总体性目标所引导。什么领域呢？话语的领域，它在比句子具有更为广泛的意义结构中进行表达。通过这个限制性的条件，我希望在比从句子层面考察话语理论更高的层次上定位这三个学科。基于这个单一的目标，话语的定义不是我研究的对象，尽管它构成我研究的前提。我要求读者假定在话语中意义的第一单元不是语词的词典形态下的符号（如同埃米尔·本尼韦斯特、罗曼·雅各布松、J. L. 奥斯汀和约翰·塞尔所认为的），而是句子，也即，一个谓词和逻辑主词统一的复合体（或者，用 P. F. 斯特劳森的范畴来说，统一了谓词的特征描述行为和设定主体的认定行为的复合体）。由此，考虑到语言在它的基本单元中的运用，语言可由如下表述所定义：“某人对某人关于某事说了什么”。某
61 人说：一个言说者使一些事情发生，也即，使一个表达、一个说话行为发生，这个表达的语用力量（illocutionary force）依据准确的构造规则，交替地把它制作成一个表述，一个秩序，一个承诺。关于某事说了什么：通过把一个含义合并到一个指称上，这个关系对如此这般的表述做出限定。对某人：通过说者那些指向对话者的语词，表述被转化为一个交流信息。这一表述向语言哲学提出了任务，要

求在这些协调的功能中区分三个它所建立的主要中介——人与世界之间的中介，人与其他人之间的中介，人与他自己的中介——以使语言不把自己当作它自己的目的。

正是在话语（它被理解为一个单位，它的意义在句子的层次上被发现）的这个共同背景上，这三个学科被突显出来，我们下面将比较这三个学科各自的彼此冲突和互补的目标。通过它们，话语呈现出恰当的意义，也即，通过远比句子更大的意义单位使一个表达（articulation）得以呈现。我们这里试图确定的类型学不能还原为奥斯丁和塞尔所提出的类型学：的确，依据表达（utterances）的以言行事的力量（illocutionary force），言语行为的类型学仅仅建立在话语的句子层面上。因此，一种恰当话语的新类型学，也即，一种高于命题内容（hyperphrastic）的、话语运用的新类型学，被置于言语行为的类型学之上。

修辞学

修辞学是相关于语言的话语运用的最古老的学科。它诞生于先于我们时代的六世纪的西西里岛。[①]

一些主要的特征刻画了修辞学。这些特征中的第一特征规定了修辞学的核心，从它出发，其他特征的范围得以显露。在估量修辞学覆盖语言的话语运用的整个领域的野心时，这个第一特征不应被忽略。话语的特定的典型处境对界定修辞学来说是第一位的。亚里士多德规定了三个典型处境，它们分别针对审议（the deliberative）、庭辩（the judicial）和展示（/仪典，the epideictic）

① 编者按：下面这句被删掉了：此外，佩雷尔曼教授在他的整个著作中，并且直到在《修辞的范围》（*The Realm of Rhetoric*）一书中赋予它最简洁的表述，都把修辞学当作他探索哲学话语本身的向导。

这三个类型。三个场合也由此被指明，它们分别是：议会、法庭和纪念聚会。特定的受众因此构成了修辞技艺的优先适用对象。它们都包含着与对立话语的竞争，在这些对立话语之间做出选择是很重要的。在每个情形中，关键是使一个判断战胜另一个判断。在每个处境中，人们都必须在这些争执中做出选择。甚至在展示性类型中人们也能谈到广义上的诉讼或审判。

修辞技艺的第二个标准在于论辩（argumentation）所扮演的角色，
62 也即，一个处于必然约束和偶然任意之间的论证模式。在确凿证据和诡辩之间，有或然性论辩的地带，亚里士多德把或然性论辩的理论归于辩证法，由此使辩证法成为“矛盾修辞法（antistrophe）”，也即辩证的辩驳（the rejoinder of dialectic）。正是在上述三个话语典型处境中，我们应该区分出合理的（reasonable）话语，它处于证明话语和暴力（它隐藏在纯粹蛊惑话语中）这两个端点的中间点上。我们已经能看到论辩如何能一步步地征服实践理性的整个领域（在那里，无论事关伦理、法律还是政治，做出更好的选择都要求深思熟虑）乃至整个哲学领域——当修辞学得到彻底的思考时，我们将看到它是如何征服哲学领域的。

然而，第三个特征抑制了贸然扩大修辞学地盘的野心：对听众的定向并没有完全被话语的论辩制度所抛弃；论辩的目标依然是说服。在这个意义上，修辞学能被定义为进行说服的话语的技术。修辞的技艺乃是关于运作着的［agissant，活动着的］话语的技艺。说话者渴望获得他的听众的同意，而且如果处境合适，他还渴望鼓动听众以他想要的方式去行动。在这个意义上，修辞学同时是以言行事（illocutionary）和以言取效（perlocutionary）。

但如何进行说服？最后一个特征有助于我们准确地描绘修辞技艺的轮廓，此轮廓辐射的“所在地”意外地显露出来。言说者对听众的定向暗示着他的说服开始于他和听众共享的传统习俗观念

（conventional ideas）。在这点上，论辩没有什么创造性功能：它把暗含在前提中的论点传递到结论中。推理过程中的全部居间技巧（而且，这个技巧可能非常复杂和精致）是听众真实或被预设的一致同意的一个功能。

最后，我们必须提一下雄辩术（elocution）和风格，现代人有把修辞学简单等同于它们的强烈倾向。然而，我们不能忽视雄辩术和风格，恰恰是因为对听者的定向。风格的外观——措辞和比喻的转换——把说服的技艺延伸为取悦的技艺，甚至当它们服务于论辩而并不堕落为单纯装饰之时。

对修辞学位置的这个描述显而易见地暴露了修辞学的野心。修辞学从未停止在可能失宠的威胁和企图与哲学并驾齐驱的总体化要求之间摇摆。

先看失宠的威胁：我们刚刚所描述的所有特征都预示在修辞话语中存在一定的缺陷和趋于病理的倾向。从辩证法到诡辩的转移勾画了柏拉图眼中修辞学的最重要倾向。从说服的技艺不需跳跃就能过渡到欺骗的技艺。对被普遍承认的观念的初步同意转换为浅薄的前见；取悦的技艺过渡为蛊惑的技艺，而后者无非是话 63
语的暴力。

政治话语的确最容易陷入上述误用。所谓的意识形态就是修辞的一种形式。但对于意识形态所说的东西必定也适用于修辞：它是最好的，也是最坏的。它是最好的：通过作为被普遍承认的观念，象征、信念和表象的整套系统保证了一个群体（民族、人民、政党，等等）的同一性。在这个意义上，意识形态是社会想象构造出的话语自身。但正是这同一个话语走向了堕落，只要它与关于奠基事件的最初说明丧失联系，并且成为为既定秩序辩护的话语。我们离马克思所谴责的掩饰和误导的功能并不远。因而，正是意识形态话语表明了修辞技艺的堕落路径：从对进行合理性辩护的最初奠基的重复，到不诚实的歪曲。

然而，修辞学有两个倾向：一个是堕落，另一个是升华。正是在后者这里修辞学的总体化要求得到辩护。修辞学的全部赌注在于论辩的技艺，此论辩技艺处于或然的、自由的、被目前为止所描述的社会约束所限制的方向上。

对我们曾称之为典型处境（连同它们的特定观众）的替代在两个阶段发生。在第一阶段，整个人类秩序被归于修辞学领域统辖，因为被当作日常语言（ordinary language）的东西无非是在日常交谈处境中的自然语言的运作；现在，交谈使特定的旨趣（interest）发挥作用——特定的旨趣真正作为情感（passion），即亚里士多德在《修辞学》第二部分中致力于阐明的那些情感。因此，修辞学成为“人，十足的人”的话语的技艺。但这不是全部：修辞学可能为了它的主人地位而向整个哲学提出权利要求。我们只需要在所有哲学中考虑诸第一命题的地位：由于它们被假设为无法证明的，只能从被衡量为最有力的立场那出发，所以，它们要在或然和论辩的旗帜下活动。这就是查伊姆·佩雷尔曼的整个工作中所主张的。对他来说，修辞学、论辩和第一哲学这三个领域是交叉的。

我不能说修辞学这个无所不包的主张是非法的，甚至也不能说它是可以被反驳的。我只是希望首先强调两点：在我看来，修辞学既不能从典型处境（这个典型处境离析出修辞学的源生位置）中解放出来，也不能从规定它的终结的意图那解放出来。涉及最初处境，不要忘了修辞学已经对典型处境中语词的公共使用的管理提出了权利主张，这些典型处境被政治、法律和庆典聚会所规定。相较于这些观众，哲学家的受众——佩雷尔曼自己也承认——只能是普遍的
64 受众，也即，实际上是所有人类，或至少其中有能力和有理性的代表。这个超出典型处境的外推法恐怕在话语领域中对应着一个根本的改变。就说服的目标而言，它根本不能升华到真正的哲学讨论的

无旨趣的熔点。当然，我不是天真到去相信哲学家能完全从诸约束，从影响我们讨论的病理学那解放出来。但仍然需要考虑哲学讨论的目的，在哲学讨论的最诚实的形式中——这种形式在上文所描述的典型处境（如果它等于我们所说的普遍受众）中普遍存在——它超越了说服的技艺和取悦的技艺。

这就是为何我们有必要考虑话语的其他构成位置、其他构思技艺和推论语言（discursive language）的其他目标。①

诗学

如果我们不把自己局限于修辞学和诗学（在以节奏和韵律写作的意义上）的对峙上，那么似乎很难将这两个学科区别开来。如果我们再一次回到亚里士多德，就会发现 poiesis（诗学）意味着话语的生产或制造。但难道修辞学不也是一门创制（composing）话语的技艺，因而不也是 poiesis（诗学）吗？而且，当亚里士多德考虑那使悲剧、喜剧或史诗得以被理解的融贯性时，他不是说行动的聚合和并置必须满足逼真性和必要性吗？（《诗学》1154a. 33-36）更让人惊讶的是，他难道不是说，在追求或然和必然的意义时，诗学教导普遍性，因而被证明比历史更哲学和更严肃吗（1451b.5）？因而无疑，诗学和修辞学在或然性领域中彼此交汇。

但如果它们由此是彼此交汇的，这是因为它们从不同的源头而来并且朝向不同的目标。

根据亚里士多德，诗学所从之辐射开来的首要位置是诗人所创

① 在《修辞学的范围》（*The Realm of Rhetoric*, Notre Dame: University of Notre Dame Press, 1982）中，佩雷尔曼为类比、典型、隐喻的论辩形态——它属于我在后面称之为诗学的范围——提供了位置。他也给阐释程序——它属于后面要谈到的解释学学科的说明——提供了位置。

造的虚构故事（fable）或情节（plot）——当他为了情节插曲（episodes）而从传统叙事中借来材料时。诗人不仅是语词句子的艺术家，而且是作为虚构故事的情节或者说作为情节的虚构故事的艺术家。这个内核的位置——我称之为辐射的原初地点或诗歌模式的外推法的原初地点——对于下面谈到的修辞学与诗学的对峙十分重要。乍看起来，这个地点是很受限制的，因为它仅仅覆盖了史诗、悲剧和喜剧。但恰恰是这个最初的参照标明了诗学行为和修辞行为之间的对
65 立。诗学行为是虚构情节的创造；修辞行为则是论证的精心构造。的确，在修辞中有诗，以至于“发现”一个论证（《修辞学》第一部分中的 euresis［证据］）和一个真正的创造是等同的。同样，在诗中也有修辞，以至于对于每个情节，人们能够发现一个与之相应的主题或思想（dianoia［思想］是亚里士多德的表述）。但两者的着重点不一样：在严格的意义上，诗并不争论，即使它的角色会去争论；而论证只是当有助于情节的进展时才仅被用于刻画角色。修辞学家并不创造任何情节或虚构故事，即使有叙事要素被包含在例证的呈现中。论辩依然在根本上依赖于或然的逻辑，也即在亚里士多德（而不是柏拉图或黑格尔）意义上的辩证法的逻辑，以及论题的逻辑，也即 loci（论题）或 topoi（论题）的理论，论题这里指修辞论辩中有关适应于典型处境的习俗观念的设计。另一方面，虚构情节的创造在根本上依然是人类行为领域的一个想象性重塑——亚里士多德用术语 mimesis，也即创造性模仿来指这个想象或重塑。不幸的是，一个漫长的、抱有敌意的传统已经误导我们把模仿思考为复制或相同事物的副本。由此我们对亚里士多德《诗学》中的关键断言缺乏理解，根据这个断言，史诗、悲剧和喜剧是人的行为的模仿。然而，恰恰是因为 mimesis（模仿）不是一个复制而是通过创造性想象实现的重塑，亚里士多德才没有自相矛盾。当他通过编织情节（emplotment）来规定模仿、把情节自身规定为“偶然事件的安排”

（sustasis）时，他极好地做了自我说明。（《诗学》，第 6 章）

那么什么是诗的首要内核？它是 poiesis（诗）、muthos（情节）和 mimesis（模仿）三者之间的关系，换言之，是“生产 / 虚构故事 / 情节 / 创造性模仿”的关系。作为创造性行为，诗逼真的模仿达到了产生 muthos（情节）、虚构情节的程度。正是这个情节的创造对立于论辩，就论辩是修辞学的生成内核而言。修辞学的野心因它对听众的注意和对传统习俗观念的尊重而受到限制，与之相对，诗学则指向创造性想象在这个领域中开放出的崭新天地。

这两个学科之间的另一个区别源自最后一点。我已经不仅通过它的方法（论辩）而且通过它和典型处境的关系和它的劝服目标刻画了修辞学的特征。在这两点上，诗学与之区别开来。史诗或悲剧诗的观众通过吟诵或戏剧表现而被凝聚起来。观众不是扮演相互竞争话语的仲裁者角色，而是经受诗所带来的净化过程。Catharsis（净化）应当被理解为医学清除和宗教净化的平行物：此净化乃是通过富于理解地参与诗的情节（muthos）而完成的纯化。最后，净化必 66
须对立于说服。相对于所有的蛊惑或奉承，净化在于两个基本情感（即恐惧和怜悯）的想象性重塑，借此我们参与到任何伟大的事迹中去。在某种程度上，恐惧和怜悯反过来通过这个想象性重塑（人类行为的创造性模仿正是凭借着情节 [muthos] 而属于该重塑）而被隐喻化。

由此也就表明了，诗学也具有它的辐射位置：诗学（poiesis）/ 情节（muthos）/ 模仿（mimesis）的内核。从这个中心出发，诗学能辐射和覆盖与修辞学相同的领域。在政治领域中，当意识形态打上了修辞学的标记时，乌托邦则打上了诗学的标记，以至于乌托邦无非是被相信为具有改变我们生活之能力的社会寓言的创造。那么哲学呢？难道它不也是在诗学的阳光照耀下诞生的？难道不是黑格尔自己说，哲学和宗教的话语具有相同的内容，区别仅仅在于一个是概念，另一个是表象（Verstellung）——它实际上是叙事和象征体系的囚徒？难道佩雷尔曼不是在《修辞的范围》的“类比和隐喻”这一章（尽管只是很小部分）中为我做了辩护？谈到类比、模型和隐喻的创造性方面时，他这样总结道：“哲学思想缺乏经验的证明，它通过论证而发展起来，这个论证旨在具有在一个世界观中被当作核心要素的某些类比和隐喻。”（第 125 页）

诗学的中心目标是想象的转换。通过它，诗学搅起作为修辞论辩之前提的习俗观念的沉淀世界。与此同时，这个想象的打破力量还动摇了说服的秩序。从此开始，它变得较少致力于解决争议，而更多地与产生新的确信有关。由此，如黑格尔所知，诗学的局限在于，与概念相比表象的软弱无力。

解释学

第三个学科的奠基和辐射的原初位置是什么？我将从解释学作为阐释文本的技艺这一定义开始谈起。的确，只要使文本和读者分隔开来的地域、历史和文化的距离造成了误解的处境——这个误解的处境只能在多维阅读，也即多义的阐释中被克服——那么就需要这一特殊的技艺。在这个基本条件下，阐释（它是解释学的核心主题）被看作是多重意义的理论。

关于这个开头的插语，我说几点。首先，为什么强调文本或书
67 写作品的概念呢？难道在谈话中，在语词的口头交流中就不存在理解问题吗？难道在所谓的对话中就不存在误解和不理解吗？当然存在。但对话者面对面的在场允许通过问答游戏逐渐地矫正彼此的理解。相对于问答游戏，存在一种交谈的解释学。但这将只是一个前解释学，因为语词的口头交流并不揭示那个只有书写才会导致的困难——也即，当书写从它的说话者那里分离出来之后，话语的意义就不再与说话者的意图相吻合。自此以后，作者想说的东西和文本

意指的东西经历着不同的命运。文本，根据柏拉图的《斐德罗篇》，是已经失去了它的辩护人（它的父亲）的孤儿，它要独自面临接受和阅读的历险。对于这个处境，解释学家威廉·狄尔泰明智地提出把阐释（interpretation）这个术语保留给文本的理解，它的话语被书写所固定或被储存在文化的历史遗迹（它把意义借给某种铭写的支撑物）中。

那么，何种文本？正是在这里，阐释工作的原初位置（lieu originaire）——如果它要区别于修辞学或诗学的原初位置——必须得到确认。有三个位置已经依次显现了出来。第一，在我们的犹太教—基督教文化中，有圣经经典。这个起源（位置）如此具有决定性，以至于许多读者不禁把解释学等同于圣经释经学。这种等同甚至在这个被限定的框架（也即圣经）中也并不完全正确，因为释经在于对一个得到严格界定的文本的阐释，而解释学是有关阐释规则的次级话语。然而，把它认作解释学的第一个原初位置并不是没有原因或影响的。我们的“figure（图形，轮廓）”概念，如同埃里希·奥尔巴赫（Erich Auerbach）在他著名的文章“Figura”中所分析的那样，很大程度上是最初基督教解释学的附属物，它依据新联盟（the New Alliance）的宣告被运用于对希伯来圣经的事件、人物（characters）和制度（institutions）的重新阐释。随后，圣经的四个意义的繁复建筑伴随着希腊教父和整个中世纪解释学而得到发展。四个意义即阅读的四个层次：字面的或历史的、譬喻的（tropological）或道德的、寓意的（/讽寓的，allegorical）或象征的、奥秘的（anagogic）或神秘的（mystical）。最终，在现代人那里，一个新的圣经解释学通过古典哲学科学与古老释经学的合并而得以产生。正是在这个阶段，释经学上升到它的真正的解释学层次，也即，它去承担把文本相对于一个不再对我们存在的文化处境而呈现的意义核心传递到现代文化处境中去的使命。

现在，我们开始懂得，这个疑难问题的概貌就是：如我之前所
68 描述的，对源生于文化距离的误解的斗争，这个疑难不是圣经，或者更一般地说，也不是宗教文本所特有的。自此以后，去阐释就是根据含义（meaning）等值的假定规则把意义（signification）从一个文化语境那翻译到另一个文化语境中去。正是从这一点上讲，圣经解释学与其他两种解释学形态融为一体。的确，早在文艺复兴时，特别是自 17 世纪以来，古典文本的语文学就构成了独立于释经学的第二个自治的阐释领域。如同在前者那一样，含义的恢复在这里被揭示为含义的提升、转移或翻译（如我们刚刚所说），它不受时间和文化距离的影响，或毋宁说受惠于它。释经学和语文学共享的这个难题源自文本和语境之间的特殊关系，在其中文本据说能够自身解语境化（decontextualize），也即，在保持假定的语义同一性的同时，把自己从它的原初语境中解放出来，以便在一个新的文化处境中重建语境（recontextualize）。由此，解释学的任务在于处理这个被假定的语义同一性，唯有这个语义同一性才包含着含义的解语境化和重建语境的源泉。翻译，在这个词被宽泛理解的意义上，充当了这个危险活动的模型。认出解释学的第三个位置使我们有机会更好地理解这个活动包含着什么。我们这里说的是法律解释学。一个法律文本不会不需要一个阐释的过程——法理学（jurisprudence）——它在成文法的空白处，特别是在未被立法者预料到的新处境中进行创新。法理学因而提供了一个同时作为传统的创新之模型。正好佩雷尔曼在法律和法理学之关系方面是当今最卓越的理论家之一。现在，认识到这第三个解释学位置也为丰富阐释概念提供了机会，如同在前两个位置那它被建立起来那样。法理学表明文化和时间的距离不仅是一个需要被填平的深渊，而且是一个穿过的中介。所有阐释都是组建着活的传统的重释。没有迁移、没有翻译就没有传统——也即，就没有一个阐释的共同体。

2. 修辞学—诗学—解释学

既然这就是解释学学科的三重源头，那么它与其他两个学科的关系是什么？我们再一次需要考察这一从越界和重叠一直延伸到无所不包的要求的现象。与修辞学相比，解释学也拥有论辩的阶段，因为为了更好地理解，它常常需要更多地解释，也因为它有调解相互竞争的阐释乃至相互竞争的传统的职责。但论辩阶段在解释学那里只作为一个更大筹划的一小部分，它显然不是依靠选择某个优先 69
的阐释去解决相互竞争，从而来重新创造一个单义性处境。在这方面，圣经的四重含义的例子非常具有指导意义；而且，在后者之前，早期基督教教派明智地选择允许四个真理（它们在意图和组织方面的差异是十分明显的）共存。面对这个解释学的自由，人们能够说，相比于其中一个论辩，阐释技艺的使命不是使一个观点压倒另一个观点而被接受，而是允许一个文本尽可能多地意指：不是去意指这件而非那件事情，而是去“更多的意指”，因而去使我们“更多地思想”（根据康德在《判断力批判》中的表述）。在这方面，解释学（如我所说，它的目标不是去说服，而毋宁说是打开想象的空间）在我看来更接近于诗学而非修辞学。在对含义剩余的要求中，也同时召唤着生产性想象。而且，这个要求与翻译、迁移的工作是不可分离的，后者则与从一个文化空间过渡到另一个文化空间的含义语境重建联系在一起。但为什么不说解释学和诗学是可以互换的呢？

人们也常常这样说，因为两者的核心都是语义创新问题——如同我在《隐喻的规则》中乐于表述的。然而，必须强调在解释学那和诗学那，此语义创新的运用之间的原初区别。我将在诗学自身的核心之处去揭示这个区别。

让我们回想一下，亚里士多德曾坚持把诗学等同于虚构情节的聚合和并置。由此，创新的工作存在于编造情节的话语整体之中。而且，尽管诗学被定义为行为的模仿，亚里士多德不再利用模仿的观念，好像它足以把虚构故事的想象空间从人的行动的真实空间那分离出去。这位哲学家建议说，它不是一个你看到的真正行动，而仅仅是行动的影子。这个模仿的分离使用而非指称使用如此典型，以致成为当代诗学中的流行观点，在那里情节的结构方面被保留着，而虚构的指称方面则被抛弃了。对抗结构的诗学是解释学需要面对的挑战。我愿意说，阐释的功能不仅是让一个文本意指其他东西甚或意指一切它能意指的东西和总是意指更多东西（用我们刚刚用过的表述），而且是去展开我现在所称的文本的世界。

我愿意承认，这个任务不被从施莱尔马赫到狄尔泰的浪漫主义诠释学所看重。对他们来说，解释学的问题是：使隐藏在文本后面
70 的有灵的主体性重新现实化，以便使他们自己与那个主体性成为同时代并与之等同起来。但这条道路在今天已经行不通了：通过把文本考虑为一个含义的自治空间，以及在这个纯粹的文本意义中进行结构分析，这一点已经毫无疑问。但供替代的选择不在于心理分析的解释学或结构 / 结构 主义史学。如果文本的后门，也即文本作者的传记这一侧，已经封闭了，那么文本的前门（也即，文本所公开的世界方面），如果我可以这么说的话，则被打开了。

我非常清楚这个论证中所包含的困难，我在《隐喻的规则》一书中对此做了辩护。尽管如此，我坚持主张指称力量不是描述话语才有的特征。诗歌作品同样指向一个世界。如果说这个论证看起来很难得到辩护，不过是因为诗歌作品的指称功能比描述话语的指称功能要更复杂，甚至在某种意义上说，是吊诡的。的确，诗歌作品只有在描述话语的指称被推延的情况下才展开一个世界。于是诗学作品的指称力量通过推延话语的一级指称而呈现为二级指称。由此诗学指称，正如雅各布森所说，具有双重（dédoublée）指称的特征。在文学批评中被广泛接受的这个命题——即在诗歌中语言仅有与它自身的关系——包含着某种真理。通过加深使符号和事物得以相分离的鸿沟，诗学语言陷入自我狂欢。由于这个原因，诗歌一般被看

作是无指称的话语。我在这里坚持的论题并不否认这一点，毋宁说建立在它的基础之上。假定指称（这里指描述话语的规范所定义的那个指称）的延迟是更基础的指称模式得以建立的消极条件。

人们依然会反对说，文本的世界也是文本的一个功能，是它的所指，或用本尼韦斯特的话说，它的 intenté。然而，解释学的环节是思想的劳作，借此文本的世界面对我们依照惯例所说的现实性，以便去重新描述它。这一面对现实可能包括了从对真实的拒绝乃至毁灭到对真实的变形（metamorphosis）和变样（transfiguration）。这里发生的情形如同科学中的模型，科学模型的最终功能是重新描述最初的待解释事物（explanandum）。重新描述在诗歌中的等价物乃是积极模仿，这种积极模仿（mimesis）是诗学话语的纯粹结构理论所缺乏的。在阅读的空间中，文本的世界和（简单地说，）世界之间的影响乃是生产性想象的全部维系所在。它造成了虚构所特有的我敢于称之为生产性指称的东西。

正是牢记着这个使命，解释学才能反过来提出总体化或甚至极权主义的主张。无论在任何地方，只要含义在一个传统中构造自身 71
并要求一个转译，那么阐释就开始工作。在阐释起作用的任何地方，语义创新都是至关重要的。而且在我们开始去“更多地思想”的任何地方，一个新的世界都同时被发现和被发明。但这个总体化的要求必须进一步服从于批判的尝试。解释学必须被带回到这个要求所赖以提出的核心之处，也即，一个活生生传统的奠基性的文本那。现在，一个文化和它的文本源泉之间的关系受到另一种形式的批判：即被法兰克福学派和它的后继者，卡尔–奥托·阿佩尔和尤尔根·哈贝马斯所阐明的意识形态的批判。解释学所易于忽略的是语言、劳动和权力之间的更为根本的关系。对于解释学来说，语言好像是一个自身没有源泉的源泉。

这个从源头上对解释学展开的批判同时是其他两个科学的权利

得以被认可的前提条件。我们已经看到，这些学科是从不同位置辐射开来的。

总之，在我看来，人们应该使这三门学科在其各自的出生地（它们的每一个不能还原为另一个）中互相不被干扰。不存在一个将要总体化修辞学、诗学和解释学所覆盖的整个领域的超级学科。由于没有这个不可能的总体化，人们就只能定位这三门学科之间的值得注意的交叉点。但每个学科都自己为自己辩护。修辞学保持为就观点进行争辩，以说服听众认同一个主张优于另一个的技艺。诗学则依然是致力于扩展个体和集体的想象的构造情节的技艺。解释学则保持为在一个不同于作者和文本的原初读者的语境中阐释文本的技艺，以发现现实性的新维度。论辩、塑造（英文：fashioning，法文：configurer）和重新描述：它们是三个主要的［话语］活动，它们各自的总体化目标是相互排斥的，但它们的原初地点的有限性迫使它们相互补充。

英文本编者按：下面这些作为论文的首段，被删去了："下面的研究源自 1970 年在比利时的高等研究所所做的一个演讲，［查伊姆］佩雷尔曼教授出席并主持了该演讲。这个演讲稿之前未被发表，很荣幸受到［佩雷尔曼的］朋友和弟子的邀请，使我有机会向佩雷尔曼教授致敬，数十年来他是布鲁塞尔的哲学大师。"

罗伯特·哈维 英译

3. 论解释学经验的悲剧性 73

杰拉尔德·L. 布伦斯

崩溃和失败揭示了事情的真正本质。

——卡尔·雅斯贝尔斯，《悲剧的超越》

解释学由涉及下述问题的问题家族组成：在理解任何事物——不仅是文本，而且包括事物之如何是——的过程中，发生了什么？这不同于有关如何使理解发生的一般问题，如何在人缺少理解的地方，以产生一个含义或一个陈述的方式产生理解的一般问题。对于解释学来说，理解不是（或不仅是）含义的理解；毋宁说，用隐喻的方式表达，含义是文本投射到我们试图去理解的主题/实事（subject，Sache）上的光线。不是把实事当作思想的一个对象或概念规定的产物或目标去考虑，而是当作一个来到或面对你的一个问题去考虑——它不是一个你自己发明的问题，而且一个你可能并不知道如何用语言去表达的问题，就像从生命的开端起就徘徊和隐现的恐怖和死亡问题。没有人编造这样的问题；而是这些问题侵入、逼近我们，而我们只是发现自己暴露（expose）在它们面前。思想的实事（Sache）常常感觉它自己恰恰乃是上述此种尚未有语词的问
题；正是它抵制概念的框架，并使人们在它的侵入面前目瞪口呆。 74
解释学必须处理这些侵入。然而，解释学不是阻止或战胜它们的一

个方法。情形并不总是：在理解中所发生的是人们在把握或解决了它的意义上理解了某物。所发生的（也发生的，或恰恰发生着的），乃是人们总是面对着理解自身的界限——用伽达默尔的话说，理解自身的有限性（finitude）或历史性，情境。

在作为他与德里达交锋一部分的“文本与阐释”一文中，伽达默尔通过“他人之他者性的不可穿透性”来描述这些界限。[①] 对于施莱尔马赫来说，解释学的任务还只是（说明该如何）去理解他人，犹如从他人自身的主观环境内部出发去理解。然而，在伽达默尔之后，我们要说，在理解中，我们遭遇了在其他者性中的他者，这个他者不是作为在另一个时间和位置中的对象，而是作为抵制我们的认识的把握，或要求我们放松控制、打开我们紧攥的拳头的东西。它是不会在我的面前被对象化的东西。无论我以伦理的方式把他人当作一个人（莱维纳斯），还是深思熟虑的、以彻底沉思的方式把他人看作一个课题，如同语言问题（海德格尔）那样，在理解中所发生的乃是，我总是经验到他人拒绝被包含在我为它准备好、或我自己的时间和位置已经为它准备好的概念装置中；并且，这种理解理所当然地改变了我自己与这个框架的关系，而非我的自身关系或我自己的立身之处（standing）。因此人们能够说，在理解中所发生的与其说是他人的熟悉性，毋宁说是自身疏异。人们完全可以说：在这个理解事件中，人们卸去自己防护，或者说使自己不仅暴露在自己与他人的陌生性相关联世界面前，也暴露在他人面前。

很难说这是何种经验，然而，这部分是由于经验概念的局限性。当伽达默尔的《真理与方法》第一次出版（1960年）之时，作为被珍视的理念之一的经验观念，已经开始从我们的概念视野中消失。

---

① 汉斯－格奥尔格·伽达默尔，“文本与阐释”，载《解释学与现代哲学》（*Hermeneutics and Modern Philosophy*），Albany: State University of New York Press, 1986，Brice Wachterhauser 编，Dennis J. Schmidt 译，第385页。

结构主义的发展是造成这种现象的一个原因，它把康德的先验主体的理论重新设计为内在于它的结果的一个总体系统的概念。从此以后经验就只是一个关于表层结构的隐喻。而且，结构主义为对马克思、尼采和弗洛伊德的强有力的新阐释提供了语言，保罗·利科将之概述为“怀疑的解释学”。关键之处在于，意识形态批判、解构和精神分析只有在各种德国精神哲学（在那里，经验概念是一个根本性范畴）的批判性衬托下才获得其完整意义。在德国唯心主义传统中，经验是创造性主体的领域。正是在其中我们形成了世界和我们自己。
例如，1957 年罗伯特·兰鲍姆指出，现代文学是“经验的诗学”， 75
也即，一个构造世界的诗学，取代陈腐文化遗产的新价值之形成的诗学。① 浪漫主义的箴言是：经验之外一无所有。但现在我们说：一切都在经验之外；经验是一个空的概念，一个错误意识的范畴。例如，历史从不在经验层次上发生。

论及经验的首要哲学家是威廉·狄尔泰，对他来说，Erlebnis（生命经验）——它通常被翻译为“lived experience（生活经验）”——是时间、历史和人类文化的基本单元。在这里，经验不是一个像桌子和椅子一样的现象或对象；它是在时间秩序之中的人的主体的生存，它自身不能如经验材料那样被对象化，因为人们不能站在时间性之外，在它经过时去观察它（如同威拉德·蒯因的“重现（passing show）”）。相反，人只能在反思中进入它，于是人所遭遇到的不是经验自身，而是经验着的主体所产生的反思构造物。

浪漫主义意义上的经验本质上是表现性的（expressive）。它生产出有关它自己的作品或叙述，以使所发生的一切有可能被再次经验。这个再次经验——狄尔泰称之为 Nacherleben——是解释学的任

① Robert Langbaum,《经验的诗学：现代文学传统中的戏剧独白》（*The Poetry of Experience: The Dramatic Monologue in Modern Literary Tradition*），New York: Norton, 1963。

务，或更宽泛地说，是狄尔泰称之为精神科学（Geisteswissenschaften）的解释学学科的任务。在狄尔泰的理论那里，把解释学理解和科学说明区分开来的是：当我们保持着一个分析的距离时，理解不可能发生；理解总是意味着要亲身经历（living through）所被理解的。它的目标是不能被概念化或被还原之物，也即是在其全部独一性中的人的生命的可理解性。关键在于，在浪漫主义看来，需要被理解的从来不只是一个文本，而是另一个主体。文本总是被理解为在诸历史经验主体之间的一个中介。把我们与狄尔泰分离开来的是这样的思想和观念：人从不能穿过这些中介去再次体验产生它们的那个原初经验，一个中介单纯通向另一个中介。

现在在《真理与方法》中，在海德格尔浪漫主义主体的历史化的语境中，伽达默尔对狄尔泰提出了严厉的批评：他认为狄尔泰没有摆脱笛卡尔的理论，因为他认为主体是脱离于历史的，完全从内部维持自身的。这个批评并不完全公正，但 Nacherleben（再次经验）的确暗示了类似于脱离自身的解释学（out-of-body hermeneutics）的东西，借此阐释者能够离开他或她的历史性并进入他人的主体性。狄尔泰说："通过好像是以实验的方式把他自己的存在转换到一个历史的环境中，阐释者能够立刻……在自身中产生一个异质的生命（Nachbildung fremden Lebens in sich herbeizuführen）。"[①] 这一在自身中对他人的再造正是伽达默尔借助海德格尔的历史主义想要去
76 重新考察的。我们从未能使自己从我们自身的历史处境中摆脱出来。我们总是从我们自己的时间和位置内部出发去阅读他人。但在这种阅读中发生了什么？伽达默尔的观点是，我们总是遭遇到他人针对我们理解事物的方式的抵制，这个遭遇具有重要关键的后果。我们

① 威廉·狄尔泰，"解释学的发展"（1900），载《著作集》（*Gesammelte Schriften*），第 5 卷，第 330 页；狄尔泰，《选集》（*Selected Writings*），Cambridge: Cambridge University Press, 1976，H.P.Rickman 编，第 258 页。

不能在不对我们的自身同一性构成威胁的前提下，在自身中再造一个异质的生命。

的确，伽达默尔对狄尔泰的批判并没有否定经验而只是使经验回到真实的地面。伽达默尔沿着海德格尔对黑格尔的阅读路线工作——可能更接近海德格尔“黑格尔的经验概念”（1942—1943年，首次发表于《林中路》，1950年）一文的路线，而非他早期论黑格尔《精神现象学》的讲座（1930—1931年首次做出）的路线。前一个文本是对《精神现象学》中的十页内容（它构成黑格尔《精神现象学》的导论）的一个仔细审查，在其中经验被刻画为意识的一个颠倒（Umkehrung des Bewusstseins）。[①] 经验在这里是 Erfahrung，而非 Erlebnis，但它也意味着经历一个事件，而非只是作为一个旁观者对它做出反应。黑格尔强调他的理念“似乎并不与通常的经验所指的含义一致”（第79页/第55页），而且海德格尔着重指出，这是因为经验与经验知识无关，也不同于胡塞尔的现象学经验，在后者那里经验仍然可以还原为对象的自我明证。[②] 因为在黑格尔的理念中，没有什么东西在本质上被把握或被对象化；相反，一切都被剥夺（is taken away）。

黑格尔把 Erfahrung（经验）思考为意识的颠倒，意识把它提升到叫作哲学或科学的更高层次。这个颠倒的模式类似于哥白尼革命，

① G. W. F. 黑格尔，《黑格尔全集》（*werke in zwanzig Bänden*）（Frankfurt: Suhrkamp, 1970），第3卷，第79页；黑格尔，《黑格尔的精神现象学》（*Hegel's Phenomenology of the Spirit*），Oxford: Oxford University Press, 1977，A. V. Miller 译，第55页。文中的附注均为这些版本。

② G. W. F. 黑格尔，《黑格尔的经验的概念》（*Hegel's Concept of Experience*）（New York: Harper and Row, 1970），Kenley Royce Dove 译，第124-129页。参见胡塞尔，《经验与判断：逻辑谱系学研究》（*Experience and Judgment: Investigations in a Genealogy of Logic*），Evanston, Ill.: Northwestern University Press，1973，James S.Churchill 和 Karl Ameriks 译，第27-63页。

但在海德格尔看来，黑格尔主要对意识在这个事件中发现自身这一真理感兴趣。对黑格尔来说，经验作为倒转（Umkehrung）无疑是一个启蒙教化（enlightenment）的运动，黑格尔称之为“灵魂的一条道路，它走过……它自己的诸形态之旅程，好像这些形态是被它自身的本质所指定的诸站点，以便它能够为了精神的生活而纯化自身，并最终通过它自身的完整经验，而获得对它的如此这般的真实面目的自觉。”（第 72 页 / 第 49 页）但纯化的道路（一如既往）乃是通过痛苦和缺乏。意识关于它自身所发现的乃是它的关于这个世界的知识，因而是关于它自己的知识，而不是“真正的知识”。正如黑格尔所说，意识所经历的这个旅程，它的关于自身的经验，“对它来说具有一个消极的意义”。“这条道路能……被看作怀疑之路，或更准确地说，一条绝望之路。”（第 72 页 / 第 49 页）经验并不只是通向徘徊和不确定；它是一个“彻底的怀疑主义”（第 72 页 / 第 50 页），一个自我疏离，在其中“意识在它自己的手中遭受暴力”
77 （第 74-75 页 / 第 51 页）。不那么准确地说，经验本质上是反讽的，是一个自我揭示，就好像理性只能当它明白其愚蠢时才能发现事情及它自己的真理。

对伽达默尔来说，文本的理解通常具有一个颠倒的结构。在最基本的层次上，存在着“在文本面前愣住的经验”，它对于哲学或对于任何把握文本内容的努力都是根本性的。[①] 恰恰当我们以为我们已经懂得了文本的确定含义时，它让我们面对一些挑战我们既有理解的东西。在一个较高的层次上，如伽达默尔所说，经典文本“是某种抵制历史主义批判的东西”（第 287 页），也即，它拒绝被

① 汉斯－格奥尔格· 伽达默尔,《真理与方法》(*Wahrheit and Methode*), Tübingen: Mohr, 1965, 2d ed. ;《真理与方法》(*Wahrheit and Methode*), New York : Continuum, 1989, 2d ed. Joel Weinsheimer and Donald G.Marshall 译, 第 268 页。文中的附注为上述版本。

包含在我们的研究为它所安排的语境中；它总是冲破我们的解释，并且干预我们自身的处境。的确，阐释的历史中经常发生的主题乃是，对一个文本的理解在某种意义上总是需要转换为文本的思维方式，而这意味着在文本光线的投射下，我们总是被迫以重新阐释我们自己，甚至改变我们自己而告终。去理解一个文本不仅是去把握它的含义；也是去理解它向我们提出的要求。最常见的情形是，这个要求在强意义上是批判的，因为一个文本使我们暴露在自己的前见面前，这里伽达默尔的前见不仅意指我们的私人的、主观的性情（disposition），而且更重要的，意指我们所据有的、当我们努力弄清事情的含义时我们所诉诸的概念框架。比阐释本身更危险的是处于阐释之中。对于一个文本使寻求阐释它的人的概念世界发生爆裂来说，将会发生什么呢？

这正是《真理与方法》的“经验的概念和解释学经验的本质”一章中所讨论的问题，这一章在三十多年后依然是不刊之论。这里伽达默尔强调经验的否定性。通过解述黑格尔，伽达默尔把Erfahrung（经验）称为“实际起作用的怀疑论”（第353页），因为它对人们所知道的，甚或对人们之所是提出质疑，也即，将它们置于暴露的开放空间，此空间中的一切与通常情形不同。在经验之中，人并不获得经验自身以外的任何东西，在那里，被经验不同于占有某种客观和确定的东西；毋宁说，经验总是具有有限和拒绝的性质。这就是为何交流经验（例如父母把经验传递给孩子）是如此困难。在这个意义上，经验只能被保存在故事中；它不能被包含在命题中或得到矛盾律的授权。它具有格言谚语的普遍性而非原则的普遍性。它绝不是由规则所统治的。经验不可避免地是痛苦的，因为它承担着意志或欲望的失败，计划或期望、力量或筹划的破产，但这个破产也是一个开始，甚至是一种解放或解脱的开始。伽达默尔通过洞见来思考它，在那里洞见更多意味着“从某种已经欺骗我们和俘获 78

我们的事物那里逃脱出来（ein Zurückkommen von etwas，worin man verblendeterweise befangen war）”（第 338 页 / 第 356 页），意味着一个解脱，也即从一些在先的确定性或基础，一些词汇、框架或固定的自我理解那解脱出来，而不是意味着对某物的形而上学把握，然而也不意味着一个超越的阐明；或者说解释学经验总是承受着一个“认识论危机”，它呼唤对我们的处境或我们自己加以重新阐释——对已经被决定了的东西的批判性拆解。[①] 因此，解释学经验的否定性不只是微不足道的和反讽或逻辑上荒谬的；它是一种把我们放入开放和疑问地带之中的否定性。如果我们要问解释学经验看起来是什么样子，那么伽达默尔将十分确定地指示我们去看看柏拉图的对话，在那里我们看到苏格拉底使雅典文化名家（cultural experts）们陷入困惑或 aporia（窘境，疑难）之中。我们称 aporia 为“不可判定性”，但它就是伽达默尔的开放性所指的意思。开放性不是自由启蒙的开明态度，后者更多是不参与（disengagement）的一个前提条件，它来自脱离现实地反思自身。对伽达默尔来说，开放性是暴露（exposure）的一个条件，在其中人们的概念资源已经被人们所遭遇到的东西挫败。在这种事件中人们发现自己根本无

---

① 参见 Alasdair Mac Intyre，“认识论危机，戏剧叙事和科学的哲学”，*Monist* 60，no.4（October 1977），第 453-472 页。一个更多线性叙述而较少启发性的经验观，见 Günther Buck，《学习与经验》（*Lernen und Erfahrung*）（Stuttgart，1969），他沿用胡塞尔的“感知经验”的概念，在那里经验的否定性只是产生一个视域的改变或扩展，而没有任何决定性的转变。也参见 Buck，“解释学经验的结构和传统问题”，Peter Heath 译，*New Literary History* 10，no.2（Autumn 1978），第 31-47 页。Burk 说，视域的变化“作为一个从较狭隘和较特殊的视域到更广和更普遍的视域的过渡……而呈现自身。一个无效的期待，当其受到怀疑时，解放我们的视野，把它带入一个似乎在它之后出现的更具包容性的期待中。这个过程看起来是可以随意重复的。我们可以设想，不存在一个经验永远不能超出它的最终的视域。否定性经验所引发的理解总是被包含在更广视域的更高层次的稳定性中。”（第 38 页）但是“认识论危机”的观念意味着我们居于这些视域中的方式经历了一个断裂，并且要求对我们自己和我们的历史的重新阐释。

处藏身。现在，正如伽达默尔喜欢说的，洞见和承认成为不可分割的。

于是就有了悲剧与解释学经验的相关性，正如伽达默尔在引用埃斯库罗斯的箴言“pathei mathos”，即通过受苦来学习（第356页）时所暗示的。然而，学习什么？传统思想认为悲剧总是有关自身的知识，就如俄狄浦斯得知关于他自己的可怖的真相。但是严格来说，必定从不会有俄狄浦斯不知道关于自己的真相的时候。自身知识从不会是俄狄浦斯所缺乏的东西。他的问题在于自身知识总是不充分。更准确地说，他与他自身的关系既不是一个知道的关系，也不是一个相对于一自身的关系。俄狄浦斯所知道的是他的名字，也即，他为他自己所赢得的名字：俄狄浦斯，“比其他人都聪明/猜出生命之谜和天堂的道路”（ll. 第33-34页）。（不要忘了，他是因解决斯芬克斯之谜而著名的。）关于他的名字没有任何错误，正如戏剧的情节所肯定的，但是悖论在于情节正是通过使他疏离于此名字而肯定俄狄浦斯的同一性的。当俄狄浦斯被要求名实相符，仍然作为同一个人（再次）把忒拜从诅咒中解放出来时（他的确这么做了），这个自身疏离的过程就开始了；但这次他就是这个诅咒，因为事实上，他很清楚，尽管他还没有看到这一点——因为他已经不止一次听到，而且正是从德尔斐神庙的神谕那里听到，他的命运就是杀父娶母，否则为什么他从科林斯逃走？

俄狄浦斯从未误解他自己——他将永远是那个解决斯芬克斯之谜的人——但这个自我理解不能包含他的命运所铭刻的他者。俄 79
狄浦斯的故事与这个他者性的无法和解的实在相关，与关于作为命运的无从逃避相关。命运不仅是事件的无法逃避；它是同一性的他者性或实在，虽然我们努力想躲避它，但却必然要在十字路口遭遇到它。俄狄浦斯所最终需要承认的正是这个他者；这就是认知情节的含义。它所意味的、所涉及的恰恰就是：俄狄浦斯自身现在必须与这个他者同在，后者成为他唯一的社会和流放之地。似乎俄狄浦斯的关键在于他不再与我们等同，不再与他自己等同。等同性（sameness）正是他从这里而被放逐出去的地点；他不再能够保持相同，尽管关于他自己没有什么方面发生改变（除了他的自身阐释）。想想俄狄浦斯的解释学天才在于他能够通过看到他自己在其中，通过认识到他自己作为人（这个谜语的秘密）而解开斯芬克斯之谜；但这个戏剧情节把我们带到这一自我认知的分界线上。现在俄狄浦斯被要求去承认位于另一侧的、超出了自我认知的东西（他现在使自己失去了它），因为通过刺瞎自己他不再能够在他的孩子眼里看他自己，在那里认知意味着血缘关系。人们能够说，俄狄浦斯遭遇到了自我理解的界限，或者，说他的自我理解遭遇人类的界限也是一样，这就是说，可言说的界限。他变瞎的双重意义在于，他不再能看到的是作为我们之中一员的他自己。他懂得他自己乃是在他处，在超出了语言范围的地方。“即刻把我驱赶出我的疆界，在那里我 / 将是孤独的，无人与我说话”（ll.1375-1376）。但是俄狄浦斯总已经迈出了这个门槛。这就是命运的含义，它所铭刻的不是我们的同一性（在血缘关系的意义上），而是我们的差异（在下述标记的意义上：把我们挑选出来，分离我们的标记，就像“俄狄浦斯”这一名字所铭刻的差别：“跛足的”；以及在把他与他的命运联系起来的符号的意义上）。瘴气或污染是这一差异的社会形式，忒拜人不能承受它。俄狄浦斯是不由自主的。在他的他者性中，他是实在性。如果他多少理解了什么的话，这就是他所理解的。

斯坦利·卡维尔论悲剧的作品中最著名的那篇——“爱的逃避：论《李尔王》”将多少有助于我们阐明这一问题。卡维尔的观点是，在悲剧中我们发现伦理或怀疑论的真理，它是“人类生灵在作为一个整体的世界中的基础，它与这样的世界的关系，不是认知（knowing）

的关系，且无论如何不是我们所以为的认知的关系。”① 莎士比亚每部伟大的戏剧都开始于一个求确定的意志——追求世界的绝对确定的意志，人的心灵和感觉（senses）完全在场地拥有世界的意志，使之服从于人们的认知，因而把它带到或保持在我们的控制之下的意志。悲剧情节的教导在于：世界拒绝以这种方式服从我们。这个 80
拒绝可以概括为考狄利娅对李尔的回答（“没有，陛下”［1.1.89］），但也同样可以指获丝梦娜对奥赛罗的怀疑所施加于她的要求的难以企及，指奥赛罗或者知道或者摧毁的、获丝梦娜所无从逃避的他者性。卡维尔说，就像怀疑论者，悲剧英雄发现世界“恰恰伴随着使其呈现的努力而消失”（《否认知识》，第 94 页）他所学习的，或他所需要学习的，乃是放弃那个呈现（presentness）所要求的认知。但我们如何“得知我们所需要的不是更多的知识，而是放弃知识的决心呢？因为这在我们听来就好像我们被要求为了非理性而放弃理性……或者用迷信交换知识……这就是为何我们思考怀疑论必然意味着我们不能知道世界存在，以及由此，意味着并不存在世界（这是一个有些人表示赞赏而其他人害怕的结论）。然而，怀疑论所暗示的是，既然我们不能知道世界存在，那么它对我们的呈现就不能是一个认知（knowing）的功能。世界是被接受下来的；就像他人之心的呈现不是被知道的，而是被承认的。”（第 95 页）

承认乃是我们与作为历史性或限度的实在性之间关联的方式。这就是解释学经验中所发生的，在那里理解不是客观意识的成就，

---

① 斯坦利 · 卡维尔，《呼唤理性：维特根斯坦、怀疑论、道德和悲剧》（*The Claim of Reason: Wittgenstein, Skepticism, Morality, Tragedy*），New York: Oxford University Press, 1971，第 324 页。卡维尔论莎士比亚的文章已经收集在《莎士比亚六个戏剧对知识的否认》（*Disowning Knowledge in Six Plays of Shakespeare*, Cambridge: Cambridge University Press, 1987）一书中。后面涉及该书时，本文采用文中注的方式。另参见，Gerald L.Bruns，“斯坦利 · 卡维尔的莎士比亚”，*Critical Inquiry* 16, no.1（Spring 1990），第 612-632 页。

是一个开放性和可应答性质（answerability）的成就，在那里开放性意味着暴露。伽达默尔说，“经验教导我们去承认现实。”所被认可的是作为他者而非相同者的实在：这样的实在更多地是命运（Fate）而非事实（Fact）。伽达默尔说，“经验的真正结果是知道它之所是。但‘它之所是’在这里不是这个或那个事物，而是‘不能被消除的东西’［was nicht mehr umzustossen ist］（兰克）”（《真理与方法，第339-340页/第357页》）。悲剧是消除“它之所是”之外一切事物的东西。可以说，这是它的作为一个有关无从逃避之物的解释学的哲学的（无论如何，关键的）本性。如果想想莎士比亚的伟大戏剧，我们就会明白，悲剧性的学习（pathei mathos）通常是一个彻底的剥夺，在其中没有什么留给悲剧人物，一切都被带走，只留下一个人赤裸裸地暴露给实在性，好像整个呈现（presentness）的范畴或筹划都被颠覆了。被呈现给实在性的是什么？这是麦克白或李尔这样的人要知道的。《李尔王》的整个戏剧发展就是使李尔暴露在他自己的他者性面前。他的女儿们是第一个这么做的，但从一开始他就在对他的愚蠢的显露中遇到了他的他在：

> 李尔：这里有人认识我吗？这不是李尔：李尔是这样走路，这样说话的吗？他的眼睛哪里去了？他的智力必是衰了，或是他的头脑发昏了。哈！醒着呢？不会是的。谁能告诉我我是谁？（1.4.246-250）

81 （对此，李尔的弄臣模糊地回答：“李尔的影子”）但最重要的是李尔暴露在暴风雨面前的令人难忘的景象：

> 李尔：哼，你这样裸着身体在这样恶劣的天气里受罪，还不如死了好呢。人不过是如此吗？要好好盘算一下。你没有取

> 用蚕的丝，兽的皮，羊的毛，麝猫的香。哈！我们三个倒是虚伪的了；你才是本来面目；赤条条的人也不过就是像你这样的一个可怜的裸体的两脚动物罢了。脱下去，你这外借的东西！来，解开这个纽子。［扯掉他的衣服。］（3.4.105–13）

人们想说的是，解释学经验总是要求属于悲剧的暴露事件。卡维尔甚至暗示，暴露恰恰是在我们阅读悲剧文本时，发生在我们身上的事件。卡维尔说："我不止一次提出，在未能明白一个角色的真正位置之时，在此时刻，我们就正好处于他的处境之中，并且由此而卷入这个悲剧之中。"但是如何卷入的呢？"这个戏剧的媒介（medium）是什么？它是如何对我们施加作用的？"卡维尔认为，人们可以以这种方式描述："这个媒介把所有意义（significance）持续地保持在感觉面前，以便当我们曾经错失了的东西抓住我们时，这个发现能揭示我们曾经那样无知地任性、串通一气并且拒绝去看"（《否认知识》，第 85 页），也即，这是一个承认的失败而非释义（exegesis）的失败。卡维尔说，理解是一个悲剧性的行动，它"不同于在一首复杂的诗歌中领会含义（meaning）的经验，或发现一首抒情诗的意义（sense）的经验。后两种情形与认可（recognition）的激动、与亲密感有关，而与暴露的特殊意义无关。从无知到暴露的发展——我意指对无知的对待，无知不能通过获得信息而被治愈（因为它不是由信息缺乏引起的）——描绘了人的哲学动机的概貌；这就是人们称莎士比亚的戏剧是哲学戏剧的原因。"（第 85 页）

这看起来与《真理与方法》中所说的观点相近，在那里伽达默尔谈到悲剧效果，谈到悲剧（关于亚里士多德对悲剧的分析）占有它的观众并令其暴露给悲剧性经验的方式。伽达默尔持这样的观点：悲剧观众不是与悲剧的再现保持距离，而是相反被悲剧的再现所压倒和改变。因此亚里士多德谈到了悲剧在观众那里引起的怜悯与恐惧（eleos 和 phobos）。伽达默尔把这些情感理解为当我们看某人走向毁灭时，支配着我们的苦难和恐惧（apprehension），痛苦和恐怖。伽达默尔说，“苦难和恐惧［Jammer und Bangigkeit］，乃是外在于我们自身的绽出的模式，它表明了在我们面前彻底显现着的力量。”（第 124 页 / 第 130-131 页）然而，说悲剧是净化（Kathartic），它“纯化”我们的这些骚乱，这意味着什么呢？伽达默尔说：

82 在我看来很清楚，亚里士多德这里所想的是在悲剧中抓住观众的悲剧性哀伤。但哀伤是一种痛苦和快乐在其中奇特地混合着的慰藉和解脱。亚里士多德如何能把这一状态称为净化呢？情感（feeling）中的不纯因素是什么？而且在悲剧情绪（emotion）中它是如何被消除的？在我看来答案是：在被苦难和恐惧压倒时，包含着一种痛苦的分裂［Entzweiung］。存在与所发生事件的分离［Uneinigkeit］，对痛苦事件加以反抗的拒绝接受［Nichtwahrhabenwollen］。但悲剧性灾难的效果恰恰是去消除这一与所是之物［diese Entzweiung mit dem, was ist,what is］的分离。它造成了僵化心灵的全面解放。我们不仅从曾束缚我们的悲剧命运的苦难和恐惧的魔力中解放出来，而且同时从那些把我们与所是之物分离的一切事物那解放出来。（第 124–125 页 / 第 131 页）

在卡维尔的语言中，我们可以想象，悲剧的观众分布在“承认和逃避”之间的伦理平面上（《理性的召唤》，第 329 页），而且，悲剧行动（情节）的解决不只是意味着从灾难中摆脱出来，也意味着对“拒绝接受”的克服——伽达默尔把这点视作我们对在我们面前展开的所发生之事的独特回应（称之为我们对作为他者或命运的实在的独特回应：我们总是在逃离科林斯*）。再一次，悲剧知识更接近于卡维尔称之为承认和伽达默尔称之为解释学经验的东西，而非我们通常所以为的知识，也即作为概念表象的知识。伽达默尔说：“悲剧的哀伤所肯定的并不是如此这般的事件的悲剧过程，或意外降临到英雄身上的命运的公正性，而是对所有人都为真的存在的形而上学秩序。去看‘事情的具体过程’是观看者自我认识的方式，观看者带着新的洞见从他（像其他所有人一样）所生活的假象那里摆脱出来。悲剧的肯定乃是观看者借助含义的连续性（借此连续性他安放自身于其中）所获得的一个洞见。”（《真理与方法》，第125-126页/第132页）理解的关键是，悲剧的肯定不是优美的，它不仅意味着对困难的承认，也意味着对生活的恐怖的承认。因此悲剧知识承担着别的地方称作为“主体的批判”的任务。它是从错误意识中解放出来，这个解放不是通过方法论的分析或应用而得到，而是通过解释学经验，也即通过与现实性的他者性遭遇，或与拒绝被包含在我们的概念活动和结果之中（拒绝受其控制）的东西相遭遇而得到的。然而，解释学经验和批判的逻辑形式之间的区别只是悲剧和喜剧之间的区别、认可（recognition）的冷休克和从历史性束缚中解放出来的热情欢乐之间的区别。在悲剧的经验中没 83
有丝毫的舒适感，除了我们现在知道事情能有多糟糕。悲剧的宁静由惊喜之外的事物所构成（Tragic serenity consists of being beyond surprise）。

在古代，这是哲学的要求，即哲学单凭自己就将保护我们免受悲剧的侵扰。与之相对的要求是：悲剧治愈我们的哲学恶习。这出现在玛莎·努斯鲍姆的《善的脆弱性》一书中，该书试图把亚里士多德对悲剧的论述放在柏拉图中期对话所尝试构建的框架中，即去

---

* 科林斯是俄狄浦斯逃离的地方。——中译者

设想一种保护我们免于灾难（越过解释学经验）的生活。[①] 对柏拉图来说，善的生活的目标是达到理性上的自足，不受偶然事件或处境的影响，特别是使自己远离逆境（这就是说，远离其他人）。这并不是说，糟糕的事情不会发生在善或公正的人身上；而是这些糟糕的事情不能剥夺走他的泰然自若，他与自己在一起的在家之感；灾祸不能剥夺他的福祉和自身等同（self-sameness）。因此苏格拉底不仅不是一个悲剧人物；按照尼采对他的描绘，他是反悲剧的。我的意思是，柏拉图似乎已经打算创造一种悲剧永远不会发生在其身上的性格。苏格拉底式的善的生活乃是从怜悯和恐惧中解脱出来。苏格拉底从没有逃离科林斯。他绝不会在十字路口遇到自己。他者性从不属于苏格拉底。（回想《会饮篇》中与李尔相反的形象：苏格拉底数小时一动不动地站在雪中，对寒冷无动于衷。）他的无知绝不是灾难性的，（人们会说，）他的死亡也不是。然而，按照努斯鲍姆的解读，对亚里士多德来说，善的生活恰恰是不把自己封闭起来而去历悲剧之险；相反，危险对于善的生活是关键性的，恰恰是因为善的生活所要求的是开放性和对所不能控制的东西（也即，包含着行动、事件和他人的世界）的回应。如努斯鲍姆所言，对亚里士多德来说，存在着“核心人类价值”，例如友谊和公正，它“不

---

① Martha Nussbaum,《善的脆弱性：希腊悲剧和哲学中的运气和伦理》(*The Fragility of Goodness: Luck and Ethics in Greek Tragedy and Philosophy*), Cambridge: Cambridge University Press, 1986，特别应仔细阅读《安提戈涅》(*Antigone*)，第 51-82 页。参见努斯鲍姆对《安提戈涅》(*Antigone*) 第 70 页中的颂歌的分析：“因为那些经验悲剧的复杂性的人，他们经验悲剧乃是当并通过作为一定类型的共同体，而不是通过具有一颗颗远离其同伴的孤立的灵魂；乃是通过致力于共同或共享之物并使他们自己成为一个共进退的群体，而非通过达到一个孤独的沉思的高度，从后者那出发返回到政治生活，是一个痛苦的纡尊降贵的过程。”后文的引用采取文中注的方式。另参见我对努斯鲍姆的书的讨论，“在哲学之终点的悲剧思想”，*Soundings* 72，no.4（Winter 1989）：第 694-724 页。

能在没有弱点、危险、需要和有限性的生活中存在。它们的本性和它们的善乃是通过人的生活的脆弱本质而被构造”（第 341 页）。是否亚里士多德的立场像《安提戈涅》的颂歌（“没有灾难，就不会有什么伟大的东西进入凡人的生活。”）那么彻底，这是值得商榷的，因为他对生活的看法（类似于努斯鲍姆的看法）乃是喜剧的而非悲剧的，但他的善的生活的概念要求暴露于世界而非在哲学的苦行主义中封闭起来的，这就引导他到悲剧中去寻求完整的人的经验，好像这比绝对幸福（eudaimonia）的经验具有更重要的哲学意义。

当然，尼采认为恰恰在这点上，亚里士多德已经混淆了一切，不仅错失了悲剧的音乐基础，而且错失了悲剧的目的，它在我们中引起一个先验的快乐的经验：

> 读者不妨倾听自己的经验，想象一部真正音乐悲剧的真实 84
> 而纯粹的效果。……他将回忆起，他如何看着神话在他眼前展开，他感到自己被提高到一种全知境界，好像现在他的视力不再停留在表面，而是能够渗入到内部，仿佛他在音乐的帮助下，如视觉般清晰生动地感觉到意志的沸腾，动机的斗争，激情的涨潮。然而，尽管意识到他那无比激烈的可见和想象的本能，但他毕竟同样确凿地感觉到，这一长系列的日神艺术效果并未产生幸福地沉浸于无意志静观中的心境，如同造型艺术家和史诗诗人，即真正的日神艺术家，以其作品在他身上所产生的。他不会感受到对个体化世界的辩护，这种辩护乃是日神艺术的本质。他观赏变幻的舞台世界，却又否定了它。他看到眼前的悲剧英雄具有史诗的明朗和美，却又因英雄的毁灭而感到欣喜。他对剧情的理解入木三分，却又因为这行为毁了当事人而愈发精神昂扬。他为英雄即将遭遇的苦难颤栗，却又在这苦难中预感到一

种更高的强烈得多的快乐。[1]

于是 W. B. 叶芝的悲剧性快乐（gaiety）的观念——赫克托耳死了，特洛伊城中有了光 / 我们观望着，却在悲剧的欢乐中笑——甚至包括了悲剧英雄自己：

人人出演他们的悲剧
有高视阔步的哈姆雷特，有李尔王
这是奥菲利亚，那是科迪莉亚；
然而他们，如果有最后一场，
巨大的幕布将要垂下
如果他们在剧中的辉煌角色当之无愧
就不要中断台词去啜泣
他们知道哈姆雷特和李尔是快乐的
快乐改变着所有恐惧的人们[2]

尼采说："因此追溯真正敏感的倾听者的经验，我们就将获得对悲剧艺术家的理解：懂得艺术家如何像多产的个体化的神灵创造着他的人物角色——远不是对自然的单纯模仿——以及他的强大的酒神冲动又如何吞没他的现象世界，以便在它背后揭示在原始太一核心处的崇高的美学快乐"（第 133 页）。"崇高的精神"，尼采说，"通过艺术征服恐惧。"（第 52 页）

---

① 弗里德里希·尼采,《悲剧的诞生与道德谱系学》(*The Birth of Tragedy and the Genealogy of Morals*)，Garden City, N.Y.: Doubleday Anchor, 1956，Francis Golffing 译，第 131-134 页。后面的引用采取文中注的方式。

② W. B. Yeat,"旋锥体"和"天青石雕"，载《叶芝诗集》(*Poems of W. B. Yeats*)，New York: Macmillan, 1983，第 293、295 页。

然而，解释学经验正错失的东西，这个经验所致命地缺乏的东西，恰恰是这种间距要素，它使尼采—叶芝的悲剧理论有活气。这里，卡维尔再次对我们有帮助。在“爱的逃避”中，他认为我们关于《李尔王》的经验不同于关于拉辛的《费德尔》或易卜生的《海达·高布乐》的经验： 85

> 在《费德尔》中，我们无防护地被置于天国之下，被一束坚定的光审验。在《海达·高布乐》中，我们观察和等待，不能移开我们的眼睛，好像它们来自饭馆里邻桌那发生的意外或争吵，或像一个人站在摩天大楼的窗台观看。在《李尔王》中，我们则以不同的方式被卷入其中，被放于一个既不是明显不同于我们的世界（就像莱辛的戏剧那样，我们不能占据那个地带），也不是明显地与我们的世界相类的世界（就像易卜生的戏剧那样，在它的空间和韵律中，我们如在家一般，或刚刚曾如在家一般），并且以某种方式参与到这个过程中——不是听，不是看，不是偷听（overhearing），而是几乎像梦见它，伴随着负载了力、秘密和晦涩的意义的语词和手势；然而参与，如同在葬礼、婚礼或就职典礼中那样，肯定着某种东西；它不能在没有我们的情况下发生。它不是一个争论或故事，而是发生着的历史，并且我们历经（live through）它；当我们发现生活意味着什么之后，我们可能才会发现它的含义。（《否认知识》，第97页）

参与不是看，不是听，不是偷听或阅读。卡维尔说，我们与悲剧舞台上的角色的关系不是（或不只是）文学或美学的关系，更不是认知的关系。也即，它们不只是以通常的戏剧化的、想象的或形象化的形式呈现给我们；而是我属于它们的呈现，我被呈现给它们，也即它们对我提出要求，不只是对我的注意力，而是对我。这是何种要求？我该如何去回应？当然，我是在剧院中，在黑暗处，面对着所发生的故事；但悲剧的绽出（ekstasis）部分乃是黑暗不再隐藏我们：我在舞台和我的泰然自若（self-possession）之间的距离之外，我面对着角色，不是觉得它们好像是真实的，而是好像我与它们的分离不再源自它们的作为美学对象或虚构呈现的本体论特性。它现在是人的分离性（separateness），是某种不同于美学距离或静观（disengaged）的认知、精确的自我的东西；它是某种亲密而痛苦的东西，就像冷汗。（卡维尔写道：“称为李尔和其他‘虚构’人物的存在是不合逻辑的［如果是可以理解的话］，当它用作对它们的存在的一个说明或一个否认时。毋宁说，它是问题的名字：一个舞台上的角色的存在是什么？这是何种［语法的］实体？”（第103页））

卡维尔想说的是，悲剧，或无论如何这个悲剧，把我暴露给（我的）人之分离性这一事实；也即，《李尔王》并不只是显示、揭示、教导或说明这一分离性，它是事情本身（die Sache Selbst），是悲剧的绽出（ekstasis）。

> 净化是从不是现在，而是过去的怜悯和未来的恐怖那涤除净化依附（attachment）的问题，如果它是问题的话。我的不
> 86 动性（immobility），我正确获得的不能动弹（transfixing）之感（它通过敬畏感得到表达），通常认作是对悲剧的反应。换言之，得到揭示的是我与发生在他们身上的灾难事情的分离；也即我是我，我在这里。只是在他把它们感知为与我相分离时，我才使它们呈现。我把它们当作他者，面对它们。
>
> 并且，在这些事件中，我的在场的关键是加入到对这个分离性的肯定之中。把它当作既不是一个祝福，也不是一个诅咒，而是一个事实（我有一个生活的事实——不是指有一个而非两个，而是指有这一个而非其他人的生活）来肯定。我不能独自

肯定它。毋宁说，这是这个悲剧的本质：它的演员不得不通过孤独，通过他人的拒绝独自肯定他们的分离性。所被涤除净化的是我与他人在所有方面的区别，除了分离性。（《否认知识》，第 109 页）

我在世界之外，并且（彻底地）在他人之外——然而，不是作为一个先验的旁观者（“我们观望着，却在悲剧的欢乐中笑”）——而是我被限制在我自己和事件展开时的我的恐惧中，我属于一个我并不介入且对我一无所知的时间：“在那里，他们的命运乃是他们必须行动，他们在舞台上，在那里行动是不可避免的。我的自由是我现在不在舞台上。一切能被做的事情正被做着。当下被完全占据了，在其中只有行动是可能的。不是说我的空间不同于他们的空间，而是我没有可以在其中活动的空间。也不是说我的时间不同于他们的时间，而是说我除了他们的时间外，我没有现在。这个时间是我所具有的全部时间，在其中暗示被给出，知识被固定下来，那些手指扼着喉咙。不存在任何在其中可以去阻止它的时间。”（第 110-111 页）随后，一切都太晚了，转瞬间它结束了，消失了，这个世界被剥夺了，我茫然地凝视着完全占据着我的黑暗。卡维尔说：“因为演员已经停下来，所以我们再次自由地去行动；但也是被迫地去行动。我们的隐藏，我们的沉默，以及我们的筹划现在是我们的选择。”（第 114-115 页）

在一篇名为“与何者为敌的政治学？”的论文中，卡维尔谈到了作为“阅读和被阅读”的之戏剧的阐释情景。[①] 他的例子来自精神分析，在那里“阅读的处境通常已经发生逆转了，首先不是文本服

① 斯坦利·卡维尔，“与何者为敌的政治学”，载《阐释的政治》（*The Politics of Interpretation*），Chicago: University of Chicago Press, 1983，W. T. J. Mithell 编，第 199 页。后文引用采取文中注形式。

从阐释，而是我们处于文本的目光或倾听之下”（第 200 页）。阅读柏拉图的对话就是一个这样的例子，在那里我们对文本的理解采取的是文本占有我们，使我们能对它的审问做出回答的方式；而对伽达默尔来说，这是我们面对所有经典文本以及面对传统所采取的方式（《真理与方法》，第 362-379 页）。卡维尔把这个解释学处境理解为拯救式（redemptive）或治疗式的，更恰当地说，如同（对他来说）阅读维特根斯坦的《哲学研究》能像悲剧一样治疗我们的
87 哲学，或者（对维特根斯坦来说）像阅读《逻辑哲学论》能治疗我们自己。[①] 其中一个道德要求至少是，我们与悲剧的关系不是阅读的关系，尽管当然，它也不是非阅读的关系；而是，文本把我们从相关于它的通常位置那带出来，使得人们不再满足于解读在其他事情之中、作为我们理解的一个表达的文本，不再满足于把自己与文本相互对照，好像一切依然如故（好像我们尚未正确地阅读它）。换言之，我们对悲剧的理解不能通过我们阅读它而实现，而只能通过我们在世界中的行动而实现。如果我们像以前那样做，卡维尔会说，我们是在逃避文本。在这方面，悲剧类似于法律和圣经，只有当我们懂得它们占据我们的地方，以及我们由之出发的地方，我们才理解了它们。理解一个文本意味着不仅重新置身于与文本的关系中，

---

① 卡维尔在这里恰当地引用了斯坦利 · 菲什的文章“好医生的美学”，载《自我消耗物：17 世纪文学的经验》（*Self-Consuming Artifacts:The Experience of Seventeenth-Century Literature*），Berkeley: University of California Press, 1972，特别是第 13 页。“于是，阅读《斐德罗篇》（*Phaedrus*）就是耗尽它；因为其中的任何论点的价值都在于让你达到另一个论点（而不是任何持久的观点），它并不是典型的作为一个洞察层次的论点（以逻辑论证的术语）。因此，它是一个自我消耗之物，在读者的柏拉图式阶梯的经验中的一个模拟扮演（a mimetic enactment），其中的每个台阶由于它被否定，而被踏了过去。而最后的台阶，它所位于（或更准确地说，读者所位于）的洞察层次当然是对书写物的抛弃（因为它是最后一个台阶），这个抛弃远不是否定之前的层次，而恰恰相当于读者在反复地抛弃一个又一个论点的连续状态时所曾做着工作。”阅读把我们带到了阅读的分界线，正如哲学把我们带到了哲学的分界线。

而且意味着重新置身于现在和未来的关联中。

因此，解释学经验概念有助于阐明这样的观念：如果我们毕竟理解了，那么我们有的只是不同的理解。这并不意味着我们每隔一段时间给一个文本分派一个新的含义，或者这个文本无限地（同时？）容许许多种阐释性解读。《李尔王》只意味着它所说的，除非篡改它以让科迪莉亚活着。但说我们对这个或任何文本的理解能够完全被规定为对含义的把握，这点现在看起来远不是清楚的。含义的概念似乎总是比我们从文本所得到的收益要大。的确，这一点如此严重，以致似乎已被几个世纪以来的语法学家、逻辑学家和各种语言哲学家所承认，他们反对奥卡姆剃刀原则，发现他们不得不繁殖含义的范畴——字面义 VS 隐喻义，含义（meaning）VS 意义（significance），深层结构 VS 表层结构——以便适应解释学经验所强制性要求于我们的各种事物。而这可能只是意味着，当与所有其他事物相连时，含义概念的扩展不能被一个边界所封闭。当我们毕竟理解之时，我们是不同的理解，这是因为类似于《李尔王》这样的文本重新置我们于世界之中的方式——它不顾我们最好的概念防护（例如这样的观念的防护，即诗歌不造成任何实际事件），或者，它也许剥夺我们这些防护（我们有时把这些防护误解为含义），而使我们暴露在它面前。

90

4. 走向回应修辞理论的解释学

查尔斯·阿尔提耶尔

在本文开头，我想首先援引汉斯－格奥尔格·伽达默尔和弗里德里希·施莱尔马赫对修辞学与解释学关系的论述。首先是伽达默尔：

> 因此人的语言性（linguisticality）的修辞学方面和解释学方面在每一点上都相互阐释。如果理解不是人与人关系的命脉，那么就没有言说者和诸如修辞学这样的东西。如果没有“交谈”双方的一致性的缺乏及寻求理解的需要，也就没有解释学任务。因此，解释学与修辞学之间的联结应该有助于消除这样的观念：解释学某种程度上仅仅局限于美学—人文主义传统，而解释学哲学处理的是“心灵的生活”，后者某种程度上与“真实”生活的世界相对，而且只有在并通过“文化传统”才得以传递自身。①

① 汉斯－格奥尔格· 伽达默尔，“修辞学，解释学与意识形态批判：对《真理与方法》（*Truth and Method*）的后设批判”，载《解释学读本：从启蒙运动到当代的德国传统》（*The Hermeneutics Reader:Texts of the German Tradition from the Enlightenment to the Present*），New York: Continuum, 1985，Kurt Mueller-Vollmer 编，第 280 页。尤尔根·哈贝马斯对伽达默尔的批评，“论解释学对普遍性的要求”，也在这本集子中。

施莱尔马赫说：

> 解释学和修辞学密切地相互关联，因为理解的每个行为都是言说行为的反面，人必须把握潜藏于既有陈述下面的思维。
>
> 辩证法依赖于解释学和修辞学，因为所有知识的发展都既 91
> 建立在言说，也建立在理解的基础上。①

两人都做了一个重要的选择，即利用修辞学把解释学和口头交谈的模式而非和书写的文本领域绑在一起。但伽达默尔在阐明他的观点时太“修辞学”了，这很大程度上是由于尤尔根·哈贝马斯带给他巨大压力，迫使他要表明解释学不是一个与社会实践没有什么关联的、在本体论中的抽象活动。而讽刺的是，正是在雄辩(eloquence)方面做出的努力泄露了他对修辞学的把握是多么有限。② 修辞学理论

---

① 弗里德里希·施莱尔马赫：《解释学手稿》(*Hermeneutics: The Handwritten Manuscripts*), Missoula, Mont.: Scholars Press, 1977, Heinz Kimmerle 编, James Duke and Jack Forstman 译, “导论”, 第 96 页。

② 伽达默尔有一个困难的任务。因为当哈贝马斯直接涉及“语言和实践之间的关联”(《解释学读本》(*Hermeneutics Reader*), 第 297 页)时，伽达默尔专注于建立使个体的理解和个体的判断融为一体的实践智慧的可能性。因此，只要伽达默尔拒绝承认特殊方法的需要，借此去保卫人的理解的社会协商，他就只能间接地是社会的。对伽达默尔来说，与之相关的问题不是交往能力的原则，而是个体去把握交往的诸可能性的能力。由此他的修辞学版本局限于谈论创造性。他甚至不能承认哈贝马斯对修辞学的关切是创造共识的技艺，因为他没有把握人自身的理解的社会地位的工具。但这也意味着，在理解的社会方面如何影响具体的社会联系这一问题上，他可能比哈贝马斯要远为复杂。

伽达默尔的《真理与方法》(*Truth and Method*)(2d rev. Joel Weinsheimer and Donald Marshall 编译, New York: Crossroad, 1989)并没有加强他对修辞学的论述。在那里，当他谈到修辞学时，他不厌其烦地与人文主义理想联系起来，以致修辞学成为解释学的补充。修辞者在寻求理解时所构思的东西，解释者通过向我们揭示术语和条件——借此我们去占有我们自己的人性——而对之加以处置。

告诉我们，不是所有的讲话都属于交谈的结构，因为它揭露的有多少，它掩盖的也就有多少；因此我们必须小心我们自己过于健谈所具有的蛊惑效应。如果我们把伽达默尔的表述与例如施莱尔马赫的朴素表述相对照，我们将发现前者的交谈方面深受求胜的焦虑和补偿性自我投射等多种因素影响。我们应该去除交谈模式，以及发现在错综复杂的结合中潜伏着的兴趣和畏惧（fear）。

因此，我希望利用伽达默尔观点的局限性和他的“本体论的”立场的更彻底版本——它用文本性的典范替代讲话模型——的局限性，以便恢复不作为具体学科的传统语文学解释学和浪漫主义解释学的力量，它们对心理学的强调和在临时认同（provisional identifications）* 方面做出的努力，在我看来，对把握人的表达的修辞维度和突出我们的解释学反思的伦理和社会的涵义方面是根本性的。这个修辞的维度包括（但不能归结为）对怀疑态度的需要。虽然伽达默尔的虔诚使之变得有诱惑力，但我对我们需要另一个保罗·德·曼，或甚至另一个约翰·卡普托感到怀疑，尽管他们的批判态度将有助于我自己的主张：把对话理想化为一个政治价值的模型是危险的。我们必须在解释学中形成这样的意识：即解释学的对话理想是多么不稳定，因为一旦我们离开了亲密关系的范围，交流很少自身作为目的，而是交流会陷入对个人兴趣的追求和我们自己与其他人的诱惑中。如果我们能够使理论对下述情形做出回应，即对理解适应兴趣和畏惧（fear）的复杂网络的方式做出回应，那么我们也将能够发展出一个比伽达默尔的伦理语言更丰富、特征更鲜明的伦理语言，而不必屈服于哈贝马斯形式

---

* Provisional 字面意思为“临时的”，在修辞学中，它指特定的偶然性处境（某时、某地）所要求的时间性特征。实际判断是根据具体处境，凭实践智慧而做出，因而是“临时性的”。——中译者

主义的社会领域。[①] 因为如果我们知道人们怀疑（suspect）什么，也就能知道我们必须操纵什么以实现一致同意甚或对文化群体间的差异做出回应。因此我们应该对可被称为他者的事物（它是修辞学组成部分的其中一半）所完成的任务有更清楚认识，它致力于发现人们创造共同体的方式，致力于探索我们的使象征界与实际欲望、需求和兴趣相吻合的力量。最终，我们对修辞学的这个 92
维度的领会将充当社会感性学的作用，它能帮助我们认识到社会生活所培育的错综复杂的关联。

要完成这些目的，我们必须挑战由伽达默尔所系统表述的本体论解释学现在占主导地位这一趋势，这种解释学只是通过我们如何适应一个不可还原的抽象的他者性去刻画对话，我们必须学会既尊敬他者性自己的独一性（singularity），也尊敬他者性是如何教导我们认识到我们自身立场的偶然性的。修辞学理论导向另一方向：不是为了他者的神秘的独立性而理想化它，而是邀请我们对作为积极能动者（agent）的他人做出临时（provisional）猜测，对于他人，我们必须做出实际的假设，因为解释学事件包括了合作与冲突的错综复杂的纠缠。[②] 甚至当我们意识到偶然性（contingency）的重要性，我们也不能停留在那里，而是必须既懂得畏惧，也懂得对待这些畏

---

① 我们要清楚了解，修辞学理论将不会解决如下问题：即，在关于我们是否能或应该解释作者意图的争论中，或在关于意图如何在传统中被设定的争论中出现的问题。相反，修辞家是要去弄清楚，如果我们要去利用与构建意图有关的论题（topoi），那么什么是可能的和什么是关键的。但通过这么做，修辞家难以满足含义的对话模式，甚至当我们正处理实际对话时也如此，这是因为她也将方法用于安排修辞格，后者在艺术和法律实践建立含义的方式中起着核心的作用。

② 我把修辞理论作为很宽松的一个概念，因为我在这里不关心哪个理论是最好的。相反，我把整个理论范围看作对理解理解力的不同方面具有各自不同的相关程度：昆体良论修辞格，高尔吉斯和他的怀疑论的现代继承者，诸如狄德罗和查斯特菲尔德爵士等启蒙运动人物论把谨慎和有限开放结合在一起的要求，以及肯尼斯·伯克论可能情景的弹性范围和构成人类牧场（barnyard）的同一和差异的游戏。

惧的方式——它抓住了修辞行动给予我们的全部动力。而这意味着我们也不能对哈贝马斯的努力感到满意：通过把交往能力当作理性政治理想的建立，他使修辞学从属于哲学。除非我们通过假设本欲证明的平等性来循环论证，否则就无法清楚表明尼采的观点为何不能同样地为修辞学诸可能性的理想化奠基。因此我将满足于证明，在不用修辞学去为任何一组规范要求奠基的情况下，对修辞学的关注如何能影响我们对能动性（agency）和社会性的看法。

为了阐明这一点，我将从对照学界思潮 （ethos）的两个版本开始：由本体论解释学所发行的版本，和可从理想化的修辞理论——我们刚刚讨论了它——中引申出的版本。这个工作意在进行一个测试，以确定是否我们能用修辞学对能动性的关注，来孕育一个语文学解释学和浪漫主义解释学的版本，它比本体论立场的版本更适于孕育一个关于人的能动性、表达力和从交互主体性到更一般社会结构的联系的丰富而灵活的模型。由此，我将通过使解释学的关注点朝向修辞学，而走向解释学的对抗模式（agonistic mode），它与本体论解释学的模式——它在杰拉德·布伦斯的渊博而论证有力的《古今解释学》[①] 一书中得到表达——针锋相对。布伦斯的观点是我所知道的最有力的例子，因为通过强调文化的解释学诗学而非修辞学，这一观点的价值能得到详尽展示，由此它为我们发展出另一种有关修辞学对我们的理论建构的影响的替代方案提供了一个良好基础。

为了做相关的对照，我们需要确立这一基本区分，布伦斯在这方面对我们颇有帮助。他接受了通行的“先验的”浪漫解释学和海
93 德格尔作品中显露出来的“存在论”立场之间的区分，但他也使我们对这个区分中的哲学寓意更敏感。布伦斯主张，所有的解释学都

① 杰拉尔德· 布伦斯，《古今解释学》（*Hermeneutics Ancient and Modern*），New Haven: Yale University Press, 1992，后面的引注以文中注的形式出现。

致力于阐明 Verstehen（理解），或者说 understanding（理解）概念（第1页）。结果，解释学理论总是与哲学的理性主义和经验主义版本处于张力关系之中，因为对它们来说，理解的努力是论证和描述的真正工作——它们是知识的保障——的模糊前奏。解释学必须表明为何理解是一个独特的领域，它有它自身的描述的特殊标准，有它自身的过程和价值的通达方式，只是当我们在专注于为知识命题提供保证的诸类第三人称标准时，这些过程和价值被抛弃或抑制了。换言之，解释学注定要占据这个模糊但关键的空白领地，在这个领地中，人们需要用心理学的假设去澄清这个影响和致力于（或适应于）含义的过程。

鉴于这些问题的模糊性和重要性，也就不奇怪，路德之后的解释学发展出了布伦斯称为"调节问题（regulating questions）"（第4页）的两个相互竞争的体系。先验传统的体系，集中体现在施莱尔马赫和威廉·狄尔泰的彼此相异的模型中，这个传统特别专注我们是如何形成关于一些人的内在生命的知识命题——这些人的处境、文化框架和生活世界与塑造着探究者的前见和文化语法截然不同。另一方面，本体论传统体系从知识的理想转移到亲密关系的疑难，这个关系建立在理解者如何运用被视作动态特征——当与质料的给定身体协同运作时，这些特征得以呈现——的事物的基础上。这第二条路径"并不止步于含义的确定，而是一个无止境的批判性反思，在其中，我们透过文本的光线来看待自己和我们所关心的东西，恰如我们透过自己和我们的兴趣而懂得文本。"（第11页）因此，含义"用隐喻的语言说，是文本投射到一个主体（Sache）——我们试图去理解这个实事——上的光线。"（第179页）由此我们能区分出对待这个光线的两种方式：尘世的方式和升华的方式，前者体现在伽达默尔对效果历史和我们诸前见的协调的关切中；后者体现在海德格尔对"伴随着语言地历经一个经验（undergoing an experience with language）”的聚焦中——以便我们“从命题态度中跳出来，在此命题态度中我们声称征服了语词和事物”，并且重新处于“倾听的态度中”，这个倾听的态度使我们“在对被言说之物的把握中”，向隶属（belonging）的可能性保持“开放和敏锐”。（第155-157页）

随着诸选项都指向这一方式，我们很难不去选择第二条路径，因为它许诺一个更复杂的唤起并激励理解的关系意义（relational sense）。然而这个诱惑使我警惕。这就是我希望详细说明ethos（伦理、修辞人格）——它支持着布伦斯的立场，同时被布伦斯立场支持——的原因，即部分是因为我们由此就能阐明何种主张需要被维
94 护和需要与替换方案相比较，部分则是因为由此就有助于我们抵制所有主张中的如下倾向：在确定我们对关联物的特殊性质的规定时，“关系的”过程逐渐变得模糊不清。

尘世的和升华的本体论解释学在它们给出、描述的能动性模式的伦理可能性方面是引人注目的。至少，它们避免任何形式的主观主义，无论是出自于作者的附属性的主观主义，还是出自于阐释者的需要的主观主义。人们甚至可以说，作者和阐释者在面对一个问题或处境时成为精诚配合的合作者，因为所有的重点在于当人受到活动——即文本能够在人的世界中得到表现的活动——影响时，人变成了什么。因此，人们总是意识到在交互作用中起作用的各种偶然情境（contingencies）：应用的特殊过程为相互认可（recognition）——关于一方面每个个体极如何是独一的（singular），另一方面每个独一性如何又影响其他生命的相互认可——提供可能性。于是，责任也不再意味着对为知识提供准则的规则或实践的抽象忠诚。如果含义扎根于力量*，通过力量文本的应用在世界之中扎根，那么责任就通过响应（responsiveness）的强度而被衡量，这个响应既意识到它对使其思维

* 培根说，知识就是“力量”——中译者

成为可能的事物的依赖，又意识到它与那个他者的距离。责任变得与对独一性和对由此所致的他者自由的承认不可分割。（第 260-265 页）

很明显，这个伦理（ethos）带来了实质性的社会价值。我们已经看到文本的应用如何促使人们承认人自身立场的局限性，以及承认他者的不可还原的差异和独一性，没有这点，应用将只是重复能动者自己的基本价值。我们也能明白，权威和力量如何不再需要存在于一套套抽象的规则和要求中。权威不断地通过莱维纳斯式的要求（claim）的观念而被肯定和检验，这个观念主张他人通过我如何意识到自己依赖于他人的呼声而对我施加影响。（第 211 页）于是布伦斯能够借助所有这些价值观念，把整个海德格尔的筹划放入两个普遍社会框架中。在一端，他表明解释学如何必须改变，以把握尼采对其路德和浪漫主义遗产所造成的冲击。声称“知道”另一个人的含义，变得与这一断言——即主张求权力的意志在求真理的意志之范围内活动的断言——不可分割。但海德格尔“把理解的问题从基于视角的看的理论层面转移到卷入和参与实际行动中的实践层面”。（第 9 页）在另一端，情况变得很清楚：对社会性的领会（它对我们的理解的努力至关重要）的最好方法是去检查危机时刻，而非那些达成共识的时刻。（第 3 页）因为由此我们就不能把这些社会联系视作理所当然，也不能依赖于约定俗成的同意：相反，正如斯坦利·卡维尔主张的那样，我们必须注意，在对可应用标准的寻求中，我们是如何发现并学会评价那些被包含在活动着的社会单元 95
的积极要素之中的事物。（第 117 页）

把修辞学带入这幅图画中，会有什么变化发生？要回答这个问题，我们必须首先仔细检验伽达默尔的过于轻描淡写的主张，他试图联结修辞学和解释学的领域，承认区别只在于对雄辩家来说，对直接效果的需求是他们的修辞活动的基础。事实上，即使我们在修辞学理论中抹杀其独特的传统，并且仅关注两者所共享的大轮廓，也会发现其他一些显著的区别。第一，在同一个地方，大多数解释学理论强调回应者如何能充分地阐释一个文本或表达，而大多数修辞理论，无论是西塞罗还是智者派，都关注为了对听众造成影响，修辞构思者可以做些什么。第二，相应地，在同一个地方，解释学理论处理我们如何能听到他人所说内容，这既包括详细说明我们如何把握说话者的含义和应用一个文本，也包括在经受一件随着语言的经验时，去领会什么被包含在内。而大多数修辞理论则致力于弄清楚一个作者如何打动或安置他的听众，以便这些听众被驱使去如此这般地行动。对于修辞理论来说，含义不是关注的核心所在：真正重要的是在运用模糊性而非注意它时，以及在操纵他人而非满足于与他人的交流时，对含义的控制如何能得以进行。这就是为何当哈贝马斯主张修辞学局限于交往模型时，我们认为他弄错了。更好的做法可能是把修辞学和欧文·戈夫曼所分析的社会交互作用联合起来，因为在戈夫曼那里，交往就其自身而言不是目的而是手段，借此手段能动者得以去实现某个筹划。在交往理想强调亲密关系（通常是在平等的谈话者之间）的地方，修辞学的视角更适于处理说话者和听者之间的地位或知识上存在差异的情况。这些差异的范围包括从德·曼所歌颂的卢梭“第二篇论文”中的畏惧和怀疑观念，到朗吉努斯所唤起的敬畏和典范的观念。第三，要领会在这两个学科中消息（message）所处的地位，我们也许应该看看它们如何分别以各具特色的方式对待修辞格的。在解释学中，修辞格是使理解过程中公开的内容得到彰显的手段，所以，正如布伦斯精彩论述的，对于作者和阐释者来说，讽寓（allegory）成为探索在不同文化领域之间搭建桥梁的可能性的工具。（第 85-87 页）修辞理论关注作为繁殖力量（generating force）之手段的修辞格，但它重新定义了这个力量，以便使之处于作者的控制之下。对这个理论来说，单纯实现理解或促进应用是不够的；相反一个强调说服和蛊惑的力量这一

极，另一个强调修辞格要用于建构对社会和谐的孕育起关键性作用 96
的心智结构。第四，如果修辞理论把交往首先看作是手段而非自身是目的，那么我们就不能满足于从理想的交往处境中发展出现实的态度。我们也必须去理解社会如何能通过人们学会分享怀疑（或竞争［emulation］）结构而运转；因此，荣耀他者的他者性的一个形式就在于保持那种（例如在 Restoration theater 中［修复剧场］）为交互作用塑形的带有敬意的谨慎。第五，这些区别的一个实际结果就是修辞理论对解释学关于传统概念的使用提出了挑战。解释学试图把修辞学放入传统中，因此，既然我们共享着语言，而争执出现于其中，那么修辞学的运作方式就同时呈现了文化的诸方面并且要求探究我们如何可能趋向一致。但即便西塞罗的修辞学也必须从承认下面这点开始：关于传统的断言是他们操纵的论题（topoi）的一些方面，其目的是为了发展出服务于他们的利益或谋划的各种共识。关于传统的论据越普遍，它就越可能被用于特殊的计划。因此，审慎的做法是，不信任所有作为前提条件的传统的普遍要求，因为协商凝结着对连续性的要求。[①]

比较这两个定向所趋向的相互对照的话语模式，可能是弄清上述差别的关键的最好方法。解释学似乎总是与神学联系在一起，无论阐释神圣文本的框架，还是，如同布伦斯有关海德格尔的阐述所说的，否定神学（作为越向无以名之者的模型）的重要性。（第 223 页）但修辞学无助于神学，更不会与神学联姻，除非像奥古斯丁那样，使修辞学归属于寓意解释学。因为修辞学必须面对这样的事实，即作者是有利益倾向的、偏颇的（即使在寻求共识的时候），对具体

① 布伦斯使“传统”这个术语作为反思探究的一个位置而非一个特殊的、有争议的论题，以此方式来处理伽达默尔论“传统”的含混性。一个使伽达默尔的传统观念在法律研究中起实际作用的令人印象深刻的尝试，参见 Francis J.Mootz III，“重新思考法的规则：对明显之物是合情理的一个证明”，*Tennessee Law Review* 61（1993），第 69-195 页。

讲话行为的理解不可能只是响应纯粹逻各斯（Logos）。毋宁说，理解涉及我们如何在由既合作又竞争的人的意志所构成的剧场中进行表达。因此，正如伯克提醒我们的，修辞学家甚至必须把神学命题视作上述属人的戏剧之中的要素来对待，它怀疑神学创造它的绝对对象是因为它为我们的理解概念提供了不可思议的理想和难以理解的要求。

如果说它们在神学上所体现的区别显得太抽象了，那么若我们比较解释学和修辞学与诗学的相互作用，这些本质上具有相同结构的区别就会以更为微妙的方式出现。浪漫主义解释学甚至给予移情的诗学以特权。但本体论解释学更为彻底。对海德格尔路线来说，
97 诗学是解释学的典范领域，因为诗学强调与思的领域（它由他者性所滋养）的紧密接触，要求我们体验语言的全部力量和他者性。甚至更重要的是，诗学对伦理学来说也成为根本性的，因为闲言和本真声音之间的鲜明区别在诗学中得到例示，随着诗学追随语言为它所开放的道路，这一区别向那能被揭示的、有关存在的东西敞开自身。

但这个区别也严重地限制了本体论解释学的伦理主张，因为它使伦理价值远离了在闲言中得到具体体现的操劳的习俗（conventionality）和共有结构。由此，这个解释学传统不能很好地抓住个体性和习俗之间的复杂交互作用，这一交互作用对于任何与人们讲话使用公共语法的方式相兼容的伦理框架都是基础性的。本真性要求独一性。为了保护独一性不被习俗所耗尽，人们必须转向诸如卡维尔对自主权的坚持不懈的要求，这一要求难以重新被置于公共空间（除了关于响应的模糊要求）。另一方面，对于修辞学来说，诗学首先作为加深修辞家关于能打动观众的事物的知识的一个技术领域。修辞学和诗学之间的主要亲缘性乃是两者对话语的修辞格如何起作用有共同的兴趣。但这个兴趣能够通向解释学尚未涉及的伦理学问题。追随朗吉努斯，通过使他们的说话（为了行动）参

与到公众期望中，修辞理论能够检验个体是如何赢得尊重或保护个体同一的。在这里责任（responsibility）表现为引发回应的力量，而非进行回应的力量。我在《主观的能动性》一书中已经主张，这一对引发回应的强调，提供了对纯粹表现主义道德（expressivist morality）* 来说必不可少的能动性的模型，这一道德强调如下价值：我们把实践带入我们自身的语言描述的方式中所包含的那些价值，我们把这些描述提供给不同的听众。① 操心的伦理学和原则的伦理学这两者都能够通过特殊的承诺（commitments）而被奠基，这个承诺要求一定的行动，如果我们要坚持被当作核心的同一性的话。

我不敢断言这些修辞学关注点在语文学解释学和浪漫主义解释学关于理解的阐述中都得到了很好的恢复。但我敢说，解释学中的这一传统为上述工作奠定了基础，只需要修正我们描述作者和读者时所采用的心理学，以及在联结自我筹划与道德责任时更具野心。施莱尔马赫的下面这段话将有助于我们领会解释学为我们提供了什么样的基础："为了完成阐释的语法方面，必须拥有语言的全部知识。为了完成阐释的心理学方面，必须拥有关于那个人的全部知识。由于在这两种情形中，都不可能获得全部的知识，因此就必须在语法方面和心理方面之间往返运动，并且没有规则能够规定具体该如何做。" ② 98

现在我们必须同时扩展理解的语法和心理学维度，进一步把握

---

* 属于道德中的非认识主义派别，认为道德仅仅是情绪或态度的表现，而没有认知内容。——中译者

① 查尔斯·阿尔提耶尔：《主观的能动性：第一人称表现性理论及其社会含义》（*Subjective Agency:A Theory of First-Person Expressivity and Its Social Implications*），Oxford: Blackwell, 1994。在这本书中，我也给出了一个广泛的批判性评论，以支持我上面对卡维尔所持的主张，同时阐明下文要谈到的有关伦理的立场和责任与回应之间的关系。

② 施莱尔马赫，"导论"，第 100 页。

那些不能在本体论解释学中被穷尽的东西。在从事语法解释时，我们不能简单直接地把本真话语从闲言中区分出来，或把习俗从强制的他者性中区分出来。我们必须尝试去发现共享的公共语境，以便语法作为社会生活的粘合剂而显示自身。在这么做时，我们就能够把对他者的浪漫化替换为对下述二者之间的差别的详细说明：一个是我所能确定的东西，另一个是在我们与他者的遭遇中那看来不可化约的、也许迷人的不可还原（unrecoverable）之物。而这反过来，使我们能够确切说明解释学澄清我们自身局限的方式——既然我们能够详细说明理解的不同层次和理解时信心的不同程度。类似地，修辞学坚持把文本当作行动对待，以及由此把它当作邀请来对待，它邀请的东西超出对文本如何可能成为听众本体论探究的手段的反思。为了弄清这些行动的范围，以及为了弄清体现在这些行动中的投入（investments），我们需要发展出复杂而富有弹性的心理学谓词，同时不断地探测这些谓词所不能处理的东西。解释学回应修辞学的过程，也是解释学被迫在一个复杂的相互理解、相互畏惧（fear）的编织物周围建立它的社会性意义的过程，畏惧是我们设法达成的一致之中的一个基本要素。

这个心理学的定向要求考虑修辞学问题的解释学占据一个复杂的领域，在那里他者的他者性引发两个明显有别的戏剧。在一端，他者呈现为一个对话者，在他面前，责任成为某种比单纯响应（responsiveness）更确定和更公共的东西。与他者对话成为一个手段，借此能动者为下面的活动创造一个语境：具体说明他们的道德价值是什么，以及实现把他们与具体原则，乃至与更模糊和普遍的操心模式绑在一起的预期。朗吉努斯的历史知识既使澄清我们自己与他（朗吉努斯）的原则的联系成为可能，也使与他者分享一个可能判断的理想化投射成为可能，其价值延续到行动者乐意被之衡量的原则中。而且，与我们自己的现实同伴达成的谅解给出了这同一个动力的实际版本。

在另一端，解释学有助于阐明在哪里，个人的伦理必须终止，在哪里，原则与审慎（它刻画政治生活）的更复杂的混合必须开始。 99
因为我们要使之起作用的几乎所有心理学（它同时关心修辞学）都将不仅把注意力聚焦在交往之时他者所寻求的东西上，也聚焦在通过那种交往他者想要获得的东西上。因此，趋向开放性的那些姿态必须与保护我们自己的那些方式相互关联。而这需要它自己（指上述心理学——译者）能成为某种我们共享着的东西，以便在政治中出现起伦理作用的它自己的审慎原则，即使被共享的价值的强大意识（sense）很少起作用。当那个意识不起作用时，我们能通过我们知道自己无知来定位相互理解，也能把它界定为有分歧（différends）或至少是争论着的领域。然而，这种理解若要有效，我们必须既不浪漫化我们的移情能力，也不把他者的他者性妖魔化为某些与我们带到理解处境中的东西完全分离或疏远的条件。

我不敢假定在这些重大问题上自己是智慧的化身。因此，我感到应该为上述姿态辩护，以此来总结全文，只要在此基础上有可能主张一个替代海德格尔和德里达解释学的有生命力的解释学版本。于是，作为我的主张的检验，我想讨论布伦斯书中的具体论证，因为我把它视作本文立场的可行性的一个有力和合乎人性（humane）的表现。如果我是对的，那么一个尊重修辞能动性（agency）的解释学应该能够揭示出本体论传统的局限性，同时给出一个与之竞争的主张，这个主张就某个目的而言，至少是同样合理的，甚至是更有价值的。具体而言，我将在布伦斯的书中挑出如下三个论点：他使哲学和激进阐释两者尖锐地二元对立；由此形成如下倾向：他的伦理理想以承认和接受他者的独一性的可能性为基础；以及为了接受这个意义上的他者性所要求的所有东西，他所构造的悲剧性肯定的理想化观念的筹划（作为他的基本的总体反思态度）。这三个论点如此紧密地相互加强，以至于如果作为奠基的二元对立被证明是不充分的，那么所有论点都会是成问题的。

布伦斯小心地指出，他持有的是激进的立场。他承认存在解释学可以去扮演的其他角色，例如像保罗·利科所做的那样，他特别地表明了文本如何“把我们的实际世界暴露给其他可能性”，由此文本承担如下批判任务：表明我们的世界是“历史的和偶然的”，因而是局限性的。（第140页）但他继续说：“如果我们只是停留在利科和其他人止步的地方，而不去询问这种思维方式如何把作为文本的作品还原为‘投射一个可能世界到阐释空间之上的单纯叙述功能’，那么人们将总是无法触及到解释学的隐晦的实在。”解释
100 学的全部力量需要接受它自身的原始意义——它在“哲学面对诗学或其他事物时”的源头——也即任何抵制自身之物：即拒绝被哲学化之物。（第221页）并且在文本（textuality）的力量超出那些意向性的框架和传统语文学和浪漫主义解释学强加给它的自身同一的视野时，这个抵制发出最强的声音。海德格尔，以及他的追随者雅克·德里达赞美这个力量，借此艺术作品“处于不允许其他东西进入的作为裂隙、断裂、动摇的世界之中”，由此衬托出“哲学为自己确立的任务”：“中断这个事件，封闭这个裂隙，保护世界的同一性（identity）和自身等同性（self-sameness），也即，对这一开放施加逻各斯的限制”。布伦斯于是总结道：“如果艺术作品的工作是建立一个世界，那么哲学的任务就是去固化甚或去切断这个事件，就好像去阻止世界的无止境增殖。”（第234-235页）

这个隐晦到底有多么难以被照亮？布伦斯在利科的“占有的解释学”（布伦斯冠以的称呼）和对一切占有的抵制（以不稳定[unsettlement]之名）之间所建立的二元论在多大程度上是令人信服的？以及最后，修辞学理论如何能有助于我们表明这个稳定（settlement）的任务有多重要和多样？人们可能以经验的方式开始回答这个问题，即通过把

纳尔逊·古德曼的《构造世界的多种方式》作为为何哲学不能被包含在布伦斯图画中的一个有力例子——不是因为哲学不寻找界限和定义，而是因为这个界限所能扮演的角色远不仅是去包含（containing）诗和文本的破坏性力量。古德曼和维特根斯坦，以及斯宾诺莎乃至康德和黑格尔，和德里达共享一个魔力，因为界限也能是通道，包含（containment）也能是新事件领域的产生。因此我们必须对这一二元对立提出挑战，布伦斯把整个价值体系建立在此二元对立之上。

要完成这一挑战，我们必须首先详细说明布伦斯的例子背后的复杂逻辑。如维特根斯坦所述，当我们已经迷失方向并且不得不猜测在具体情形中该如何继续时，阐释就出现了。因此，在哲学范畴摇摆不定或完全不能直接与具体处境联系起来的地方，阐释就开始了。但这个区别并不意味着彻底的对立：我们没有必要为了指出世界的一些方面不服从我们概念的工作，就谈论一种“拒绝被哲学化”的东西（想想维特根斯坦论知道咖啡的香味或学会骑自行车）。的确，哲学从它的失败史中学会的一件事情就是，要慎重制造两极对立：构造世界同时也意味着平衡世界的诸部分。在这个特殊的例子中，我们必须认识到理解是一个远比阐释更宽广的主题，因为我们的大多数理解都是在缺乏自我反思的主题化阐释要求的情况下发生的。而且，正如维特根斯坦、波兰尼和其他人所已经表明的那样，包含在这些理解中的基本原则能够被哲学所占有，即使哲学一般而 101
言无力去详细说明在特殊情形中判断是如何工作的。因此，即使当我们强调使阐释不同于那些理解的事物，也没有必要设定一个截然的界限。尽管我们对独一之物（the singular）的领会最终总是被强调范畴式理解的趋势所克服，但也没有理由说哲学未能尊敬这一斗争乃至未能帮助我们领会在认识那个独一性时起至关重要作用的东西。哲学反思只是提供一个不同的、更一般化的定向，但这一定向能为具体的特殊性提供解释学方面的补充乃至支持。想一想斯宾诺莎的纯粹抽象精神在吉尔·德勒兹对范畴思维的批评中重返的方式，或者想一想康德多么丰富的创造力，它容纳了具有重要意义的个性化——在实践活动中，以及在天才作品产生那些艺术作品特征的方式中，这些特征成为海德格尔美学的核心。

我的批判的这些方面并不依赖修辞学理论。然而，假如我们转向修辞学理论，那么对于布伦斯的激进解释学和哲学思维之间的二元论的问题所在，我们将有一个完全不同的角度。他对概念的抵制如此彻底，以致最终他只看重作为抵抗而显现着的事件—属性或力量(force)。因为所有关于需求（needs）、权力（powers）和能动者（agents）所追求的可能目的对他来说都有哲学的意味，而且因为他拒绝承认一个修辞剧场对于详细说明和协商这些问题的重要性，他就不能给出任何一般语言来澄清这个积极的抵抗为何会发生或如何发生；他不能澄清在判定这一抵抗时存在的特殊风险，或在保证不同程度地默许或承认现存概念秩序时的特殊风险；而且，最重要的是，对于人们对这些抵抗的承认如何培育一个在社会中更行得通的价值和认同体系，布伦斯不能给出有力的，在社会中切实可行的模型。

如果我们考察他对“他者”——在当代理论话语的广泛范围中，他者这个人物似乎依然被英雄化了——的态度，那么我对他的整个指责将更为一针见血。布伦斯对他者的英雄化源自莱维纳斯把他者看作“拥有对我说不的最高权力的人”，站在对面的不仅是一个直接抵抗的力量，而且是“它的回应的绝对不可预见性”（第210页）：“从过去来到我们这里并对我们说不的东西，不是作为被废弃的东西，而是作为难以驾驭和抵抗的东西，它超出了我们的阐释能力，就我们的修辞格而言它是反讽的，因此它将不起基础和证明，背景或主题的作用；的确，除了使我们走出自身，离开自身，如同俄狄浦斯，使我们暴露在自己的图像面前，或许还对此感到惊恐外，它不起什么作用。”（第211页）从这个论述中，布伦斯引出三个基本价值：

第一，我们能从这样的他者那里懂得相对主义如何是有缺陷的，因为他者具有迫使我进行自我批评的力量（第 7 页）；第二，这个他者性的观念为设想人们该如何去想象作为自由之基础的独一性提供了一个有用的模型（第 260-265 页）；第三，这个自我与他者的反讽关系构成表面的大大方方（generosity）背后的黑暗压抑方面，借此解释学试图以移情（empathy）的方式投射他者。

值得一提的是，布伦斯在自己对过去的精湛解读中并没有实现这些原则中的任何一个。他完全忙于做一个传统的工作，即表明在当前，我们能多么彻底地认识到和重视文化传统所保存的错综复杂的智性（intelligence）和感性，因为只有通过这种同情（sympathy）的深度和清澈，我们才能充分地领会过去，以让作为不同游戏而出现的东西对抗作为相类似的需要和追求而出现的东西。因此，从这个角度看，他者比布伦斯所许可的要更易于被我们通达——很大程度上是因为展示布伦斯的反哲学的“他者”这个特定范畴恰恰最彻底地做着哲学所做的事情。通过让这个术语承担如此多的工作，布伦斯最终使一组实际上是复杂线团式的东西总体化了，而这些东西是并不能被归并在任何定义同一性或差异的单个范畴之下——当他在令人吃惊的表述中说，在苏格拉底的“可怕的留存（terrible reserve）”和“自我占有”（第 45 页）中保留着他者，这一点同样很清楚。①

① 比较布伦斯的莱维纳斯式他者和让-弗朗索瓦·利奥塔的差异（différend）是有益的。通过差异来处理他者性，这与修辞理论更相容，因为这里较少对我们所遭遇的东西加以总体化，而更侧重把他者性放在特定传统或实践中，以及用于行动的特殊原理，因为差异首先是那不能被理解为 grievance（不满）的事物的衡量尺度。因此，我们至少有望能通过学会倾听他人来消除一些差异。这里并没有必然的本体论界限，只有境遇、可能的善良意志和运气。然而，像布伦斯一样，利奥塔也在两者之间摇摆：或者把差异首先看作有待被克服的东西，以及由此而看作有待通过文明的社会性而被处理的问题，或者首先把差异看作被赞美的东西，因为抵抗着统摄性的范畴。由于我相信在这里，不可能以理论的方式去判定我们该如何选择，我提出把修辞学的决疑术（casuistry）作为最可能的反思立场。

在这里，解释学中的本体论传统与修辞理论发生了最明显的冲突。在本体论陷入诸如相同、相对或他者等术语泥潭的地方，修辞分析则聚焦于行动如何在那些不同的环境中进行。并且不是去设定静态的极点（pole），而是关心灵活性和可塑性：主张同一性能因不同的旨趣而被灵活对待，而且，与不可还原的差异有关的畏惧（fear）能够通过构建彼此共享的临时（provisional）关切的方式而在协商中得到处理。必须马上补充的是，这个临时性（provisionality）能免于来自某些更抽象的有关同一性或非同一性的立场方面的批评，因为修辞理论唤起我们对下述情形的注意，在那里这些属性（attributions）并没有任何持久不变的所指。相反，相关的话语行为影响了文化语法的许多方面，这些方面不断地被织入新的联合体。

我对修辞思维帮助我们照亮解释学的死角更感兴趣。通过把焦点对准面向行动的意志和定向，修辞学提醒我们，我们理解中的边界能够大大扩展我们渗透或容纳剩余（excessive）和独一之物的能力。从一个修辞学的视角看，他人说“不（no）”的能力不是它最危险的特征。当我们畏惧一个“不”时，我们努力保持我们的距离，
103 并且有望实现尊重这些必要距离的友好关系。但是假想一下他人需要来自于我的一个“是（yes）”，尽管我对他 / 她是谁，或对我被要求进入的事物只有有限的认识。卡维尔会说，这就是当我必须面对怀疑论的可能性，并且试图致力于某种补偿（atonement）的时刻。然而，这预设了在他人的“不”之下潜藏着一个相应的“是”。相反，修辞理论更倾向于谈论调整而非补偿，这很大程度上是因为它较少涉及作为自由的本体论至关重要的独一性，而更多地涉及到对力量的欲望，这个欲望对于能动者被激励着在生物和社会的方面延伸他们的兴趣领域来说，是基础性的。

对于修辞学来说，问题主要不是他人的他者性，而是方法途径，在其中，人不能很好地——通过在相似性或他者性中游戏，在它的

求力量的意志或求欺骗的自发乐意（willingness）中——对他人的他者性和过于令人恐惧的相似性做出区分。鉴于上述观点，我们需要培养这样的社会态度：不仅关心它们自身的有限性，从不玩世不恭，且具有这样的开放性：能够满足于较少的相互作用，但同时不断地期待更多相互作用。

布伦斯的总体态度在两者之间摇摆：悲剧所孕育的意识模式的理想化，和自由形式的旨趣（它通过把他者性当作我们自身偏见的一个反讽来对待而得以可能）。这里我将把他关于悲剧态度的观念当作更为全面的立场，因为它提供了适应反讽的方法。而且，他有关悲剧肯定的论述对于处理他思想中的两个关键问题看起来是必不可少的：一个是他的理论化占有的普遍性层次，它取代对理解程度的不断调整的解释学关注，另一个是如下事实，即他对他者性的僵化理解没有为喜剧的对机遇保持敏感（chance-sensitive）的社会性特征留下空间。

布伦斯对悲剧的论述很出色。通过把伽达默尔和卡维尔结合起来，他使悲剧扎根于不可还原的他者性，“这个他者性抵制我的知识的对它的把握，或者要求我们放松控制或打开我们紧攥的拳头。”（第 180 页）由于人们由此是“不设防的”，并向一个如今“与他人的他者性相关联着”的世界开放。故而没有任何企图控制局面或保持自足性（self-sufficiency）的幻想能被实现。正是因为在悲剧这一类型那，上述幻想破灭了，所以悲剧才是举足轻重的。伽达默尔认为，悲剧的净化不是保持距离，而是被看到某人走向毁灭时所产生的怜悯和恐惧征服。净化的确使之洁净，但只是通过抵制如下诱惑才做到这点：即否定那悲惨事件所展现的东西。* 充分的悲剧净化“‘消解伴随着所是者的紊乱’”，并且由此将我们既从驾驭悲

* 意即：通过肯定悲惨事件所展现的东西，净化才得以完成。——中译者

剧命运的特定的幻觉中解放出来，也更为一般地，从“把我们从所是者那里分开的一切事物”那解放出来。（第188页）由此卡维尔
104 丰富了心理学，借此我们能如此彻底地卷入作为现在时态的悲剧困境中，以致我们也能直面我们自身的分离的局限（limits）。当我们回到世界时，我们丢掉我们的最好的概念盾牌，而完全使自己暴露在世界面前；因此，我们被要求对我们与世界的关系完全负责。（第193-194页）只有这样我们才具有一个“由超出惊讶所构成的”“悲剧的平静”（第189页）：不仅去经受我们的概念的松动瓦解（ébranlement），而且经受人的世界的完全解体，这意味着什么？悲剧这一剧种正是基于这个疑问所开展的具体工作。在这么做时，它承认生活的恐怖，回应这一恐怖并向它开放，它并不拒绝为此而哀伤。哲学（包括宗教哲学），以及卡普托，所反对的是悲剧拒绝对这个恐怖的难题给出解决方案。但人们能同样认为，悲剧正做出一个反对哲学的主张：也即，经受世界的解体，这揭示了……那不能通过哲学（更不要说宗教哲学）而使之被抹去的东西。（第227页）

在我看来，这里有两个严重的问题。第一个既明显又令人气馁：假如有时候被揭示的东西要求我们必须攥紧我们的拳头而非打开它呢？[1]布伦斯不能处理这种可能性，因为他的悲剧观依然是旁观者模式的，它对某些普遍反思态度感兴趣，而非能动者的模式，此能动者必须以一定方式，为了行动而做出特定的选择。布伦斯对偶然性和暴露的所有谈论，他关于忠实地成为李尔王的全部宣告依然是偶然性甚或李尔的普遍化版本，而李尔更关心他的女儿和他自己的羞

① 以斯拉· 庞德主张现代世界具有高度发达的对暴力（violence）的羞耻感，由此不能产生出确信自身身份的个体。我不太赞同这点，或不太主张说个体性具有暴力的价值，我愿意把这里的布伦斯和华兹华斯的《边境居民》（*Borderers*）联系起来，既然这个戏剧不能通过主人公杀死他暴虐的父亲来使自己贯彻它自身的悲剧逻辑。庞德可能已经把这称作古典戏剧的死亡。

耻，而非理解宿命。

第二个问题与之相伴而来。我想布伦斯误解了卡普托（及哈贝马斯）的异议的力量。问题不是是否悲剧能够抵抗哲学，至少当悲剧唤起哲学中的能够从哲学内部出发而被抵抗的某种信心时——想想蒯因和古德·曼对过度自信的治疗。毋宁说，卡普托是询问，是否甚至在这个抽象的层面抵制哲学，也影响我们如何从面对一般恐怖问题走向努力克服具体恐怖。布伦斯可能回应说，我们不可能面对具体恐怖的全部狰狞面目，除非我们学会通过我们的盾牌去工作，以避免暴露在关于我们处境的各种隐藏着的真理面前。但我们需要多少次才能学会这个课程，至少以布伦斯所刻画的普遍化的方式？最终，这不是一个知识问题，而是有关安排我们的意志的问题。只要我们用暴露和他者性的语言去呈现这些恐怖，我们就已经仅仅依赖于这种抽象的哲学或反哲学的构造物。但如果我们把意志、目的和斗争策略与这些相关联，并且如果我们把它们认作具体冲突的不 105
同方面的具体表现，那么我们就能把悲剧所培养的诚实作为基础。

对于布伦斯所谴责的这种自命不凡的普遍化哲学，真正的替代方案不是某种同样抽象的反哲学，而是强调哲学卷入其他话语中，此时，哲学提供清楚明白的呈现，以显示它如何可能有助于澄清问题，或刻画把能动者带到对这些问题的依赖的需求或要求。对于修辞家，对悲剧的理解必须让位于对理解的限度的不幸理解，因为如果我们在不为我们所知所想忧虑的情况下去协商，那么理解不是足够有效以至于既能弥合我们的差异，也能使可以更简单地解决的问题过分复杂化。只要我们能够把我们的实践的小心谨慎当作充分尊重这些我们试图建立的社会联系的一个手段，修辞学就为我们提供了替代悲剧的最高抽象性的一个实际选项。

5. 解释学能给修辞学带来什么

理查德·E. 帕尔默

108 正如本书编者在前言中所指出的，当今的修辞学与解释学已经在跨学科领域中取得了令人印象深刻的突出成就；确实，它们不仅在影响力和多学科价值方面是彼此平行的。就一般而言它们也是平行的，它们历史地交织在一起，它们都在20世纪后半叶经历了理论爆炸和自我理解方面的迅速提升。①然而，上述取得的进步的每一方面，很大程度都是彼此独立地取得的。现在是恢复这种古老的联系和探索彼此能给对方带来什么的时候了。本文的目的是证实修辞学与解释学对话的意义，通过再次强调两者漫长而相互交织的历史来表明两者本质性的相互关联，以及更为具体地询问解释学能给已经前途光明的今日的修辞学复兴带来什么。为了完成最后一个目标，我将提出20个论题，来描绘我心目中经受了解释学洗礼的修辞学之图景。

---

① 尽管在这两个学科中理论发展十分迅速，但我被告知，许多理论家和实践者自己在与高等教育中的传统学科分类相比较时，多少感到无立足之地或被排斥，乃至被污名化。

修辞学与解释学的相互关联 109

对话的必要性和可取性

应该肯定地说，修辞学和解释学之间的对话的延续在今天可能是硕果累累的，并且尽管已经取得了上述成果，对话仍需要继续。无可否认，美国的修辞学理论已经表现出了面向欧洲思想的开放性。例如，佩雷尔曼和泰特卡的《新修辞学》（论“论辩”）和詹姆斯·墨菲的《中世纪修辞学》已经通过恢复我们与古代和中世纪欧洲修辞学的亲密关系而扩展了当代修辞学思考的视域。托马斯·M. 康利的《欧洲传统中的修辞学》是向欧洲思想保持开放的另一个证据，而且由帕特里夏·比兹尔（Patricia Bizzell），布鲁斯·赫兹伯格（Bruce Herzberg）编辑的文集《修辞学传统读本：古典时代至今》通过给出一种古代、中世纪和近代文本的方式进一步地扩展了“修辞学的传统”。此外，在索尼娅·K. 福斯（Sonja K.Foss）、凯伦·A. 福斯（Karen A.Foss）、罗伯特·特拉普（Robert Trapp）所编著的《修辞学的当代视角》中，参与讨论的欧洲学者就有四位。① 最后，

① 参见 Chaim Perelman and L.Olbrechts-Tyteca,《新修辞学：关于论辩的论文》（*The New Rhetoric:A Treatise on Argumentation*）（Notre Dame: University of Notre Dame Press, 1969），John Wilkinson and Purcell Weaver 译；James J.Murphy,《中世纪修辞学：从奥古斯丁到文艺复兴的修辞理论史》（*Rhetoric in the Middle Ages:A History of Rhetorical Theory from St.Augustine to the Renaissance*）（Berkeley: University of California Press, 1974）；Thomas M.Conley,《欧洲传统中的修辞学》（*Rhetoric in the European Tradition*）（New York: Longman, 1990）；Patricia Bizzell and Bruce Herzberg 编,《修辞学传统：古典时代至今》（*The Rhetorical Tradition:Readings from Classical Times to the Present*）（Boston: St. Martin's, 1990）；Sonja Foss, Karen A.Foss, and Robert Trapp,《修辞学的当代视角》（*Contemporary Perspectives on Rhetoric*）修订第二版（Prospect Heights, Ill.: Waveland Press, 1991）。

我们应该感谢两个期刊，《哲学与修辞学》和《话语季刊》，在过去的四分之一世纪，它们提供了许多欧陆思想的财富给我们。

尽管美国修辞学理论中已经有了激动人心的向欧洲的转向，以及与哲学、语言性和社会科学的接触，在我看来，与解释学，特别是与伽达默尔解释学的新关联的承诺还没有完全兑现。例如，在比兹尔和赫兹伯格的《修辞学传统》中，五个最近的人物中有四个是法国人：福柯、德里达、西克苏和朱丽娅·克里斯特瓦。里面没有相关于解释学的德国理论家（既没有哈贝马斯也没有伽达默尔）来丰富 20 世纪修辞学的传统。我并不是希望从解释学传统中排除这些法国贡献者，但是伽达默尔和哈贝马斯在哪里？[①] 随便一瞥修辞学理论的两个论文集也能表明修辞学与德国解释学的对话是非常贫乏的。索尼娅·福斯、凯伦·福斯，和特拉普编的《修辞学的当代透视》迈过了莱茵河，讨论了哈贝马斯，但是没有伽达默尔，并且它仅仅给了解释学一页的篇幅——和实证主义一起，作为一个影响才论及哈贝马斯。在我看来，这完全没有体现我们对伽达默尔哲学解释学能够提供给当代修辞学理论的东西所应达到的意识。康利的《欧洲传统中的修辞学》仅仅给予了佩雷尔曼和哈贝马斯有限的关注，
110 提了一下埃内斯托·格拉斯（Ernesto Grassi）。赫尔伯特·西蒙斯（Herbert Simons）的《修辞学转向：探究行为中的发明与说服》在谈到罗蒂时间接地认识到了欧洲解释学的影响，因为罗蒂鲜明地将解释学思考与修辞学放在同一阵营之中。而且尽管有四个哲学方面

---

① 而且，20 世纪言语交际领域的文选在哪里——诸如 Lloyd F.Bitzer, Charles Willard, Walter Fisher, Ernest Bormann, Kathleen Hall Jamieson, and Herbert A. Wichelns 等人的文选？他们属于 20 世纪的修辞学传统吗？如果我们查阅 Edward P.J.Corbett, James L.Golden, and Goodwin F.Berquist 编的《西方世界的修辞学论集》(*Essays on the Rhetoric of the Western World*), Dubuque, Iova: Kendall/Hunt, 1990，那么答案是肯定的，此书包含了上述作者。我要感谢在麦克莫雷学院言语交际方向的同事 Meredith Cargilldui 在言语交际领域给予我的指点，以及他在本章编辑方面给予的大量建议。

的文集（包括《修辞学转向》）确实提及了伽达默尔和哈贝马斯，但居主导地位的哲学影响看起来是实用主义的（特别是约塞夫·马哥利斯的），而非伽达默尔或哈贝马斯的解释学的。这表明即使在考察欧洲哲学家和理论家的论著中，将德国解释学吸纳进美国修辞学理论的现状也是不尽如人意的。然而，除了迈克尔·海德，沃尔特·约斯特，拉瑞·格罗斯伯格（Larry Grossberg），斯坦利·迪兹（Stanley Deetz），理查德·拉尼根（Richard Lanigan）和其他人已经在公开演讲中已经提出的和在《哲学与修辞》、《修辞社会季刊》、《话语季刊》、《人与世界》及其他刊物上发表的论文之外，在我看来，仍有必要清晰地阐明解释学能给今日复兴的修辞学带来什么。简要地考察一下罗蒂关于“三个转向”的提示性的指示将有助于进一步阐明这一点。

罗蒂可能是重视在哲学中引入德国解释学的第一个重量级的美国哲学家。在他的《哲学与自然之镜》的第七章（引人注目地以“从认识论到解释学”为标题）中，罗蒂区分了哲学的两种主要的风格，即基础主义和非基础主义或解释学。他将解释学规定为既“不是作为学科，也不是获取认识论所不能得到的某种成果的方法，也不是研究的一个程序”，而是作为一种在许多重要的现代思想家那里可以找到的“思想的风格”。[①] 解释学作为一种对不可通约性的承认，作为一种理解，按照这种理解，对话语的贡献也许不能完全归于清晰的范畴下。从“我们在杜威、维特根斯坦、蒯因、塞拉斯和戴维森那里发现的知识和意义的整体的、反基础主义、实用主义态度”（第 317 页）中他认出了这种方法。伴随着彻底的批判，罗蒂描绘了一种思想的风格和一套彻底区别于近代笛卡尔—牛顿范式（其确

① 理查德·罗蒂,《哲学与自然之镜》(*Philosophy and the Mirror of Nature*), Princeton: Princeton University Press, 1979, 第 315 页。下文的页码索引将以文中注方式出现。

定性建立在清晰的论证之上）的假设，同时他表明了德国解释学思想和美国实用主义之间存在明显的本质性关联。尽管罗蒂没有谈及这一点，但他对两种主要思想风格所做的二元区分与在《新修辞学》
111 中证明逻辑和论辩的区分是平行的，佩雷尔曼和泰特卡将建立在说服基础上的推理方式称为论辩。无论如何很明显，“新修辞学”与罗蒂描述为解释学的哲学假设和风格存在近亲关系。然而，可能恰恰因为罗蒂将解释学与美国实用主义密切关联起来，使得德国解释学的意义未被认识到，即使在那部书以哲学为指向的章节中。

在爱荷华州“人文科学的修辞学”研讨会的开幕式上，罗蒂指出，在致力于重新审视人文科学探究的努力中，存在三个标志性转向（讲演稿后来以“人文科学的修辞学”为题发表）。[①] 第一是语言的转向，随后是解释的转向，最后是修辞的转向。[②] 罗蒂自己通过《哲学与自然之镜》和较早的著作《语言学转向》而与前两个转向相关联。[③] 在爱荷华州他召开了一个关于修辞学转向及其对人文科学探究的意义的重要研讨会。他的三个转向的构想寓意深刻，但是我们不要将它们假想为是连续发生的：不是说语言学转向消逝而被解释学转向取代，然后是修辞学转向取代前者。毋宁说，这三个转向都仍在发挥它们的作用。如同托马斯·库恩的《科学革命的结构》一书表明的，任何新范式的意义都是逐渐被理解和吸收的。这三个转向

---

① 理查德·罗蒂，“作为团结的科学”，载 John S. Nelson, Allan Megill, and Donald M. McCloskey 编，《人文科学的修辞学：学术与公共事物中的语言与论辩》（*The Rhetoric of the Human Sciences:Languange and Argument in Scholarship and Public Affairs*），Madison: University of Wisconsin Press, 1987，第 38-52 页。

② Herbert W.Simon，《修辞学的转向：探究行为中的发明和说服》（*The Rhetorical Turn:Invention and Persuasion in the Conduct of Inquiry*），Chicago: University of Chicago Press, 1990，第 vii 页。

③ 理查德·罗蒂编，《语言的转向：哲学方法论文集》（*The Linguistic Turn:Recent Essays in Philosophical Method*），Chicago: University of Chicago Press, 1967。

仍未被完全掌握，仍在被接受之中，类似于我们在解释学中所说的“接受史”。在致力于克服科学客观主义的幻相方面，它们是重要的转向：语言学转向消除了语言的透明性，而且通过聚焦于此，揭示了语言乃是作为所有思想的一种调节性的地基。语言是有规则的游戏、做/说和听/理解的游戏、包含“述行”表达的游戏。在解释的转向中，当它发现我们的解释自身彻底是关于解释的解释，客观性的信念就进一步地被摧毁了。尼采早就指出，没有什么能够超出解释，海德格尔在《存在与时间》之中注意到，我们所理解的任何事情总是被解释的，因此理解不能超出“解释学循环”。[①] 然后，修辞学转向，不是简单地追随或取代前两者；它建立在前两者的基础上。但是对语言的转向和解释的转向的理解和接受还很不彻底；它们的意义和后果还隐而未彰。因此，当修辞学转向让我们意识到，科学探究中言说具有实用主义和旨趣导向的维度，修辞学必然继续抵制客观主义模式和关于语言和解释的科学预设。这不意味着客观性是无用的， 112
或近代的经验研究必须抛弃掉；而是说客观性在根本上是不完善的，这个事实需要我们一直牢记。这三个转向作为未完成的转向，它们的意义仍在展开并仍需要被阐明。

当然，一个转向不需要是 90 度或 180 度的；它可能仅仅提出方向上的微调（Wendung）。但是当海德格尔在《存在与时间》（1927）和《康德与形而上学问题》（1929）之后使用了转向（Kehre）的隐喻，这个术语就暗示着一个显著的哲学变化。海德格尔用这个词指的是对先验哲学，以及对康德、费希特、黑格尔甚至胡塞尔和先验现象学的形而上学用语和隐喻的抛弃，对整个柏拉图以来的“形而上学的语言”的抛弃。海德格尔没有在彻底的、启示的结论面前退缩，

① 马丁·海德格尔，《存在与时间》（*Being and Time*），New York: Harper and Row, 1962，John Macquarrie and Edward Robinson 译，第 32 节。

也即他站在哲学自身和做哲学的终结处，如果哲学作为古老形而上学的延续的话。[①] 相反，他如此彻底地重新审视“思”，以致这个词不再指之前的哲学或“计算思维”而是成为一种对面向思想的“自身给出之物”的虚怀接受。正如他在“什么叫思想 ”的第一次讲座中富于启发地阐述的：科学不思。[②]

值得注意的是，伽达默尔没有跟随海德格尔远离哲学而进入诗歌（特别是进入海德格尔所接受的，他的时代的荷尔德林视野），以及远离“形而上学的语言”。[③] 相反，在 1950 年代作为《真理与方法》（1960）之预备的讲座中，伽达默尔选择解释学作为聚焦点，将“新解释学”作为研究的目标。[④] 解释学是海德格尔早在 1919 年使用的一个术语，在《存在与时间》有关他自己的课题中再次出现。伽达默尔在 1923 年至 1928 年（海德格尔回到弗莱堡）期间作为海德格尔在马堡的助手，他很熟悉海德格尔这个术语。几乎是与佩雷尔曼和泰特卡发表他们的著作《新修辞学》（1958）步调一致，伽

---

① 参见他的《哲学的终结》(*The End of Philosophy*)，New York: Harper and Row, 1973，Joan Macquarrie and Edward Robinson 译。

② 马丁· 海德格尔，《什么叫思想》(*What Is Called Thinking?*)，New York: Harper and Row, 1968，Fred D.Wieck and J.Glenn Gray 译，第 8 页；德文版，Tübingen: Max Niemeyer, 1954，第 4 页。下文引用将在文中标注。另参见他的“艺术作品的起源”，载《基本著作》(*Basic Writings*)，San Francisco: Harper Collins, 1993，David Farrell Krell 编辑，并修订扩充。“科学不是真理的原初发生，而总是已经开放的真理领域的培育”（第 187 页）。

③ 参见伽达默尔的“解析与解构”，载 Diane P. Michelfelder and Richard E. Palmer 编，《对话与解构：伽达默尔与德里达遭遇》(*Dialogue and Deconstruction: The Gadamer-Derrida Encounter*)，Albany: State University of New York Press, 1989，特别是第 106 页以下。这是伽达默尔在该书中讨论他和德里达与海德格尔关系的三篇文章中的一篇。它们分别为：“致达梅尔的信”（第 93-101 页），“解析与解构”（第 102-113 页），和“解释学与逻各斯中心主义”（第 114-125 页）。

④ 参见伽达默尔，《真理与方法》(*Truth and Method*) 第二版修订版，New York: Crossroad, 1989，Joel Weinsheimer and Donald G.Marshall 编译。以下引作 TM。

达默尔在《真理与方法》中提出了一种新解释学。他们都挑战了科学客观性的霸权并为论辩提出了一种新的基础及其概念。在佩雷尔曼和泰特卡那，新基础是可能性和说服；而伽达默尔则诉诸于与奠基性的公理相反对的“我们的共同经历”。两部著作都不是诉诸笛卡尔传统中的“新科学”的规则和预设，而是诉诸于向听者讲话的语境和亚里士多德的实践哲学，后者因其主题的不同而规定了不同的理性。但这两个历史事件的同时发生意味着佩雷尔曼和泰特卡没有也不能寻求伽达默尔的解释学来支持他们的新修辞学观。 113

交织的历史和类属的重叠

修辞学和解释学一般被认为在概念上和历史上都是相分离的。从概念上说，它们截然区分：修辞学致力于好的讲话而解释学致力于对文本的理解和解释。从历史上说，修辞学似乎更为古老，因为它可以追溯到古希腊修辞学。但是如果人们不严格计较字面上的不同，那么解释学也能追溯到古代——如果人们将古希伯来解释律法书的论著、古代关于梦的解释著作，例如阿特多米乌斯的《解梦》、斯多亚寓意解释者的著作（他们引导听者去解读荷马史诗中的神）、或者古代对法律文献的解释著作包括在内的话。确实，并没有一个统一的术语“hermeneutics”（解释学）来将这些著作联系在一起，但它们构成了古代文本的一个主体部分，必须被包括在作为解释文本之方法的整个解释学历史之中。从概念上说，也存在着某种重叠。古希腊词 hermeneuein 似乎指口头解释，也即修辞学。确实，hermeneuein 在古希腊时代包含着解释的三种明显有别的意义：去说（如在口头解释中）、去翻译（如在翻译一门语言时）、去阐明（使一件事情变清楚）。骄傲而年轻的荷马解释者伊安（在《伊安篇》中他与苏格拉底交谈）就是一个 hermeneut，一个口头解释者。口头解释就是理解并说出来。但苏格拉底在那篇对话中，通过表明伊安并不真正“理解”他所做的，因而并不真正具有那种唯一的知识，即被苏格拉底称作的知识（episteme），也即理论化知识，苏格拉底成功地达到自己的目的。

这暴露出了在柏拉图那里存在着的修辞学与哲学之间的紧张关系。伊安是通过他的语词的力量而不是通过他的知识来打动他的听众的，语词的力量在某种意义上，据苏格拉底的看法，仅仅是通过缪斯的灵感而非理论的把握而被伊安所“理解”。在《高尔吉亚篇》中，以类似的方式，苏格拉底反对高尔吉亚通过演讲来传授美德的主张，因为借此方式演说者更多地寻求取悦和说服他的听众，而不是带给他们一种使人不快的真理。演说者在苏格拉底看来更接近于面点厨师而非医生，而一个真正的政治家应该宣扬最好的东西而非使人愉悦的东西。苏格拉底认为智者在演说方面的训练并不是为他们选择最好之物做准备的。因此，根据《理想国》中苏格拉底的观
114 点，统治者的训练应该是使之成为真理的探寻者、“爱智慧者”、哲学家。这个著名的柏拉图式的区分看来奠定了修辞学和哲学之间不可调和的类属上的区别。而且只要解释学作为一种方法或技艺（a techne）存在，那么解释学和哲学之间的关系就是如此。对柏拉图来说，修辞学缺少哲学的深度，而哲学缺少修辞学的力量和华彩。根据《智者篇》，苏格拉底在面临审判而开始为自己辩护时，他拒绝使用演说上的任何技艺，但不否认辩证法。由此，修辞学和特定类型的解释学在苏格拉底及其对知识的追求中成为了牺牲品。

修辞学在近代专门化为说话（和写作）的艺术似乎加速了它与现代哲学的分离，后者以先天、最根本和绝对正确的第一原则为追求目标。这看来也同样再次适用于作为方法的近代解释学，因为它在近代专门化为阐明文本的规则和方法，开始于新教的解经指南，似乎也使解释学与对理解的哲学反思追求分离开来。只是到了 18 和

19 世纪，当解释学不是聚焦于所解释的文本的类型和问题的类型，而是关注更好的理解所需要的一般前提条件时，解释学才向一种理解的哲学靠拢。在 20 世纪的后半叶，当修辞学不仅关注有效的讲话的手段和技术，而且关注说话的前提要素时——讲话所做和能做的事情时——修辞学也向所谓讲话的哲学靠拢。这种哲学探究说服和论据的类型和前提；它将给予证明的论据和基于劝说式论辩的说服区别开来，如佩雷尔曼和泰特卡所做的。当新修辞学考虑这项任务时，遭遇了以下问题：人们是如何懂得事情的？如何最好地使另一个人懂得这些事情？或者说为了达到理解（这也是解释学的一个重要术语）上的同意，如何使这些事情变得有说服力？因此新修辞学并不躲避认识论。为了对这种讲话以及这种讲话所做和所能做之事做充分的哲学反思，讲话就不应是专门化的并孤立于理解的，而是必须与理解的过程相伴随。

修辞学理论逐渐将认识论（以及，其他地方，辩证法）包含在自身之中——这种变动的意义不应该被我们忽略。因为在从古代到文艺复兴这一历史时期，修辞学包括了思考的技艺（辩证法）和如何阅读文本的技艺（现在专门化为解释学）。但是近代修辞学变得专门化，聚焦于好的讲话的技艺及其扩展——好的写作的艺术。修辞学不再被看作包含正确解读文本的解释学任务。然而，在 20 世 115
纪晚期，当现象学和讲话的本体论已经成为修辞学和解释学的兴趣，以及哲学的兴趣，这些学科的界限就无甚意义了。同时，一个更为无所不包的修辞学视角的恢复——更接近于古代、中世纪和文艺复兴时期的修辞学——已经成为修辞学兴趣的焦点。历史地恢复的兴趣表现了对长期被忽视的修辞观点的重新改造。因为这点，教授和传递“修辞学传统”不仅是一种忠实地重复，也是一种重获的努力，一种对传统的积极参与，一种解建构，它以恢复已经失落的修辞学维度和发现被专门化的修辞视角所“掩盖”了的东西为目的（这种视角无批判地采纳了考察语言和交流的流俗方法）。在这项事业中，今天的哲学不再是修辞学的对手而是成为了修辞学的朋友、医生、打破近代过度专门化传统符咒的工具。杂志《哲学与修辞学》的理念因而变得富有意义。因为哲学也需要向修辞学学习很多东西，这样我们就有了双向互益的交流乃至学科杂交的机遇。对修辞学颇有助益的 20 世纪哲学的一个重要部分即是哲学解释学，因为它反思了一个过程，这个过程在近代被忽视，但却曾经是修辞学内在组成部分。

近代解释学（宗教改革运动以来）的故事和修辞学的故事是平行的。伴随着宗教改革运动，人们要求一系列无须权威教父指示的解经指南；规则指南被发表出来，而且在先于浪漫时代的时期，圣经解释学，就它的注释的方法而言，即与古典语文学紧密结合在一起。在 19 世纪早期，德国唯心主义和浪漫主义高峰时期，弗里德里希·施莱尔马赫开创了一个重要的观念的变革：使解释学脱离专门化而进入解释的技术并朝向更为一般的对理解的反思。他抱怨他那个时代的解释学（包括古典语文学）是在不同类型的文本中处理不同类型问题的相互冲突规则的无系统混合物。他打算从特殊的问题中退出来并在通常交谈中去考察理解的一般条件。在 1805 年以来的早期残稿中他提到："一个儿童译解一个新词的意义的方法"——从语法、说话处境、表达目的出发——"就是解释学"。[①] 在与那个时代以启蒙为导向的古典语文学的批判性对话中，施莱尔马赫通过 1819 年和 1829 年的讲座，发展并提出了他称之为一般解释学（allgemeine
116 Hermeneutik）的学说。在更为深层的意义上，他认为，表达的特定风格传达了他人的"灵魂"，"不透明的你"的所有个性。但是为

① 弗里德里希·施莱尔马赫，"关于解释学的格言（1805-1809/10）"及"解释学：1819 年讲座大纲"，Roland Haas and JanWojcik 译，载《解释学传统：从阿斯特到利科》（*The Hermeneutics Tradition:From Ast to Ricoeur*），Albany: State University of New York Press, 1990，Gayle L.Ormiston and Alan B.Schrift 编，第 68、52 页。

了感受到偏离标准规范的个体风格、个性的标志，人们不得不知道语言的标准规范（词语、语法）、类型甚至表达的处境。在此，施莱尔马赫不是谈论文本的特殊问题或种类，而是谈论理解口头或书面表达时所需的普遍条件、交谈所需的条件。解释学由此脱离了规则和方法而走向了一种语言的哲学，因为它发生在两个灵魂，两种个性的活生生的交谈中。

半个世纪后，施莱尔马赫的传记作者威廉·狄尔泰复兴了施莱尔马赫的一般解释学事业，他首先通过撰写一篇纪念文章回顾了从宗教改革运动到施莱尔马赫之间的解释学的发展，之后提出将解释学作为人文科学的方法论基础。但是狄尔泰将解释学插入他自己的生命哲学（Lebensphilosophie）的语境中。按照他 1900 年的文章，“解释学的出现”，解释学涉及对“固定在作品中的生活经验之表现”的正确解读。[①] 跟随黑格尔，狄尔泰将作品看作人类理智和精神的外在表现：在法律、文学作品或宗教文本中的一种外在化。解释它们中的任何一个都需要深入探究它们与生命的关联（the Lebenszusammenghang），也即探究生命的语境或与生命的“关系”。狄尔泰认为，这时候所需要的是一种“历史理性批判”，这种批判为人文和社会科学提供认识论和方法论的基础，以对应于康德的《纯粹理性批判》中的提出主张，即为自然科学提供哲学基础和保证。狄尔泰希望，方法将起于这个奠基性的解释学，这种解释学将赋予有关对象、文本、或社会科学中的行为、艺术作品、人文科学的解释以同自然科学一样确定的客观合法性。

但是，如同伽达默尔在《真理与方法》中详细指出的，尽管狄尔泰自己对历史和生命中的理解的语境性富有洞见，但设定对应于

---

① 威廉· 狄尔泰，“解释学的崛起”，Fredric Jameson 译，载《解释学传统》（*The Hermeneutics Tradition*），Ormiston and Schrift 译，第 101-114 页。

自然科学的客观合法性目标使得科学的客观性成为精神科学（人文科学，包括自然科学）理解的模式。直到海德格尔和伽达默尔才将解释学从提供对文本的正确解释这一方法论使命中解放出来，将理解的“事件”置于彻底的意向的、生存论的、现象学的、历史的、本体论的、语言的上下文中。这意味着重新定义乃至重新构想存在、
117 时间、人的存在和行为、语言、思想、诗、真理和其他概念，现代科学理性屈从于它的尺度和目的。对哲学解释学所能给今天的修辞学提供的这些重构，我们尚未彻底地加以思考，任务尚待完成。《真理与方法》对这些重构的后果提出了它的解释，因而对修辞学家来说它依然是一部不可或缺的文献。因为它对理解的复杂构成做了它自己的展开：理解根植于看和理解的传统方式；根植于语词和语法，这些语词和语法带有过去的看和在世界之中的标记；以及根植于期望和先入之见，这些期望和先入之见带来了理解的特殊使命。这个理解的在先结构对应的德文词是 Vorverständnis，即前理解，它的最初意义是“任何理解所需的基础”。伽达默尔的解释学要求普遍性，要求聚焦于通常和在各种情况下理解的发生方式，无论这种理解是深入的还是肤浅的、复杂的还是简单的、是在口头交谈中还是在与书写文本的交谈中。在伽达默尔看来，理解是对话性质的。甚至理解一个艺术作品也是一个对话，一种根植于传统期待的语言游戏，因此也是一个人们能在其中感受惊喜、抵触和震惊的过程。对理解的处境、理解的过程和理解事件的一般层面的描述，就是解释学所能给予修辞学的东西。通过普遍的哲学解释学，特殊化为独立的学科方法的解释学被超越了，而不是被取代了。

伽达默尔的“修辞学与解释学”

伽达默尔的杰出论文“修辞学与解释学”（1976）（在本书中

该文第一次被译成英文）最清晰地揭示了修辞学和解释学类属上的关联和历史上的相互交织。其类属上的关联性根源在于人的两个基本能力。伽达默尔注意到“一方面，修辞学和解释学内在地相关联：说话的能力和理解的能力一样，是人的自然能力，都无须有意识地运用规则就能充分地发展起来，只要把自然的天才和恰当的培养和训练结合起来就能起作用。”[①] 恰当的讲话预设了理解的能力和进行理解的表达能力。对伽达默尔来说，理解不仅要求把握伴随着口头表达的音调抑扬变化，也要求当人们在阅读书面表达时能补充那些音调抑扬变化（TM 378 以下）。这意味着即使默读原则上也是一个“口头阐释”。例如，阅读陀思妥耶夫斯基的小说如《卡拉马佐夫兄弟》，连同其紧张的对话，就是把它的文字带回到活生生的讲话中。这是一个解释学的过程。而没有这一过程，也就没有修辞学，因为 118
没有对手头事物的理解，也就不会有对最好论据的收集。这里所涉及的是两个紧密相关、相互依赖的能力。

但伽达默尔的文章进一步谈到了宗教改革的解释学和文艺复兴的解释学在历史上的相互交织。弗兰西斯和梅来希顿的解释学论文无非借用了通过中世纪从古代传承过来的、并且在它们的教育中有所预设的修辞学传统。理解文本的方法已经存在于他们的修辞学教育之中。伽达默尔断言：“修辞学”具有它自己的主题兴趣，而不只是作为任何想去理解人文科学的认识论命运和科学命运的人们——在这些人在浪漫主义精神科学的形式中被构造之前——的背景。在这个关联中，解释学理论的角色或多或少是次要的，它远没有修辞学的古代、中世纪和人文主义的传统那么重要。作为三艺的一个部分，修辞学引导着一个由于如此明显而几乎不为人注意的生

① 汉斯－格奥尔格·伽达默尔，“修辞学与解释学”，《伽达默尔文集》（*Gesammelte Werke*）第 2 卷（Tübingen: J. C. B. Mohr, 1986），第 280 页；英文版，Joel Weinsheimer 译，本书第 1 章。下文引用均据此译本。

活。”伽达默尔这里特意使用了命运（fate）这个词，因为在这一时期，修辞学的故事是：它越来越成为专门研究良好讲话艺术的学科，而失去了古典时期人文主义教育中所扮演的更广泛的教育学角色。但是在文艺复兴时期，解释学作为正确解读古典作品的艺术，被包含在修辞学之中。只是在宗教改革的压力下，解释学才具有它自己独立的使命。正如伽达默尔在谈到弗兰西斯和梅来希顿的例子时所显示的，他们用来获取文本阐释的自主学科的原则，乃是教育着他们的修辞学人文主义复兴的那些原则。

伽达默尔指出，随着“新科学”的影响越来越明显，“修辞学的教育功能（Bildungsfunktion）”受到詹巴蒂斯塔·维柯的捍卫。这一修辞观在今天依然有重要意义，主要不是源于它作为讲话艺术这方面，而是在修辞学传统转向经典文本的解读方面，正是这点把我们带回到人文主义修辞学传统中的解释学教义。伽达默尔公开地哀悼人们把修辞学狭隘地或者收缩为朗读书写话语的艺术，或者收缩为公开的政治讲话的艺术。而梅来希顿给修辞学增加了教导演讲的方面（genos didaskalikon），他强调在修辞学中古典的 ars bene dicendi（良好的讲话技艺）不能与 ars bene legendi（良好的阅读技艺）相分离，按伽达默尔所说，它包括了“构思和评价讲话、较长的争论，特别是书和文本的能力”；这里伽达默尔引用了梅来希顿的《修辞的要素》一文。伽达默尔指出，bene legendi（良好的讲话）对梅
119 来希顿来说不只是一个补充成分，相反“在梅来希顿的表述过程中，这样的阅读——以及在宗教文本中所发现的对宗教真理的传递和占有——的重要性逐渐超过了模仿的人文主义理想。”的确，“因为没有人能在没有如下技艺支持的情况下理解较长的阐述和复杂的争论：这种技艺告诉他部分是如何进行组织和阐明的，并且告诉他讲话者的意图和说明，以及说明、澄清晦涩问题的方法。”伽达默尔补充道，当梅来希顿不是选择把修辞学限定在狭窄、特殊的领域中，

而是把它与辩证法放在一起并强调它们的普遍适用性和用途时，他与中世纪和文艺复兴的人文主义传统是完全一致的。

伽达默尔进一步讨论文艺复兴的人文主义者所理解及梅来希顿所发现的另一条修辞学原则——“主要内容和核心观点，或者如人们所说的，讲话的 scopus（目的）”——它以被改进的形式成为了梅来希顿解释学的主要准则。伽达默尔指明了梅来希顿的修辞学如何与正确地解读显著的相关联。他指出“相对于口头话语，书写或再造的文本被剥夺了讲话者留意提供的各种阐释的辅助手段。这些都能够被归于恰当强调的概念之下。理解的整体性被概括到完美强调的理想情形中——尽管从没有完全实现。”而且要正确地强调，人们必须懂得 scopus（目的），最终懂得 scopus totius scripti：整个文章的目的和意图。

这使得伽达默尔注意到新教解释学中解读任务的核心地位。的确，圣经的清楚明白依赖于正确的解读。而且，新教解释学反思的第一部主要作品，弗兰西斯的《圣经指南》详细具体地表述了圣经的新教解经原则。他从哪里获得灵感从而突然提出这些原则？从人文主义者所教给他的修辞学那里！正如伽达默尔评价的，弗兰西斯“首先是一个被说服而赞同路德和宗教改革的语文学家和人文主义者”。《指南》的意图在于表明，在没有罗马教廷的权威传统的情况下，圣经作为一个文本是可理解的。正如伽达默尔后来所阐述的，“如果我们更仔细地考察这个问题，那么修辞学的古典概念性隐喻在此可被用于避免圣经被独断地屈从于教会的教理(doctrinal)权威。”即使当解释学聚焦于解读的任务，而明显地与修辞学分离开来时，它也利用了“古典修辞学的概念性隐喻”。这就是修辞学和早期现 120
代解释学之间的相互交织，甚至在修辞学分离后，解释学也广泛地借用了古典修辞学。

总之，文艺复兴和宗教改革中修辞学和解释学在历史上的相互交织，乃是源于大规模采纳已经在修辞学中存在的、文艺复兴的人文主义者所教给我们的文本阐释的那些原则，这些原则被吸收进了宗教改革和后宗教改革的新教解释学论著中。在此情形中，影响的方向显然是从修辞学到解释学。它们的根本关联性在理解和讲话这两种相互依赖和相互需要的能力之间。从 17 世纪发展而来，一直到 20 世纪中叶，这些能力开始分离和专业化，这部分是由于鼓励专业化的现代科学思维范式的力量，以及由于人们遵从笛卡尔《谈谈方法》中的建议，习惯于把问题分解成孤立部分去处理。20 世纪，在主导性的科学范式中出现了一个变化，它开始于量子物理学中的相对性和不确定性，这一变化标志着另一个朝向更整体的思维的范式转变的开始。这一复杂的历史转变的一个方面是趋向于更加整体的修辞观，如在“新修辞学”中所表现的那样，以及趋向对实用主义、知识社会学和其他泛修辞学研究方面的兴趣。与之相伴随，对古代、中世纪和文艺复兴的修辞传统的兴趣得到复兴，随后出现了一个更广义的修辞学概念。这就为与解释学——一种超越了（三个世纪来）作为文本阐释的单纯规则和方法的解释学——的对话提供了基础。接下来我的观点是，在宽泛地理解的解释学中包含着能够有益于新修辞学的资源。我以一组包含二十项的论题（topoi）来表述这一观点。

解释学启迪下的修辞学图景

考虑到向古代解释学传统的回溯，特别是考虑到 19 及 20 世纪哲学解释学的反思，那么，受解释学启迪或者说将解释学包括在内的修辞学将会是怎样的？我们下面将通过 20 个论题来阐述这种修辞学的图景。应该强调的是，这个提议作为一个整体并不意味着排除其他正在起作用的对当代修辞学富有成果的影响因素。我的许多论题都是提示性的，而非对受解释学启迪的修辞学整体图景来说必不可少的，而且其中有几个与多方面的论题有关。但是它们详细地说明了不同的解释学维度、问题及其与批评者的争论如何可能影响一种解释学与修辞学的新的联姻，或者说影响一种受解释学启迪的修 121 辞学之孕育。它们都是以不同的方式回到这个问题：这种修辞学会是什么样的？

1. 受解释学启迪的修辞学将意识到在古代、中世纪和文艺复兴人文主义教育的修辞学之中的、被湮没了的解释学历史。但它也将意识到解释学的范围包括古希伯来和古希腊乃至其他古文化中那些对宗教、文学和法律文本进行解释的著作。

2. 受解释学启迪的修辞学将认识到理解和讲话，以及由此而来的阅读艺术和讲话艺术之间的类属上的相互关联，正如我们在伽达默尔讨论梅莱希顿和弗拉西乌斯时所看到的。

3. 这种解释学将懂得，用语言来构思表达的能力与理解语言表达的能力是如何相关联的，以致缺少一者那么另一者就是不可理解的。讲话的艺术需要理解的艺术去洞察要说的内容，而理解的艺术需要讲话的艺术去清晰地阐明所理解的内容。没有讲话则理解是哑的；没有理解则讲话是空的。

4. 这种修辞学将挑战现代的科学驱动和论证导向的解释性预设。在这方面，佩雷尔曼和泰特卡的《新修辞学》，以及作为认识论筹划的修辞学将从海德格尔、伽达默尔、利科和其他解释学理论家那里获得更多理论支撑。引人注目的是，伽达默尔在“修辞学、解释学和意识形态批判”一文中也抓住了修辞学对当代解释学反思的重要性，当他询问：“对阐释的理论考查如果不是转向修辞学，还能转向哪里？修辞学自古以来就是可能性，或然性（明显性）真理主张的唯一辩护者，这种真理以普通理智看来是令人信服的，它反对科学只接受能够被证明和验证的真理的主张。”[①] 伽达默尔考察了亚里士多德的实践哲学为解释学所提供的丰富资源，不仅是在《真理与方法》一书中，而且在一系列的后期著作中，例如在《科学时代的理性》一书中的相关文章中。[②] 在转向亚里士多德实践哲学的过程中，伽达默尔为在新修辞学中的平行运动提供了进一步的（超出了美国实用主义哲学家所发现的）哲学支撑。

5. 这种修辞学将鲜明地反对近代狭隘的修辞学视野，正如哲学
122 解释学在 19 世纪和 20 世纪反对狭隘的解释学视野。这种历史的平行不仅提示了它们现在具有的一致之处；还要求我们对修辞学和解释学有更为全面的图景。它甚至暗示了一种更为密切的学术联姻的可能性，例如修辞学与解释学学科，或修辞学与阐释理论学科。

6. 这种修辞学将对宗教改革运动至今的宗教解释学感兴趣，特别是其假说 a. 文本包含真理，这种真理挑战和丰富读者的自我理解，乃至能够改造读者的自我意识和对世界的领悟。在与文学作品特别是古典文学作品的关联中和在美术中其含意是非常明显的。以及假说 b. 古希伯来解释学的原则，例如希勒的解释七规则，以实玛利的十三规则和巴莱他的三十二规则，在修辞学论辩方面具有更为广泛的运用。[③]

---

① 汉斯－格奥尔格· 伽达默尔，“解释学反思的范围和功能”，载伽达默尔，《哲学解释学》（*Philosophical Hermeneutics*），Berkeley: University of California Press, 1976，David E.Linge 编译，第 24 页。另参见本书第 15 章。

② 汉斯－格奥尔格· 伽达默尔，《科学时代的理性》（*Reason in the Age of Science*），Cambridge: MIT Press, 1981, Frederick G.Lawrence 译，特别是“作为理论与实践双重任务的解释学”一文，第 113-138 页。

③ 这方面的一个重要文献是 Louis Jacobs，《犹太圣经解经》（*Jewish Biblical Exegesis*）（New York: Behrman House, 1973）。另参见 Gerald L. Bruns，《古今解释学》（*Hermeneutics Ancient and Modern*），New Haven: Yale University Press, 1992。一个基本的参考文献是 Hermann L.Strack，《塔木德与米德拉什导论》（*Introduction to the Talmud and Midrash*），New York: Athenaeum, 1931。

7. 这种修辞学将不会鄙弃法律解释学，无论是古代所形成的法律解释学还是近代在其他名目下得到发展的法律解释学。例如，这里存在一个基本的解释学问题，即如何沟通具有法律效力的文本和能被纳入一定原则中的个别情况之间的鸿沟。这一疑难特征（它自身属于法律证明和论证）将成为新修辞学的主题。伽达默尔的哲学解释学提出应用（applicatio）的时机对法律解释学来说必不可少，同时也是一般理解之充分完成的核心环节。正如编者在本书导论中所表明的，这一点对修辞学也很重要。

8. 受解释学启迪的修辞学将从施莱尔马赫关于谈话处境的洞见中获得启发。施莱尔马赫致力于从谈话的处境角度去弄懂理解和误解是如何发生的。他对受误解干扰的不间断的理解过程感兴趣。对施莱尔马赫来说，解释学的目标就是致力于避免误解。施莱尔马赫的解释学也包括超出所有规则的“预测”或“猜测”因素，包括在表达风格中去发现表达者个性的线索。在这方面，曼弗雷德·弗兰克的工作很重要。[①] 对施莱尔马赫和一般解释学来说，解释学的任务就是克服疏异和陌生性。我们要面对的疏异可能是由解释者和文本之间的历史时间距离所造成的；也可能是语言或文化预设的相异性所致；最终而言，对施莱尔马赫来说，是缘于他者的他者性，缘于“不透明的你”。

9. 受解释学启迪的修辞学将从狄尔泰对每个文本、法律、宗教信仰或艺术作品的历史渊源和语境感的强调中获得灵感。我想要探 123
究人们自身的历史意识和历史时机中的历史性和语境性遭遇的特殊动力。对于修辞学来说，这意味着历史中的理解的母体成为人们思考、

---

① 参见 Manfred Frank 论施莱尔马赫解释学的著作，《个别的一般：施莱尔马赫后的结构化文本与阐释》（*Das individuelle Allgemeine: Textstrukturierung und Interpretation nach Schleiermacher*），Frankfurt: Suhrkamp, 1977，此书和他的《个体性的必然性》（*Die Unhintergehbarkeit von Individualität*, Frankfurt: Suhrkamp, 1986）都有必要翻译出来。

讲话和话题的论据选择的核心。

10. 受解释学启迪的修辞学将在尼采那获得启示，尼采和狄尔泰一样否定在我们当下的现象界背后存在任何形而上学世界。尼采肯定无止境的解释和它的以利益为导向的特征。哈贝马斯在他学术生涯的早期抓住了尼采思想的解释学意义，并在一本书中收集了他的认识论作品。① 尼采关于解释的观点吸引了 1930 年代的海德格尔，后来又迷住了德里达以及，毫不夸张地说，1960 年代和 1970 年代整整一代法国著作者。② 他们的意义朝着后现代解释学的方向转移，如阿兰·斯瑞夫所表明的。③ 尼采的著作也能使修辞学家彻底跳出大多数 20 世纪的语言观和解释观的范围，就如他们启发法国打开新的哲学观的视野。

11. 受解释学启迪的修辞学将不断地意识到审慎思考和计算思维之间的区别。它将懂得海德格尔在"什么叫思想"的第一次讲座中那个富于启发的句子所意味的内容："科学自身不思且不能思"。（第 8 页）从海德格尔那，解释学和受解释学启迪的修辞学懂得了创造性思考需要倾听和能听到的特殊天才，它们需要一种特殊的敞开，这种敞开难以在现代计算意识的形而上学及其框架中获得。

12. 这种修辞学将从海德格尔的"关于人道主义的信"获得启示，海德格尔在那里写道："我们还没有开始充分仔细地沉思行为的本

---

① 弗里德里希·尼采,《认识论规则》(*Erkenntnistheoretische Schriften*)(Frankfurt: Suhrkamp, 1968)，尤尔根·哈贝马斯编。另参见哈贝马斯的《知识与人类的旨趣》(*Knowledge and Human Interests*)，Boston: Beacon, 1971，Jeremy J.Shapiro 译，特别是附录。

② 参见马丁·海德格尔,《尼采》(*Nietzsche*) 第 4 卷，New York: Harper and Row, 1979-1987，David F.Krell 译。

③ Alan Schrift,《尼采与阐释问题：解释学与解构之间》(*Nietzsche and the Question of Interpretation:Between Hermeneutics and Deconstruction*)，New York: Routledge, 1990。

质。”[①]这样的话，人们就不会同意萨特的“存在主义是一种人道主义”，该文中的哲学认为“你是你自己造就的”。海德格尔在他的“关于人道主义的信”回应萨特那篇著名的文章并回答让·波弗勒在写给他的信中所提出的问题：如何致力于人道主义的再生？对于海德格尔来说，答案既不是人道主义，也不是任何其他主义，包括存在主义。毋宁说，任务在于重新思考人的在世界之中存在、行为、存在、历史和言说的占统治地位的概念。这并不意味着解释者不再能从实用主义者关于行为或关于源于奥斯汀的述行表达的思考中收获大量东西，或从源于利科的作为文本的有意义行为中收获大量东西。而是说，他们都没有“转向”人的在世界中存在、历史以及晚期海德格尔诗性言说的新概念。

13. 一个充分吸纳海德格尔解释学思想的修辞学必然回到《存在 124
与时间》中对理解和语言所做的探索。它将意识到海德格尔解释学所完成的事业，这项工作不仅仅是寻求存在的意义；它也将懂得为何这项成就是重要的。它将懂得，对在前推论的（prediscursive）总体性关系中去生活和去理解一切（包括理解自身的存在）的修辞学来说，它们意味着什么。

14. 受解释学启迪的修辞学将探究晚期海德格尔对作为开显的语言、艺术和真理的理解。它将把握海德格尔见解非凡的断言“语言是存在的家”（“关于人道主义的信”第217页）以及著名命题“语言道说”的含意。它将思考海德格尔对施特凡·格奥尔格诗句“语言破碎处无物存在”的阐释，并探究艺术作品“建立一个世界”以及观看者和倾听者走入这个空间（自身设置入作品）对修辞学来说意味着什么。[②]这种修辞学将批判性地探究海德格尔将说话者归于语

---

① “关于人道主义的信”，载海德格尔，《基本著作》（*Basic Writings*），第217页。后面引用以文中注的形式出现。

② 参见海德格尔，“语言的本质”，载《通向语言的道路》（*On the Way to Language*），New York: Harper and Row, 1971，Peter D. Hertz 译，第60页以下。

言自身这一观点的含意。尽管这些命题不构成一种应该无批判地接受的语言观，但它们确实将语言和艺术的存在及活动的崭新侧面带入了我们的视野。

15. 受解释学启迪的修辞学将利用利科对解释学的丰富贡献，其中一部分是：a. 他区分“神圣的解释学”与“怀疑的解释学”，前者将文本看作达致更高真理的过程，后者与马克思、福柯、尼采一起，走到文本的背后去发现引导着文本著述的旨趣；b. 他对文本作为有意义行为的相关论述，这些作为有意义行为的文本包括手势、仪式或艺术作品，它们来自今天、昨天或古代，来自我们的文化或其他文化，以及从文本到行动的整个运动；c. 他对理解和说明之区别的讨论；d. 他对隐喻所做的敏锐而广泛的研究；e.《时间与叙事》中的理念，即存在不能还原为原则、公理或命题的真理类型，它们只能通过故事、叙事作品的方式传达出来。①

16. 受解释学启迪的修辞学必须深入了解伽达默尔和哈贝马斯争论双方的立场并从两者那里汲取营养。它应该考虑 a. 伽达默尔关于解释学的普遍性主张的重要意义；b. 哈贝马斯对伽达默尔掉入“语言唯心主义”泥潭的批判和伽达默尔的回应；c. 哈贝马斯对理想“交往情境”中无压制、无扭曲的理想交往模式的设想，以及这种模式

---

① 参见保罗· 利科：（a）《弗洛伊德与哲学：论阐释》（*Freud and Philosophy:An Essay on Interpretation*），New Haven: Yale University Press, 1970；（b）“文本模型：作为文本的有意义的行动”，《社会研究》（*Social Research*）38 卷，1971 年，第 529-562 页；以及《文本与行动：解释学论文集》（*Du text à l'action:Essais d'herméneutique*），Paris: Editions du Seuil, 1986；（c）“什么是文本？说明与理解”，载利科，《解释学与人文科学》（*Hermeneutics and the Human Sciences*），Cambridge: Cambridge University Press, 1981，John B.Thompson 编译；（d）《隐喻的规则》（*The Rule of Metaphor*），Buffalo: University of Toronto Press, 1977，Robert Czerny 译；（e）《时间与叙事》（*Time and Narrative*），Chicago: University of Chicago Press, 1984-1988，第 1、2 卷，Kathleen McLaughlin and David Pellauer 译，及第 3 卷，Kathleen Blamey and David Pellauer 译。

所揭示的东西；d. 为何伽达默尔将有关这种策略的问题看作是反事实的，并且不再谈论“活生生的语言”；e. 伽达默尔指责哈贝马斯怀有启蒙思想的偏见，包括其假说，即认为占统治地位的观点是武 125
断的教条并且必须被理性所克服。

17. 受解释学启迪的修辞学要为福柯在《权力 / 知识》中对权力和知识的批判留下位置，这个学说建立在尼采的基础上但在知识考古学中使用了一种经过特殊发展了的结构主义分析。这种修辞学将审视《事物的秩序》中关于表象系统和其他交换系统的历史陈述的论述，因为讲话自身是表象的一种形式。[①] 在《诊所的诞生》中，福柯批判在 20 世纪临床实践中以“关于个体的科学结构话语”为中心的话语观念：“欠考虑的理解的现象学将它们的概念沙漠的沙子与半生不熟的观念混合在一起”并且融入“‘遭遇’的微弱色情词汇和‘医患关系’”。[②] 在别的地方，他攻击在精神病学和惩罚系统中发现的“评论的多重性”的“强迫角色”。[③] 在随后的著作中他更充分地发展了这个论点，例如在《权力 / 知识》中。作者问题是福柯通过实际地消除他或者她而加以发展的另一个论题。他对表象系统、规训和惩罚、社会偏差的系统压制、妇女治疗、疾病、社会边缘人的富于洞见的分析，对于理解从医学到犯罪学的解释处境范围内的

---

① 参见米歇尔· 福柯,《权力 / 知识：访谈录及其他（1972-1977）》（*Power/Knowledge: Selected Interviews and Other Writings*），New York: Pantheon, 1980，Colin Gordon 编；福柯,《知识考古学》（*The Archaeology of Knowledge*），New York: Random House, 1972，A. M. Sheridan Smith 译；福柯,《物的秩序：人文科学的考古学》（*The Order of Things:An Archaeology of the Human Sciences*），New York: Vintage, 1975。

② 米歇尔· 福柯,《临床医学的诞生：医学观念的考古学》（*Birth of the Clinic: An Archaeology of Medical Perception*），New York: Vintage, 1975，A. M. Sheridan Smith 译，第 xiv 页。

③ 参见福柯,《疯癫与文明：理性时代的疯狂史》（*Madness and Civilization: A History of Insanity In the Age of Reasons*），New York: Tavistock, 1967，Richard Howard 译。

隐藏的强制和权力的运作有重要帮助。这些内容与文本理解有直接的关联。福柯对话语中隐藏的压抑的揭露有助于我们理解文本阐释、人和话语。应该强调，尼采和福柯对我们理解现代思想的解释性语境所做出的多重贡献，并不会对解释学构成威胁，而是增加了解释学的复杂性。它们不应该被看作无效的或看作是提供了与这个世纪的解释学反思无关的其他贡献；毋宁说，它们补充、扩展和丰富了我们对解释性地基的知识，在此地基中，理解和讲话得以产生。它们"改造了解释性的语境"，正如福柯的著作集的标题道出的。①

18. 受修辞学启迪的解释学将把解构看作是一种特殊形式的解释学。解构不是与解释学相排斥的，而是解释学的一种特殊形式——一种处理文本的方法，对待语言的方法——对语言的本质有其自身的洞见。解构论认为当人们将"口头话语在场"（oral presence）而非书写及其对不在场的指示结构看作语言本质的向导时，就掩盖
126 了语言的本质。人们由此将一种"形而上学的在场"引入了语言观。延异在其根本上是语言自身中的一种非形而上学、伪超验的结构。许多英语世界的德里达的解释者——鲁道夫·加谢（Rodolphe Gasche），艾琳·哈维（Irene Harvey），克里斯多夫·诺里斯（Christopher Norris），阿兰·斯瑞弗特（Alan Schrift），以及约翰·D. 卡普托（John D.Caputo）——已经使德里达的哲学维度更容易为英语世界的读者所接受，但有一种倾向：一些文学批评家采纳解构的策略而抛弃了其哲学基础，其他一些人则攻击德里达消解了传统人文科学的假设。②

① Gayle L.Ormiston and Alan D.Schrift 编，《改造解释学语境：从尼采到南希》（*Transforming the Hermeneutic Context:From Nietzsche to Nancy*），Albany: State University of New York Press, 1990。

② 参见 Rudolphe Gasché，《镜中的锡箔：德里达与反思哲学》（*The Tain of the Mirror: Derrida and the Philosophy of Reflection*），Cambridge: Harvard University Press, 1986；Irene E.Harvey，《德里达与延异经济》（*Derrida and the Economy of Differance*），Bloomington: Indiana University Press, 1986；Christopher Norris，《德里达》（*Derrida*），

两者二选一的回应都忽略了解构理论的解释学意义。受解释学启迪的修辞学将从哲学的角度探究解构主义者的事业，回到海德格尔的拆解的筹划和德里达早期在《声音与现象》中对胡塞尔的语言观的批判。至关重要的是不要轻易地陷入与解构主义的对立，而要去理解在解构主义的语言观、逻各斯中心主义、讲话和口头话语在场中争论的是什么。表面上看，这些观点将使解构成为作为口头语词艺术的修辞学的敌人。然而，解构的观点要比上述判断更为微妙，它与隐藏在语言的指称性中的结构差异有关。这种差异在口头和书面语言中均能被发现，但因为如此，对书写的分析能够驱除关于语言作为"在场"的形而上学假设。从哲学角度上说，德里达的思想自身是对柏拉图以来的特定的本体论传统框架的非难，如同在他之前的海德格尔的思想一样。我心目中的这种修辞学将不会以立刻拒绝德里达的方式丧失解构主义提供给我们的东西。

19. 受解释学启迪的修辞学将研究伽达默尔和德里达 1981 年 4 月巴黎大学之遭遇的动力因素。① 伽达默尔热心参与与德里达的对话，而德里达明显心存疑虑并且尚未准备好进入与伽达默尔的对话。伽达默尔带着些许失望结束对话，并且事后承认实际上没有对话发生。

Cambridge: Harvard University Press, 1987；Alan D. Schrift，《尼采与阐释问题：在解释学与解构之间》（*Nietzsche and the Question of Interpretation:Between Hermeneutics and Deconstruction*），New York: Routledge, 1990；John D. Caputo，《激进解释学：重复、解构与解释学筹划》（*Radical Hermeneutics: Repetition, Deconstruction,and the Hermeneutic Project*），Bloomington: Indiana University Press, 1987。

① 参见 Diane P. Michelfelder and Richard E. Palmer，《对话与解构：伽达默尔与德里达的相遇》（*Dialogue and Deconstruction: The Gadamer-Derrida Encounter*），Albany: State University of New York Press, 1989。我在其他地方也谈到了伽达默尔与德里达之间的对比，例如参见 Richard E.Palmer，"不可能的相遇：伽达默尔与德里达"（Art Papers 10, Jan.-Feb. 1986: 36-39）。Palmer，"作为海德格尔阐释者的伽达默尔与德里达：论伽达默尔的四个文本与德里达的四个文本"，载《解释学问题》（*The Question of Hermeneutics*），The Hague: Kluwer, 1994，第 255-305 页。

对这场对话中发生了的和未发生的东西的研究揭示出一场对话实际发生所必须的先决条件。诸如以下方面：善良意志、共同的基础、对他者的尊重、冲突的旨趣，以及不必要的妥协的含意或引发友好关系的意愿。伽达默尔之后的多篇论文中对德里达的事业的反思也是值得关注的。[①] 从根本上说，伽达默尔批判德里达被胡塞尔的语言观和语义学理论牵着鼻子走。这导致一种符号学的语言观，它忽略了人们在反思活生生的语言时所具有的那些维度。

20. 最后，这种受解释学启迪的修辞学将欢迎詹姆斯、皮尔士、
127 杜威、奥斯汀、塞尔和维特根斯坦等实用主义者对语言使用的理解的贡献。它将承认从皮尔士到罗蒂和约塞夫·马哥利斯的美国实用主义的传统对于修辞学理论来说是极为重要的，同时要求这种实用主义不失去施莱尔马赫、尼采、狄尔泰、海德格尔、伽达默尔、哈贝马斯和德里达的解释学洞见。的确，我们应该强调美国实用主义和德国解释学之间的亲缘关系。两者都将其反思建立在对具体经验及作为的经验性回指之上。两者都认识到意义寓于处境和处境中的人的目的，而非寓于外在于或超越于它们的形而上学王国。两者都援引亚里士多德的实践哲学作为它们思想的先驱。两者都从语言游戏的角度理解交往经验。但是海德格尔和伽达默尔将语言看作不仅是符号的交流，不仅是以言行事的工具。这两位思想家都从理解而非从讲话出发，都讨论理解和语言的本体论，然而是从人们所倾听的讲话方面，而非人们所从事的作为方面，从讲话的最高形式，即作为新的开显的中介的讲话方面，从作为赋予人看事情的新方式和作为建立一个世界的讲话方面去讨论这种本体论。

解释学教导下的修辞学由此认识到倾听和理解伴随着任何一个

---

① 这些被包含在米歇尔菲尔德（Michelfelder）与帕尔默（Palmer）的《对话与解构》（*Dialogue and Deconstruction*）中。

好的讲话行为，的确应该作为好的讲话行为的前提。如果讲话常常是对某事的回应，那么没有什么能逃避理解的任务。受解释学启迪的修辞学将不会把理解看作是某种透明和没有任何疑难而可以匆匆掠过的东西，或者作为讲话之理所当然的准备阶段；相反，理解将被看作是我们在世界之中存在的基本要素和我们的讲话的策源地。对解释学来说，语言自身中存在一定的能动作用。正如海德格尔所说，“语言道说”。理解这种道说具有内在的困难和要求，并且值得修辞学家充分注意。受解释学启迪的修辞学家将认识到，我们关于理解的观点也包含着我们对能动性、语言、历史，以及最终而言，人的在世界之中存在的预设。“交谈的处境”已经变得更为复杂，也即更为丰富和深刻了。

修辞学与解释学之间的伙伴关系的重建也为修辞学提供了其他方面的好处。解释学对文本阐释的历史兴趣将加强修辞学与其早期传统，例如与伦理教育、语文学和经典阐释任务的联系。因此它重新强调修辞学的人文主义历史。提议复兴其范围一度十分广泛的修辞学，意味着从历史、哲学和人文主义方面去深化修辞学。历史方面，128
它召唤着修辞学中那久已被遗忘的维度；哲学方面，它使 20 世纪哲学的一个主要潮流——哲学解释学发挥作用；人文主义方面，它重建与文学、法律、神学和古希腊哲学的联系。

我们现在不应该抛弃西方修辞学、文学和哲学传统中的经典。经典作品保持着它的典范性，我们需要尊重和解释荷马、但丁和莎士比亚在世世代代中已经不断言说着的东西，如果他们在电视暴力和无视过去的大无畏新世界中没有被淹没的话，他们仍将继续言说。对过去的伟大作品的尊重在我们这个时代的文化中似乎已经消失了，这一事实应该让我们停下来重新审视我们当下的视域，在学术中也应如此。我们需要对我们当下文化中的要素和我们轻视过去的哲学态度保持敏锐觉察。在解释学中，当下不是评价过去的决定性和最终的立足点。对解释学来说，作为反思的定向就是去面对来自过去的文本，历史不是伸向我们身后的远方的碎片瓦砾，而是持续在我们的理解中活跃着和运作着。时下阅读看来正在衰落。在我们的教育传统的早期，我们不仅是在与朋友的交谈中，也不仅是从大众媒介中寻求意义，我们还在与经典作品的交谈中获取意义。解释学提醒修辞学为何后一种交谈可能仍值得我们珍视。

我们需要效命于真理和对真理的爱。我意谓的不是卡普托在讥讽哲学解释学时所影射的那种能够永久保质的“永恒真理”，而是与文本的充满敬意的对话，它让我们与我们传统中的智慧相联系。[①]当阅读一个文本时我们的理解似乎是真实可靠的，这不是因为我们直接从形而上学的天国重新唤回了永恒的真理，而是因为在表达的语词中保存着的经验和我们自己的经验产生了回响，从而变得有说服力，令人信服。受解释学启迪的修辞学将是这样一种修辞学，对它来说，我们的传统文本仍然包含着值得去理解和去经验的东西。

本章最初发表于斯普林菲尔德的中部伊利诺伊哲学家小组，Ill.，1995年3月29日。感谢小组的下述成员富有教益的建议和斧正：George Agich，Robert Becker，Harry Berman，Meredith Cargill，Royce Jones，Marcia Salner，Larry Shiner，Eric Springsted，Peter Wenz。同时我还想在此感谢我的学生助手John C.Werry的秘书工作。

---

① 参见卡普托，《激进解释学》（*Radical Hermeneutics*），第111页。卡普托在这本生动的著作中这样表述他的目标——它与受解释学启发的修辞学筹划关系非常密切：“我想要捍卫这样一种伦理学，它产生于冷解释学，产生于源自海德格尔与德里达富有教益的相互作用的无安慰的解释学。”（第239页）

6. 解释学圆圈、修辞学三角和横贯的斜线 132

加尔文 -O. 施拉格

这篇论文的目的是为如何构建解释学与修辞学的联合提供一个思想尝试。我主张，解释学被修辞学的实践所限定，并且反过来，解释学和修辞学都需要在一个横贯的（transversal）交流空间中被重新塑形。

解释学和对含义的寻求

解释学作为阐释的理论和实践，激活公开和潜在的含义系统，这个意义系统在文本与行为中，在文本类似物与行为类似物中起作用，与此同时它还涉及实际和潜在的误解问题。解释学把它的运作模型构建为部分—整体关系，并且把圆圈当作它的基本隐喻。解释学理解的目标是通过整体去理解部分，以及通过部分去理解整体。无论是处理一个复杂的文本还是一个行为的构形（configuration），
解释学都在与文本其他部分和其他行为的关联中去理解文本诸部分 133
和诸个别行动，所有这些部分单元只有当它们被放回到一个构形整体的上下文中才以递归的方式具有含义。含义积累到一定程度，就会获得一个部分和整体的套层结构，它引发从部分到整体和从整体到部分的循环运动。当谈到文本阐释的循环问题时，查尔斯·泰勒

阐明得非常贴切，他这样表述："这个循环（/圆圈，circle）能够通过部分—整体的关系而被理解：我们正试图解读一个文本整体，为此我们求助于对它的局部表述的解读；然而因为我们处理的是含义，是有意义，在那里表述只有相关于其他部分才是有意义或无意义的，对部分表述的解读依赖于对其他部分的解读，并最终依赖于对整体的解读。"①

然而，在解释学的任务中，有另一种循环显现出来。不仅有部分和整体之间来回跑动的循环，在部分—整体构形自身视角的变化和扩展那，也有一个阐释性理解的循环。在这个诸视角的循环中，只有一个诸视角之间和之中的运动；而没有在理解的圆圈之外，超出视角性而达到一个优越位置的运动。当然，通过视角的修正（它源自与其他视角的遭遇），寻求更进一步和更完善的含义是可能的，但看起来不存在跳出这种视角性循环的出口。这标志着解释学的思想和话语的循环的另一个维度。

然而，不要把解释学的思想和话语的循环误认为是线性和数量的计算和测算无效的明显的恶性循环（circulus vitiosus），这是极为重要的。解释学圆圈不是一个"恶性的圆圈"，一个（通过小心地遵循推理规则就可以避免的）对正常衍推（entailment）的逾越。解释学并不受线性/表象式思维规则的统治。的确，这种规则在对文本局部或行为模式的构成部分的分析式说明中有其效用，并且以这种方式，为我们对部分—整体综合体的理解做出贡献。例如，在分析文本的一个更广泛部分中句子结构的含糊和疑难时，对语法规则的清理就是这种运用的一个例子。然而，对一个部分—整体套层结构的视角的领会，不是产生于以某种方式事先规定了的方法之规则，

① Charles Taylor,《哲学与人文科学：哲学论文》(*Philosophy and the Human Sciences: Philosophical Papers*), Cambridge: Cambridge University Press, 1985, 第 18 页。

而是产生于对视作（taking as）的态度。于是，“解释学的作为（as）”这一术语就是恰当的。被考察的文本是被视作一定的话语类型——例如，一个科学文件、一个政治讽刺作品、一篇布道、一段历史记述、一篇小说，一篇论道德的论文。行为举止的表现被视作富有意义的行为的表达——一个友好的手势、一个身体的威胁、一个下流的标志、一个求救的呼喊。

无论阐释一个文本还是一个行为，总是有一个文本或行动的组 134
织结构和含义范围所构建的前景。解释学的任务是通过处理部分表达——当它们相关于追求整体的理解和阐明的其他部分表达时——来选出、加强、描述和重新描述这些含义。的确，对部分整体之一体化的不同的视角可能会出现，它要求通过与其他实际或可能的视角的对比式比较来“矫正”任何特殊的视角。这个矫正策略不在于在正确的视角那着陆，并最终得到它，而在于一种打开新的可能性的动力，借此业已展开的视角将得到丰富。但它并没有逃出部分到整体的圆圈或可修正的视角的循环。鉴于事情的这一实情，海德格尔的建议可能是非常明智的：“决定性的不是跳出这个圆圈，而是以正确的方式进入这个圆圈。”[1]

人们很快就发现，以正确的方式进入这个圆圈这一要求对解释学产生的后果既广泛又深刻。解释学的范围的确似乎经历一种普遍性（ubiquity），刺激一些解释学家谈论“普遍性的解释学”。[2] 人们能够很容易注意到，解释学已经覆盖到多种多样的话语和学科当中。在赫尔墨斯的万神殿，人们发现了社会科学的解释学和自然科

① 马丁·海德格尔：《存在与时间》（*Being and Time*），New York: Harper and Row, 1962，John Macquarrie and Edward Robinson 译，第 195 页。

② 特别参见汉斯 – 格奥尔格·伽达默尔，“解释学问题的普遍性”，载伽达默尔：《哲学解释学》（*Philosophical Hermeneutics*），Berkeley: University of California Press, 1976，David E.Linge 译，第 3-17 页。

学的解释学；文本的解释学和行为的解释学；法学的解释学和医疗实践的解释学；文化形式的解释学和生存（Existenz）的解释学。解释学的范围是广阔的。它也是深刻的。在每个呈露了解释学踪迹的话语和学科那，解释学都可以一直贯彻下去。在解释学的筹划中，没有最终结论，没有终点，没有硬邦邦的、孤立的、可以借力的、不容置疑的事实供落脚休息。的确，没有无阐释的事实。仅当它们在一个被构造好的学科模型中被视作如此这般的东西时，事实才成为事实。解释学的内在动力相关于从一个阐释—事实综合体到另一个阐释—事实综合体的进程。这就是文本的意义，在其中阐释一步步往下走。很明显，它并不是在达到一个不可动摇的事实和无可怀疑的断言命题的牢固基础的意义上一直往下走。就此而言，解释学既在态度又在策略上反基础主义。对认识论的基础主义的打破是决定性的。[①]

事实和阐释的缠结和随之而来的与认识论的基础主义的决裂，对于在现代性史册上得到定义的含义和指称这一传统问题造成了一定的影响。解释学依然是对含义的探寻，但对含义的理解和运用显
135 著地被重塑了。含义不再只是被理解为如下意义的一个或一组概念：此概念源自寻求与一个认识的“对象”（物理身体、感觉材料、直观本质、命题，等）发生关联的孤立和至高无上的自我。解释学产生同时是认识主体和被认识的对象的一个表象（Verstellung）、一个假象。可以说，被近代认识论所限定的主客二元对立框架从主体和客体这两方面被拆除。抽象的笛卡尔我思主体被重新改造成一个具身的、自身阐释的、话语的和能动的（agentive）主体。指称对象重新被理解为在一个背景中显现的外观形象（figure-against-a-

① 对认识论的基础主义难题的一个更全面的批判性讨论，参见理查德·罗蒂，《哲学与自然之镜》（*Philosophy and the Mirror of Nature*），Princeton: Princeton University Press, 1979，特别是第七章，“从认识论到解释学”，第 315-356 页。

background）。在从对象化的明示指称到解释学的指称的运动中，指称对象不再被规定为一个可孤立和自身同一的材料，而是被重新描绘为通过一个具有意向性负载的背景轮廓来显示自身的事物。话语保持为关于（about）某物的话语，但这里的“相关性”（aboutness）并不指向离散的属性和关系的各自孤立状态。这个相关性，这个指称的终点（如果我们愿意这么说的话）更为普遍，它与在感知、话语和行动中被经验的世界（world-as-experienced）打交道。

让我们假设话语的一部分指向前总统约翰·肯尼迪当时的生活情形。肯尼迪作为话语中涉及的恰当指称对象，具有它的相关性、指示力，它们只能通过政治制度和社会实践——它使肯尼迪作为“美国的前总统”这一事实安放于其中——的背景的暗示，才能实现。用现象学的术语，人们能够说，所被指称的乃是约翰·肯尼迪的“在世界之中存在”。通过自身阐释的说话者和行动者而发挥作用的含义在指向生活世界（lifeworld）时得到实现。这就是解释学的指称的道路，正如我在其他地方说的那样，它得到解释学的自我蕴含（self-implicature）的补足，借此，作为认识论的至高无上的自我我思的主体被解构了，而作为在话语和行为的生活中的含意（implicate）的主体得以再生。①

尽管通过重塑问题本身，解释学对含义和指称这一传统问题的回答包含了可贵的进步，但在这个回答中，出现了一些迫切需要解决的问题，要求我们做进一步的批判性考察。无疑，在解释学的立场中，有一个对证实和真理条件的认识论方案（它在探究之前就已颁布）的超越；然而，考虑到对整体论的强烈承诺，它依然保持着作为真理的准理论的融贯方向的姿态。在它的反基础主义的立场中，

---

① 参见 Calvin O.Schrag,《交流实践和主体性的空间》(*Communicative Praxis and the Space of Subjectivity*), Bloomington: Indiana University Press, 1986，特别是第一和第二部分。

解释学与传统的认识表象理论和真理符合理论断绝了关系。然而，在规定使部分与整体、整体与部分结合的阐释性理解之筹划时，它继续乞灵于真理的融贯论。

136 在实践和理论的理解层面对整体论的偏好，赋予了统一体和总体性以一定的优先权。解释学理解的动力有关于部分和整体之间的往返运动，它致力于达到对一个特定的部分—整体构形的含义的一致同意。但是，在阐释者共同体中强调对统一体的追求和一致同意的团结，当面对难以超越的阐释冲突时，将招致令人苦恼的难题（aporia）。恰恰在这个关口——在这里，共同理解和共享视角的取向遭遇了阐释的冲突（或，在某些情况下，根本的分歧）——人们要求对解释学筹划加以限定。我们需要实现一个探究立足点的转移，包括在理解和说明的各种各样筹划中悬置对统一体、和谐和共识的过度要求。解释学圆圈缺少卓有成效地处理阐释冲突的必要资源。它的前提预设不允许它走到圆圈之外，走向一个对它形成补充的立足点，从后者那里出发，将能够很好地解决冲突的处境和共识的破裂问题。这样一种对解释学圆圈的限定和补充，能够在修辞学三角中被发现吗？

修辞学的后果

尽管在以统一性（unity）和总体性为限的背景下，在朝向共识的团结的趋向中，解释学的要求是广泛而深刻的，但它在处理阐释的冲突处境中差异的侵入时力不从心。现在让我们检查，在处理解释学系统中由差异事件所引起的困难时，修辞学具备哪些可能的资源。

重要的是要记住，解释学和修辞学携手同行了相当长的一段时间。海德格尔曾提醒我们注意，亚里士多德的《修辞学》构成“第一个与他人共在的日常性的系统解释学”。[①] 伽达默尔在这点上与海德格尔非常一致，他总结道：“人的语言性的修辞学和解释学方面彻底地相互贯通。”[②] 如果情况的确如此，那么伴随着伽达默尔对“普遍的解释学”的要求，显然有一个对“普遍的修辞学”的要求需要补足。修辞学如同解释学，一路前行并且一路回溯。它们享有一个共同的普遍性。

解释学和修辞学之间的确存在紧密关联。但不能简单地通过对一者的分析来通达另一者。它们相互重叠、相互关联、相互补充；但一个不能还原为另一个。正如保罗·利科很好地表述的那样，修 137
辞学和解释学都分别站在自己的立场为自己说话。“修辞学保持为为一个观点辩护以说服听众认为一个立场优于另一个的技艺……解释学保持为在语境中阐释文本的技艺，它不同于作者眼中的文本和文本的原初读者眼中的文本，而以发现现实的新维度为目的。”[③] 因此，人们需要完成的任务就是，以密切关联但明确有别的方式，促进解释学—修辞学混合体系的相互作用的力和向量之线的阐明。

关于解释学—修辞学的关联，我想提出的论点是，在强调他者的作用和差异的游戏时，修辞学既限制又丰富了解释学的理解。修辞学在提供该服务时，约束了解释学家对统一性、团结和共识的癖好。对他异性（alterity）和差异的承认，反过来对处理阐释冲突的难题产生了一定的影响，这个难题是解释学自身无力解决的。

通过演说者和对话者在引发话语的论题（topoi）中交汇而形成的三角测量，修辞学处境中的他者的角色和他异性的游戏占据

① 海德格尔：《存在与时间》（*Being and Time*），第 178 页。

② 伽达默尔，“修辞学、解释学和意识形态批判”，载《哲学解释学》（*Philosophical Hermeneutics*），第 25 页。参见本书第 15 章。

③ 保罗·利科，“修辞学—诗学—解释学”，载《从形而上学到修辞学》（*From Metaphysics to Rhetoric*），Dordrecht: Kluwer, 1989，Michel Meyer 编，第 149 页。参见本书第二章。

了主导地位。如果说解释学的基本隐喻是圆圈，那么修辞学的基本隐喻就是三角。① 正确地被理解为以说服为目的的话语和行动之协作的修辞学，是一个朝向（to）他者、为了（for）他者和伴随（with）他者的交流的投射。修辞学的目标是交流。这一交流的模式各式各样：从对话活动中面对着他人的脸、涉及公共话题时面向更广泛的听众、远程交流的艺术和文本的使用，到组织行动和个体行为的诸形式，不一而足。谈到修辞学处境中的说服交流的诸模式，重要的是要认识到行为的修辞的整体性，它不可仅仅还原为口头语词或书面语词的修辞。人们不仅通过语词，也通过行为来说服。肯尼斯·伯克“行政管理的修辞学”的观念特别有助于说明这一点。②

在说服交流的动力学中，本文所讨论的他异性可归结到修辞体系的三角测量的两个节点上。不仅有对话者 / 接受者 / 读者的他者性，而且有论题的他者性，后者与信念、实践和制度的过剩（plethora）（它们凝成生活的多种形式）有关。当一个演说者与对话者交谈时，语言已经在场，社会实践和社会制度已经在起作用。各种含义和生活风格已经存在，已经在说出了的话语和完成了的实践中被暗示。当一个演说者试图说服对话者给某个州或国家公职的候选人投票时，
138 民主和代议政体的含义已经被包含在先于他们谈话的生活世界中。当一个东方宗教的信徒在与西方宗教的信徒交谈时，东西方有别的宗教思想和实践的背景（有时候地以强迫的方式）影响着对话中的

---

① 对修辞学和交流中的三角隐喻的更全面讨论，参见 James L.Kinneavy,《话语理论》（*A Theory of Discourse*），New York: Norton, 1971。

② 伯克用“行政管理的修辞学”（administrative rhetoric）的说法来描述那种阐明了不局限于话语形式的说服的动力学。他的例子是西奥多· 罗斯福派遣美国舰队去德国执行“友好的使命”——表明上是善意的访问，但明确地传递了一个毫不含糊的信息，即罗斯福通过炫耀军事的增长来警告德国皇帝。参见肯尼斯· 伯克,《作为象征行为的语言》（*Language as Symbolic Action*），Berkeley: University of California Press, 1968，第 301 页。

参与者。因此正是修辞处境显示了这一生活世界视域的他异性，对于它，每个人以不同的方式加以回应，该他异性先于演说者—对话者双生体中的他者性。

生活世界，连同它的多重含义模式，无疑是修辞处境中的特有指称对象，它使得人们能够谈到同时限制、补充和丰富“解释学指称”的循环动力学的“修辞指称”动力学。修辞指称是离心而非向心的，是外源性的，它好像是来自外面的力量，以同样的方式撞击着演说者和对话者，通过侵入的方式进行揭示，要求每个说话者回应生活世界的话语和行动，这个生活世界不是他或她之所为。因此，修辞学不是在对主体的自由加以谴责（在保罗·萨特那里）的地方，甚至也不是在对含义加以谴责（在梅洛—庞蒂那里）的地方，而更明确地是在对义务加以谴责（在伊曼纽尔·莱维纳斯那里）的地方找到其起作用的场所，在那里有死者——的确，通过他们的不免一死的特性——被要求去回应那总已经存在了的话语和行动。

回应入侵的他异性（它源自多样而且常常异质的信念和实践）的要求赋予了修辞学以特殊的交流的动力——由于视角（它规定着我们的社会历史的内在性）的多样性，这一交流总是表现为生存的斗争。鉴于入侵修辞处境的声音的多元性和异质性，我们原先预想的团结和共识的目标就必须有所削弱。情况可能是，统一性原则（它提供解释学探究的部分—整体框架的本体论）将需要修正，同样，理解的解释学定义（它作为对获得稳固的一致性的一意寻求）也将需要修正。如此这般的修辞学处境的现实性，使任何统一性和总体性的特权和任何共识的团结的规定都将不可避免地通向意味深长的形而上学的失望。

修辞学的地形学（topography）比解释学的地形学更能够接受他者性在其领域中的定居，因此它更乐于接受多样性和差异。在它

对多样性和差异的处理中，修辞学被要求用新的论辩和说服策略进行实验，探究行为和社会组织的新形式的可能性。因此，正是修辞
139 学能够把新颖性、发明和创造性放在优先地位。通过对新的和未经检验的东西进行试验，修辞学对解释学强调传统的观念加以补充。它保存了过去，同时又避免了沦为保守主义。它的发言既建立在过去的根基上，又倾听未来的召唤。以这种方式，修辞学必须考虑到时间，当它在话语和行动的新形式的筹划中实现一个创造的功能的同时，它还在其联结传统的话语和制度的实践中，发挥着保存的功能。[1]

在与传统中的话语和制度积淀拉开距离的过程中，修辞学在发明时介入（/ 干预，intervening）传统，借此修辞学能提供一个必需的批判功能，一个批判传统、习俗和意识形态的立足点。修辞学的合理性在这个批判功能中获得了决定性的表达。修辞学的一个主要任务就是，把传统的信念和实践带到批判的审查和评估的法庭上。由此我们能够在这一批判的姿态中，发现汉斯·布鲁门贝格所寻求的东西，此时他打算在修辞学中找到“理性自身的一种形式——即与理性的临时性（provisionality）和解的一种合理方式”。[2] 发明新的东西并不使推翻旧的事物成为必须，但为了接受一些同时抛弃另一些实践和文化形式，它的确要求批判的评估和收集论据。修辞学家 J. 罗伯特·考克斯看到修辞学的批判原则在“重复和否定

---

① 对修辞学中发明的角色的讨论，参见 Michael J.Hyde and Craig R.Smith，“亚里士多德和海德格尔论情绪与修辞学：时间与空间问题”，载《批判的转向：后现代话语中的修辞学和哲学》（*The Critical Turn:Rhetoric and Philosophy in Postmodern Discourse*），Carbondale: Southern Illinois University Press, 1993，Ian Angus and Lenore Langsdorf 编，第 68-99 页。

② Hans Blumenberg，“修辞学当代意义的人类学路径”，Robert M.Wallance 译，载《哲学之后：终结还是转换？》（*After Philosophy:End or Transformation?*），Cambridge: MIT Press, 1987，Kenneth Baynes, James Bohman，and Thomas McCarthy 编，第 452 页。

（disavowal）的辩证法”中得以显现——这一辩证法为对生活的传统形式的批判式占有提供了空间。多亏了否定的动力学，传统的内容才总是受到审查、质疑、重估、重塑甚至颠覆。[1]

通过认识到他异性的侵入，以及对传统所提供的内容进行批判性估量的需要，修辞学能够对解释学加以限定而不是简单地抛弃它们。修辞学更像是解释学的补充和补足，而非取代，它处理解释学所遗留下来的阐释冲突的难题，以此方式，在承认对与多样性和差异共存的需要时，质疑团结和共识的理想。然而，伴随着这一对共同理解和使共识固化的追求的限制，以及对多样性、差异和他者的强调，存在一个令人苦恼的趋势。这个趋势就是限定差异位于同一性（sameness）之上，并为此庆贺，以致阐释冲突的解释学难题被倒置。如此地拥抱差异的后果是冲突和共识的破裂，而不再是提出问题；这个本应提出的问题把一致和合作行为的价值放在首要位置。的确，此时话语的恰当倾向被看作是分歧而非共识，不一致而非一致。

在后现代理论家主将让 – 弗朗西斯 · 利奥塔所提出的“修辞学的竞争（agonistics）”那，能找到这一倾向的最杰出体现。修辞学
的竞争把修辞学描述为一个真正的冲突，一个倾向冲突而非对话的 140
心灵和意志的战争。利奥塔将“论争的支持者”与“对话的支持者”相互分离开来，颂扬差异的体系而贬低同一性（sameness）体系。[2]为修辞学的竞争体系提供保证的（假如人们的确能够谈论“为如此

① J. Robert Cox，“文化回忆和公共道德论证”，The Van Zelst Lecture in Communication（Evanston，Ill.:Northwestern University School of Speech, 1987），第 10 页。考克斯关于“重复和否定的辩证法”的措辞是从海德格尔解决历史性的理解的动力学时对 Wiederholung 和 Widerruf 的使用那来的。考克斯业已表明，这两个要素在修辞技艺的动力学中是实际起作用的。

② 让 – 弗朗西斯 · 利奥塔：《差异：辩论中的措辞》（*The Differend: Phrases in Dispute*），Minneapolis: University of Minnesota Press, 1988，George Van Den Abbeele 译，第 26 页。

这般的东西提供保证”的话），乃是利奥塔命名为差异（différend）的东西，后者区别于讼争（litigation），是两派之间不可消解的冲突，它坚决抵制对判断的共同规则的要求。[①]

值得注意的是，由利奥塔的修辞学竞争而产生的若干影响中的一个结果，也即，话语的真正终点，乃是分歧而非共识、悖谬逻辑（paralogy）而非可公度性。“如我在科学的语用学的分析中所已经表明的，共识只是讨论的一个特殊状态，而不是它的终点。它的终点毋宁说是悖谬逻辑。”[②] 修辞学这一朝向竞争体系的转向（它把分歧放在高于共识的优先地位），导致所有含义的解释学——它朝向思想和话语中的相互理解和团结——宣告破产。信念和实践的显然根深蒂固的多样性和异质性——它在每一个关节点都招致阐释和制度纲领的无法弥合的冲突——预先阻止了任何可能接近共识和心灵汇合的情形。由于其融贯和统一性（unity）体系（它对部分—整体的总体性的欲望）的解体，解释学的圆圈被打破了；它被演说者、对话者和异质的实践之间的三角测量所取代，这个三角测量产生一个处境，在其中，演说者在无法超越的差异（différends）面前与对话者持续地展开斗争。由此，竞争的支持方为冲突性阐释的解释学难题提供了一个颇为奇怪的解决方案。对于作为对话的支持方的解释者来说，冲突是应该避免的消极之物，现在对于竞争的支持方来说，是一个应该加以培育的事态。

---

① “因为区别于诉讼，差异（différend）将（至少）是两派之间的冲突，这个冲突不能公正地得到解决，因为缺少可同时适用于两方论证的判断规则。”（利奥塔，《差异》（*Differend*），第 XI 页）

② 让－弗朗西斯· 利奥塔，《后现代状况：一个知识论报告》（*The Postmodern Condition:A Report on Knowledge*），Minneapolis：University of Minnesota Press，1984，Geoff Bennington and Brian Massumi 译，第 66 页。

横贯的交流

在这部分，我打算通过努力超越解释学和修辞学所导致的疑难，去界定和重新定位先前部分所讨论的两者的使命。这将包含通过尝试运用新语法和新基本隐喻对话语的目的和交流动力学做一次重新考察。新语法是横贯性（transversality），新的基本隐喻是斜线（diagonal）而非圆圈和三角。当然，横贯性这一概念不是一个最近的发明。长期以来，它在数学、物理学、生理学、解剖学、心理学和哲学等学科中默默工作着。对横贯性概念最引人注目的一个哲学 141
使用出现在萨特对意识的存在主义描述中，即把意识描述为一个“横贯的意向性的游戏”[①] 萨特的设想是，取缔建立在超越论自我基础上的自身同一的意识，代之以通过具体的横贯的意向性来战胜任何意识的稳定在场，这一横贯的意向性通过递归的功能，把它捆绑在过去意识上。

在各种学科的运用中，横贯性指的是斜线的逸出，横跨，遍布面和线，纵向质量，纤维束，脊椎、或意识的环节。横跨和遍布的横贯矢量和力量线展现了一种无一致的会聚，无同一性的结合。因此，斜线的基本隐喻是非常恰当的，它传递了不在任何具体的点、面或

① 让－保罗·萨特，《自我的超越性：一个意识的存在主义理论》（*The Transcendence of the Ego: An Existentialist Theory of Consciousness*），New York: Noonday Press, 1957，Forrest Williams and Robert Kirkpatrick 译，第 39 页。横贯性的说法在后现代思想的法国场景中也得到断断续续的使用，特别是在吉尔·德勒兹和菲利克斯·瓜塔里那里。对后现代哲学中横贯性的持续讨论，以及对这个概念在理解交流实践中理性的动力学（作为话语和行为的一个交互作用）时的适用性的讨论，参见 Calvin O.Schrag，《理性的源泉：对后现代挑战的回应》（*The Resources of Rationality:A Response to the Postmodern Challenge*），Bloomington: Indiana University Press, 1992，特别是第六章，“横贯的理性”，第 148-179 页。

环节那停留的穿过和交汇的意义。

尽管萨特在其对意识的动力学的描述中对横贯性隐喻的运用是富于洞见的，并且获得了它相应的回报，但这个隐喻在话语和行为的舞台中——它标画出我们多样化的交流的约定——具有更为广泛的适用性。横贯性作为我们的话语、行为和制度参与（involements）的社会实践的一个特征，规定了穿过人类联系的多样语境和形式的动力学，走向了对这些多样语境的一个理解，而同时不损害他们的他者性。横贯的思想和交流承认他者的信念和实践的完整性，并且批判性地面对他者，以便提升对作为其自身的他者的理解。它既丰富了自我理解，也丰富了对他者的理解。主要的任务不是去改变他人的信念和实践（尽管通过持续的交流，可能会产生这样的结果），而是去理解他人。在它趋向对自身和他者的更丰富理解的过程中，横贯的交流延续着威廉·狄尔泰的寻求更好理解（Besserverstehen）的解释学筹划。只是当它这么做时，它并没有在以统一性为基础的整体主义中预设强烈本体论立场，这一整体主义规定着古典解释学方案。

横贯的动力学应该给予社会实践和文化形式的特质和历史特性以应有的重视。它依然承认多种多样的知识命题和评价的语境性和环境制约性，它规定了我们的历史处境性。无语境的命题和普遍真理的绝对根源成为可疑的。思想被宣布为是横穿—整体的（trans-versal）而非普遍的（universal）。然而，承认我们的信念和时间的
142 语境性和历史特性，并不必然使我们陷入历史的相对主义，这种历史相对主义把所有的思想和行为都看作只是由我们的个体和社会生存的特殊性所规定。仅当人们未能区分以语境为条件和语境决定之间的区别时，情形才会如此。说我们的思想、话语和行为的混合物是以语境为条件的，乃是去承认，文化和历史影响的变化将给出人们所相信、肯定和实践的东西。但这当然不是说，人的思想和行动

的总体乃是被具体的语境所决定，承认这种决定论的人本身就以一种神秘难解的方式暗暗预设了因果关系或准因果关系的力量，后者以电产生光的方式产生思想。思想和行为的横贯特征使既在传统信念和实践之内，又穿过它们的运动成为可能。思想和行为总是在语境之中被考察的，但它们不是被任何特定传统中的任何具体语境的特殊性所决定的。因此，力的横贯线能够在无政府主义的历史决定论的卡律布迪斯女妖和空洞的普遍主义的锡拉岩礁之间开辟一条通道。横贯的思想是横跨历史的（trans-historical），它既不是反历史的，也不是历史主义的，既不悬浮于历史之上，也不在历史中窒息。

以横贯的空间和动力学为背景，通过造成无一致的会聚，并且使自身位于下述两立场之间和之中：以普遍性和同一性（identity）的主张为一边，特殊性和差异的限制为另一边，我试图在解释学和修辞学的事业中处理这一遗留的难题。由于解释学的理解对统一性（unity）和总体性的本体论忠诚，排斥异质性和他异性，它就高估了对一致和团结的要求，因而缺乏解决阐释冲突的资源。而认识到他者性的侵入和多元化游戏的修辞学，通过论辩来补充阐释，并且把我们的交流实践的领域规定为一个战场，一个争论的竞技场，在其中最有力的论证最有机会说服别人，即便只是暂时的。

简单地说，我们需要在一致同意的必要性和对意见分歧的颂扬之间，在牢固的同意和难以驾驭的不协调之间，在可公度和不可公度之间，找到一条回旋的道路。横贯的交流特别适于完成这一任务，可以说，它调和对话的支持方和论争的支持方，既缓和解释学对统一性和共同理解的欲望，同时又抑制修辞学好斗的姿态。

在调和一致同意和意见分歧之冲突的特殊任务中，有许多方面需要特别强调。应该强调，我们必须重塑交互主体性现象，注重交 143
互主体性现象的“交互”（inter）方面而非“主体”方面。交互主体性必须不再被理解为由一个单子的、进行构造的主体所完成的现象学构造的最终结果，借此他者通过他我的筹划和附随的感觉的类比转移的筹划得到呈现。修辞学已经很好地认识到他者的外在性，它在构造之前首先遭遇到他者的外在性，并且通过生活的文化形式和社会实践的侵入（它与主体性的筹划不相容）宣称了他者的外在性。然而，他异性的侵入所铭刻的差异并不必然凝结为利奥塔式的 différend（差异）的不可穿透性。的确，在绝对的、不可穿透和无相关性的外在性的幌子下的 différend 最多只是思想和生活世界的经验的一个极限。在生活世界中遭遇到的差异系列——另一个自身，另一个文本、另一套风俗习惯、另一种制度、另一种文化——打开一个论题（topos），一个地形学，一个参与的空间，一个在他在中存在（being-with-that-which-is-other），它维系着（尽管是松散地）演说者和对话者，城邦内市民和外来者，朋友和敌人。

因此，利奥塔以难以驾驭的差异（différend）为背景，在“对话的支持方”和“竞争的支持方”之间所做的截然划界看起来多少有些夸张。显然，竞争的支持方不仅发起针对对话的支持方的战争，而且彼此之间也发起战争。但如果这样的话，在何种意义上它们依然作为支持方而起作用？从哪里产生作为同党而肩并肩前进的合作的热情？如果竞争在交谈系统中如此根深蒂固，论争的一个支持方如何能够与另一个支持方交流？难道我们没有从柏拉图那里懂得盗亦有道吗？难道情况不是，人们能够从利奥塔那里学到（当然是以一种多少意外收获的方式），甚至一个修辞学的竞争也需要在其支持方中有合作和团结的标准尺度吗？

此时需要被强调的是，要说明在冲突和争吵中与他人的共在，需要对交互主体性领域做出新的描述。作为敌手，我对观点提出者发出挑战，完全不同意对方，以致双方的对话破裂，并且最终使我自己从交谈中退出来。但我不能把他或她从我们共享的交互主体性空间那移除。处境的实际性乃是，“他人”，无论是观点提出者还是敌手，总是被铭刻为“那个我与之不同的人”。甚至在争论的剧烈动荡中，当他们向世界宣布“我不同意！”时，对话的支持方和论争的支持方都依然相互面对面。

正是在这个交互主体性的新地形学（作为一个在当前差异中的 144
我们—经验［we-experience］）之上，某种类似于横贯的交流的伦理学才能够生根发芽——这种伦理学在回应信念和实践的多样性时能够容忍差异。这样的伦理学的动力学在于对他者的他异性的认识（作为对他者作为他者的承认）。承认的语法已经是一个混合的语法，即既是描述性的，又是规范性的。对他者的承认同时也是通过话语或行为、语词或行动所实现的一个证明，即人们已经具有有关源生于他者的权利、要求和权威的知识，并且同时尊重它们；考虑到由此所带来的债务、承诺和义务；以及，公开承认他者作为他者的整体性。所有这些意义，以混合着描述和规定的方式，伴随着承认的事件。承认他者作为他者乃是已经充满了道德属性的一个与他者共在的模式、一个在具体的生活世界中的交互主体性事件。承认处于规定了演说者和类似于对话者的品格的伦理习俗（ethos）语境中，它传递了对他者的整体性的尊重，要求伦理作为恰当地回应他者的话语和行为（它总已经在起作用）的必要条件。

横贯的交流的体系，在受到恰当回应他者的伦理学激励的情况下，既重塑着以理解为定向的解释学，又重塑站在他异性立场上的修辞学，它在不可接受的非此即彼的二元选项——作为话语的恰当终点的完全的共识，和无限制的意见分歧——之间，开辟了一条中间通道。对理解的寻求，对同意和共享含义的欲望，对团结的追求，所有这些都保留下来了。然而，解释学的筹划被重铸，它表现为与无法摆脱的危险的斗争，因为在信念和社会实践的彼此相异的目的（agenda）中，存在着差异的游戏。这一重铸使接受阐释的冲突和信念的碰撞成为可能，这些冲突和碰撞是人们在世界主义的生活世界中生存的固有特征。

这些公共生活中的阐释的冲突和信念的碰撞，起因于政治、经济、道德和宗教视角的错综复杂的交织。使英国王室和爱尔兰共和军、巴勒斯坦阿拉伯人和复国主义犹太人、东正教塞尔维亚和天主教克罗地亚、东方神秘主义者和西方理性主义者割裂的旷日长久的立场分歧，就是上述情形的表现。在这些深刻的差异中要求共识，乃是去谋求逆来顺受和玩世不恭。每个视角都在一个致力于信念和实践的一致的解释学圆圈中被塑造，并且每个视角都受另一个外在于它的解释学圆圈的约束。从一个系统中的循环着的信念和实践，到另一个系统中同样循环着的信念和实践，这两者之间没有贸易航
145 线。从一个圆圈到另一个圆圈的任何航线的开通，都将要求一条跨过阐释的多重圆圈的斜线，一个寻求关于他者的理解（它不梦想视角的一致）的横贯的交流行为。被横贯地理解的他者乃是以保持承诺（commitment）和观点的差异的方式被理解的他者。横贯的交流既不倾向于对他者的完全同意，也不倾向于对他者的替代。

横贯的交流的修辞学在演说者和对话者两者构成的空间中工作，但它并不试图通过借由改变或强制所建立的同一性观点来填满这个空间，也不试图取消他者的空间。横贯的交流的修辞学的恰当终点乃是无一致同意的会聚，无同一性的联合；它展示了一种与对他者的理解一起协同工作的自我理解，它与可能的目的（agenda）相啮合，以便进行合作，尽管保留了差异。在话语和制度实践的异质性之中，它承认他者是公共领地上的一个邻居。因此乃是横贯的交流才能使共识和意见分歧之间的差别分离开来。在横贯性的斜线使修辞学的三角测量避免屈服于绝对外在性的同时，它使解释学的封闭圆圈发生破裂。

第二部分

发明与应用

7. 人文主义与对理论的抵制

维多利亚·卡恩

伯爵说，我肯定不会教你怎样变得优雅之类，而只是向你展示 149
一个完美的廷臣应该是什么样的。

——卡斯蒂廖内，《廷臣论》

在1982年的一篇重要文章中，保罗·德·曼声称，站在保守的文学史家和文学批评家立场上抵制理论，只是在理论本身的核心处对理论进行抵制的“无家可归的症象”。[①] 这个第二意义上的理论，被规定为元语言，此元语言把它的对象当作语言的修辞或拓扑学的维度，后者不可避免地干涉语法和逻辑的认知或语义功能。我们通常把理论等同于演绎推理的公理和原理的一个综合体系，或一个康德式的有关知识可能性条件的认识论批判，然而在德·曼那里理论必须等同于某种修辞学概念，在其中占据优先地位的辞格是反讽，后者被规定为含义的不确定性或不可判定性。当我们和德·曼一起回想起，按照传统，人文学科是通过语法、修辞和逻辑（辩证法）

① 德·曼的论文“对理论的抵制”发表于《教学法的必要性》（*The Pedagogical Imperative*），Barbara Johnson 编，*Yale French Studies* 63（1982）: 3-20。本文的灵感源头归功于与康奈尔大学的 Debria Fried 的交谈，同时感谢康奈尔人文科学学会，本文的写作得益于它的赞助。

150 这三艺而被定义的，对理论的保守主义抵制能被看作对修辞学质疑语言（以及伴随语言，三艺自身）的认识论稳定性的方式的抵制。

德·曼自己也承认，他对理论的定义是一个历史的定义（1960年以后）。但它也批判传统的文学史，因为后者把理解的可能性视为理所当然的，这样语言的修辞学模式和语法/逻辑模式之间的冲突被破坏了。因此，据德·曼，理论及对它的抵制的问题，并不限于任何一个历史时期，而是与所有历史时期有关——也即，与周期化（periodization）自身的问题有关。

有趣的是，这一对历史的双重沉思在德·曼论文本身的历史中也得到反映，德·曼告诉我们，这篇文章是应现代语言协会（MLA）要求而写，以对文学批评中的当代趋势做一概述。这篇受委托而做的文章从未发表。因此“对理论的抵制”既指现代语言协会对德·曼的论文的抵制，也指这篇原作，这篇反对理论的可理解性的论文被证明与现代语言协会的教育目的完全不相容。这个出版上被期待却未被实现的事件，指向关于理论和教育学之间关系的一个当代争论：关于在研究生课程中“做理论”（doing theory）和教理论的可取性乃至可能性的争论。但在通过与三艺，特别是修辞学参照而使文学史观念成为疑难时，德·曼的论文也使我们明白它与早期文学研究的关系，特别是文艺复兴的人文主义的教育的必要性的关系。无论我们是否最终接受德·曼提出的理论的解构观念，他在理论的核心处所指出的张力能够充当与人文主义者阅读和阐释的常规有关的一个有用的发明论题。因为，正如我们将会看到的，人文主义能首先被定义为一种抵制作为认识论筹划的理论的修辞实践；但这个最初的抵制，乃是一个更为复杂的、在教学法上有其动机的对理论的抵制的一部分，后者被视作不可决定性。最终，对例示了这些抵制的一些人文主义者的文本进行审查，将反过来帮助我们弄明白六世纪关于方法的争论与当前批评情景之间的关联。

理论与实践

对那些熟悉伯纳德·温伯格和巴克斯特·海瑟薇的著作的人来说，说文艺复兴的人文主义认同对抵制理论，必然第一眼看过去就是可疑的。[①] 因为如果这种等同是正确的，那么我们要怎样解释许多十六世纪的“诗学与修辞学论文”（trattati di poetica e retorica），关于亚里士多德《诗学》的模仿和评注的论文、在瓦拉（Valla）和阿格 151
里科拉（Agricola）的著作中提出的对辩证法的改造、在英语手册中对论证的修辞和逻辑形式的整理？在所有这些著作中，都有关于某种普遍性（我们将它与理论联系起来）的论述。

在另一方面，保罗·奥斯卡·克里斯蒂勒，最为杰出的文艺复兴的学者之一，曾经强调，虽然人文主义者在道德哲学上共享一个一般的兴趣，但把人文主义看作一个哲学的或理论的运动是不恰当的。他注意到，人文主义者的作品“常常看起来不仅缺乏原创性，也缺乏连贯性、方法和实质内容，而如果试图对这些论证和结论加以总结，而不考虑引用、例子和老生常谈、文学修饰和题外话，那么通常剩给我们的将近乎于无。因此，我从没有被把这些人文主义论著阐释为对思辨思想的贡献的尝试所说服。”[②] 上述两种视角是彼此对立的吗？抑或存在某种抵制克里斯蒂勒意义上的理论的温伯格和海瑟薇的批评时代？

---

① 参见，Bernard Weinberg 编，《意大利文艺复兴时期文学批评史》（*A History of Literary Criticism in the Italian Renaissance*）第 2 卷（New York, 1961）；Bernard Weinberg 编，《十六世纪修辞学与诗学论文》（*Trattati di poeticae e retorica del Cinquecento*），Bari, 1974，第 4 卷；Baxter Hathaway，《批评时代》（*The Age of Criticism*），Ithaca, 1962。

② Paul Oskar Kristeller，“人文主义运动”，载《文艺复兴思想：古典的，经院的和人文主义的风格》（*Renaissance Thought: The Classic, scholastic and Humanistic Strains*）（New York, 1961），第 17-18 页。

要试图回答这个问题，第一步可能就是要把我们关于理论的原初观念放到历史中去，即当作思辨的思想，并且询问是否人文主义者打算为这个探究领域做出贡献。假如理论被等同于经院哲学，那么回答一定是否定的。因为人文主义者一再地攻击经院哲学家试图系统阐述关于上帝存在和他的受造物的结构的必然而普遍的命题。在这些人文主义者看来，这些思辨既是不合法的，也是无用的：不合法是因为人的理性不能知道神圣之物，无用是因为即使我们具有这些冥想的知识，这样的抽象观念也无助于指导我们的尘世事务。①

上述双重的指责反映在人文主义者对经院话语的批评中，既批评他们自以为充分地把握了宇宙的结构，②又批评他们忽略了语言的修辞学的也即情感和交流的维度，后者对于人的社会和市民生活是十分关键的。③换言之，这些指责不只是针对对古典拉丁语的规范和优雅的无知，也针对这种无知给人们带来的重要后果。经院主义具体化的本体论语汇，根据其定义，未能对人类社会的需求做出有弹性和实用的回应。然而，正如瓦拉在其《辩证论辩》一书中有力地提出的，一个有用的逻辑或辩证法必须指向用法或者惯例（consuetudo）的社

① 关于第一点，参见“萨卢塔蒂的信”（*Epistolario di Coluccio Salutati*），Francesco Novati 编，《意大利史的起源》*Fonti per la storia d'Italia*，第 4 卷（Rome，1891-1911），3:447；4；176。关于第二点，参见 Salutati，《论法学和医学的崇高》（*De Nobilitate legum et medecine*），Eugenio Garin 编（Florence, 1947），第 32、136 页，及其他各处。另参见 Vallad 在《辩证的争论》（*Dialecticae disputationes*）中的总前言，它批评亚里士多德没有从事公民事务。载于 *Opera omnia*［Basel, 1540; Turin, 1962］，第 2 卷，Eugenio Garin 编，1:644。

② 我在这里思考的是真理作为“adequatio intellectus et rei（理智与事物的结合）”的中世纪经院定义。

③ 参见 Salutati，《书信集》（*Epistolario*），1:179-80；3:606-10；4:142；以及 Leonardo Bruni, *Ad Petrum Paulum Histrum Dialogus*，载 *Prosatori latini del Quattrocento*（Milan, 1952），Eugenio Garin 编，第 60 页。

会的、语言的标准。[1]进一步地，如果逻辑是关涉于使用的，它就变得与源自或瞄向产生共识的那些论辩形式——即修辞三段论、常言（commonplaces）、源自可能性和意见的论证——相等同。简而言之，逻辑成为论题的，并且把说服或信念而非绝然的确定性当作它的目标。152
因此人文主义者对理论的抵制首先就是对经院逻辑的抵制。

但如果作为人文主义对辩证法加以改造的结果，修辞学取代了逻辑的位置而作为三艺中的最重要成员，这也并不意味着人文主义者将同意德·曼的如下结论：三艺现在已经在认识论上变得不稳定。因为如果理论被等同于认识论上的不稳定性或修辞语言的不可判定性，那么人文主义者将同时既希望承认这种潜在的不稳定性，同时又抵制它。后一抵制采取了如下的命题形式：如果理论认知是无根据的和无用的，那么另一种知识将既是可能的，也是有价值的，即关于人类事务，关于社会和语言实践的实际知识。人文主义者称这种知识为实践智慧（phronesis）或审慎，并且由此把它等同于亚里士多德的实践理性能力或需要审慎和抉择的事情中人们的判断力。[2]

亚里士多德一方面把审慎与理论（theoria），或者说思辨对立起来，另一方面与技术（technet），或者说生产性知识对立起来。审慎和理论一样，乃是一种理智德性，但理论包括有关第一原因的智慧及它们的推论的必然、普遍知识（NE，1139a 25;1139b 15; Posterior Analytics，

---

① 参见 Valla,《辩证的争论》，序言三，Opera Omnia 1:731。另参见 Valla 的 *In eundem Pogium libellus secundus*, Opera Omnia 1:385。关于对 *consuetudo* 的借助，参见 Salvatore I. Camporeale,《劳伦佐·瓦拉：人文主义与神学》（*Lorenzo Valla: Umanesimo e teologia*）（Florence, 1972），特别是第 149-171 页；以及 Nancy Struever，"Lorenzo Valla:Humanist Rhetoric and the Critique of the Classical Language of Morality"，以及 Charles Trinkaus，"文艺复兴修辞学和人类学中的真理问题"，均载于《文艺复兴雄辩术》（Berkeley, 1983），JamesJ.Murphy 编，第 191-206 页，第 207-220 页。

② 下文的引用源自《尼各马可伦理学》（*Nicomachean Ethics*）（后文简作 NE），译文来自 Martin Ostwald（New York, 1962）。

1.71b9-72b4），审慎则与偶然性人类事务范围中的行动有关。这些事务从不是科学确定性的对象，而只是实践的深思熟虑的对象。就此而言，审慎更接近于技术。然而，相比于技术知识的目的是生产人工制品，审慎除了它自身外没有别的目的："在行动那，原则或最初动机就是我们的行动所致力的目标。"（NE，1140b 15）所以，亚里士多德总结道，审慎"不是纯粹的科学，因为行动问题承认非它们自身所是的东西，并且它不是一个应用的科学或技艺，因为行动和生产在类属上是不同的。"（NE，1140b）由此，为了捍卫行动的自身领地，审慎必须一方面避免与理论命题等同起来，另一方面避免与技术命题等同起来。

尽管人文主义者采纳了亚里士多德关于审慎的定义，但他们也跟随西塞罗，主张审慎的人乃是知道如何运用说服的修辞技巧去达到其实践目的的人。然而，尽管演说者或审慎的人必须能够同时为一个问题的正反立场给出论证，但在任何特定情况中他都将选择其中一个立场。但进一步的假设在于，通过立场的交换——通过个体间两个方面的论辩（*in utramque partem*）——我们能够达到一个在社会上有用的、实用主义的真理。因此，尽管西塞罗认识到如果双方或两种观点都同时能够成立，两方面的论辩将能采取反讽的形式，
153 但对于早期人文主义者来说，反讽的潜在的不可判定性受到社会约束的限制。例如，乔万尼·庞塔诺（Giovanni Pontano）把苏格拉底的反讽式的无方向不是看作质疑含义和行动的可能性的修辞学事例，而是看作对他的听众发出的一个修辞学邀请：去采取一种伦理上的温和态度。但更重要的是，通过把反讽等同于 urbanitas（治疗）[①]，

---

① 参见西塞罗，《论雄辩家》（*De oratore*），2.47.269ff.；以及 Giovanni Pontano,《论演说》（De sermone）（Ligano, 1954）第 2 卷，S.Lupi and Risicato 编，第 7.65 节："那些在对所有人公开和明显的事物中温和地运用反讽的人［也即，没有欺骗的意图］，被看作是温文尔雅的（urbanos），并且在他的同伴那赢得一定的赞赏和尊敬。"另参见第 6 卷，第 197 页对苏格拉底的论述。

他把反讽转变为主要的社会风度或礼仪。通过这样一个步骤——此步骤是全体人文主义者特有的——怀疑论的认识论威胁被包含在社会共识的实践中。

理论和例子

因为实践和选择的领域对于西塞罗和人文主义者来说，也是修辞学的领域，于是审慎的能力在礼仪规则中发现了它的修辞学对应物。① 礼仪规则并不作为一个哲学公理或三段论的大前提而起作用，它并不使特殊项归属于它或在逻辑上要求一个必然和普遍的结论。礼仪的规则不能被理论化，因为它总已经是规则的应用。所以，乔治·普登汉姆在《英诗的技巧》中写道："因此这一得体是所有好的作品的衡量标准。但困难在于，要知道这个优美是什么，它存在于哪里……既然存在各种各样互不相似的得体，情形于是在于，判断力必须首先引导所有那些活动，即使这里有行动或艺术的人，我看没有如此恰当的方式得以使一个人能估计作为范例的得体。" ②

普登汉姆在关于礼仪的讨论中求助于例子，这一点富于启发意义。正如审慎或礼仪不能在"经院式的规则"（第 271 页）中被一劳永逸地定义，而是必须在具体的例子中被实例化，所以希望培育读者的判断力以便他们更为审慎或举止得体地做出判断的作者也必

① 参见西塞罗,《论义务》(*De officiis*), 1.43.153, 以及《演说家》(*Orator*), 21.71-72。

② George Puttenham,《英诗的技巧》(*The Arte of English Poesie*)(Kent, Ohio, 1970), 第 268、270 页。U's and v's have been regularized。下文的引用出自这个版本，页码在文中标出。关于提供模仿规则的困难的相类似的反思，参见 Thomas M.Greene 在其"十六世纪的争论：古典主义和历史的丑闻"中所引用的段落，载《特洛伊之光：文艺复兴诗歌中的模仿与发现》(*The Light in Troy:Imitation and Discovery in RenaissancePoetry*)(New Haven, 1983), 特别是第 171 页。

须利用例子。因而，普登汉姆关于礼仪对理论化的抵制的反思，以及对例子的必要性的反思，把我们引入人文主义者的教学计划的中心：人文主义者对经院式理论的抵制（它也同时是对反讽可能对伦理学造成的认识论威胁的抵制）采取了例子练习或范例式实践的形式，这一做法建立在如下预设的基础上：即预设这些例子将把读者卷入到对实际生活极为关键的阐释实践中去。

作者求助于例子，这预设了一种（无论是自然的还是先于文本的）模仿的能力。正如罗杰·阿斯卡姆（Roger Ascham）在《教师》中写道的："模仿是一种生动和完美地表现你打算你跟随的例
154 子的能力。"[①] 但这样的示范性文本也要求读者那边以模仿的方式回应它。相应地，阿斯卡姆想象一种在模仿上"给人以颇多助益的书"，"包含少量的规则，应该收集足够的范例和对它的使用，这些范例来自于两种语言的作者的选择。这一工作在于对这些范例的运用的勤勉收集和正确判断，而不在于什么伟大的知识或表达。"（第 127 页）[②] 阿斯卡姆的例子将通过他们的按一定秩序选出和呈现的事实来具体说明判断的活动。（第 130 页）然而，作为这种范例式实践的一个例子，他让读者参考伊拉斯谟的 *Chiliades*（千言古编）、*Apothegmata*（隽语）和 *Similiae*（比喻），这些文章以其无序而非其秩序给我们留下了深刻印象。那么，这些例子的力量是什么呢?

同时代的读者深受伊拉斯谟著作中的无序的打击和困扰，在这

① Roger Ascham,《教师》(*The Scholemaster*)(1570)(Ithaca, 1967), Lawrence V. Ryan 编，第 114 页。后文的引用在文中给出。

② 参见 Philip Sidney 在《为诗歌一辩》(*An Apology for Poetry*)(Manchester, Eng., 1973) 中的评论，Geoffrey Shepherd 编，第 101 页：诗歌"so far substantially...worketh, not only to make a Cyrus which had been a particular excellency as Nature might have done, but to bestow a Cyrus upon the world to make many Cryuses if they will learn aright, why, and how that maker made him."

些文本的第十六世纪版本中这点很明显。例如，康拉德·里库斯特斯（Conrad Lycosthenes）在他1557年版的《类比或比喻》（*Parabolae sive similiae*）中，根据主题相似性对伊拉斯谟文本进行分类，以使这本书更易读。然而，伊拉斯谟自己小心地坚持这个作品中的非常不同的编选原则——使他的文本区别于一般的陈腐著作的“colligendi explicandique laborem（收集诠释的工作）”。[①] 他的目的不是去呈现按逻辑或主题的顺序所收集的所有相似性，而是去给予读者关于这些东西的一种趣味（taste/gustus），并且由此激发他们在进一步的阅读中去寻找它们。[②]

伊拉斯谟的《论丰饶》（*De copia*）也刻意地拒绝里库斯特斯和读者所要求的系统化秩序。但是同样，这种拒绝不能由作者的懒惰或粗心来解释。毋宁说，它与伊拉斯谟的感觉密不可分，正如特伦斯·卡夫（Terence Cave）主张的，丰饶与其说是进一步展开所参照的技术规则目录表，毋宁说是一个生成的原则或实践。于是，并不奇怪，伊拉斯谟在丰饶的观念中引入了一个区分（语词的丰饶 VS 事情的丰饶），只是为了排除它的所有理论的蕴意：“尽管它们（语词的丰饶和事物的丰饶）到处都能被观察到，但它们如此紧密地结合着以致你不能轻而易举地分开谈论它们，它们如此地一个为另一个服务，以致看起来它们只是在理论上［praeceptis］，而非在事实上和使用中［re atque usu］是可清楚区分的。然而，为了教育的目的，我们应该以这种方式做出区分，这样我们不会因为在区分上过于吹

---

① 参见伊拉斯谟，*Parabolae sive similiae*（谚语或比喻），载 *Opera Omnia*,ordo 1, tome 5, Jean-Claude Margolin 编 p.54, l.65; 参照 p.92, ll.44-51。关于里库斯特斯，参见 Margolin 的导论，第 34-75 页；关于 *Parabolae*（谚语）和通常二手著作的区别，见第 8 页。

② 参见 *Parabolae*，第 94 页，ll.66-70。另参见伊拉斯谟关于他的 Adagia（格言）的目的的评论，载 Opera Omnia, J.Leclerc 编（Leiden, 1703-6; rpt. Hildesheim，1962），vol.2,711E-713D. 后文简作 LB。

毛求疵或过于疏忽而受到有根据的谴责。”[①] 这部著作的其余部分支持了这些评论，因为第二卷，论丰富的修辞手段（copia rerum），涉及了语言学的例子而非非语言学或前语言学的详细阐明。而且，在伊拉斯谟的例子中没有明显的顺序。最后，伊拉斯谟的目标，如
155 同在《类比》（*parabolae*）中，不是让读者去记住他的例子，而是让他去理解原则或比例（ratio）。这在伊拉斯谟关于 ratio colligendi exempla（按比例收集例子）的讨论中更为明显。以苏格拉底之死和从中引出的种种道德为例，伊拉斯谟向我们展示了这个以及所有其他例子如何能在 utramque partem（每一方）中被运用。（LB 1.102 AC）因此，伊拉斯谟的著作有意地避开逻辑，不是为了显得更有美感，而是为了更有效地对读者起作用，为了更有助于实践。如阿斯卡姆所声称的，阅读这些文本，乃是去使用它们。（第 131 页）只有通过使用，他们才“在各种各样的学习中”产生“正确而深刻的判断”。（第 128 页）[②]

如果伊拉斯谟的教育学著作看起来是折衷的或混乱的，那么其他有代表性的文艺复兴作品同样看起来是自相矛盾的。这不仅对于一个明显的 paradoxical encomium，类似于伊拉斯谟的《愚人颂》（*Encomium Moriae*）是适用的。正如许多批评家已经指出的，为

---

① 伊拉斯谟，《论语词和观念的丰饶》（*On Copia of Words and Ideas*）（Milwaukee, Wis., 1963），Donald B.King and H.David Rix 译，第 7 章，第 16 页；LB，vol.1,6 AB. 关于《论丰饶》（*De copia*），参见 Terence Cave，《丰饶的文本：法国文艺复兴中的书写问题》（*The Cornucopian Text:Problems of Writing in the French Renaissance*）（Oxford, 1979），第 3-34 页。关于苏格拉底之死的例子，后文会提到，参见 Marion Trousdale，“A Possible Renaissance View of Form（对形式的一种可能的文艺复兴式观点）”，ELH 40（1973）：179-204。

② 参见 Ben Jonson，《素材与发现》（*Timber or Discoveries*），载 Ben Jonson，《著作集》（*Works*）（Oxford, 1925-1952），C.H.Herford, Percy Simpson, and Evelyn Simpson 编，第 11 卷，8:628：“现在，我已经告诉你该如何了解这些事情［尊重阅读］；让我引导你再往使用的方面前进一步；使你在实践上成为有才干的作者。”

了说明一般理论主张而公开引证的事例，例如在西德尼（Sidney）的《辩护》（*Apology*），马基雅维利的《君主论》（*Il Principe*）或蒙田的《随笔录》（*Essais*）中，不只是"未能"说明一般规则，也未能成功地挑战它们的作为理论的单纯说明的从属地位。① 在人文主义者的著作和受其影响的著作中，例子抵制理论是因为它们要求判断和使用，而非幼稚或盲从的模仿。正如卡尔海因茨·斯蒂尔勒（Karlheinz Stierle）曾经主张的，他们提出问题，而非阐明或解决问题。② 就像伊拉斯谟的文本中的实用秩序，它们不是邀请我们去模仿或避免善或恶的独特事例，而是邀请我们模仿具体体现在文本整体的修辞实践中的作者的明智判断的例子。但正如里库斯特斯的情形所暗示的，这些自相矛盾的文本也向它们的读者提出了特殊的问题。卡斯蒂廖内的《廷臣论》的例子有助于说明我的观点。

如果说人文主义者的实用主义和使例子问题化可以解释为何许多文艺复兴文本看起来是自相矛盾的，那么它们也诱发了对这一（不）融贯加以理论解释的冲动。里库斯特斯在作为一个编者面对这些事例的清单时，他可以选择按照主题去整理它们。这个问题多少不同于一个典范叙述的阐释者。这里至少有两个选项可供选择：

---

① 参见《欲望的试探：文艺复兴对诗的捍卫》（*Trials of Desire:Renaissance Defenses of Poetry*）（New Haven, 1982）中关于 Sidney 的 Margaret Ferguson 那章；Eugene Garver，"马基雅维利的《君主论》（*The Prince*）：被忽略的修辞学经典"，Philosophy and Rhetoric 13（1980）: 99-120. 感谢 Nancy Struever 将她未发表的"马基雅维利和十六世纪伦理可用语言的批判"一文让我参考，现在该文修订后发表在她的《作为实践的理论：文艺复兴时的伦理探究》（*Theory as Practice:Ethical Inquiry in the Renaissance*）（Chicago, 1992），第 147-181 页。关于 Montaigne，参见 Karlheinz Stierle，"L'Histoire comme exemple, l'exemple comme historie（作为例子的历史，作为历史的例子）"，*Poétique* 10（1972）:176-198。

② Stierle，"L'Histoire"，特别是第 186-187 页，第 193 页。

或者，人们可以把例子贬为单纯的装饰，并且由此忽略它们，或者，人们可以使其中某一类占主导地位，借以尽可能赋予这些例子以某种秩序。在本章的开头所引用的克里斯蒂勒的评论是作为第一种做法的代表。按照克里斯蒂勒的视角去阅读《廷臣论》，就是“不去考虑”在其整体性中的文本。后一种做法的一个例子是爱德华多·萨科内（Eduardo Saccone）对《廷臣论》的阐释；因为萨科内真正地解读了卡斯蒂廖内的例子，所以更仔细地考察他的论证对我们将是有益的。[1] 如我们将看到的，萨科内的解读之重要既是因为他
156 指出了卡斯蒂廖内著作中的一个有重要意义的阐释问题——廷臣的优雅行为的例子或 sprezzatura（轻松）* 的例子的不一致性——也是因为他自己给出的阐释例示了对那不融贯的一个抵制：它是这样的一个抵制，如德·曼的文章暗示的，某种理论概念具有教学方面的必要性。（我将在本章的结尾回到这些不兼容的例子的教学法疑难问题）

正如萨科内和其他人曾经主张的，sprezzatura（轻松）不是一种性质而是一种才能；它不能简单地被定义，而是必须被体现。因此卡诺萨（Canossa）这样回答贡萨加对定义的要求：“我肯定不会教你怎样变得优雅之类，而只是向你展示一个完美的廷臣应该是什么样的。”这一回答本身就是 sprezzatura（轻松）的一个例子，对它来说没有教学法的规则或抽象的法则。因此，恰当的做法是，《廷臣论》的读者应该在尝试理解这一吊诡的傲慢的优雅、这一隐藏技艺的技艺时，重点关注 sprezzatura（轻松）的例子。

---

① Eduardo Saccone, “卡斯蒂廖内的《廷臣论》中的优雅、轻松和做作（*Grazia, Sprezzatura and Affettazione* in Castiglione’s *Book of the Courtier*）”, *Glyph* 5（1979）:34-54。

* Sprezzatura 在汉语中没有适当的词对应，它指一种自然而然表现出来的优雅风格，卡斯蒂廖内用这个概念强调高雅品位必须尽可能避免矫揉造作。我们暂译为“轻松”。——中译者

作为掩饰或技巧，sprezzatura（轻松）和反讽一样，本质上是有歧义的和模棱两可的。这种歧义性必然引出听众的问题，为了成功，廷臣必须隐藏他的技巧，但为了它被领会为sprezzautra（轻松），他的隐藏又必须被觉察到。于是，萨科内指出，sprezzatura（轻松）看起来预设了双重的听众。但当我们转向关于这个能力的例子时，我们就明白，它们很难轻易协调起来。

在一种情形中，这样的一个演说者呈现给我们：他隐藏他的技巧，唯恐人们“担心可能被愚弄”（第43-44页）。在另一种情形中，一个这样的廷臣展示给我们：他在全国性庆典上把自己伪装成一个出身低微的人，借此显示“在于不重要的地方表露出的某种sprezzatura（轻松）：所有这些都增加了许多魅力……因为局外人立刻接受那最初映入他们眼帘的东西；于是，他们认识到这里有远超出外表装束所承诺的东西，于是他们感到高兴和有趣。”（第103页）演说者的例子预设了双重的听众：仅仅感受到演说者表现的无技巧性的天真的听众，和知情的、赞叹其高超技巧的那些听众。（第483页）但据萨科内看来，在第二个例子中只有单一的听众，并且，在逐渐认识到身份低微的人实际上是一个廷臣的过程中，单个表现的含糊性暂时得到了解决。第二个例子是寓意式的，而非反讽式的，因此它不是对sprezzatura（轻松）的一个真正说明。然而，在对这个演说者的例子做出自己的解读时，萨科内已经把反讽还原成了普遍性，因为听众的区分实际上意味着不再把sprezzatura（轻松）经验为反讽，而是一个听众把它领会为技巧，而另一个领会为本性。总之，萨科内已经卓越地阐明了抵制理论的原则——也即反讽的原则（无论是人文主义者的还是德·曼的），在此之后，他不能抵制把这一抵制 157
再次理论化的诱惑。同时，他使我们看到，卡斯蒂廖内的例子的不相容性可能本身就是sprezzatura（轻松）的反讽的最好例子、礼仪实践的最好例子，对它而言，可能并不存在理论上的法则。

理论和方法

卡斯蒂廖内的《廷臣论》和伊拉斯谟的教育学著作在英国被当作艺术和手册而被接受，至少后者是以此为目标。但这一接受的准确本质也指向在人文主义者教育学传统中的一个转变：特别是指向大约十六世纪中叶人文主义者有关方法地位的争论的白热化。这些争论标志着对人文主义者抵制理论的抵制的其中一条道路开始变得自觉。①

人文主义者在教育学，在更有效地传递知识给他们的学生的途径或方法上的兴趣，把他们引向了对许多古典的论方法的文本（例如，苏格拉底在《斐德罗篇》、亚里士多德在《后分析篇》、盖伦在《短篇术》［Ars parva］中的相关论述）的考察，对于这些文本，人文主义者乃是通过他们自己对发明或论据的发现的修辞学关注来阐释它们。② 于是，在十六世纪伊始，当希腊词 *methodus*（方法）还没有准确的哲学含义时，人文主义者倾向于把它视作共同的追求

---

① 载《特洛伊的光》（*Light in Troy*），据托马斯·格林（Thomas Greene）记述，16 世纪关于模仿（特别是对西塞罗模仿）的争论中有着类似的发展历程。格林表明本世纪后半叶的许多论文中，成功的模仿所要求的判断的弹性标准如何让位于对方法和刚性的规则的关注。特别参见第 176 以下。

② 这一段建立在翁·沃尔特对方法的讨论的基础上，《拉姆斯、方法和对话的衰弱》（*Ramus, Method, and the Decay of Dialogue*）（Cambridge, Mass., 1958）；以及 Neal W. Gilbert，《方法的文艺复兴式概念》（*Renaissance Concepts of Method*）（New York, 1960）。也可参见 Cesare Vasoli，《辩证法与人文主义修辞学：十五、十六世纪文化中的“发明”与“方法”》（*La Dialettica ela retorica dell'Umanesimo:'Invenzione'e'Metodo'nella cultura dex XV e XVI secolo*）（Milan, 1968）；以及他的“La Retorica e la dialettica umanistiche e le origini delle concezione moderne del ‘metodo,’”（修辞学、人文主义辩证法与“方法”的现代观念的起源）*Il Verri* ser. 4, vol.35（1970）:250-306。翁指出 Hermogenes 是人文主义者关于方法的修辞概念的一个源头（231）。他提醒我们注意诸如 *methodus*（方法），*ars*（技艺）和 *doctrina*（教导）等概念在 16 世纪时的流动性（第 156 页以下）；也参见 Gilbert（60）。

和知识的教导，也即等同于同时作为教诲的手段和目的的交流的实用技艺。方法只是在一般的意义上是技术的，即它包含以恰当的手段去达到一个特定目的的知识。进一步地，与技术（*techne*）的古典观念相反，人文主义者的方法越来越意味着秩序、速度和效率。[1]所以伊拉斯谟撰写了《走向真正神学的简要方法或计划》（*Ratio seu methodus compendio ad veram theologiam perveniendi*，1520）一书，该书给读者提供基督教人文主义的基本信条，但它很难说是以把信仰还原为古典意义上的技艺为目的。[2]

同样在十六世纪，另一种更加科学的方法概念发展起来了，它部分地对立于人文主义者的方法概念。[3]这一观念以亚里士多德的证明或必然的逻辑，而非以修辞学为模型，并且它与“［逻辑］推论的知识”（用霍布斯的话来说）有关。[4]

从某种意义上说，这一方法的科学概念甚至比人文主义者的方法概念更偏离亚里士多德的技术（*techne*）观念。但方法的科学概念作为逻辑——它容纳但不等同于技术应用——也强调古典的技术（*techne*）和理论之间的结构同源关系：在两者这里，抽象的原则都 158
在认识论上优先于实践或这些原则的应用。[5]这种方法概念在笛卡尔

---

① Gilbert,《方法的概念》(*Concepts of Method*), 第 66 页。

② Ratio 一书原出版于 1519 年；术语 methodus 是 1520 年被加入标题的。

③ Gilbert,《方法的概念》(*Concepts of Method*), 第 xxiv, 13 页, 及其他各处。

④ 托马斯 · 霍布斯,《利维坦》(*Leviathan*)(Harmondsworth, Eng., 1975), V. B. Macpherson 编, 第一部分第五章, 第 115 页。

⑤ 参见《尼各马可伦理学》(*Nicomachean Ethics*), 1141a 10 以下, 在那里亚里士多德讨论了 sophia 的运用以描述被包含在艺术或技艺中的技术性知识, 以及理论智慧的知识（它包含了第一原则的理智和 theoria 的科学知识）。也参见 Ostwald 在相同文本中的注 24。关于 theoria 和 techne 之间的相似性, 参见汉娜 · 阿伦特,《人的处境》(*The Human Condition*)(Chicago, 1958), 第 301-304 页, 特别是第 301-302 页:“至少在希腊哲学中, 相似性的关键之处是沉思（theoria）, 对某物的注视也被看作制作（techne）中的一个内在因素, 只要艺匠的工作受到‘理念’的引导。”

那里达到它的顶峰，笛卡尔把由“确定的方法”所保证的绝然确定性和“被例子和被惯例（coustume）”[①]所保证的说服对立起来，并且他主张，哲学方法的真正典范是数学推理。

这两种方法观念之间的冲突对于人文主义者的教学规划是有启发性的。很明显，方法的某些层次诉诸于人文主义者对教育改革的愿望，但同时这一改革的真正本质和目的又使人们对方法的矛盾情绪凸显。因为当方法被等同于逻辑或技术（*techne*）时，实践的深思熟虑势必就被排除。使礼仪判断形式化或系统化的企图必定要失败，因为它要通过定义来篡取得体或审慎判断的功能。人文主义者意识到这种危险，阿斯卡姆在《教师》（*the scholemaster*）一书中的评论，明显地体现了这一点：

> 的确，对于把人们引入富有条理的一般知识，以及对于如何有条不紊地引导他阅读一些多样的修辞（ad certa rerum capita）而不会在学习中迷路，关于常言（commonplaces）的书籍都非常必要。基于这个目的，彼得·隆巴德（Petrus Lombardus）（遣词造句的大师）和我们时代的菲利普·梅来希顿撰写了两本著名的有关常言的著作。
>
> 但逗留在摘录和常言方面的书籍中时，不要让自己总是被有条理的学习所束缚，而是勤勉地阅读最好的学者本人的著作，并且学会在一个人的权威和另一个人的忠告之间做出真正的区别。[②]

---

① René Descartes,《谈谈方法》（*Discours de la méthode*）（Paris, 1930）, Etienne Gilson 编，第 19 页。

② Ascham,《教师》（*Scholemaster*），第 107 页。参见弗兰西斯·培根,《学术的进展》（*The Advancement of Learning*）（London, 1973），G.W.Kitchen 编，第 135 页，它对札记簿的危险做了类似的提醒；以及伊拉斯谟的《论丰饶》（*De copia*），卷 1，第 9 章，论述了通过阅读第一手文本来形成 *copia*（丰富，丰饶）的仓库的必要性。

然而当我们转向阿斯卡姆时代的逻辑学和修辞学英语手册时，我们发现它们中的一大部分恰恰是权威和忠告的结合：提供给那些并不“阅读”（在阿斯卡姆赋予它的意义上）的学生以风格和论证的实用指南。

正如当我们把普登汉姆的《英诗的技巧》（*Arte of English Poesie*）与伦纳德·考克斯（Leonard Cox）的《修辞学》，或伯多禄·拉姆斯和亚伯拉罕·弗朗斯（Abraham Fraunce）的逻辑相比较时所看到的，大量这种手册出现的一个原因是中间阶级的增加以及由此而来的学习的民主化（以易于被接受的技术的形式）的要求。至于有关廷臣问题的著作，普登汉姆的《英诗的技巧》在十六世纪晚期的手册中仅仅似乎是非典型的，他自己的评论表明了为何如此。真正的廷臣，他写道，并不需要规则，因为他已经了熟于心；这是他知道他是一个廷臣的方式。（第 282 页，295 页）正是这种悖论突出地表明了礼仪书籍的含混功能。一方面，普登汉姆对理论的人文主义式的拒绝可以解释为一种贵族姿态，这种姿态通过否定我们 159
与技能（skill）的获取相联系的努力，也就拒绝使学习成为对“平民”来说可获得的。[①]

因此弗兰克·惠格姆（Frank Whigham）曾主张“礼仪著述的首

① 这个表述源自作为《最优秀的哲学家拉姆斯· 马迪尔的逻辑》（*The logike of The Moste Excellent Philosopher P.Ramus Martyr*）（Northridge, Calif., 1969） 序言的信，Roland MacIlmaine 译（1574），Catherine M.Dunn 编，第 9 页。下文的引用采取文中注形式。已经有很多关于普登汉姆的著作的读者的讨论，特别是关于他对修辞手段的讨论如何使伊丽莎白一世时期社会交往模式得以整理。参见 Daniel Javitch,《文艺复兴英格兰的诗歌与典雅》（*Poetry and Courtliness in Renaissance England*）（Princeton, 1978）；Louis Adrian Montrose, “Of Gentlemen and shepherds: The Politics of Elizabethan Pastoral Form（君子和牧羊人：伊丽莎白田园形式的政治），” ELH 50（1983）: 415-459；以及 Frank Whigham,《野心与特权：伊丽莎白时代礼仪理论的社会修辞》（*Ambition and Privilege:The Social Tropes of Elizabethan Courtesy Theory*）（Berkeley, 1984）。

要用途就是……对［社会］流动性的束缚。”（第18页）另一方面，正如惠格姆继续指出的，在编纂并由此使礼仪的规则和符号成为可通达之时，这些著述也“激发”了——我要加一句，教育了——非贵族们的“野心”（第20页）。最终，普登汉姆的目的可能与拉姆斯的《逻辑学》的英译者罗兰·马克拉米内（Roland MacIlamine）的目的相距不远，后者抱怨“嫉妒，认为它不体面，以粗俗的语气去扭曲任何人文学科”（第8页）[①]并且他认为拉姆斯的单一方法的“现成而简易的道路”就是使逻辑技艺对所有事情都适用。以相似的语调，弗朗斯在《法律的逻辑》（*The Lawiers Logike*）的前言中要求“因此为什么不是逻辑学家？并且卡特斯有理由问，因此为什么不是逻辑学？越是常见的就越好。”[②]鉴于人们对方法和规则的广泛而普遍的兴趣，拉姆斯对逻辑学和修辞学的改革在英国找到他的信徒就并不奇怪了。

拉姆斯对方法的关注在某种意义上是人文主义教育学的顶峰，因为正如翁·沃尔特已经表明的，在拉姆斯的体系中理论被等同于教学内容或理论的有效性。换言之，教育学不只是教导的手段：它同样是主题内容。[③]但拉姆斯体系（Ramism）也标志着人文主义的

---

① MacIlmaine 继续道："Thou seest（good Reader）what a grounde they have to defend their opinion, and howe they labour only to roote out all good knowledge & vertue, and plante mere ignorance amongest the common people"（第9页）。另参见 Leonard Cox,《修辞学的技艺或手艺》（*The Arte or Crafte of Rhetoryke*）（ca. 1530）（Chicago, 1899）, Frederic Ives Carpenter 编，他写道：他的著作将对学生、律师、使节和牧师有用。

② Abraham Fraunce,《法律人的逻辑》（*The Lawyer's Logic*）（Menston, Eng., 1969）, R. C. Alston 编，序言。

③ 参见 Ong, Ramus，第156-167页，特别是第161页，论 Ramus 对 *methodus*（方法）和 *theoria*（理论）的认同。也参见 Lisa Jardine,《弗兰西斯·培根与发现的艺术》（*Francis Bacon and the Art of Discovery*）（Cambridge, 1974），第29页，其中有关于 Agricola（阿格里科拉）的一个类似评论。另参见 Ramus 的 *Logike* 的开头对辩证法的定义："辩证法也被称作逻辑学，是教导如何能言善辩的技艺"；以及 Melanchthon（在翁那被引用，第159页）："辩证法是正确、有序、清晰教导的技艺或方法，"（Erotema dialectices, 卷1）。

死亡，因为尽管拉姆斯主义者对人文课程的改造看起来部分地源于人文主义者对方法的兴趣，但它实际上导致了发明和安排从属于逻辑学，并且把修辞学降低为演说术——它现在被设想为在所有可能世界中最好的世界中是不必要的。

托马斯·斯隆（Thomas Sloan）已经暗示，拉姆斯坚持把逻辑当作处理问题的唯一合法形式这一做法泄露了对修辞学力量求助于情感的忧虑。但把 logos（逻各斯）和 pathos（情感）清除出修辞学还不是拉姆斯的改革的唯一后果。因为这个"唯一的方法"也取消了判断，也即取消了"解读（reading）"（在这个词的阿斯卡姆的意义上）。如果这里只有一种方法，那么也就不再有选择，不再有实践的深思熟虑。如果所有探究的领域都要条理化（methodized），那么不再是审慎，而是技术（techne）才是所有事情的标准和尺度。最后，如翁曾指出的，在这样的世界中，不再有对话或辩论，不再有作为可能方法的无限的得体感。①

毫不奇怪，伴随着判断的这个技术模式，就有了对例子的地位的重估。解说性的例子现在是不必要的，就像后来它在康德那里一样；作为逻辑论证的一个形式的例子的使用，对拉姆斯而言，不再 160
具有说明的地位。相应地，拉姆斯的几何学教科书给学生提供定理，而不提供例子；并且拉姆斯的《逻辑学》把例子（包括源自诗歌中

① Thomas O.Sloan, "文艺复兴时期修辞学与诗学的交汇"，载 *The Rhetoric of Renaissance Poetry from Wyatt to Milton*（Berkeley, 1974），Thomas Sloan and Raymond B.Waddington 编，第 212-242 页。吊诡的是，尽管 Ramus 在观念上从他的单一方法中排除了审慎判断，但他承认在面对顽固的读者时需要审慎，在这种读者那里，理性之光是晦暗的。由此"审慎的方法"考虑到所有那些间接的修辞策略，无论是在修辞语言、发明中，还是在与严格逻辑相对立的布局安排中。拉姆斯主义（Ramist）和人文主义者的审慎概念之间有一个重要区别，即对人文主义者必要的东西——在偶然事件中深思熟虑和选择的实际能力——在拉姆斯那里成为偶然性和选择的一个对象。审慎不再是根本的，而是如同修辞语言一样成为装饰性的。

的例子）降为例证（instances）或逻辑形式（forms of logic）。[①]

当我们回到英语的修辞学手册时，我们能够看到，如同拉姆斯的《逻辑学》一样，这些著述中也泄露了对隐喻语言的使用的焦虑——这种使用要求实践判断或审慎，并且包含对情感的依赖。例如，皮查姆（Peacham）的《雄辩的花园》（*Garden of Eloquence*）把对隐喻语言的潜在任意性的控制和对社会等级体系的维护联系在一起。在我们看来，这部著作乐此不疲地整理比喻（tropes）和辞格（figures），在对每一个具体修辞格（figure）的讨论中，它都包含了对修辞格滥用的“警告”。比较卡斯蒂廖内对 sprezzatura（轻松）的反讽处理或庞塔诺对 urbanitas（治疗）的评论和亨利·皮查姆有关反讽的严肃建议是有益的：“应该可以预见，这一修辞格只有必要时才应使用，或者在没有恰当情境的时候也不要使用，或者不要频繁使用，以免使用它的人或者当作一个常见的模仿，或者造成这样一种情形，使人们不知道该如何理解他，或什么时候相信他。它既不是对各种人都适合的恰当讲话形式，特别不适合地位较低对地位较高的人讲话，由于某些原因前者对后者负有责任，这是因为这种修辞格违背谦逊有礼的准则，它以这种形式和方法嘲笑比自己更好的人。”[②]

甚至普登汉姆——他在《英诗的技巧》一书中，把修辞学的辞格放在诗学的一般理论这一更大的语境中——也和皮查姆一样为修辞学的社会和政治后果而忧虑。尽管他没有就每种修辞格的误用向我们发出警告，但他的确把隐喻语言一般地视作是对非隐喻语言的

---

① 参见康德在《纯粹理性批判》（*Critique of Pure Reason*）（London, 1950）第一序言中对过多例子的评论，Norman Kemp Smith 译，A 版第 viii-ix 页。关于拉姆斯的几何学教科书，参见 Gilbert，《方法的概念》（*Concepts of Methods*），第 85 页。关于作为逻辑论辩的形式的例子的讨论，参见拉姆斯的《逻辑学》（*Logike*），卷 2，第 16 章，第 56-58 页。

② Henry Peacham，《雄辩术的花园》（*The Garden of Eloquence*）（1593），《再造的摹写》（*A Facsimile Reproduction*）（Gainesville, Fla., 1954），第 36 页。

滥用或冒犯。因此，他进一步指出："严肃的雅典大法官……［禁止］在他们的司法的宗教法庭中使用各种隐喻语言，作为对心灵的单纯迷惑和［判决时的］正直判断的阻碍。"（第166页）而且他说，人们已经知道语言的模棱两可要通向反叛，这一指控后来为琼森（Jonson）和霍布斯所采纳。[①] 但因为诗人是辩护人而非判决者，他们的滥用并不导致欺骗；相反他们"把倾听者引向欢乐和慰藉"（第167页）。[②] 然而，甚至普登汉姆也感到有必要对讲话的堕落提出一些警告（第256-267页），"因为我们似乎［在撰写这一论著时］许诺了一个艺术……并且最终我们可以不受这些有方法的人们的责难"（第257页）。意味深长的是，以此来看，尽管普登汉姆在他的整部著作中承认了机巧（artifice）的地位（参见第150页），但最终他在有助于自然的"方法"和与自然相对的机巧的"模仿"之间做出了区分。[③] 尽管他没有展开这个方法观念，但他的简要讨论 161
暗示了与拉姆斯的作为自然理性的系统化的方法的亲缘关系。

按照前述有关人文主义者对理论的抵制的论述可见，这些关于修辞学和逻辑学的英语手册表现了以下两者之间的一个中点：一者是早期的人文主义者对实践的强调——特别是对修辞实践的多样性的强调，它们从逻辑的角度看显得是不一致或矛盾的；另一者是随后的，即一种走出对人文主义的沉迷的清醒，一种不满，它表现为

---

① 普登汉姆，《英诗的技巧》(*English Poesie*)，第267页。也参见 Jonson，《材料或发现》(*Timber or Discoveries*)，第593页，以及霍布斯，《论公民》(*De cive*)，载《英文著作集》(*English Works*)(London, 1839-1945)，Sir Thomas Molesworth 编，第2卷，2:xiii；以及《利维坦》(*Leviathan*)，第17章，第226页。

② 这一辩护举措类于西德尼在《辩护》(*Apology*)(123-124) 中所作的辩护，当他有时主张诗歌仅仅是游戏时。参见 Margaret Ferguson 在《欲望的试探》(*Trials of Desire*) 中对这一策略举措的讨论，特别是第151页。

③ 这并不是说普登汉姆总是在贬义上使用 imitation 一词；参见，例如，《英诗的技巧》(*English Poesie*)，第20页。

17 世纪时期人们要求回到脱离修辞学的逻辑学，以及更重要的，回到一个作为建立在数学推理的模型基础上的科学证明的理论概念。就这些手册致力于给读者提供一种技术而言，他们表明了人文主义教学规划的核心处的一个模棱两可，这个模棱两可是由对审慎或实践理性（它指向理论［theoria］和技术［techne］的古典观念）的抵制所造成。这些手册既回应又暗中破坏了早期人文主义者对方法的关切。

对人文主义抵制理论的抵制

接受人文主义者对理论的抵制的一个讽刺就在于，这种抵制自身被过于理论地理解了。马基雅维利在《廷臣论》第 15 章中的评论可能是这种抱怨中最著名的一个例子："既然我打算写一些对一个有理解力的读者有用的东西，那么看来最好是去追求事情的真正真理［verita affettuale］，而非去重复人们已经想象过的东西。许许多多的人曾想象了诸如无人曾在真实世界中看过或知道的国家和国王，在我们真正生活的方式和我们应该去生活的方式之间有这样一个区别，即忽略了真实而去研究理想的人将走向他的毁灭而非拯救。"[①]但如果马基雅维利认为他的人文主义者前辈们过于理想主义和过于强调规范，那么其他人文主义的批评者将指责人文主义不够理论化（借此他们意指逻辑化）。培根是这样的观点的第一个有力的鼓吹者，在他那里甚至方法——无论是以修辞学方式还是以拉姆斯体系的方式被理解的方法——也是不够的。

培根对人文主义有关方法的修辞学概念的批判性修正，在他用

---

① 尼可罗·马基雅维利，《君主论》（*The Prince*）（New York, 1977），Robert M.Adams 译，第 44 页。

人文主义术语反对它本身的过程中表现得很明显。他依据传统修辞学范畴对他的以学识的增长为目的的计划进行分类，但在这么做时，他扩展了这些术语的含义，使之远远超出了修辞学的范围："理智的技艺在数量上是四个；依据它们所指向的目的而得以划分：因为人的工作或者是去发明要被寻求或提出的东西；或者是去判断所被 162
发明的东西；或者是去保持所被判断的东西；或者是去传递所被保持的东西。因此作为技艺必须有四种：探究或发明的技艺；检验或判断的技艺；看管或回忆的技艺，和演说术或传统的技艺。"[①] 因此，例如，发明保持着它的作为发现论据的修辞学定义，但它获得了新的和更为重要的作为发现的技艺的含义（第 127 页）："方法或传统题材的本质都不只是有关于知识的使用，也同样有关于知识的增长。"（第 140 页；在豪厄尔 [Howell] 那被引，第 370 页）另一方面，演说术也不再等同于隐喻语言，而是等同于作为人的知识之交流的方法。

然而，在培根保留拉姆斯体系的立场，即强调逻辑学是"知识交流的方法的唯一监护人"（豪厄尔，第 374 页）的同时，他也反对拉姆斯的单一道路所显露的草率的条理化倾向。（第 32 页）除了把人们的研究的结论传递下去这一傲慢的交流方法之外，还有必要设计一种"检验的"方法（第 140 页），也即，以事情之被发现的顺序来传递知识，并且借此激发进一步的学习。

培根尝试构想一种比拉姆斯方法在教学法上更有效的方法，这一尝试建立在重新引入知识和教育学的区分的基础上，而这是拉姆斯尽力去弥合的一个区分。类似地，培根对 16 世纪理论和实践知识

① 培根，《学术的进展》(*Advancement of Learning*)，第 122 页。关于培根对修辞术语学的运用，参见 Jardine，《弗兰西斯 · 培根》(*Francis Bacon*)，以及 Wilbur Samuel Howell，《英国的逻辑与修辞，1500-1700》(*Logic and Rhetoric in England,1500-1700*)(New York, 1969)，第 364-376 页。

之间的传统区分的拒绝，乍一看来是人文主义者对行动生活和沉思生活之一体性的坚持的一部分（第 35 页）。[①] 但与早期的人文主义者把审慎或实践（praxis）作为认识的模型相反，培根使行为从属于理论的沉思，并且由此把实践理性还原为技术（technology），也即，还原为技术（techne）的生产性知识。正如培根在《新工具》（格言 3）中所写道的："人的知识和人的力量合二为一；因为在原因还未被知晓的地方，结果就不能产生。命令自然必须服从自然；在沉思中作为原因的东西，在操作中就是规则。"[②] 后世读者理解培根对理论的返回——他对人文主义者意义上的实践的抵制——显然是透过《纯粹理性批判》的题词和第二版序言中康德对培根和他的追随者的承认："他们理解到，理性只会洞察到它自己根据自己的计划所产生的东西，而决不应该使自己仿佛在自然的牵引下前行，而是必须带着自己建立在固定法则基础上的判断原理走在前面，强迫自然回答理性自己提出的问题。B xiii"。显然，自然的这个单方面的强制与人文主义者对理论的抵制不相容，与对作为人类认知和行动的
163 模型的交互主体性的对话或两方面论辩（in utramque partem）的修辞学的坚持不相容。

理论和教育学

随着 20 世纪后期人们对修辞学的兴趣的复兴，方法问题和理论与实践的关系——特别是阐释的实践——问题再一次处于文学研究的中心。如果回到《廷臣论》，我们就能明白由 sprezzatura（轻松）所引发的阐释问题如何为我们提供了一个当代批评争论的象征。可

① 参见 Jardine,《弗兰西斯 · 培根》(*Francis Bacon*), 第 97-98 页。

② 弗兰西斯 · 培根,《著作集》(*Works*)(Cambridge, Mass., 1857-1861), J. Spedding, R. L. Ellis, and D. D. Heath 编，15 卷，8:67-68。

以把 sprezzatura（轻松）当作（在德·曼的双重意义上的）对理论的抵制的一个标志。一方面，贡萨加拒绝使保守和贵族式的对理论的贬低规则化：也即，拒绝检查其自身批判性预设的学院式规定。（如卡斯蒂廖内所言，sprezzatura［轻松］从来都不是无偏见的。）另一方面，sprezzatura（轻松）可以作为德·曼式的反讽的一个标志，德·曼否认教学法的必要性，因为它与位于理论自身核心之处的抵制或反讽不相容。第一个立场可以描述为隐藏理论的理论（新批判主义演说家）；第二个立场可以被描述为取消理论的理论（伪装的廷臣式解构）。尽管这两种立场的代表看起来是对立的，但它们作为廷臣的共同身份指向了一个根本的相似性：对形式主义的分析的关注，这种分析模糊或拒绝谈到它的政治和意识形态的兴趣。最终，在两者那里，文学都是"不受历史污染的"，尽管是基于不同的原因。[①]

但在批评界，还存在其他立场。相比于德·曼使理论与方法等同起来，乔纳森·卡勒则把这两者对立起来，主张理论提供对文学的一般说明（"它的形式、它的要素、它们的关系"），而方法致力于解决阐释的局部问题。[②] 这种区分源自卡勒想要把文学研究的焦点从阐释的具体行为转移到对支配着所有阐释的规则和惯例的研究上来。并不奇怪，这样一种区别于德·曼的理论观是与教学法的必要性，以及由此，与人文主义意义上的方法相协调的。于是，卡勒和奥塔维阿诺（Otaaviano）一样，后者在《廷臣论》的第四卷，通过把国君重塑为管理者，把廷臣重塑为教员，从人文主义角度为 sprezzatura（轻松）提供了对如下控告的辩护：一方面，指责其为自

① Terry Eagleton,《文学理论：一个导论》(*Literary Theory: An Introduction*)(Minneapolis, 1983)。另参见第 146 页关于新批判主义和解构之间的相似性的论述。

② Jonathan Culler,"研究生课程中的文学理论",载于他的《符号的追求：指号学、文学和解构》(*The Pursuit of Signs:Semiotics, Literature, Deconstruction*)(Ithaca, 1981),第 210-226 页,特别是第 218 页。

私的欺骗，另一方面指责其为单纯的美学形式主义。正如塞萨雷·贡萨加（Cesare Gonzaga）所抱怨的，“的确，奥塔维阿诺先生，人们不能说你的规则是不好的或无用的；然而，我应该思考，如果你要相应地去塑造你的国君，你最好当得起一个好的教导者这一名称，
164 而非一个好的廷臣这一名称。”（第 319 页）卡勒主张，在研究生这一层次讲授理论，将使得学生得以从事跨学科的研究，并且由此为保持与（在普遍性科目之整体中的）三艺的持续关联提供实际的辩护。

面对就业市场的经济压力和人文学科日益下降的地位，卡勒对理论的角色的描绘既反映了我们的人文主义者想要使人文科学有用和有价值，也反映了后人文主义者对实践的矛盾情绪，反映了我们向教育学的技术概念的转向。文科院系不再在语文学方面训练他们的学生，因为没有这种学习的需要。全民教育已经使大学文科走向了普遍化、一般化的道路，而这又反过来引发了对易于被掌握的阅读和阐释的技术的需求。大学文科的这一拉姆斯体系式技术可能采取的形式就是理论（甚至是不可判定性或不确定性的理论）的“现成和容易的路径”（或版本）。在论实际批评的历史的一篇文章中，杰弗里·哈特曼（Geoffrey Hartman）对文学理论的科学或技术模型给出了人文主义者的回应：“条理化不确定性将是为了概念而遗忘理性。”[①] 对于哈特曼和卡勒两人来说，问题——并且这也是人文主义者的窘境——在于理论如何能够避免与方法相等同，而又依然是有用的或实践的。

最后，相对于卡勒的一些宣称所暗含的理论和实践之间的分离，有一种温和的立场值得拥护。对德·曼 1982 年的抵制理论的文章的

① Geoffrey H.Hartman，“实践批评简史”，载于他的《荒野中的批评：当代文学研究》（*Criticism in the Wilderness:The Study of Literature Today*）（New Haven, 1980），第269页。整个文章相关于卡勒所讨论的人文学科的两难。

许多回应使我想到，如果理论和方法是不同的，那么理论和实践可以并且应该以辩证的方式被阐明。[①] 长期以来，理论与康德式的对阐释的认识论基础的寻求联系在一起，与实践对真理的思辨模式的隶属联系在一起——甚至当理论反抗它们时。[②] 这一康德主义在新柏拉图主义者本博（Bembo）那找到了它的廷臣代表，对他来说，“知识必须总是先于欲望”（第 336 页），并且它的目标是“对普遍理智（intellect）的沉思”（第 354 页）。然而，辩证的批评家的目标是去系统阐述作为“后实践”或“关于实践的实践”的理论，这个理论必然与欲望、兴趣和说服的意图联系在一起。[③]

对理论和实践的辩证阐明应该有别于德·曼的不可还原的实践要素的概念（此要素位于理论的核心），或文本的修辞学维度与认知维度之冲突的概念。因为尽管许多“辩证的”批评家会赞同德·曼借助现象学范畴（作为视野的认知）把修辞学和解读文本的不可能性等同起来的做法，但他们不会把这个不可能性与含义的不可判定性划等号。事实上，人们能够认为，将两者划等号乃是对“普遍 165
理智”的沉思的欲望受挫了的结果。当特里·伊格尔顿说出下面这些话时，他表达了相同的意思：“含义可能真的最终是不可判定的，如果我们以沉思的方式看待语言，把它看作纸上的能指之链；当我

① Steven Knapp 和 Walter Michaels 的“抵制理论”见于 *Critical Inquiry* 9（1982）:723-742。对此的回应见于 *Critical Inquiry* 9（1983）:727-800。

② 特别参见 Jonathan Crewe 的文章，“走向非批判的实践”，第 748-759 页，特别是第 750 页论理论与实践关系辩证概念的必要性；以及 Adena Rosmarin，“论‘抵制理论’的理论”，第 775-783 页，特别是第 776 页以下关于理论的康德认识论概念，两者都载于 *Critical Inquiry* 9（1983）。

③ Steven Mailloux，“真理或后果：论抵制理论”，*Critical Inquiry* 9（1983），第 766 页。这里和下一段中的辩证法观念不是黑格尔式的，而是对话式的，相互决定的。我并不是主张所有 Knapp 和 Michaels 的受访者都同意，而是认为有些受访者指向一个理论与实践关系的非排他、非等级概念。

们把语言当作某种我们所做的东西，当作与我们的实际生活形式不可分离地交织着的东西时……它就变得‘可以判定’。”①

相应地，对理论和实践的辩证阐明接近于人文主义者对理论的实用主义抵制，以及由此接近于人文主义者的教育学（/ 教学法，pedagogy）之必要性的概念。与此同时，它清楚地表明了此必要性和许多文学理论家所要求的转向（回到）文学史之间的关联。如果人文主义者的教育学的目标是去培养判断力、得体的能力，那么它必然就能够规定，在给定的时间和给定的历史语境中什么是恰当的。于是，弗德里克·贡萨加（Federico Gonzaga）建议廷臣“认真考虑他所做或所说的内容、他从事这些活动的地点、它的场合与时机”（第 98 页）。以及，更早的时候，卢多维科（Ludovico）谈到历史差异的意义——它将为每一个对古代的正确模仿提供指导：“西塞罗在多处指责他的许多前辈，并且在批评塞尔吉乌斯·加尔巴（Sergius Galba）时宣称，后者的演说辞对他们来说具有古代的影子……这样，如果我们试图机械地去模仿古人，我们将不是模仿他们。维吉尔在（如你所说）模仿荷马时，并不在语言上模仿他。”（第 53-54 页）②

如果我们现在回到本文开头所引的德·曼对文学史的评论，我们就能够懂得人文主义者关于历史的修辞学意义和他们关于理论与实践关系的对话或辩证法意义，它们是下述两者之间的中庸之道：一边是保守的文学史家的具体的时代划分，另一边是德·曼的怀疑论。如同在《廷臣论》中伊米莉亚（Emilia）对本博的温和提示，“小

---

① Eagleton，《文学理论》（*Literary Theory*），第 146-147 页。

② 伊拉斯谟在《西塞罗主义》（*Ciceronianus*）中关于西塞罗的正确模仿的评论是这一历史的辩证或对话概念的代表：“要求我们总是以西塞罗式的风格说话是多么厚颜无耻啊。他得首先把我们带回那时的罗马；恢复元老院，元老院的众议员，骑士，以及那个部落和世纪中的人民……既然人类事业的整个舞台已经改变了，一个人若不显著地背离西塞罗，怎么可能得体地讲话？……无论我转向何处，我看到一切都发生了变化。”（引自 Greene，《特洛伊的光》（*Light in Troy*），第 182 页）

心，梅塞尔·本博，在和你的灵魂的这些思想在一起的同时，不要忘记你的身体”（第 357 页），对人文主义者的修辞学理论和人文主义者的历史的修辞学概念重新焕发的兴趣提醒我们，理论（theoria）不是我们唯一的“理论（theoretical）”选项。当罗兰·巴特宣称“文本的理论只能与书写的实践相一致”时，他是作为一个文艺复兴的人文主义者和一个当代文学理论家而写作。[①]

本文开头的引语出自：巴尔达萨雷·卡斯蒂廖内，《廷臣论》（Il Cortegiano）（New York,1959），查尔斯·辛格尔顿（Charles Singleton）译，第 41 页。该句为卢多维科·卡诺萨（Ludovico Canossa）伯爵对弗德里克·贡萨加（Federico Gonzaga）说的话。后文的引用均为这个版本，以文中注形式出现。

---

① Roland Barthes，“从工作到文本”，载于他的著作《图像、音乐和文本》（*Image, Music, Text*）（New York, 1977），Stephen Heath 译，第 164 页。

8. 修辞学、解释学和宪法阐释中的审慎 *

尤金·加弗

171 最近我得以聆听明尼苏达州的立法机构关于是否增加使同性恋者免受歧视的条款的争论。许多公共争论转向了同性恋究竟是人的选择还是命中注定的问题。看起来，政治家们认为法律是从属于形而上学的。前大法官布莱克曼（Blackmun）因为主张最高法院不应该决定人的生命何时开始的形而上学问题而遭到批评。如果他展开他的论辩，不是会和明尼苏达的政治家们的论辩听起来一样荒谬吗？法律和公正的问题应该依赖于形而上学吗？

当一个实际论辩变得越哲学、越技术或精确时，它将变得越糟糕。亚里士多德建议修辞学家："不要寻求关于一切事物的或然性推论；否则你就是在做哲学家所做的事情，后者的三段论得出比前提更多和更合理的结论。"[①]（"让我们成为现实主义者，并且承认法律无非是力量和非理性的欲望。我们必须保卫我们的生活方式，使之免于外来的侵犯。"）或者我们毋宁应该假设，治疗坏的哲学的途径

---

* constitution 这里译为"宪法"，但在本文中这个词也泛指其他组织的章程、规章等，它们以某种共同价值理念为基础，因而区别于单纯以利益关系为取向所建立的契约。当头字母大写时，特指美国宪法。——中译者

① 亚里士多德，《论修辞学：公民话语的理论》（*On Rhetoric:A Theory of Civic Discourse*），New York: Oxford University Press, 1991，George A.Kennedy 译，III.17.1418a10。

是更好的哲学，以及对生命的开始结束或对同性恋的基因基础的更精确的科学规定？

对这一事实（一个实际论辩变得越哲学或越科学，它将变得越 172
糟糕）的不同面对方式之争，乃是古代哲学修辞学之争的重演，而修辞学主张实践智慧。有时哲学和科学看起来不必要，这是因为最低限度、最少反思意义上的修辞学——对一个问题的两个方面的论辩——获得了令人满意的结果。而有时这种修辞实践受到挑战，因而似乎需要一个理论去支撑它。这时哲学代替修辞学并为实际论辩提供一个可靠的基础。对修辞学的不满使人们走向哲学，而对哲学发现的失望又使人们回到修辞学。诸如“公正：政治，而非形而上学”，民主对于哲学的优先性，反基础主义，以及“哲学的终结”等口号都是修辞学周期性地挑战哲学的复仇行动的重演。[①] 法律“实在论”再次启动了智辩的（sophistical）修辞对理念的怀疑，并且声称在论辩之外或在赢得一个论辩之外，什么都没有。而自然法的哲学“实在论”继续着这样的哲学筹划：根据推论（reasoning）多大程度上反映了独立于推论的真理来判断推理是否正确。

修辞学对哲学的胜利常常和哲学对修辞学的胜利一样短命，这就是为何这场斗争看起来永无止境。我关于同性恋权利的反哲学的例子表明，在因政治面对形而上学规定而产生的实际争论中，风险的不断增加似乎是不可避免的。有一常见和根深蒂固的恐惧，即认为一旦我们放弃了可靠的方法和无可争议的原则，我们将堕落到任

---

① John Rawls, “作为公平的公正：政治而非形而上学”, *Philosophy and Public Affairs* 14（1985）:223-251. 在理查德·罗蒂的著作中，更谦逊和政治的原则取代哲学已经成为一个主要的主题。参见，例如，“民主对于哲学的优先性”，载于 Merrill Peterson and Robert Vaughn 所编《弗吉尼亚宗教自由法案》（*The Virginia Statute of Religious Freedom*），Cambridge：Cambridge University Press, 1988，重印于 Alan R.Malachowski，《阅读罗蒂》（*Reading Rorty*），Oxford: Blackwell, 1989。

意幻想的地步，理查德·伯恩斯坦称这种信念为笛卡尔式的焦虑。① 人们想要他们的观点有最强的支持，并且他们不愿意被说服去放弃这种愿望。一旦他们已经品尝了哲学之水，无论是多么被稀释或循环利用了的水，清白就很难再得。如果我希望排斥同性恋，并且我知道，我的这种反感情绪不能在公众面前显露出来，我就不得不寻找理由——例如自然本性和人的选择之间的区分——来支撑我的欲求。康德可能是对的，当他主张，理论理性包含一个朝向系统化的动力，它使理性超出它的把握范围之外，实践理性看起来不可避免地走到它自身前面，并且要求超出它能力的成就。

尽管这种哲学的野心和修辞学的回应到处存在，审慎没有必要作为这场哲学和修辞学之争的战利品。当论辩实践的内在价值和实际论辩自身的形式是体现我们的伦理诉求的最好方式时，审慎就避开了这场斗争而成为它自己的主宰 。② 修辞学为一个问题的两个方
173 面做论证。自然和选择两者都能成为支持和反对进一步保护同性恋免受歧视的理由。正如迈克尔·麦康奈尔所说，“过去人们常常认为性应受宪法保护，因为每个人应该自由地去选择他或她喜爱的对象。现在人们更多地主张性应该受宪法保护是因为它不是一个选择，

① 理查德·伯恩斯坦,《超越客观主义和相对主义》(*Beyond Objectivism and Relativism*), Philadelphia: University of Pennsylvania Press，1983。

② 阿拉斯代尔·查莫斯·麦金泰尔对一个实践的定义是：“以社会的方式建立起来的人类合作行为的融贯而复杂的形式——善内在于行为的这一形式之中——在试图达到卓越（excellence）的那些标准的过程中得到实现，这些卓越的标准适于行为的那个形式，并且对其做了部分限定，作为结果，人类实现卓越的能力，以及相关的目的和善的概念得到了系统地扩展。”(《追寻美德》(*After Virtue*)[Notre Dame: Notre Dame University Press, 1984]，第二版，第 187 页。) 在《亚里士多德的修辞学：性格的艺术》(*Aristotle's Rhetoric:An Art of Character*, Chicago: University of Chicago Press, 1994）中，我详细地表明了把修辞学当作这一意义上的实践意味着什么。本章中我关于《修辞学》(*Rhetoric*）的其他主张在那本书中得到发展和捍卫。

而是某种人的本性中固有的、不可改变的东西。”①

修辞学自身因而是不完善的，但它不必被哲学所取代。相反，修辞学能演变成为教养（civility）。认识到存在一个可供选择的合理解决方案、结论和判断，相对于下述想法是一个进步：即认为任何不同意我的人或得出与我不同结论的人必定是不诚实或愚蠢。修辞学的这一走向教养的方向意味着它不必作为反哲学的诡辩论的修辞学或基础主义哲学的修辞学。修辞学能够成为审慎的一种形式。

伦理学选项替代了哲学和修辞学选项，在此过程中审慎凸显出来，而这给予了诸如“公正：政治而非形而上学”的口号以伦理的含义而非仅仅反哲学的含义。亚里士多德发明了 ethos（习俗）作为对 logos（逻各斯）和 pathos（情感）的补充，发明了更为明显的三重奏之诸项，由此巧妙地规避了柏拉图和智者之间的无营养的论战。伦理的发现是亚里士多德对修辞学的历史和审慎的历史的贡献。但我在这里不是想要去呈现亚里士多德有关伦理的发现，而是想表明伦理如何在二十世纪后期关于宪法解释学的讨论中重新出现并作为理性和情感之外的替代选项——当宪法的阐释成为审慎的思想和行动的一个主要领地。

因为政治问题在美国成为讼争不已的主题，所以这些关于审慎、哲学和修辞学的一再出现的问题成为了有关法律和解释学论辩的问题。关于宪法阐释的流行争论复制了应该把实践智慧安置在哪里的修辞学与哲学之间的古老斗争。然而，古老争论的重新上演很快成为单纯的仪式，这就是为何诸如斯坦利·菲什或罗伯特·博克等人和他们的对手之间的争论常常像是梦游——这些论辩我们早就听过。但宪法解释学的讨论与这些仪式相对，它重新发现了修辞学和审慎

① Michael W.McConnell,“十字路口的宗教自由”，载 Geoffrey R.Stone, Richard A. Epstein, and Cass. R. Sunstein 编,《现代国家的权利法案》(*The Bill of Rights in the Modern State*), Chicago: University of Chicago, 1992, 第 173 页，第 250 页。

的某些伦理维度，并且对当代处境中的审慎有了新的洞见。

解释学是当我们对文本提出两个不同要求时，我们对文本所采取的态度。我们希望我们的阐释忠实于文本，我们还要求阐释的结果是真的且应实现诸如公正这样的更进一步的目标。解释学是我们对一个文本的如下态度：我们希望它不仅是有约束力的，而且希望
174 这种约束是理性的。[1] 理性的忠实的理念，已经以不同的方式，被多位思想家发展为宪法解释学的中心问题。桑福德·莱文森称他探究的对象为“宪法信仰”。约瑟夫·维宁（Joseph Vining）提出要使权威和独裁区分开来。保罗·卡恩（Paul Kahn）询问理智（reason）和意志，或理智和历史能否在宪法阐释中共存。[2] 理性的忠实、顺从

① Gerald Bruns,《古今解释学》(*Hermeneutics Ancient and Modern*)(New Haven: Yale University Press, 1992), 第 11 页：“在文本中所被理解的东西从不会被还原为……另一个人的意义，毋宁说通过另一个人的意义光照，人们所理解的东西乃是一个主题……因为我们之所是和我们置于文本之中的方式对我们发出召唤，且我们所理解内容的一部分乃是这一召唤的内容和表现，以及我们回应它的方式。”另参见第 65-66 页：“毕竟，一个文本是典范的，不是因为它是最终的和正确的，是官方文库的一部分，而是因为对群体有约束力。经典化的全部意义在于承认文本的权威，这不只是因为与该领域的竞争者相比它是起源——从技术上说，这不过是一个真实性问题——而且在现在和未来，它将作为一个有约束力的文本起支配或统治作用。”

② Sanford Levison,《宪法信仰》(*Constitutional Faith*)(Princeton: Princeton University Press, 1988)。先于莱文森的是 Hugo Black 的《一种宪法信仰》(*A Constitutional Faith*)(New York: Alfred Knopf, 1968)。Joseph Vining 在《权威与独裁》(*The Authoritative and the Authoritarian*, Chicago: University of Chicago Press, 1986) 中所作的区分首先表现为两种文本之间的区分：一些组织和支配着我们生活的文本“通达一个心灵”，“是心灵的工作的见证”（也即，那些“权威”的文本，第 12 页），而其他的（“独裁的”）文本则否。维宁最终做出的是共同体的区别。这一理性忠实的观念也与保罗·卡恩在《合法性与历史：美国宪法理论中的自治》(*Legitimacy and History:Self-Government in American Constitutional Theory*, New Haven: Yale University Press, 1992) 所追溯的理智和意志的综合平行。正如卡恩指出的，如果理性足以确定公正，那么一个成文宪法就会成为不必要的。国父们把他们制订宪法的行为描述成基于理性的深思熟虑和选择过程，但那些追随他们的人们似乎不得不在遵循国父们的理性还是意志之间做选择。尽管我们的计划和卡恩有许多亲缘关系，但卡恩会认为我对理性忠诚的阐述过于乐观。

和忠诚，宪法的忠实和权威是表述宪法解释学问题的不同方式，因而也是表述当代宪法的审慎（constitutional prudence）的不同方式。它们是解释学循环的主题的不同变体。理性忠实的解释学问题也能被看作是亚里士多德的宪法和契约之区别（他的真正友谊和功利友谊之间的伦理学区别在政治学上的平行物）的精细发展。

规定一个契约的含义比探索宪法的解释学要更容易，因为我们对契约只有较低的期望。一个契约可能是最低限度的理性，但一个宪法应该包含欲望和理想。一个契约满足订约方的愿望，但一个宪法约束着除了签署方之外的人们，因此义务和忠实必须来自于理智。“任何一个能被恰当地称为国家的组织……都必须注意德性；否则的话，共同体就会仅仅变成一个联盟，……对人的公正的保证应该是相互的，而不是仅设计某种制度以使公民成为有德性的和公正的。”[①] 忠诚于宪法乃在于理性的忠实，既忠于宪法的目的，也忠于（我下面将表明这一点）实现这些目的的论辩方法。在宪法解释学中，我们寻求对把我们视作公民来管理的古老文本的理性的忠实。

理性的忠实要求强概念意义上的共同体和宪法（the Constitution）。一个解读宪法而非契约的健全意义上的解释学，与一个作为实践而非只是得偿所愿的技术的修辞学概念是并行发展的。契约的关键在于它追求有限的目标，因而使订约方保持不变；而宪法体现了对各方的道德教育和德性的关注：“相对于商品和军事联盟的交换……［各方］基于相同的立场而联合，他们联合时的行为如同他们分开时那样……政治友谊基于高尚的行为而存在，而不只是为了共同的生存。”（《政治学》，III.5.1280b25—1281a4）如果公民关系被降为契约关系，那么审慎将被单纯作为工具的修辞学所

① 亚里士多德,《政治学》(*Politics*), Chicago: University of Chicago Press, 1984, Carnes Lord 译, Ⅲ .5.1280a6-12。

取代。当社会被降为契约关系时，审慎将被单纯作为工具的修辞学取代。[①]

175 让我用第二个例子来说明这种理性忠实的理念。在 1994 年我发表了一篇论亚里士多德对自然奴隶的分析的论文。[②] 作为一个解释学的思想实验，我打算采取和人们以无效的可能性为背景考虑他的论辩相同的方式去对待他关于奴隶制的辩护，也即，作为为一个我们（亚里士多德的当代读者）事先就知道是错误的结论奠定概念基础的尝试。我们以悬置真理兴趣的方式去阅读亚里士多德《物理学》的某些部分，就像我们阅读阿赞德人的巫术一样。我想知道我们是否能够以相同的方式去阅读他关于奴隶制的分析，或是否我的读者和我可能被如下的可能性所威胁：如果他的论辩是足够有力的，我们也许要去承认一个不受欢迎的可能真理。有一种让人不舒服的可能性，即我们可能生活在和亚里士多德一样的道德共同体中，虽然我们不是在相同的科学共同体中；拥有这样的同胞——他富于才智地攻击我们的某些最深层的价值观——是一种我们宁可不去面对的可能性。

在当代宪法解释学中，我们寻求对一个古老文件的理性忠诚，这个文件把我们当作公民来管理。我们已经事先决定了以这个文件管理我们——然而，对于亚里士多德的《政治学》这一文件来说，这只是一种遥远的可能性，对于他的《物理学》来说，则完全没有可能性——同时寻求对它的理性忠诚。我将表明，只有伴随着审慎感和修辞学——在那里伦理存在于情感和理性之侧——理性忠诚的

① 契约和宪法之间的区别，以及与之相应的阐释类型，从司法审查的开端起就存在，在马伯里诉麦迪逊案中，首席法官马歇尔声称，宪法是这样一个工具，借此人们“为了他们未来的政府，建立起在他们看来将最大限度通向他们自身幸福的那些原则……［它］是整个美国大厦得以被建造的基础。”

② Eugene Garver，“亚里士多德的自然奴隶：不完善的实践和不完善的人类”，*Journal of the History of Philosophy* 32（1994）:1-22。

解释学观念才是可以理解的。[①]

在接下来的部分，我希望表明，审慎的三个方面如何从当代法理学的修辞学和解释学中显现出来。我将忽略那些有关阐释理论的、由博克和菲什提出的比较简单的争论，而采取一种更接近亚里士多德的处理方式，即与上述做法相反，去考察当代关于宪法解释学和审慎的讨论中我认为最优秀的那些思想观点。当代的审慎具有这样三个特征：（1）多元论；（2）在合法性和公正之间做出区分；（3）对伦理的重新发现。所有这些在古典修辞学中都有其根基。最优秀的当代法理学理论和实践以典型的现代方式阐明了这三点，因此我将试图同时表明过去与现在之间的连续性和审慎在当代所面临的特殊要求。

多元论

多元论是审慎学说在20世纪美国所取得的最伟大进展。多元论至少在最初的时候，推动审慎走向修辞学而远离哲学。修辞学作为

---

① 类似地，卡斯· 斯坦因（Cass Sunstein）在对罗纳德· 德沃金（Ronald Dworkin）的宪法阐释理论（其功能是尽最大可能去理解法律）的阐述中指出："评价维度和评价部分在试图使法律做到最好的过程中得到体现。……因此，关于'法律是什么'的陈述不能与关于'法律应该是什么'的陈述完全分离开来。某种程度上，'法律是什么'成为人们认为法律'应该是什么'中的一部分。"（Cass R.Sunstein,《偏颇的宪法》[*The Partial Constitution*], Cambridge: Harvard University Press, 1993，第 112 页）另参见大卫· 休谟："无论何种思辨错误都可能在任何时代或国家的正式著作中被发现……只需要一定的思想或想象的转向以使我们进入所有流行的观点，并且体会自它们而来的情绪或结论……[但是] 这里的情形与道德原则不同，如同伴随思辨观点那样……我不能，也不应当进入这种情绪……在一个人对他据之判断的道德标准的正确抱有信心的地方，他理所应当地妒忌它，并且片刻也不会妨碍他内心的情感，对无论任何作者都彬彬有礼。"(《道德、政治和文学论文集》(*Essays:Moral,Political, and Literary*), Indianapolis: Liberty Classics, 1987，Eugene F. Miller 编，第 252-253 页。)

论证问题的两方面的一种能力，与利益群体的多元论天然亲缘。但
176 是当修辞和阐释成为反思的主题时，多元论能从契约转换为宪法，
并且修辞学能从反哲学转换为伦理和审慎的哲学。[①]

多元论从一开始就在美国的政治中得到体现。《联邦党人文集》反对同质性是成功的民主和自由的必要条件这一流俗观念，而主张异质性是自由的保障。联邦党人和反联邦党人关于异质性和同质性之间的争论是古代修辞—智辩力量和哲学智慧之争的美国版，能容纳差异的中立州的自由主义倡导者和强调同质性的保守主义支持者——这是实行种族、信仰或性别歧视的国家或局部地区团体的同质性——之间的斗争是上述争论的当代延续。美国的奠基者们通过发展权力分立和联邦体系的制度多元论的方式，在契约的范围之外采取了利益和派别的多元论。

修辞学和哲学、联邦党人和反联邦党人之间这一斗争，在关于是否必须有一个唯一的阐释宪法的方法或是否多元论在这里也有其位置的争论中再次上演。论辩模式的多元论甚至是对利益的多元论的更彻底的补救，随着修辞学从力量的一个手段（它被用于先于修辞学的目的）发展为论辩的修辞文化，以及多元的共同体从对一个和平协议的接受演进为对宪法的接受。[②] 宪法阐释运用了多种多样的

---

① 正如在他的《政治自由主义》（*Political Liberalism*）中明显揭示的那样，罗尔斯的工作计划恰恰是把多元论从权宜之计转换为正义的一个形式。正如接下来会更清楚显示的，我试图使宪法解释学和修辞学实现这同一个转换。

② Sunstein，《偏颇的宪法》（*Portial Constitution*），第 23-24 页：“在协商民主中制宪者的信念源自传统共和思想，并且……不同于传统的地方在于认为一个大的共和国优于一个小共和国。更引人注目的区别是，它鲜明地反对传统认为异质性和差异对于协商过程是破坏性的观念。对于制宪者来说，异质性是有益的，甚至不可缺少的；讨论必须在有差异的人们之中发生。正是基于这个理由，制宪者对反联邦主义者关于同质性对于共和国必不可少的主张做出回应。”尤尔根·哈贝马斯与汉斯－格奥尔格·伽达默尔之间的争论，如理查德·伯恩斯坦所报道的，再现了关于实践智慧若要起作用是否要以同意为背景的讨论。参见 Richard Bernstein，《哲学的轮廓》（*Philosophical Profiles*），

论辩，这一点与利益和信念的多元论从一开始就刻画了美利坚合众国一样无可怀疑。有待讨论的是这个多样性是否应该被一个唯一正确的方法所取代，或是否多样性自身对理性的忠诚和现代的审慎而言是根本性的。

菲利普·博比特的《宪法阐释》（1991）和早期的《宪法的命运》（1982）两本著作是考察哲学和修辞学之关系的极好位置——当这种关系遭遇二十世纪的多元论事实，以及特别是遭遇政治问题成为法律问题、法律问题最终表现为解释学这一美国现象时。[1] 但我不想全面考察宪法解释学的整个范围，而是想聚焦于博比特的阐明，因为当代审慎的三个特征——多元论、合法性和公正之区分和伦理的重新发现——在他的论述中都十分突出。当莱文森谈到宪法的信念，维宁（Vining）区分权威和独裁，以及卡恩对理智和意志的综合感到疑惑时，审慎和宪法解释学需要阐释和论辩的多元模式这一点并
不立刻那么显而易见。因此博比特的阐述更适合于我揭示审慎和审 177
慎的修辞学在当代的可能面貌的目的。

我关于明尼苏达州的政治家论同性恋和亚里士多德论奴隶制的例子在思考博比特“宪法论辩的六种不同模式”一文中的“语法”

Philadelphia: University of Pennsylvania Press, 1986，第 71-72 页：“哈贝马斯可被用做突出强调在诉诸实践智慧时的一些困难。因为伽达默尔自己已经强调，实践智慧包含了普遍和特殊之间的调节和共同规定。在伦理和政治行动的语境中，通过‘普遍’伽达默尔意指在共同体生活中被确立并定向我们的具体选择和行动的那些原则、规范和法律。伽达默尔强调所有这些原则和法律为了其实际的应用，如何需要判断和实践智慧。这对于透露了共同体生活的共享的法律规范（nomoi）来说有重大意义。但当这些原则瓦解，当它们不再有任何规范性权力时，当这些原则存在明显不可调解的深层冲突时，或当应该引导我们实践的特定规范、原则存在疑难时，发生了什么？当我们质疑对于实践智慧的实践极为根本的普遍要素（the nomoi）时，何种类型的话语才是适当的？”

① Philip Bottitt,《宪法阐释》（*Constitutional Interpretation*），Oxford: Blackwell, 1991，以及《宪法的命运：宪法理论》（*Constitutional Fate: Theory of the Constitution*），New York: Oxford University Press, 1982。文中相应的引用分别记做 CI 和 CF。

体系时都得到体现，这个体系详细说明了宪法论辩的六种形式，此宪法论辩允许人们把任何宪法命题映射到一个合法性领域中。(CI，x)与修辞学而非逻辑学相像，这种语法分析把合法性与公正区分开来：一种阐释可以形式完好和语法正确，却没有产生公正。博比特的语法和肯尼斯·伯克的《动机语法》一样，适合于作为修辞学，因为它不仅表明了如何区分完好的形式和有缺陷的表述，而且把那些论辩的模式与适于它的目的联系在一起。通过表明每个模式如何是有目的的，他表明了论辩是如何具有合法性的，它不仅仅是遵循规则，如语法的狭义形式可能是的那样。

让我们简要地看一下博比特所说的六个模式。在《宪法阐释》中，在关于把私人资金用于诸如去资助尼加拉瓜反抗军这样的秘密政策是否符合宪法的问题上，出现了六种不同的论辩。首先，人们能够以历史的方式论证："通过要求所有的资金援助依照法规来进行，也即，通过每两年可能被选举人罢免掉的那些人的行动来进行"，宪法的第一条款"提供了政府运转和民主授权之间的关联……借助不恰当的资金去规避第一条款……违背了这个观念的核心。"（第72页）结构的论证从这样的事实开始，即"是人民而非政府才是主人"（第73页）。秘密政策使人们不再可能成为主人。而且，宪法的权力分立要求合作而非单方行动，并且"这一合作确保了权力和法律之间的区分"（第75页）。

一个依据文本的论辩能够支持"管理准军事活动的准私有实体"，因为国会可以颁发缉拿敌船许可证和报复性拘捕证。但文本"同样清楚"地禁止"预算外的资金"（第75页）。还有一种非法学家可能更容易去构造的审慎的论辩，它论证为何"the Enterprise（企业）"是一个不可接受的观念。只是因为被暴露时，它看起来不好。教义的论辩要求我们寻找相关的先例和类似情形。是否政府用私人资金去支持尼加拉瓜反政府军可类比于一个城市用私人捐赠而非税收去经营一座艺术博物馆，或是否类似于一个城市运用私人资助和控制的警察力量以实现减少犯罪的公共目的？①

最后，还包括反对这一政策的伦理的论辩。“爱国并且非常明智的人们［他们贯彻里根的政策］以他们自己的眼光取代他们国家 178
本身的眼光——如同在法律中所表达的……the Enterprise（企业）无法保证自己将服务于国家政策的，无论它们可能是什么”（第81页）。

有两种理解宪法阐释方法的路径。第一种声称，任何合法的阐释方法必须在政治理论、阐释理论、历史理论或民主价值理论方面被证明是正当的。②这种论辩思路使形而上学先于修辞学和审慎，使解释学从属于认识论。另一条路径使这些论辩模式本身成为终极的，而不需要上述基础。它们不是终极前提，而是推理的终极模式。这是政治对认识论的优先性，修辞学对哲学的优先性。如果我们采取后一路径，我们将要面对的问题是是否智辩（sophistic）的修辞学或伦理的修辞学构造了宪法阐释。

论辩模式的多元论把关注的中心和评价的地点从实质性的原则转换到作为一个活动的论辩和论辩形式。审慎和修辞学专注于论辩形式，而非实质的原则或意识形态，这就承认了对宪法的忠实，而非使宪法服从于一个理论或信念所偏爱的对象。理性的忠实要求对成文宪法的忠诚，但“宪法（the Constitution）”的同一性、含义、理性和公正乃是通过这些论辩模式而被确定的，而非通过借此指向一个超越于论辩的对象的方法被确定。由于论辩的这些形式不是如

---

① 值得注意的是，结构和教义的论辩是最少被伽达默尔所影响的解释学类型，伽达默尔对阐释的制度语境不太重视。

② 关于阐释理论中的阐释基础，参见 E. D. Hirsch，《阐释的目标》（*The Aims of Interpretation*），Chicago: University of Chicago Press, 1976。关于政治理论中阐释的基础，参见 Ronald Dworkin，《认真对待权利》（*Takiing Rights Seriously*），Cambridge: Harvard University Press, 1977。

在哲学的反修辞学中那样作为前提，所以它们自身不是论辩和争论的对象，而是产生这些对象的原动力。这个方法对于一个并不需要进一步支撑的论辩和公正的修辞文化来说是根本性的。[①] 自然，这是解释学的循环，但却是一个伴随着审慎和实践的转向的解释学循环。

博比特所提供的这六种阐释模式并不是从一个公正理论或解释学理论中产生的，而是从开展宪法论辩和阐释的实践中产生出来的。因此，它们不是力量的反哲学的修辞学工具，而是审慎的修辞学的详尽阐明。任何类型的对文本的忠实都要求历史的和依据文本的阐释；有限的政府不可避免地要求某种结构的阐释；随着各种选择的自身积累和系统化，二百年的阐释产生了推理的教义模式，而且对理性忠实的要求保证了审慎和伦理论辩的合法性。

---

① Robert Post，“宪法阐释的理论”，*Representations* 30（1990）: 24。“权威之物不多不少正是我们对民族性的共同事业之繁荣的共同承诺……这一观点的彻底和吊诡的意义在于，宪法明显失去了它的作为具体文件或一个独立文本的特征。相反，正如卡尔·卢埃林（Karl Llewellyn）所坦率指出的，它成为一个相当程度上具有公开超文件内容，并且体现了‘政府机器’的‘基本框架’的‘进行中的宪法’，一个‘工作着的宪法’。以此方式宪法被转换成康德将称之为宪法裁定事业的‘调节’理念，一个想象的焦点，从此出发，这一事业的概念‘似乎得以完成，尽管在这个焦点中没有任何可知的东西。’”“宪法作为一个调节性理念，限定了宪法阐释的目的和外观；它要求阐明我们‘作为一个人的根本本质’的权威性的持续努力以及由此相伴随的，依照在充分懂得‘我们如何能够构建自身与我们如何已经通过自己的特殊历史来构建自身显著相关联’的情况下我们的责任，召唤‘我们’作为共同创立者去实现我们的力量。”波斯特（Post）的引用来自（1）Karl Llewellyn，“作为制度的宪法”，*Columbia Law Review* 34（1934）: 14-15, 26；（2）康德，载于 J.N.Findlay，《康德与先验对象：一个解释学的研究》（*Kant and the Transcendental Object: A Hermeneutic Study*）（Oxford: Oxford University Press, 1981），第 241 页；（3）以及，Hanna Pitkin，“宪法的理念”，*Journal of Legal Education* 37（1987）: 167-169。也参见克劳德·勒福尔（Claude Lefort）为波斯特文章所撰的引语：“现代民主邀请我们取代建立在法律和合法性权力基础上的政体观念，代之以建立在有关何者合法及何者非法的争论——一个必然没有任何保证人和没有任何终点的争论——的合法性基础上的政体观念。”（《民主与政治理论》（*Democracy and Political Theory*），Minneapolis: University of Minnesota Press, 1988，David Macey 译，第 39 页）

宪法的论辩必须奠基于多元的模式而非从高于宪法自身的原则那引申出来。这六个解释学模式都无法能说明它自身的运作。它们也没有一个能为自己辩护，宪法仅仅是自身阐释的。没有基于文本 179
主义（textualism）的依据文本的论辩（textual argument），也没有基于伦理论辩的伦理论辩。[①] 否则去论辩就是去构造高于宪法本身的一个理论或一套原则。例如，一个为原初意图的意识形态辩护的契约理论，将使权威凌驾于宪法之上。相反，随依据法律的公正的宪法观念而来的，首先是对论辩模式的关注，其次是论辩的多种模式的系统。面对多元论，我们有三种可能性。或者我们屈服于作为修辞学对哲学的胜利的相对主义，或者我们转向哲学而反对论辩，借以安抚我们的笛卡尔式的焦虑，又或者我们聚焦于论辩的模式和实践，它们自己作为价值的所在地和合法性的源泉。正是这第三种可能性，即伦理的备选项，使审慎得以克服了哲学和修辞学的对立。

因此，司法论辩的多元模式是宪法的必要条件。这个论辩朝向我们可能期待的相反方向。毕竟，作为国内战争的补救措施而历史地出现的法律的宪法规则，乃是为基督教教派中你死我活的竞争所创造。从历史上看，多元论将通向法律规则、有限的政府和成文宪法，但我的论证相反表明了：正是与这些法律制度联系在一起的公正概念使多元论成为必然。鉴于多元的利益和彼此竞争的派别这些事实，有限的政府和成文宪法是很好的想法，但有限政府和成文宪法需要更健全、更明智形式的多元论。修辞学的明智的多元论、论辩的多元论阻止利益团体多元论堕落为满足偏好的工具理性，后者将是修

① 比较，第 228 页：“我们越仔细地检查宪法选择中宪法（Constitution）的实际使用，这些使用和我们对他们不折不扣地遵从宪法的命令的要求之间的冲突就越尖锐。”也参见 Vining，《权威与独裁》（*The Authoritative and the Authoritarian*），第 156 页。与之对立的观点，可比较 Robert Bork，《美国的诱惑》（*The Tempting of America*），第 176 页。

辞学对哲学的胜利。[①] 通过法律而实现的公正和理性的忠实要求论辩的多元论。源于利益的异质性的论辩的多元模式的发展，反过来使这些利益得以合理化和受到教化。多元论从一个我们必须勉为其难接受的生活事实，转变为一个打开审慎的新面向的机遇。

公正和合法性

博比特的多元化计划表明了在当代修辞学和解释学问题面前，审慎必然呈现何种面貌。它首先是论辩模式的有目的的多元论，其次，前者又要求在合法性和公正之间做出区分，最后，它导致双重意义的伦理学——狭义的伦理学自身就是一个论辩模式，而广义的伦理
180 学刻画了宪法阐释的整个领域的特征。我下面的讨论就从多元论转向合法性和公正之间的区分。

这一区分是修辞学和解释学对实践理性做出的一个根本贡献。博比特和其他人一样，通过将之与语法相比较而引入这一区分：句子可能语法上正确但却依然错误，然而句子通过语法正确而得以成为真理的候选者。只有通过这样的一个区分，理性的忠实才成为可能。有限政府关于元首和政府的区分，以及由此而做出的合法性和公正的区分，乃是亚里士多德关于工具理性和宪法理性、内在与外在目的之间的区分的重新发现和它的当代版本。这些区分在今天需要比在亚里士多德那里更清楚，并且这是一种进步，即是现代伦理学和政治学对亚里士多德的伦理学和政治学的修正，正如现代的宪政民主是对古代城邦的进一步发展。

合法性从公正那里分离出来，这就把注意力引向了司法论辩，

① 这一倒转属于解决柏拉图《理想国》(*Republic*) 第二卷中所提出的公正问题的现代努力。公正可能基于劳动分工中对合作的需要而存在，但真正的公正使自然之中的这种分工得以可能。

合法性的所在地，而远离了动机和论辩结果，后者可能是公正的所在地。把注意力转向合法性有巨大的好处。它把合法性授予给那些在论辩中失败的人，并且允许他们被自己和他人视作共同体的一部分。这使多元论甚至对那些偏向于智辩或哲学的人也有吸引力。正如博比特所说：“不可公度的形态的多样性……允许美国的不同群体面对着有充分理由但与自己相反的阐释依然能声称宪法是支持他们的。”（CI，158）或者如亚里士多德所说：“人们对与他们的冲动敌对的人们抱有敌意，即使在与他们作对时对方是正确的；然而法律对恰当的规定却并不使人反感。”[1]

但合法性从公正那分离出来可能同样是令人苦恼的，因为聚焦于论辩所造成的司法自治，把司法论辩和选择与动机和结果相隔离，并且使阐释宪法的人免于被批评。也许这就是合法论辩和对宪法的理性忠诚的意义所在——但公正在哪里？通过把注意力指向多元模式，难道我们不是使注意力远离了公正，并且造成了合法（the lawful/legitimate）和公正之间的隔绝？

当亚里士多德把修辞术定义为在每个情形中发现说服的可用手段的技艺时，他把这种行为区分于另一种成功，即成功地真正说服一个特定的听众，因而也使一个实践的内在目的区别于促动它的外在目的。他拿医学做类比：一个医生可能采取了所有可能的医学措施来救治病人，然而病人依然可能死亡。依据其技艺的自身内在标 181
准来看，这些措施可被视为成功的，因而使医生免于被责难。但这并不能安慰病人或他的家人。我们真的希望在构造一个理论依据以保护职业免受外在的、外行人士的批评上跟随亚里士多德吗？一个律师或法官，若他通过声称一个论辩或选择在结构论辩上有其基础

① 亚里士多德，《尼各马可伦理学》（*Nicomachean Ethics*），Indianapolis: Bobbs-Merrill, 1985，Terence C. Irwin 译，I.9.1180a23-24。

来证明它是合法的，就不仅回避了公正问题，而且也拒绝了我们提出这样的问题的权利。解释学受一个解释学循环保护。外人没有批评司法论辩和选择的立足之地。

谴责合法性 / 公正的区分以司法的名义保护了宪法阐释免于批评，这类似于指责我们相信过程价值或工艺价值（craft value）。[①] 但区别于它所服务的目的的工艺价值的观念，只有在关于论辩的工具主义概念下才有意义。智辩的修辞学和基础主义的哲学都体现了这样的工具主义概念：对于智辩的修辞学来说，修辞学运用论辩去达到先于论辩被给予的目的，而对于哲学来说，一个好的论辩的检测标准是它是否达到了一个好的目的。然而行为及其目的之间的审慎的关系不是一个手段对目的的工具主义关系。

在反哲学的修辞学中，宪法论证和公正之间只有外在关联。甚至当宪法论辩由于抗辩制的不可见之手而被假定最终将导致公正，机智的论辩和公正的结果之间也没有内在的关联。在智辩的修辞术中，我们不择手段，因为赢得辩论是唯一目的。这些是适于原始状态和契约世界的论辩模式。成功的司法论辩决定合法性。如果你想要公正，你必须到别的地方去找。合法的实在论者提供这一法律论辩的视野。律师不对他们的诉讼委托人的目的负责，并且由此违背委托人的愿望而自由地采取诉讼策略。在宪法阐释中，类似地，什么是公正和哪方将赢得辩论这两者是彼此独立。

---

① Vining,《权威与独裁》（*The Authoritative and the Authoritarian*），第 224 页：“法学家如此了解过程，倾向于错误地以为既然结果是偶然的，那么只有过程值得坚持，并且恪守法律就是恪守过程，或者，如在法律中所称的，程序。它有时候说，法律就是程序。但由于不可能有真正的对过程的忠诚——当人们拥抱一个人的孩子、丈夫、妻子或爱人，人们并不置身于过程之外——于是结果就是没有真正的对法律的忠诚。法学家思考中的错误极有助于他们如此经常不必要地支持和遭受的相对主义和虚无。当特殊的结果似乎是偶然的时候，过程不是唯一留下的东西。”也参见 Jerold S.Auerbach，“法律教学与公正有何关联？” NYU *Law Review* 53（1978）：457-474。

在哲学中相反，论辩与公正的关系是如此紧密，以致论辩的结果拥有批评的豁免权。谈到实践，我以这样的话开头：论辩变得越哲学、越技术化或越精确，它就变得越糟糕。这个论点在这里能得到证明。哲学家声称，依据正确的方法和原则，必然会得出正义的结果。如果我正确地遵循推理论证的规则，那么我就已经构造了一个正当的论辩。遵从合法的程序就保证了它们的结论的正当性并使它免于被批评。哲学于是消除了笛卡尔式的焦虑，同时解除了修辞学的武装。有些人承认一个论辩是合法的但又因为她并不喜欢这个结果批评它，这些人曲解这样的论辩的本质。这就像有人遵从并接 182
受了欧几里得几何学的证据，而又去检验是否两个直角真的相等。在这样的司法论辩的概念下，成功的论辩导致公正，因为公正无非就是——一个成功的司法论辩的结论。

在审慎中，与智辩的修辞学和基础主义的哲学相对，宪法阐释和论辩具有合法性的自主价值，但这个自主不意味着免受批评或用实质的价值来代替工艺价值。合法性和公正之间的关系是亚里士多德所阐明的内在目标和既定目标之间的实践关系。这个关系不仅在亚里士多德对修辞学的定义（与医学相类比）中被发现，而且也在德性中起作用。勇敢可以被定义为挽救他的城市，但人们也可能在打败一个城市中表现为勇敢的。在其他两个实践与结果之关系的概念中，这种矛盾的定义是不可能的。赞扬一个人勇敢，不是因为他赢得了战斗，而是因为他成为了他的恐惧和战斗的主人，也即因为他实现了他的内在目的。甚至有时既定目的、公正或拯救城市不是被勇敢的人或宪法的解释者，而是被其他人更好地实现。“很有可能勇敢的人不是最好的士兵。可能最好的士兵是那些不那么勇敢但除了生命没什么好丧失的人，因为他们随时准备面对危险，并且为了小小的利益就出卖他们的生命。”（《尼各马可伦理学》，III.9.1117b17-20）

论辩和公正之间的内在的、实践的关联乃是宪法。宪法是实践，是实践（praxis）的一种形式。[①] 以对宪法的理性忠实的态度去论辩就是去公正地行动。在通过宪法的解释学的论辩来不断地寻求公正的过程中，我们重新确定宪法的许可范围。通过成为它的参与者（这对于契约来说是明显不可能的），我们对于文件抱有理性的忠实。这就是审慎的论辩在解释学循环中起作用的方式。与由于病人死亡而失去合法性的医生形象相反，我们具有把异议称作权威的法学实践。如果宪法解释学的论辩只有当其成功时才是好的——也即，如果我们使公正和合法性之间的区别消失——那么，把异议称作权威就是不合逻辑的。一个异议可能比多数人的观点更权威，因为我们看重论辩，而不只是结果。我可能对首席法官霍姆斯在艾布拉姆斯诉美国政府案中的异议抱有理性的忠诚，但我也可能把松豊三郎诉美国政府案中的多数派意见看作最多是一个有约束力的先例，它要求我抱有理性忠实的态度，但无法让我对之持有理性的信念。[②]

当合法性和公正以富于想象力和外在的方式关联，如同工艺与它
183 的产品的关联方式，那么解释学就造成了类似于含义和应用或占有之间的区分。依照这个概念，含义之于合法性，就像占有或应用之于公正。如此被理解的合法性的判断就像含义的规定，相对于公正是中立的。一个唯一的含义可能在不同的处境中有不同的应用，正如一个唯一的表述在不改变含义的情况下，可以有时是威胁，有时是警告，有

---

① John Dewey,《实验逻辑论文》(*Essays in Experimental Logic*, Chicago: University of Chicago Process, 1918)，第 311 页："社会不仅通过传递和交流而继续存在，而且完全可以说，它在传递中和交流中存在。在语词，共有权，共同体和交流之间不仅仅有语词的关联。人们通过他们共同具有的事物而生活在共同体中；并且交流是他们共同拥有事物的方式……民主不仅仅是政府的一个形式；它首先是相关联着的生活的一个模式，共同交往经验的模式。"

② *Abams v. United States*, 250 U.S.616（1919）；*Korematsu v. United States*, 323 U.S. 214（1944）。

时是辩论，有时是引诱。一个中立的方法和一个中立的专家能够规定合法性和含义。合法性就像含义将不会随着时间一样改变，而公正会。如果德瑞德·斯科特一度是合法的，它就仍将合法。[①] 合法性是专家的领域，而公正的规定是留给老百姓去面对的问题。

审慎的论辩和解释学必须拒绝含义和应用的分离，支持合法性和公正之区分。我把这当作亚里士多德的《修辞学》和博比特关于宪法论辩的多元模式的思考可能对解释学理论做的贡献。一个合法的论辩乃是一个致力于公正的论辩，并且关于其合法性的判断必须考虑它的目的。合法性不是一个由专家做判断且不容外行置喙的工艺价值。据说愚弄当代人的赝品在后代人面前会被一眼看穿。如果合法与不合法的论辩的区别是论辩是否直接致力于一个外在目标的伦理区别，那么对我们来说显然（就像它对于他的当代人将不是如此）托尼在德瑞德·斯科特案中的论辩是不合法的。通过把论辩当作致力于外在于自身的一个手段来使用，它违背了宪法的 ethos（习俗）。类似地，1954 年做出的关于布朗起诉教育局案的论辩是合法的，但这“同一个”论辩在今天可能就是不合法的。[②]

---

① David Hoy，“原意主义 / 非原意主义区别的解释学批评”，*Northern Kentucky Law Review* 15（1988）: 494-495 :“应用作为语境中文本的必要内在性，不是去理解文本时的次要、主观要素。在阐释者有使文本明确关联起来的自由的地方，可能存在进一步的活动。如果我们称之为占有而非应用，那么我们能够明白，也许有时当阐释者不得不试图避免让文本关联起来的时候，可能是因为他们想让未被较好理解的文本特征的疑难之处凸显出来。因此，按照伽达默尔的理论，应用不是一个可选项，也不是主观的。但占有（例如使文本更多而不是更少地关联起来）是一个可选策略，以便它能够被使用或避免被使用。”也参见 Michael J.Perry，“为什么宪法理论对于宪法实践重要（以及反之）”，载 Gregory Leyh 编，《法律解释学：历史、理论和实践》（*Legal Hermeneutics: History, Theory, and Pracitce*），Berkeley: University of California Press, 1992，第 231-268 页。

② *Dred Scott v. Sandford*, 60 U.S.393（1856）; *Brown v. Board of Education*, 347 U.S. 483（1954）。

审慎对合法性和公正之关系的理解与智辩的修辞学或基础主义的哲学不同。如果我主张我所偏爱的方法总是导致公正——从哲学的观点来看——这将是我的方法是正确的方法的一个证据。但如果我以审慎的方式去看这个问题，我就认识到，我的公正概念和论辩结果之间的巧合是指责我诡辩和文过饰非的根据。哲学的论证对于实践（praxis）来说是过强的论证所表达的就是这个意思。另一方面，如果我所偏爱的方法总是产生明显不公正的结果，那么也没有借口说这些结果是合法的，以及由此声称我已经尽职尽责可以问心无愧。否则的话我将不再能够在宪法中抱有理性的信念。我将生活在这样的一个政体之下，在那里解释学和审慎不再可能。

184 修辞学和哲学都假定了公正与合法性之间的关系是非历史的。而审慎将这种关系历史化。对于宪法的第一个 60 年来说，奴隶制是一个次要的问题，它在宪法中表现为一个政治妥协，它并不使宪法本身在根本上更不公正。奴隶制是宪法的一个偶然而非本质性的特征，我们受它的束缚，如同我们受契约的一个条款的束缚，而非受宪法的束缚。当奴隶制和它的发展壮大变成这样一个核心问题，以致它在宪法中不再仅仅是一个尴尬，它就造成了信念的理性危机。人们不得不在忠于宪法和忠于公正的理想之间做出选择，这个选择可被看作是内战的一个极好的定义，在其中合法性和公正发生争执。对国家政府和它的宪法的理性忠诚变得不再可能。[①] 弗雷德里克·道格拉斯对宪法的态度和我对亚里士多德对奴隶制的辩护所持的态度是相同的——道格拉斯在缺乏理性召唤于他的情况下顺从了宪法；而我对亚里士多德的阐释产生了缺乏忠诚的理解。

类似地，布朗起诉教育局案很快成为所有后来的司法解释学理

① Kahn,《合法性与历史》(*Legitimacy and History*)，第 36 页："当奴隶问题成为民族的生命的关键时，这一（宪法中的奴隶制的）例外性观念受到了威胁。当民族遇到宪法上被判为不平等的情形，整个宪法大厦的科学基础承受了巨大的压力。"

论的一个试金石。因为它被看作是公正的，所以任何宪法阐释的理论也必须通过表明该理论可以推出这一结论而把它看作合法的。作为原初意图的真诚倡导者，Brown 处于窘境中，他需要一个亚循环（epicycle）的精心装置去保护他们的假说。成功的宪法论辩迫使我们修正我们的公正观念。一个使我们的公正观念不受任何影响的宪法论辩不是一个审慎的论辩，而是一个诡辩。“当一个先例已经在一个特殊的模式中被正确地判决，但同时却意味着有些东西在那个它必须运行于其中的世界中不可接受”，此时论辩的多元模式就“允许在不要求否定宪法的情况下使改变发生”。（CI，158）

审慎的方法介于不适当的修辞学方法和哲学方法之间。审慎方法的目标部分地（但仅仅是部分地）通过它们的方法被定义，正如方法的成功运用部分地（但仅仅是部分地）被成功实现外在目的所定义。要去阐释一个文本，人们必须尽力去理解它，但人们不应事先具有关于它的含义的明确意义。[①] 内在目的与外在目的、发现说服的可用手段和说服之间、慷慨的行为和使某人实际受益之间的审慎关联比修辞学或哲学所具有的关联要更为复杂。[②] 对审慎来说，选择和责任的存在是对实践（praxis）的正确说明的标志，但对反修辞学的哲学和反哲学的修辞学来说，选择是不完善和失败的标志。历史

---

① CI，第 166 页：“我们的价值并不必然先于我们的选择；毋宁说，做出选择实现甚至在某种意义上促成了我们的价值。在全部选择之前并不存在价值，而只有模糊的吸引、排斥和态度……并不是价值是做出选择的前提条件，而是正好相反。”

② 从技术上说，对亚里士多德而言合法性和公正之间的关系，就是潜能和现实之间的关系，如同他所认为的价值和幸福之间的关系。成功确立的合法性论辩构建了公正。这并不意味着合法性论辩必然是公正的，也不意味着有德性的人自动是幸福的。而是意味着，首先，正是通过德性人才收获幸福，其次，理解幸福的最好方式是通过理解德性。然而，合法性和公正之间的关系是脆弱的，因为我们相信我们拥有知道何谓公正的替代方式，以及偶尔保卫它的替代方式。这一区别源自我们有许多达到公正的合法方式这一事实。

185 和选择是宪法解释学的审慎理解的一部分，但它们不是它的替代选项的一部分。修辞学和哲学之间的斗争产生和滋养于伦理缺场的情境。两者都欲求着伦理的缺场：一者希望修辞力包打天下，一者希望哲学智慧代替审慎。两者都企图消除判断，哲学通过演算的方法，而修辞学技术（techne）则通过用匠心独具的工艺价值和精湛技艺取代德性。

公正和合法性的分离把宪法论辩和阐释安置在修辞学和哲学之间，安置在实践和伦理之中。我想去实现（do）公正，并且我想要我所做（do）的是公正的。亚里士多德说，人们关心和热爱事物是因为这些事物是属于他们的，并且它们的确值得热爱（《政治学》，II.5 .1262b22-23），但我们并不希望它们成为两个分离的价值源泉。我们希望我们所选择的事物实际就是公正的，而不只是我们所偏好并能强加于他人的事物。我们希望以和那些公正的成就具有内在关系的方式获得公正。我们希望我们的共同体是公正的，但它恰恰是通过我们的努力而是公正的。

弄清楚了合法性和公正之间的区别，让我们简要地回到关于是否应该扩展宪法对同性恋免受歧视的保护的论辩上。不存在关于“天生”或“选择”的合理的宪法论辩，因为那些不是审慎的术语。“选择有一个法定的语法，这个语法令人惊讶地类似于‘合理的关心’、‘恶意的预谋’、‘注意’、‘有失公平’的语法，而完全不像‘赞成合法堕胎’或‘反对堕胎’的语法”（CI，178）。尽管这么说似乎是行内专家在关心公共事物的市民面前为自己辩护的一个方法，但我们现在能够把它看作改变我们对公正的理解的一种方法：从把公正看作先于论辩，先于宪法而存在的事物，到把公正看作部分通过宪法解释学的行为而构造起来的一个行为。强迫我们自己放弃自然和选择的语言，采纳程序正义和平等保护的语言，这迫使我们进入一个论辩的共同体。这是道德的进步。

伦理的发现

我们在这章的开头就说，亚里士多德在《修辞学》中的伟大贡献是把伦理放在逻辑和情感（pathetic）旁边。他把修辞学中的技巧和论辩等同起来，然后又通过论辩来定义伦理。这些迁移都不是显而易见的。我们需要通过这两者——把合法性等同于宪法论辩的六个模式，以及进一步把合法性等同于伦理——来理解审慎、修辞学 186
和宪法解释学在当代意味着什么。

对亚里士多德来说，伦理是论据的三个源头之一（另外两个是理性和情感）；同时，所有属于修辞技艺的说服都是伦理的。类似地，博比特把合法性与论辩等同起来，但它用伦理标准来为合法性划界。他通过对照下述两者而引入伦理：一者是“商人”的解释学，“他渴望从‘a’点到‘b’点，并且他对‘b’处于什么位置十分清楚，[对他来说]法律只是一套使他做生意要付出一定代价的规则”，另一者是公共官员的解释学，对他来说，“法律是一个地图，是争议民主（contentious democracy）中的一整套用法说明，在那里有对‘b’在哪里甚至它是什么的许多不同观点”（CI，80）。商人必须遵循法律；而公共官员必须忠实地执行法律。只有当论辩是伦理时，可服务于任何主人的修辞学才被自己当家做主的审慎论辩所取代，就像契约被宪法所取代。任何论辩模式都能以商人或公共官员使用法律的方式而被使用，用某种能准确地被称为公民美德（civic virtue）的东西阐释它。不同之处在于伦理。

我打算考察亚里士多德《修辞学》中作为论据的一个模式的习俗（ethos）和博比特那作为宪法论辩的六个模式之一的伦理这两者之间的四个平行之处。第一，亚里士多德强调作为最有说服力的论据类型，习俗（ethos）内在于讲话本身而不是内在于讲话者的声誉。

博比特同样把伦理限定为宪法的习俗（ethos）。第二，在两者那里，伦理都以论据来源之一种或论辩模式之一种的方式出现。第三，由第二点而来，作为论辩的一个独特模式的伦理论辩是相对少见且较为危险的。通常论辩是通过进行争辩及致力于其内在目的而成为伦理的。最后，以伦理的方式争辩的人试图获得论辩的内在目的，构造一个合法的论辩，而以非伦理的方式论辩的人直接致力于赢得争论的外在目的。

在第一个平行点那，亚里士多德区分由论辩所产生的习俗（ethos）和听者转嫁给讲话者的作为一个预先存在的属性的习俗（ethos）。虽然这种转嫁可能是更有说服力，然而它不是修辞技艺的一部分（《修辞学》，I.2.1256.a5-13）。在亚里士多德看来，这可能看起来十分严格，但当运用到宪法阐释中，这一内在的、论辩—宪法的习俗（ethos）和外在习俗（ethos）之间的区分就是一个实质性的和重要的区分。博比特在宪法的习俗（ethos）和法官可能持有的其他伦理价值之间做出区分。“关于伦理论辩，人们可能犯的
187 一个原则性错误就是想当然地认为任何成文法或实施行为如果导致了与美国的文化习俗（ethos）不相容的效果，它就是违宪的。这把一个宪法形式的伦理论辩与一般的道德论辩混同起来了……一般地说，美国宪法系统的‘道德性’是有限政府、宽容和多元价值的‘道德性’”（CI，20-21）。依据对隐私的私人偏好来讨论对同性恋的歧视，和依据有关有限政府的宪法上的异议来讨论对同性恋的歧视，两者之间有根本的区别。在关于上述问题时，可能有同时满足两个方面的合法伦理论辩。宪法有关国家行为，因而不能干预私人的偏好这一伦理论辩，必须与关于政治特权和豁免权不能被少数服从多数原则所否定的伦理论辩相会合。

第二，在《修辞学》和在当代宪法解释学中，伦理只是作为论据的其中一个来源或论辩的其中一个模式而出现。在《修辞学》的

开头，亚里士多德说，他的前辈聚焦于情感诉求，因而忽略了说理且否定了伦理诉求的存在。类似地，内在于宪法论辩实践的ethos（习俗）是致力于把宪法（Constitution）作为一个章程（constitution）而非契约来阅读的精神。通过该事实，内在伦理也致力于论辩的其他形式。以伦理的方式争论必然在论辩方面是一个多元论者。以历史的、依据文本的、审慎的方式论辩的宪法解释者可能是一个多元论者，但进行伦理推论的人必定是一个多元论者。[①] 亚里士多德的实践智慧（phronimos）不必然是一个多元论者，但今天进行审慎的宪法推论的人必定是。

构建作为论辩的独特模式或论据的独特来源的伦理论辩使在多元的合法性论辩、伴随其自身内在目的的修辞学技艺或理性忠诚的宪法解释学中已经存在的伦理要素更为清晰可见。不论是在亚里士多德的《修辞学》中，还是在当代宪法解释学中，伦理都很难作为一个论据的独特模式而孤立存在，因为它的运作常常总是沉默、消极和调节性的。[②] 例如，恪守原文者否认在宪法中有关于隐私权的规定，因为宪法中没有一个字提到隐私。依据习俗（ethos）的论辩则声称，

① 波斯特（Post）的阐释的“回应”模式和博比特的“伦理”模式有许多类似之处。尽管他并不使用我的语言，但他的确肯定了相似的东西：即这一模式必然是自我意识的，多元的；它必定区分合法性和辩护。“回应的阐释是独特的，因为它独自明确地主题化了宪法权威的这一关联本质。历史和教义的阐释都声称服从于其权威是独立和固定的宪法，或者是在批准者的预先存在的内容中，或者在主导性先例的预先存在的规则中。尽管这一服从是虚幻的，它也是一个具有消除异见能力的幻觉。然而，回应的阐释否认这一幻觉，并且坦率地把宪法权威置于宪法和它的阐释者这两者的关系之中。作为结果，回应的阐释造成一种紧张和特异的政治动力类型。”（“宪法阐释的理论”，第29-30页）

② 比较，第95页：“在符合宪法法律的教学中几乎完全没有对作为论辩的伦理论辩的讨论。或者他们被当作对缺少充分的意志力以使自己受到恰当约束的法官的伦理和政治立场的糟糕的反思，或者他们纵容于玩世不恭和感情用事，因为什么是‘真实的’判决与论辩本身的竞争关系不大。”

关于隐私权的规定能够在有限政府自身的宪法习俗（ethos）中找到。没有人会主张政府可以命令妇女生育更多的孩子，或被命运所选出的一些人必须在服兵役时牺牲生命。伦理论辩甚至在这些可能性被提出之前就拒绝了它们，这就是为何它总是沉默、消极和调节性地起作用的。

在第三个平行点中，我们能够得出甚至更有力的结论。《修辞学》表明了直接的伦理论辩如何更容易导致适得其反。“相信我；
188 我不是一个骗子”的说辞很少有效；论辩在极大程度上是通过去争辩，也即通过致力于它的内在目的而表现为伦理的。在《宪法的命运》中，博比特从单个案例中的并存意见[*]中给出了伦理论辩的两个例子，它们表明伦理论辩当以更加公开和自觉的方式被构建时，一般来说它变得更不具有合法性。“格里斯沃德（Griswold）的案例给了我们运用伦理论辩的两个观点，一个是精心安排而效果不佳的，另一个是成功而不显眼的。”（CF，172）[①] 博比特把这些形容词的并置看作是偶然的，也即，好的伦理论辩可以是自觉而公开地构建的，但同时又是不显眼的。他相信戈德堡（Goldberg）法官的并存意见的精心安排的性质并不导致它的虚弱，而哈伦（Harlan）法官并存意见的不显眼的特征无关整个论辩的本质。但与《修辞学》的平行表明，伦理论辩的一个特性即是，当它修正、抑制和调节其他论辩模式时，它最为有效。

合法地论辩就是去完成宪法阐释的内在目的，但这个内在目的部分地是实现公正的既定目的的一个手段，部分地是公正的既定目的的组成要素。我们审慎地论辩是为了实现公正。忠于宪法的活动和所有实践一样，构成一个共同体和文化，在这里即是一个论辩的

* 指赞同判决但理由有异的意见——中译者

① *Griswold v. Connecticut*, 381 U.S.479（1965）；在这一案例中，法院认为隐私权使州法律对避孕设备销售的限制无效。

共同体和文化。审慎的论辩不像哲学和修辞学那样，把它们自己规定为争论的对立面，而是要求道德和理智的德性。（这就是为何哲学家和修辞学家被处死：他们的活动被看作与公民身份不相容，而实践智慧［phronimoi］仅仅被指责为保守。）合法论辩的内在价值禁止极权主义的野心，并且以立法的方式引导教化。它们使不一致的共同体得以可能；由此，论辩的多元论使多元利益和多元追求的共同体得以可能，而不是造成一个其利益仅仅通过一个契约或和平协定而被联合起来的共同体。这就是亚里士多德说公民们彼此关心对方的德性，而商业契约或攻守同盟的成员并不如此时表达的意思。以审慎的方式论辩，就是通过一个共同体的行为部分的本性而成为审慎。

现在可以讨论我的第四点，也即最后一点。伦理具有双重的职能：一方面它是多种论辩模式中的一种，但同时所有合法论辩都是伦理的。对亚里士多德来说，是否一个诉诸于听众的手段是修辞技艺的一个部分，这最终是一个伦理问题。致力于外在目的的工具理性的论辩不是伦理的。运用到当代宪法解释学上，这是一个非常有力的结论。合理的依据原文的、历史的论辩和不合理论辩之间的区别最终是作为要素（constitutive）的论辩和作为手段的论辩之间的伦理区别。论辩方法所通向的结论总是与一个政治纲领相一致，和 189
对论辩结果是否公正漠不关心一样，都是在以非伦理的方式论辩。

我已经试图赋予字面含义和内在精神之间与契约和宪法之间的区分以新的和历史方面更为敏感的意义。解释学的使命是去发现宪法的含义，对于该宪法含义，人们能够给予以理性忠诚。修辞学是一种中立的理论，它可以同等地在为外在于它的任何目的服务——这就是我们由之出发的修辞学的意义，而与之相对，则是长期反抗它的哲学。审慎的修辞学不是以好的目的为导向的上述类型的修辞学，而是寻找论辩形式本身的价值和对它的忠诚的修辞学，但不要忘记，这些形式是有目的的形式，它们以一个自己并不加以定义的公正为目标。

亚里士多德的实践智慧（phronesis）富于启发性，如果我们明白它是如何在不同的语境中重新出现和转换。这个宪法解释学、修辞学和实践智慧的当代亚里士多德图景——在其中，多元论、论辩的内在目的和论辩的伦理维度共同发展——对于更流行的宪法阐释的智辩和哲学版本来说是一个进步。后者伪称他们的立场的优越性是形而上学而非伦理学。因此每个都试图通过反对对方的立场而确立自己的立场。伦理仅仅作为有关外在目的的警告成为他们的解释的一部分：严格的宪法解释者是种族主义者，而他们的对立面希望把一种反宗教的平等性强加于我们。我所支持的实践智慧的论辩已经是作为伦理的论辩。在伦理方面，完全有可能把对稳定性的欲望（它激发了哲学对确定性的追求）和对自治的欲望（它激发了修辞学对自我肯定的欲望）结合起来。在我看来，宪法解释学、修辞学和实践智慧增强那些最有可能推动公正的智性能力和情感能力。

9. 解释学的修辞学

196

迈克尔·勒夫

“解释学的修辞学（Hermeneutical rhetoric）”是史蒂芬·梅劳克斯提出的“修辞学的解释学（Rhetorical hermeneutics）”的对应物。在以此为名的一篇论文中，以及更广泛地，在他的《修辞的力量》一书中，梅劳克斯提供了一个阐释的“反理论的理论”，即把文学的解释学放置在修辞交流（rhetorical exchange）的语境中。[①] 梅劳克斯主张，传统的文学理论依赖于一个阐释的一般概念以作为判断一个特定阐释行为是否正当的基础。这种“理论”采取两种形式：“文本的实在论”，在那里意义在文本中被发现；以及“读者的观念论”，在那里，意义通过在阐释者的共同体中，借助交互主体性的同意而得以产生。作为理论，这两种立场是截然对立的，但是，梅劳克斯主张，两者都是理论的，这恰恰是因为它们分享如下假设：阐释的标准必须指向一个一般的基础，该基础在一个特定阐释行为的语境之外存在；在前者的情形中，文本自身作为意义的约束框架，而在后者的情形中，共享的成规（conventions）约束和塑造了意

① Steven Mailloux，“修辞学的解释学”，载《法律与文学阐释：一个解释学读本》（*Interpreting Law and Literature:A Hermeneutic Reader*），Sanford Levinson and Steven Mailloux 编，Evanston，Ill.:Northwestern University Press, 1988，第 345-362 页。以及，Mailloux，《修辞的力量》（*Rhetorical Power*），Ithaca：Cornell University Press, 1989。

义——但两者都以类似的方式试图把某些外在于特定语境（阐释工作发生于其中）的东西当作判断阐释是否恰当的法律依据。而且，梅劳克斯坚信，两者都未能满足它们自己确立的标准；它们遭遇了
197 “根本的困境”，因为它们不能提供阐释如何实际工作的理论上融贯的说明。[①]

而且，梅劳克斯不认为实在论和观念论的问题能够通过将两者合并在一起或以其他理论代替这两者的方式而被解决。问题在于理论自身，而答案在于不要构建理论。由此，梅劳克斯宣扬一种“阐释的新实用主义”形式，即把阐释看作一个有根基的修辞过程：

> 这种解释学把共享的阐释策略不是看作文本的创造性源泉，而是看作论题、论证、比喻、意识形态等的历史装置，它们决定了文本如何通过修辞的交流而被构建为有意义的。这种共同体实际作为环境而起作用，在此环境中有关文本的说服行为得以发生。我们可以说，诸如“阐释的策略”和“论辩的领域”的范畴只是指向阐释工作的不可定形的语境的诸描述工具，此阐释工作总是包含了修辞行为，并且试图使他人确信解释和说明的真理。[②]

换言之，语境总是进入阐释，并且因为语境在理论上是未被规定的，所以它们不能被定形，不能服从于具体修辞交流之基础以外的标准。阐释理论只不过是修辞政治之一种，而不是试图通过克服它们来解决阐释的争议，解释学应该使自身奠基于修辞历史；它应该提供对阐释实践——它留意那些参与其中的人的政治立场的转

---

① Mailloux，《修辞的力量》（*Rhetorical Power*），第 4-14 页。

② 同上书，第 15 页。

换——的深度描述*（thick description）。[①]

正如这个简要的概述所表明的，梅劳克斯的修辞学的解释学不仅改变了有关理论—实践关系的成规观念，它也模糊了政治和文学之间的区别。然而，他的立场是明显和自觉地从一个特殊学科语境中生长起来的。他的论述开始于文学研究中有关理论和意义的争论，并且，尽管他把兴趣延伸到政治学领域，他的聚焦点依然是阐释本身的问题，他主要的谈论对象是文学文本。修辞学的解释学的这一表述中的形容词—名词关系显示了这种强调。也即，梅劳克斯的工作是通过修辞学来形成一个更为复杂精致的解释学事业的概念。

由于我自己的学科兴趣，我想颠倒这种排序以便把重点落在修辞学上。由此，我希望颠倒形容词和名词的关系，从而提出解释学的修辞学。这里的主要兴趣集中于在直接和公开地卷入政治情境的文本中所呈露的修辞实践。而且这个聚焦对象的改变也暗示 198
了一个不同的动机——一个转换，即从修辞学如何约束对文本的理解，到阐释过程如何在那些旨在处理超语词的现实性的文本中成为发明的源泉的转换。简单地说，在梅劳克斯询问修辞策略如何进入解释学活动的地方，我询问解释策略如何进入政治修辞的生产。

仅仅将这个对立当作学科视角之间的暂时区别，就把这一对立面看得太简单和太整齐了。在批判实践中，这两个定向不容易分离开来，无论谁从哪一个开始，几乎都不可避免地与另一个纠缠在一起。梅劳克斯的书显示了这种不稳定性，当它的考察对象从理论文本，转到文学文本和参议院听证会产生的文本时，并且在这个转移的每

* “深度描述”是人类学和文化解释学中的一个重要概念，参见格尔兹（Geertz）的论述。——中译者

① 同上，第 16-18 页。

个阶段，都揭示了这两个过程如何在交流语境中混合在一起，而非揭示出生产和阐释的单纯区别。同样地，我在政治话语的生产方面的兴趣必然要经过一个阐释过程，这个阐释过程奠基于一个学科共同体中。修辞学家的解释策略不是放在那儿，等待我们把它从文本中拉出来；为了定位和估量它们，我必须从事阐释工作并以修辞的方式提供适于修辞批评家的共同体的说明和论证。因此，解释学探究和修辞学交流之间的复杂的交互作用在这两个学科的语境中都起着作用，无论它们何者被当作首要的。或者，从一个更广的视角看，我们可能会说，所有的阐释工作都涉及修辞交流中的参与，而每个修辞交流都包含了某些阐释工作。

上述考察可能会诱使我们认为从任何一个点切入进这个圆圈都是一样的，以及诱使我们把修辞学的解释学和解释学的修辞学当作谈论同一个事物的两种方式。但我相信这将是一个严重的错误，因为它将忽视梅劳克斯的一个根本前提。由于认为实践拥有对于理论的优先性——的确，理论是实践的一种形式——梅劳克斯的论证通过“修辞学的历史”来进行，并且锚定在文学研究的学科史中。修辞批评（在言谈交际中）和文学解释（在文学学科中）有显著不同的学科历史，这两个领域中的学者通常从事着显著不同的实践活动。即使这种区别是任意的、没有成效的（虽然我不认为它们总是这样），它们也保持为一个不可忽略的客观事实。所以，如果我们只是把梅劳克斯的结果套用到修辞批评中去，那么我们将曲解梅劳克斯的方案。相反，我们需要去发展一个承认学科兴趣的“他者性”的解释学（在汉斯－格奥尔格·伽达默尔所赋予该
199 词的意义上），它为将这些差异融合进新的视角提供空间。这个工作需要同时承认亲缘性和排斥力；正是由于这个原因，我打算使解释学的修辞学成为修辞学的解释学的对应物而非它的一个种类或属。

修辞传统中的发明、阐释和模仿

解释学的修辞学承担了在修辞学传统中重组阐释和生产之间关系的任务，随着这种关系现在以普遍的方式被构想。目前，占主导地位的观点认为，古典修辞学必定是鲜明地区别于当代的批判，因为前者强调其生产性的 / 述行（performative）的方面，而后者强调其解释的 / 阐释的方面。据我所知，这种区分的最早版本出现在简·汤普金斯 15 年前的颇有影响的论文“历史中的读者：文学反应的变形”中。[①] 汤普金斯指出了在修辞学模型上形成的古典文学批评与当代读者—反应理论之间的一系列的相似性。但她也看出了两者的一个根本区别：据她观察，当代的批评家“把含义看作批评研究的对象”，而传统的批评家把语言视作力量而非视作意义。由此，他们研究文本时的目的不是去理解文本的含义，而是去辨认对未来修辞生产有用的技巧。在古典的处理方式中，批判的目标是去提高阅读者作为写作者和讲话者的发明（inventional）技术，而非把文本当作含义的优先位置去对待。[②]

最近，迪利普·高恩卡采纳了一个类似的视角以作为构建修辞批评学科史的基础。对于高恩卡来说，古典修辞学处理生产问题，并且关心文本是怎样写成的。相反，当代修辞学，受“阐释的转向”的影响，已经采取了一个解释学的目标，并且力图去阐释已经被制作出来的文本。他主张，这两种不同的定向有明显区别，并且认为古典修辞学的生产主义（productionist）的词汇由此为当代修辞批评

---

① Jane Tompkins，“历史中的读者：文学反应的变形”，载《读者反应批评：从形式主义到后结构主义》（*Reader Response Criticism:From Formalism to Post-Structuralism*），Jane P.Tompkins 编，Baltimore: Johns Hopkins University Press, 1980，第 201-232 页。

② 同上，第 202-206 页。

提供了一个单薄和有内在缺陷的基础。然而，在详细阅读了文学作品之后，高恩卡断定，实际工作着的批评家们依然（尽管常常是无意识地）很大程度上依赖于被嵌入在生产的古典模型中的假设和技巧。他以遗憾的语气指出，尽管经过了新亚里士多德主义的公开的复兴，这种模型的运用依然存留了下来；在未被意识到的预设和得到承认的阐释对象之间所导致的张力，已经使这个学科中的批判工作变得衰弱。①

200 汤普金斯和高恩卡所引出的区分有助于问题的阐明，并且在一定程度上是合乎情理的、有用的。古典修辞学和与之相关的批判无疑强调阅读作为未来生产的源泉，而非强调阅读作为赋予意义的活动。而且，古典修辞学的技术装置主要作为修辞行为和修辞生产的一个引导，它在批评的阐释方面的应用的确提出了一些通常被忽略的问题。此外，高恩卡正确地强调，这些问题在现代修辞批评史学科中持续存在，并且十分重要。

然而，如果说在阶段和兴趣点之间的这些成对区分表明了趋势之间的差异，这是合乎情理的话，那么当它们被看作总体和本质的对立时，则是误导性的。正如我们已经从梅劳克斯那里知道的，生产和阐释两者彼此不能孤立开来，正如当代阐释理论通过修辞生产才得以形成，同样古典修辞学中对生产的强调也有其解释学要素在起作用。不幸的是，现代修辞学的批评家基本上仅仅关注古典修辞学的技术知识，已经无力领会传统修辞教育的整个筹划中阐释和生产的交互作用。由于高恩卡把生产和阐释之间强烈而绝对的二元对立当作自己的出发点，所以他假定，把古典修辞学运用到阐释工作时所包含的问题源自古典修辞的生产性本质。他并没有考虑到这些

① Dilip Gaonkar，“科学的修辞学中的修辞观念”，*Southern Communication Journal* 58（1993）：258-295。

困难可能源自现代学者阐释传统的方式，由此他一方面想要涤除概念的严格性毛病，一方面又成为它的受害者。

现代批评家对古典修辞学的占有并不是与传统的本质发生直接接触的结果。它诞生于一个偏爱——几乎是迫切需要——理论与方法的基础主义概念的学术环境中。① 现代批评家把他们的偏见和需要的印记施加在传统上，选择并阐释它的要素以符合他们在抽象理论和客观方法论方面的兴趣。由此，毫不奇怪，他们孤立地把教导性的知识几乎当作注意的唯一焦点，并且把教导（precepts）当作客观性的、多少机械地运用于文本之上的理论原则来对待。古典修辞学教育的其他方面——例如，它广泛的阅读计划，或创作方面的训练和毋宁说对语用判断（pragmatic judgment）的反理论式的强调——被大大地忽略了。其结果是缺乏阐释力的批判计划。然而，这里的错误不是原始模式的结果，而是由于模式在现代批评家那里以特定方式被重构了。此外，改革修辞批评的努力一般是通过致力于取代 201
而非重新阐释较古老传统而实现的。

然而，尽管高恩卡的分析是二元论的，但当代的解释学转向仍要求这样的重新阐释。通过拒绝承认文本有固定、客观的意义，新的解释学为或然性概念提供了活动空间，社会交流和处境中的旨趣成为人们严肃关切的问题。而且，正如我们在梅劳克斯的著作那我们已经指出的，这些概念瓦解了之前认为阐释和生产是截然有别的活动的假设。通过强调修辞学与解释学之间的这些亲缘之处，伽达默尔主张“文本意义的把握呈现出一个独立生产性行为的特征，它更多地与演说家的技艺而非与倾听的过程相似。因此不难理解阐释

① 对这里如何影响批评理论的详细说明，参见 William L.Nothstine，Carole Blair，and Gary A. Copeland，“专业化与批评发明的衰弱”，载《批评问题：发明、创造性和话语与媒介的批评》（*Critical Questions:Inventions,Creativity,and the Criticism of Discourse and the Media*），William L.Nothstine et al 编，New York: St.Martin’s Press, 1994，第 15-70 页。

技艺（解释学）的理论工具为何很大程度上借自修辞学。”① 然而，伽达默尔从未详细阐述传统修辞学和解释学之间的这个关系，而我怀疑原因在这段话中已经显露出来。他强调阐释书面文本的生产性（修辞学）方面，但由于他看起来把修辞学当作一个口头的技艺（它通过说者—听者之间的关系而被定义），因而修辞学中的解释学成分这一观念对他来说多半是陌生的。然而，如果我们采取一个更为广阔的视角，并且考虑阅读计划和批判如何进入修辞学教育，那么我们将懂得理解的解释过程如何能通过应用而进入修辞学系统的首要生产性构造之中。

在古典修辞学中，模仿（imitatio）的学说最明显地体现了文本阅读和说服论证的生产之间的交叉。尽管这个学说在传统修辞学中占据一个显著的位置，但现代学者只是最近才认真对待它，并且由于从浪漫主义思想那继承而来的对“模仿”的反感，有时还糟糕地误解了它。模仿（imitatio）不是对在现存文本中发现的东西的单纯重复和机械再造。它是一个允许历史文本充当未来修辞生产的技能储备的复杂过程。驶入修辞学功能主义轨道的古典文学批评，很大程度上成为了通过模仿来发展生产性技能的工具，而且汤普金斯指出，这个定向避免了人们把文学文本当作独立单元来阅读，但她低估了在以修辞学的方式处理文学时，阐释所扮演的角色的重要性。

至少在它的较为开明（liberal）的版本那，修辞学教育的功能是去传授言说者为适应变化着的环境所需要的实际判断和语言资源。
202 雄辩要求具有对具体处境做出恰当反应的能力，因此修辞学中的得体（*prepon* 或 *decorum*），和伦理学中的审慎一样，都不能被还原为理论规则。规则是一般的，但修辞的情形是具体的，它不能简单

① 汉斯－格奥尔格· 伽达默尔，“论解释学反思的范围与功能”，G. B. Hess and R.E.Palmer 译，载《哲学解释学》（*Philosophical Hermeneutics*），David E. Linge 编，Berkeley: University of California Press, 1976，第 24 页。也参见本书第 15 章。

地靠理论知识去解决。因此，修辞学的教导性知识并不构成一个理论或方法（在这些词的现代意义上）。相反，这些教导的主体部分作为可能的诸修辞策略的仓库而起作用，只有当它们在实际修辞生产中被使用时，其潜能才能够被实现出来。因此，仅仅作为抽象原则的修辞学知识将产生出昆体良所说的“哑巴的科学”。[1] 这个系统的目标不是去产生理论，而是去帮助发展出一种能力，即判断何时使用一个策略以及如何在实际情形中恰当地具体化该策略的能力。

鉴于理论指导的局限性，模仿在修辞教育中就扮演了一个关键的角色，因为它能够讲出规则所无力讲出的东西。在这个过程的第一阶段，读者将学着去辨认被实际具体化于一个历史文本中的修辞策略和形态，并且去判断它们在作为整体的文本结构中的意义以及它的位于处境中的修辞目的。在第二阶段，这些策略和形态将在一个面向新处境的新作品中被重新具体化。这两个阶段自始至终都贯穿着发明与阐释的相互作用。历史文本的这些重要特征不仅应该被认出，而且也必须被运用于理解它们在那个文本的修辞的新陈代谢中是如何运行的——其中暗含着在读者那一侧的一个发明行为——于是，随着读者变成了写作者，阐释判断必须被用于确定这些策略是否、何时及如何能适用于新的用法。在这个实践活动中，理解和生产之间的交互作用创造了历史文本和新的作品之间的有机联系；过去的文本把它的印迹加在修辞家的产品上，但修辞家的生产性行为也已经把它的阐释印迹施加于原始文本上。丽塔·科普兰在她对古典模仿的敏锐分析中，概述了这个复杂的发展，当她观察到“模型与复制之间的关系如同家族的关系，乃是建立在发明行为的基础上；模型，或者说祖辈，为未来的发明发现或设定一个地基。这样

① 昆体良，《雄辩术原理》（*Institutio Oratoria*），H. E. Butler 译，Cambridge: Harvard University Press, 1931，V.10.119。

一种进化模式借助于它所创造的特定阐释共同体而得以可能或得以维持。由此，对模仿的事业的辩护就是，复制品所生产的不是原型的明显的相似性，而是在原型中被理解和重新估价的东西。”①

正如科普兰的评论所暗示的，模仿不仅仅是作为培养修辞技术的课堂练习。在实践中，它当然有时被用于有限的和技术风格的目的，
203 但它也作为发展扩展的论证（extended arguments）的一个重要资源而起作用。或者说，通过一个类似于肯尼斯·伯克所说的“决疑式延伸（casuistic stretching）”的过程，对古老文本的结构和语言的模仿将有助于从根本上引发新的观念。更广义地说，历史文本充当政治、伦理和艺术方面的范例，这些范例把它们自身深深地嵌入修辞行动中并帮助构造出修辞家的角色。

在所有这些层次上，但特别在包含了强烈政治和伦理倾向的情形中，模仿作为一个使过去和现在相互影响的解释学的修辞学而起作用。由于过去的被具体化的表达基于当下的运用而得到阐释，它们的阐明的观念和模式被重新具体化，并且，为了其在新的处境中的运用，过去的声音得以重新恢复。于是，解释学的修辞学同时是技术生产的一个装置和获得有用传统的发明（J. 罗伯特·考克斯的术语）的一个载体。*

这个稳步创新的能力——为了通过传统来建造共同体，而又不同时陷入古板的传统主义——是解释学的修辞学（它作为修辞学的解释学结构上的对应物）的最重要特征。在构想一个修辞学的解释学时，梅劳克斯通过把解释学放在修辞实践中，从而剥去了解释学

---

① Rita Copeland，《中世纪的修辞学、解释学和翻译：学术传统与方言文本》（*Rhetoric, Hermeneutics, and Translation in the Middle Ages: Academic Traditions and Vernacular Texts*），Cambridge: Cambridge University Press, 1991，第 27 页。

* 这个词在这里指修辞和解释的活动要依据不可预料的、偶然性的具体情境而改变，这是包括修辞学和解释学在内的实践哲学中的一个重要概念，我们根据具体情况有时也译为“情境”或“偶然性”。——中译者

身上的基础性依据。这个概念使他面临陷入有害的相对主义的指控，而梅劳克斯试图通过主张下述观点而使这种指控失去尖锐性：即对修辞政治的偶然情境（contingency）[①]的承认“并不是避免采取立场。采取立场、做出阐释，这是不能逃避的。而且，这种历史的偶然情境并不使阐释的论辩不再可能，因为这是它所唯一拥有的地基。我们总是在具体的时刻、在特定的地方以及面对特定的受众而辩论。我们的信念和承诺并不因为它们是历史的而减少其真实性，这一点对于我们的阐释来说同样适用。”[②]

赞同用基于处境的论辩取代附着于外在于历史处境的标准的僵化论辩，这一点与修辞学的传统十分吻合。当聚焦于阐释时，这个立场对于判断和描述的目的有强大的［解释］力，但对于发明来说，则失去了这种强大的力量。修辞学的解释学能够提供关于阐释实践如何在不同时间和不同修辞共同体中变化的深度描述，但它没有对下面的情形给予说明：当一个社会共同体的成员依然停留在这个共同体中时，如何去发明新的阐释策略。换言之，梅劳克斯告诉了我们，我们是如何进入修辞处境的，但他的方案没有考虑我们如何能改变它们。在一个偶然的处境中采取一个立场，似乎或者反映了论证和信念的现成共有结构，或者反映了一个反对那些标准的特殊的、完全主观的反应。然而，解释学的修辞学聚焦于作为发明源泉的阐 204
释，而且表明了我们如何能在不破坏传统的同一性的前提下改变传统。它给出了一个社会共同体的图景，该社会共同体是审慎的诸主体的居住场所，这些审慎的诸主体通过更新和重估他们历史中的环节（moments）的方式改变他们自己乃至相互改变。

对解释学的修辞学的这个概要描述是以抽象、理论化的方式进

① J. Robert Cox，“文化记忆与公众道德论证”，*The Van Zalst Lecture in Communication*, Evanston, Ill.:School of Speech, Northwestern University, 1987。

② Mailloux，《修辞的力量》（*Rhetorical Power*），第 180-181 页。

行的，但我已经声称这个概念超越了理论和实践的偏见，并且通过具体的运用揭示了自身。因此，它能在具体情况中获得完美解释；在这个章节的余下部分，我想通过对一个个案——即亚伯拉罕·林肯把独立宣言作为一个基础和工具用以处理他的时代的问题——的研究来说明这个概念。我选择这个例子不但因为我相信它为解释学的修辞学提供了一个清晰的实例，也因为这个文本目前已经得到了许多阐释者详尽专业的研究。[①] 我对林肯关于独立宣言的使用没有什么新东西要说，但我希望表明，现有的一些阐释如何能在解释学的修辞学的概念的名下被综合起来，并得到后者的补充。

解释学的修辞学的一个案例研究

林肯对独立宣言的最著名的引用出现在葛底斯堡演说的开头中："八十七年前，我们的先辈们在这块大陆上建立了一个新的国家，它孕育于自由之中，致力于所有人都生而平等的信念。"[②] 这些话是如此亲切、如此自然而然地刻在我们的记忆中，以至于我们一般不会停下来思考林肯如何确定他自己与独立宣言的关系，他都没有提

---

① 在处理这个主题的文献中，我受下面著作的强烈影响：Glen E.Thorow 的《亚伯拉罕·林肯和美国政治信念》(*Abraham Lincoln and American Political Religion*)，Albany: State University of New York Press, 1976，David Zarefsky 的《林肯、道格拉斯和辩论锻炉中奴隶制》(*Lincoln,Douglas,and Slavery in the Crucible of Debate*)，Chicago: University of Chicago Press, 1990，以及 Garry Wills 的《林肯在葛底斯堡：重塑美国的语词》(*Lincoln at Gettysburg:The Words that Remade America*)，New York: Simon and schuster, 1992。在有关林肯在 1850 年代后期的演讲方面，我较多依赖于 Zarefsky。我对葛底斯堡演说的阅读受惠于 Thorow 甚多。我对早期演讲和葛底斯堡演说之间的关联的思考很大程度上建立在威尔斯的基础上。

② 引自亚伯拉罕·林肯《演讲与著作》(*Speeches and Writings*)(第二卷)，Don Fehrenbacher 编，New York: Library of America, 1989，2：536。以下对葛底斯堡演说的引用均出自该版本。

到宣言的名字。然而，只要稍加反思，就将表明这种关系是既复杂又备受争议的。当林肯说，这个国家诞生于“八十七年前”时，他并不是单纯充满信心地断言一个历史事实。人们同样可能把国家起源的日期定在其他时间，并使之与其他文件，例如联邦条例和宪法联系起来。因此，林肯选择了一个特定的文本来代表美国人的起源、规定他们的最基本的原则，以及框定他自己的修辞努力。

林肯的句子也令人们想起宣言第二段中的话，它这样开始：“我们认为这些真理不言自明：所有人生而平等；他们被造物主赋予若干不可剥夺的权利；其中包括生命权、自由权和追求幸福的权利。”林肯再一次采取了选择性的做法，从原始文本那里选用了一些关键术语而忽略了另一些。更重要的是，他不仅把“所有人生而平等” 205
的表述放在了强调的位置上，他还改变了它的认识论地位。当杰斐逊把这个原则当作自明的真理时，林肯把它当作这个国家的根本信条。正如不少评论者已经阐明的那样，这个区别是十分重要的，我将在后面回到这点上来。然而，对我目前的目标来说，指出下面这点就足够了：葛底斯堡演说并不是开始于以精巧地中立化的方式援引宣言，而是开始于就这个文件应该如何被理解而持的被细心选择的和具有细微差别的立场。

一旦我们认识这些修辞学的复合体，下面这点也就并不奇怪：关于林肯与开国之父们处于何种关系中，葛底斯堡演说的阐释者们得出的结论非常不同。例如，埃德温·布莱克认为这个讲话表达了“一种深刻的保守主义。第一句宣告了命运的历史基础，整个讲话服务于那个不朽的原初目标。”它有关“一个政治观念的保持和作为它的实例的共和政体。”[①] 另一些读者，其中包括许多保守派人士，得

① Edwin Black，“葛底斯堡和沉默”，载《修辞批评中的读物》（*Readings in Rhetorical Criticism*），Carl R.Burgchardt 编，State College, Pa.:Strata，1995，第 557-558 页；转载于 *Quarterly Journal of Speech,* 80（1994）: 21-36。

出了相反的结论。在他们看来，使用传统的语言、求助于传统的权威，掩盖了一个激进的目标——“对国家奠基者们所宣称的‘所有人都生而平等’原则的一个令人吃惊的新阐释。”[①] 据 M.E. 布拉德福德看来，通过扭曲开国之父们的教导以为自己的直接政治目的服务，林肯建构了一个“想象的历史”，并且随后以它为工具把联邦转换成一个“单一的结构”。[②] 也有其他读者在这个讲话中发现了传统和创新要素错综复杂的混合。因此，对加里・威尔来说，葛底斯堡演说是一个革命性的文本，持续不断地改变着美国人民的自我认知。但威尔认为林肯是通过一个修正而非彻底颠覆的修辞学来造成这个革命的。通过重新阐释宣言，林肯发现了一个“校正宪法自身而不颠覆它”的方法。[③] 格伦・索柔认为，宣言在历史原则和当前旨趣之间维持了一个复杂的、活生生的交互作用，并且“林肯在表面上重复独立宣言的诸原则的同时，巧妙地改变了它们的含义。”[④] 索柔坚持认为，林肯不是简单地援引国父们的权威；他“透过当下行为的要求”来阐释“他们的忠告”。[⑤]

第三个立场（特别是如索柔所表述的）把林肯描绘成从事着某种类似于解释学的修辞学的活动，这种解释学的修辞学我在前面

---

① 《威尔莫尔・肯达尔对抗世界》（*Willmoore Kendall Contra Mundum*），Nellie D.Kendall 编，Arlington, Tex.:Arlington House, 1971，第 69 页。引自 Wills,《林肯在葛底斯堡》（*Lincoln at Gettysburg*），第 39 页。

② M. E. Bradford，“反林肯：葛底斯堡演说。论‘林肯和美国梦的经济学’”，载《历史学家的林肯：野史、心理动态史和历史》（*The Historian's Lincoln:Pseudohistory, Psychohistory, and History*），Gabor S.Boritt 编，Urbana: University of Illinois Press，1988，第 111 页。另参见 Bradford，“林肯的政治修辞的诺斯替主义”，Modern Age 23（1979）：10-24。

③ Wills,《林肯在葛底斯堡》（*Lincoln at Gettysburg*），第 147 页。

④ Thorow，“林肯与美国政治信念”，第 65 页。

⑤ Thorow，“亚伯拉罕・林肯和美国政治信念”，载《历史学家的林肯》（*The Historian's Lincoln*），第 142 页。

已经做了刻画。从这个视角来看，过去和现在——古老文本的阐释和当下目的的修辞发明——同时协同工作。通过把宣言确立为参照点（事实上，作为这个民族的原始参照点），林肯在受这个文件 206
约束的同时，也能打开重新阐释的空间并重新定义这个国家。因此，葛底斯堡演说的修辞力量，在很大程度上源自林肯的语词和他既复制又重新创造的原始语词之间的影响循环（the circulation of influence）。索柔和威尔都根据这种交互作用而对这个讲话做了有价值的解读。在指出林肯的文本如何既遵从又偏离宣言方面，索柔是准确而全面的，但他没有将这个文本与林肯 1850 年代反奴隶制的修辞中的前因联系起来——它是一个对于理解林肯在葛底斯堡所宣告的“自由的重生”而言真正重要的问题。威尔对这个关联给出了详细的说明，但他对演说的解读不及他对它的内在结构和它所发展出的解释学力量的解读敏锐。在下面的内容中，我希望结合这两人的优点，对林肯话语中修辞学与解释学彼此交叉做更为充分彻底的描述。为此，我需要从林肯当选总统之前对独立宣言的使用开始。

在 1858 年 8 月 17 日，林肯在第一次与斯蒂芬·道格拉斯辩论前夕，在伊利诺伊州的李斯文顿，林肯发表了竞选演说。这次演说极富激情地诉诸独立宣言。在文稿中，林肯说，“开国之父们”无非表明了

> 他们对宇宙安排的庄严阐释。这就是他们对造物主对被造者的公正的崇高、智慧和高贵的理解。
>
> 是的，先生们，对于所有上帝的造物、对于人类的整个家族来说……他们树立了一个灯塔，来引导他们的子孙，他们子孙的子孙，以及无数在其他时代繁衍生息于这地上的人们……我对尘世荣誉并非漠不关心，但我的确要说，在这个竞争中我被一些高于总统办公室的东西所驱使。我希望你们把琐碎、无

> 关紧要的对任何个人成功的思虑放在次要位置。这是微不足道的，我是微不足道的，道格拉斯法官是微不足道的。但是不要破坏人性的永恒象征——美国独立宣言。①

这段话源自竞选演说，它的语言是富于渲染的，情感是夸张的。然而，很难否认它们的真诚，因为林肯如此经常地重复它们，并且在较多地反思它时，还把它放在一个简洁、准确的逻辑基础上。在他参议院竞选的三年前，在给好友约书亚·斯皮德的一封信中，林肯曾写道："我们堕落的速度看起来太快了。作为一个国家，我们从宣称'所有人生而平等'开始。我们现在实际上把它读作'所有
207 人生而平等，但除了黑人'。当无知党掌权时，它将被读作'所有人都生而平等，除了黑人、外国人和天主教徒。'若是如此，我宁愿移居到一些国家——例如俄国去，在那里有足金的专制，而不是低劣的伪善的合金。"②

因此，对林肯来说，宣言不仅仅是一个历史文件，而是"一个活生生的信条"。③它的平等性原则，如他所理解的那样，是美国民主或者说任何其他自治政体的普遍、永恒和根本的基石。在这条原则那允许任何例外或对它加以限制，都将破坏自由，因为这将通过允许一个个人或团体凌驾在另一个个人或团体之上，而为专制压迫敞开大门。因此，"所有人生而平等"的主张，构成了政治伦理的基础，除非公众接受并根据这个主张行动，否则自由政府将不可避

---

① 亚伯拉罕·林肯，"在伊利诺伊州利斯文顿的演说"，1858年8月17日，载《亚伯拉罕·林肯选集》(*The Collected Works of Abraham Lincoln*)(第8卷)，Roy P. Basler 编，New Brunswick, N.J.: Rutgers University Press, 1953，2：546。

② 亚伯拉罕·林肯，给 Joshua F.Speed 的信，1855年8月24日，载《演讲与著作》(*Speeches and Writings*)，1：363。

③ Zarefsky，《林肯、道格拉斯和奴隶制》(*Lincoln, Douglas, and Slavery*)，第149页。

免地腐化堕落为极权政府。

宣言的这个观念和平等政治权利的核心地位不是通过哲学沉思而被发现的。它在并通过 1850 年代的政治争论而得以产生，当时奴隶制在全国范围内成为主导性的议题，在伊利诺伊州，人们的观点发生了尖锐的分歧。如果像理查德·霍夫斯塔特所曾说的那样，宣言“是林肯信奉的首要信条”，[①] 那么这个信条本身是在政治争论的严酷考验中发展出来的。因此，林肯的直接政治目的塑造了他对宣言的看法，并且为他这个争论者提供了“政治武器”。[②] 通过把阐释和发明结合起来，林肯把独立宣言当作修辞工具使用，以为自己发展政治上的支持者并打击对手（其中最著名的是道格拉斯）服务。

为了反击道格拉斯蓄奴自决权的主张，后者试图从奴隶制议题上攫取道德筹码，林肯反复引用宣言中平实的语言；奴隶制与所有人生而平等的道德真理不符，而那些信仰宣言的人不能对奴隶制持一个伦理上中立的立场。因此，道格拉斯泛化这一问题的误导性的努力并没有给出一条中间道路。相反，林肯主张，它根本上背离了国家创建者们的智慧，并且是对自由政府的最根本原则的威胁；道格拉斯正试图“吹灭我们周围的道德之光”。

然而，宣言的平实的语言可供不止一种阐释，道格拉斯对林肯予以有力的反击，这个反击建立在众所周知的历史证据之上。当宣言颁布的时候，奴隶制在所有十三个殖民地都是合法的，并且许多宣言的签署者，包括杰斐逊本人，都是奴隶主。因此，除非国家奠基者们是最糟糕的伪君子（因此不足为训），否则他们在讲“所有人生而平等”这句话时就不可能把黑人考虑在内。在葛底斯堡的辩 208

① Richard Hofstadter，“亚伯拉罕· 林肯和白手起家的神话”，载 Hofstadter，《美国政治传统及其造就者》（*The American Political Tradition and the Men Who Made It*），New York: Vintage, 1973，第 130 页。

② 同上，第 130 页。

论中，道格拉斯指责林肯的“芝加哥主义”——他的关于“黑人和白人被独立宣言和神圣天意确立为平等的”的主张——是可怕的异端邪说。独立宣言的签署者撰写宣言的时候从未想到黑人。当他们宣布所有人平等时，他们指的是白人，欧洲出生和欧洲血统的人。”对道格拉斯来说，“这个政府是被我们的以白人为基础的祖先创建的。它是永远为了白人的利益而被白人所创建的，并且打算永远由白人来管理。”因此，是林肯歪曲了国家奠基者们的观点，他以为自己“比设计这个政府的那些人更聪明”，由此而使他们所建立的大厦面临被破坏的危险。①

道格拉斯的论证建立在一个20世纪的读者不可接受的假设的基础上，但在那个时候，在发言的那个语境中，这个论证具有重要的分量。林肯若要令人信服地借助国家创建者们和宣言的权威，就必须对此给出有力的回答。而且，道格拉斯论证中的纯粹历史部分是无可辩驳的——宣言是被这样一些人撰写和颁布的，他们生活在承认奴隶制的社会，并且他们中的许多人是奴隶主。因此，林肯需要发现一个阐释的视角，以削弱建立在文字历史记录基础上的推理，以及强调与他自己时代问题相连的伦理原则。林肯对这个问题的回答是一个解释学的力作，这个回答第一次出现在1857年6月发表的讲话中，在与阿尔顿的最后辩论中逐字逐句地被重复。在指责道格拉斯“粗暴地对待宣言的平实、清清楚楚的语言”后，林肯说：

> 我认为那份著名的文件的作者们是把所有的人都包括在内，但他们没有打算宣布所有人在所有方面都平等。他们并不是说

---

① Stephen Douglas，“盖尔斯堡辩论的开篇致辞”，1858年10月7日，载《天赋平等？1858年林肯—道格拉斯辩论集》（*Created Equal?The Complete Lincoln-Douglas Debates of 1858*），Paul M.Angle编，Chicago:University of Chicago Press, 1958，第294页。道格拉斯在琼斯博罗做了相似的评论；见Angle，第201页。

所有人在肤色、体形、智力、道德发展和社会能力方面都平等。他们以足够清晰的方式规定所有人在哪些方面生而平等——在“若干不可剥夺的权利，包括生命权、自由权和追求幸福的权利”方面。这就是他们说的，这就是他们的意思。他们并不想声称一个明显的谎言，即所有人当时都实际地享受平等，他们也不是打算立刻就把平等赋予他们。实际上，他们没有力量恩准这样的福利。他们只是想宣布这一权利，以便当条件允许的时候立刻实现这一权利。他们是想为自由社会建立一个所有人都应该熟悉和崇敬的衡量准则。人们应该不断地期待它、不断地为之奋斗，即使从未真正实现它，人们应该不断地接近它，并且 209
由此不断地扩散和加深它的影响，增强所有地方、所有肤色的所有人生命的幸福和价值。①

在这个引人注目的段落中，我们见证了解释学的修辞学的工作，林肯在过去的话语表述和它当下的运用之间搭起了一个联系的桥梁，以便使含义和使用彼此相互作用。平等性的原则不是一个事实的描述，而是一个准则——一个应该用以衡量和指导我们行动的真理。这个真理是永恒和普遍的，但我们可能从未实现它，并且除非当它运用于各种处境中——这些处境没有人，即便那些制定这条原则的聪明人能预见到——否则我们绝不能理解它。它是一个我们必须不断地追求的理想，尽管我们不知道它将把我们引向何方。我们不是在孤立隔绝中把握这个真理，而是通过我们的政治和伦理判断去体现这个真理，通过时间和处境的改变而加深和扩展它的含义，改变它的确切内容。所有人生而平等这一原则是国父们留给我们的遗产，

① 亚伯拉罕·林肯，“关于德·斯科特的演说”，Springfield, Illinois，1857 年 6 月 27 日，载《演说与著作》(*Speeches and Writings*)，1：398。

但这个遗产不具有能被测量、编目和储存的不变的、被限定的性质。毋宁说，有一个原则被转赠给我们，而我们只能通过使用去理解它。因此，国家创建者们留给了我们一个建立自由社会的普遍标准的准则——一个人类尊重和尊严的最低限度的原则——但它是一个需要通过我们的持续努力来使之被更新和重估的准则，通过这种努力，我们在不断变化的处境的压力下去维护自由社会的遗产。准则的含义不是固定于它被表达的时刻，而是在国家的历史中并通过它而得到发展。

林肯的论证不是在解释学本身中的一个抽象工作。它是一个有身位的(positioned)回应，这个回应在一个激烈的政治争论中被塑造，并被用以从事有党派倾向的工作。然而，他的有党派倾向的立场反映并接受了历史的普遍观念和历史文本的恰当阐释。正如大卫·扎瑞夫斯克认为的，林肯不是把历史当作一个文献记录，而是当作一个“从由对过去的反思性阅读所揭示的动机出发，向前投向未来”[1]的动力。这个视角使林肯能将“经验描述和理想原则，作为事实的宣言和作为准则的宣言”[2]分离开来。当他声言“所有人生而平等”是一个道德准则时，他暗示它的证实必然“有朝一日在这个国家的生命中实现”。[3]在葛底斯堡演说中，随着道德准则成为一个构想，这个原则明确具有了这一含义。

正如我前面所指出的，葛底斯堡演说的开篇句既回应又改变了
210 宣言的话。在宣言中，“所有人生而平等”的原则被当作一个自明的真理。在林肯的版本中，它是一个国家为之奋斗的构想。一个自明的真理不需要证据；当它被说出来时就被证实。而一个构想“可

① Zarefsky,《林肯，道格拉斯和奴隶制》(*Lincoln,Douglas,and Slavery*), 第 164 页。

② 同上书，第 152 页。

③ 同上书，第 153 页。

能是对的或错的，必须被证实为或对或错”。[①] 但在这里有一个悖论，因为林肯频繁地、以强调的方式坚称政治权利的平等是这个国家最基本的原则。那么，它如何被证明为是真的？可以举出何种证据以证实这一系统的最基础和必不可少的前提？

演说的第二句通过把这个问题放在国家的历史中去构思来回答这个难题：“现在我们正在进行伟大的国内战争，以检验是否这个国家，或任何如此被设想和被追求的其他国家，能够长久地存在下去。”那么，什么东西要被证明？难道不是这个构想本身（所有人生而平等）的真理性吗？毋宁说，问题是是否这个构想能够在人类历史上被证实——一个奉行这一原则的国家能够长存下去吗？

在提出这个问题时，林肯暗暗地唤起人们对开国之父和他自己这一代人之间的历史距离的注意。他们在一个自明真理的基础上创建了这个国家，但正如内战这一严峻的事实所表明的，反复地重申这一真理并不足以长久地凝聚和维系这个国家。“所有人生而平等”这一原则对于美国人的身份认同来说依然是极为关键的——它是使开国之父们和后代人联结起来的基因。但如果后代人要恰当地依据这条原则行事，它们就必须重新阐释它，使之与他们自身的处境关联起来。这样，后辈人就与他们的父辈处于一种复杂的、未决的关系之中。他们既使自己与父辈等同起来，又与之有别。林肯谈及国家诞生后的 87 年，就意在承认它的遗产，但他不能简单地重述奠基者们的原则。如果他要保持这些原则，他就必须改变它们——或更准确地说，他必须改变公众设想和运用它们的方式。适于一个时间、一个目的的东西必须改变才能够适于其他时间和目的。

我相信，葛底斯堡演说的结构通过“致力于”（dedicate，奉行）

---

① Thorow,《亚伯拉罕·林肯和美国的政治信念》(*Abraham Lincoln and American Political Religion*), 第 72 页。这段和下面引自 Thorow, 第 72-78 页。

这个动词的创造性的含混，说明和体现了这一世代之间的复杂而未决的关系。这个动词在这篇简短的讲话中出现了六次，并且如埃德温·布莱克已经表明的，在文本的不同位置中它的含义发生了显著的变化。最引人注目的、也是布莱克所强调的变化，出现在第二段和第三段之间，“在那里墓地的奉献被转换成了听众的奉献。”[①] 在第二段，林肯谈到了这次聚会的直接目的，即“奉献”（使神圣［hallow］或使荣耀［consecrate］）一个最终的栖息地给死者。然而，
211 在第三段，他谈到了一个更大和更恰当的目的，也即，对于那些生者来说，去再次奉献他们自己给未竟的、死者们已经“如此推进的”事业。但这个词在文中还有另一个意义。在开篇句中，林肯说，国家奠基者们奉献于这个国家的政治平等的构想。在这个意义上，奉献（dedicate）意味着为了一个特殊的目的而特选或指派某物。也即，国父们通过承认平等的原则来使之凸显并给予它一个特殊使命，借此奉献（dedicate，使荣耀）这个国家。另一方面，他们的遗产必须通过下面的行为而再次奉献（dedicate，使荣耀）这个国家：使他们自己投身于那个原则，以及把它运用到当前工作（即通过行动证明那条原则的道德真理的工作）中去。

在这个讲话所展开的修辞系统中，奉献（dedicate）的不断变化的意义构建了生者和死者之间的复杂关系，这一关系不仅适用于听众和倒下去的战士，也适用于听众和他们国家的奠基者。这个国家在它的起源之处，就与众不同地被奠基者们赋予特殊的使命，即去证明“所有人生而平等”这个构想。这个国家现在卷入一场测试如此被特选的国家是否能够延续下去的内战之中；更直接的是，这些聚集在葛底斯堡的人们正奉献一块墓地给那些为这个国家献出生命的人，而他们这么做是“完全合宜和恰当的”。

---

① Black，“葛底斯堡和沉默”，第 555 页。

到这里为止，林肯的文本都是沿着开门见山的方向前进的，一步步从过去谈到现在，逐渐把焦点推进到当下场合，并最终肯定此情境下的目的的适当性。但随后话锋一转，“但在更广的意义上，我们不能奉献——不能神圣化——这块土地。”这个场合需要比纪念死者更多的东西。它需要活着的人投身于死者所献身的事业。因此，活着的人最恰当的荣耀死者的方式不是去神圣化他们的墓地，而是将他们的精神投入到未来工作中，并献身于这个未竟的工作。因此，此时此刻林肯定义且重新定义了他的讲话和他的听众的目的，从在神圣化的土地上使死者被突显的虔诚，转向通过行动去重新肯定他们的典范。正是在这个意义上林肯号召这个国家再次致力于（rededicate）国父们的原则。不是神圣化（hallowing）或荣耀（consecrating）这些原则，这个国家必须致力于（dedicate）它们。活着的人不是去重复和保存国父们的语词，而是必须模仿它们，在努力实现这个构想——它使这个国家与众不同并给予它独特身份和使命——时给予它们以新的意义。这是为了活着的人去实现“自由的新生”并保证“民有、民治、民享的政府免于凋零”。212

总的来说，葛底斯堡演说继续并推进了林肯早期反奴隶制言论的修辞学路径。在1850年代的辩论中，林肯已经试图通过他对独立宣言的阐释来为关于奴隶制 的特殊和有争议的态度辩护。这同一个策略呈现在葛底斯堡演说中，但这次指向一个更普遍的目的。焦点从为有关一特殊话题的态度辩护，转到为这些态度应该如何在一个自由社会中演进的视角辩护。暗含在早期讲话中的历史观，现在在葛底斯堡演说的结构中得到了清楚的显示，并且它与视国家概念为活生生的有机体的隐喻结合在一起。通过结构和隐喻，葛底斯堡演说建立了林肯与开国之父之间的代际关联，在其中，国父们为修辞和政治的模仿提供了原型。也即，国父们为国家的同一性提供了遗传基础，但人们不能简单地复制他们的语词，重复他们的行动；他们的遗产只能通过依历史处境的需要加以更新和重估的方式才能得到继承。在所有林肯的讲话中，独立宣言处于所有模型的模型的位置，代表了这个国家起源的时刻和这个国家最重要原则的源泉。依据宣言所建立的标准，历史的进程和当下事件的趋势得以被勾勒出来。然而，这个标准不是被固定在时间或概念空间中。它是一个引导和检验（但不强行规定）行为的准则或构想，由此宣言的权威和当代的敏感性（sensibilities）结合在一起，但与此同时，这些敏感性进入了对宣言的权威的理解中。这个过去与现在之间的影响的循环使得林肯能在不破坏传统的情况下改变传统，而这说明的正是我称之为解释学的修辞学的东西。

10. 修辞学的解释学中应用的技巧：皮尔士的解释和凯利的例证 215

南希·S. 斯图沃尔

汉斯－格奥尔格·伽达默尔在《真理与方法》的“解释学问题的重新发现”一章中，以一个有重要意义的策略开头：他引用了十八世纪虔信派教徒 J. J. 兰巴赫关于解释学的定义，即作为理解、解释和应用技巧（*subtilitas intelligendi*，*explicandi*，*applicandi*），或者说作为了解（knowing）、阐释（interpreting）和应用技巧的三重性。在对作为能力的应用的规定中，关键的是对阐释者作为能动者（agent）的承认，以及对探究活动的聚焦：不仅文本对象的意义只能在阐释中找到其充分和具体的形式，而且文本的阐释者是他所理解的含义的一部分；他的处境，他当下的经验是至关重要的，它们与他在他所生产的文本中学习到的传统融合、联结在一起。[①] 尽管看起来很明显，应用的技巧必定是一个复杂的修辞学能力，但克劳斯·多克霍恩在他对《真理与方法》第一版的评论中，依然选择强调这一必然性。多克霍恩的评论提到这个引文和对能动作用（agency）

---

① 汉斯－格奥尔格· 伽达默尔，《真理与方法：哲学解释学的基本特征》（*Wahrheit und Methode: Grundzüge einer philosophischen Hermeneutick*）第 2 版，Tübingen: Mohr, 1965；英文版，London: Sheed and Ward, 1975，第 274 页。

的强调，并且力主修辞学在解释学中的核心作用。为了说明好的解释学探究的修辞学本性，多克霍恩提到了修辞学与哲学之间的古老
216 争论；修辞学是第二传统教育（bildungsweg），是拥有一个情感的本体理论作为其核心的“另一”构造，因为它拥有作为其目标的交流—应用。根据说服的修辞学目标（telos），修辞学在固化了的信念的领域中工作，投身这一工作的同时也就伴随着修辞学的那些典型活动：对情感的关注，对动机的所有心理学来源的关注；得体的断言——对占有的严格关注——因为信念只是随着具体和时间的限制而形成、保持和消解；以及通过对话的交互作用而来的“社会和情感的”知识产物的约束。[1] 如果说伽达默尔坚持认为全部解释学就在于聚焦于与过去的关系，把它作为教化（edification）的唯一源泉，那么多克霍恩就对教化的过程给出了说明。

当然，后来伽达默尔批判威廉·狄尔泰关于修辞学作为一个辅助学科，仅仅作为解释学分析任务的补充的定义。[2] 狄尔泰在他更浓缩的表述中假定作为技艺的修辞学与作为技艺的解释学平行；阐释乃是对以文字形式固定下来的生命外化过程的技艺式理解（*kunstmassige Verstehen von schriftlich-fixierte Lebensausserungen*），并且解释学是对以文本方式固定下来的生命

① 克劳斯·多克霍恩的评论出现在《哥廷根学报》(*Göttingische Gelehrte Anziegen*), 218, nos. 3-4（1966）:169-206；它部分被 Marvin Brown 翻译在“伽达默尔的《真理与方法》”中,《哲学与修辞学》(*Philosophy and Rhetoric*) 13（1980）:160-180；多克霍恩在第 169 页把修辞学当作第二教化，在德文版第 193 页以下谈到其三重定义。多克霍恩说明了修辞学的本质吗？我想没有；这一评论是对作为一套贯穿 19 世纪的情感理论的修辞传统的一个历史说明。另参见 J.Lohmann 在 Gnomon 37（1965）上的评论，它也在第 713 页提到了兰巴赫的引证。Helmut Schanze 告诉我，多克霍恩的评论了促进了《真理与方法》(*Truth and Method*) 第 2 版关于修辞学方面的大部分修订。

② 伽达默尔，“修辞学、解释学与意识形态批判”，载《解释学与意识形态批判》(*Hermeneutick und Ideologiekritik*)，Frankfurt am Main: Suhrkamp, 1975，第 58 页。英译本参见本书第 15 章。

表达的理解的 Kunstleher（技艺）；解释学和批判，美学和修辞学，伦理学和政治学对于本质上的历史理解来说都是必不可少的。① 但狄尔泰也强调技巧（subtlety）：解释学技术的历史榜样乃是语文学家的“个人的才华横溢的精湛技艺”；它最好的现代榜样就是弗里德里希·施莱尔马赫，他把语文学的精湛技艺和高超的哲学能力结合起来，并且从认识论方面对理解（verstehen）加以规定，转而对人文科学中的所有进一步活动的根本进程加以规定。②

因此，狄尔泰、伽达默尔和多克霍恩提出了两个相互关联的问题：修辞学在解释学中的位置在哪里？修辞学的解释学在一般探究中的地位是什么？为了回答这些问题，我将谈到一个 19 世纪的哲学解释和一个 20 世纪的史学例子，主张 C. S. 皮尔士对探究逻辑的说明大体上把修辞学的解释学确定和证明为有充分根据的探究，并且，乔治·阿姆斯特朗·凯利的政治—历史研究是对皮尔士解释的例证：凯利的工作就是修辞学的解释学的工作（在其最有用和最精妙的意义上）。

狄尔泰的贡献是把哲学的严肃性和解释学的洞察力结合起来。但皮尔士也将语文学和哲学结合在一起；在“从古代文献中获取证据的逻辑”一文中，他通过对当代（德国！）语文学的精彩批评，显示了天才的语文学精湛技艺。③ 作为一个实用主义哲学家，他当然对应用，对实践价值感兴趣，但他的哲学阐明一般来说具有不纯粹性， 217
具有探究的难度。④ 我将主张，这一对困难的阐明描述了作为价值的精湛技艺，并且由此支持了伽达默尔的规定。通过依次考虑皮尔士

---

① 威廉· 狄尔泰，“解释学的兴起”，载《狄尔泰文集》（*Gesammelte Schriften*）第 5 卷（Leipzig: Teubner, 1925），第 332-333 页，第 338 页。

② 狄尔泰，“解释学的兴起”，第 333 页。

③ 皮尔士，“来自古代文件的证据的逻辑”，载《论文集》（*Collected Papers*）第 7 卷，Cambridge: Harvard University Press, 1958，Arthur Burks 编，第 89-164 页。

④ 特别参见，“四种无能的某些后果”，载《皮尔士作品集》（*Writings of C.S. Peirce*），Bloomington: Indiana University Press, 1982，Max Fisch et al. 编，2:211-242。

和凯利那里的论题、方法和应用问题，我希望表明他们的“不纯粹”解释学的实际价值。

皮尔士的解释：“没有含义的区分如此细微以致根本不体现在实践的差异中”

皮尔士发表在《一元论者》（1891-1893）上的大量系列文章，包括“理论的建筑学”、“受检验的必然性学说”、“心灵的法则”、“人的透明本质”和“进化论的爱”等，都属于简短、纲要性的文字，它们探讨最影响深远的宇宙论的修正主义；在附加的“回答决定论者”一文中，有一个自传式片断：“我是在一个科学探究的气氛中被培养起来的，我的主要生活都在研究科学的人群中度过。最后的三十年，不断萦绕于心的研究是关于科学思维方法的本性、力量和历史的研究。”我将要着重强调他对科学思维的历史的关注。当然，他用“科学”这个词意指的是在问题—解决的努力中（其中包括了哲学家们的努力）推动探究者共同体前进的思维方式。[①]

皮尔士在哲学史上的兴趣，绝没有与他多年来在物理科学中的大量计算的日常工作相脱离。《一元论者》中的文章试图以体系的方式总结和把握达尔文进化论的非凡的历史意义，同时抛弃生命哲学、（以及由此）成长哲学（a philosophy of growth）中的“机械论”成分：“说明自然法则和大体的一致性（uniformity）的唯一可能的方法就是假设它们是进化论的结果。这假设了它们不是绝对的，不是被严格地遵循的。”[②] 这些文章把兴趣转向涉及或然性的数理逻辑

---

① 皮尔士，“回应”，*The Monist* 3（1893）: 546, 548。

② 皮尔士，“理论的建构”，*Monist* 1（1891）:165。有必要提到的是，皮尔士在达尔文的社会政治理论中发现了道德上的不一致和滥用；参见皮尔士，“进化论的爱”，*Monist* 3（1893）: 178ff.。

和自然中的自发性、多样性和不确定性。一个关于连续性的强大理论支配了他对自然研究和心灵研究——被规定为一个感觉（feeling）连续统一体、一个观念的情感（affections）的连续统一体的心灵——以及对那些一般观念的习性行为的说明。[①] 皮尔士对物质和心灵的连续性——它是身心的传统关联问题的回响——的强调，为多克霍恩对情感在所有推理实践中的核心地位的强调作了注解。我相信，多克霍恩对海德格尔的评论——即情感理论自从亚里士多德以来很少得到推进——的引用揭示了他自己的这样一个假设：《论灵魂》中的亚里士多德心理学证明了古典修辞学所详尽阐述的计划和对必要的情感策略的掌控是正当的，这种心理学设定了身体和灵魂的统一性，以及灵魂机能（感觉的、想象的、回忆的、幻想虚构的、 218
理性的）的连续性。皮尔士并不保留亚里士多德关于机能的等级秩序，但他的确坚持认为，笛卡尔式的身心二元论破坏了所有有用的探究模型；皮尔士对连续性的复兴，连同关于"物质是衰弱的心灵"的主张，在其他方面的贡献之外，还为修辞学的复兴提供了证明。[②]

与此同时，皮尔士的历史承诺（commitment）显然与修辞学—解释学的筹划有关。尽管他的"找出证据（drawing testimony）的逻辑"是他对历史方法论，因而也是对解释学任务的最公开的阐明，但他对进化论的占有（在那里，"成长的观念"，连同它的推论，即作为运动的科学，作为在探究者共同体中进化着的思维模式"是

---

① 皮尔士，"心灵的法则"，*Monist* 2（1892）: 548ff.。

② 皮尔士，"理论的建筑学"，第 170 页。关于连续性问题，特别参见皮尔士的"人的透明本质"，"受检验的必然性学说"，"心灵的法则"。连续性要求一个修正的心理学：皮尔士谈到了"作为一个观念的感受（feeling）的内在性质"，载"心灵的法则"，第 549 页；并且他主张"每一个普遍观念都具有人的统一的鲜活感受"，并且"感受无法得到解释，除非我们承认物理事件是心理事件的低级或未充分发展的形式。" Monist 3（1892）: 21, 18。皮尔士意识到他所讨论的是身心关系问题；见"受检验的必然性学说"，*Monist* 2（1892）:335. 多克霍恩对海德格尔的引用在评论的德文版中，第 186 页。

原始的”）使他的筹划完全是历史的。“共同体”和“temporicity（时机性）”是探究的两个典型约束因素。①

然而，皮尔士的修辞学观念在他的计划中也处于中心位置。20世纪后期对皮尔士的兴趣，首先是对他的标记（icon）、指示和象征的符号学的一系列占用甚或误用，与之相对，在他有生之年未发表的一份手稿，“观念，迷失或窃取，关于科学著作，No.1”，表明了修辞学作为一种雕虫小技，作为“methodeutic（方法论）”的重要性。他把修辞学规定为“作为本质条件的科学，在这个条件下，一个符号可以规定它自身和它意指的任何事物的一个解释项符号，或者，作为一个符号，可以带来有形的结果。”② 但这就将修辞学放在了他的实用主义筹划的中心；皮尔士的探究是仅仅在行动（action）的标题下被思考的实际活动（activity）：简言之，指要求应用的技巧（subtilitas applicandi）的探究。而且，修辞学具有三重的相关性：修辞学构成应用；修辞学提供伽达默尔和狄尔泰所强调的分析的方法；以及，最重要的，修辞学作为处理信念的方法，使探究者聚焦生产性的知识—信念，而非聚焦死的确定性（它仅仅反映过时的探究的残余）。论题（topic）、方法和应用以修辞学的方式得到加强。

论题　皮尔士首先关注的是探究自身：当他声称思维的“唯一动机、观念和功能”就是去产生信念，并且“灵魂和思想的含义……从不会用于引导自身朝向信念的产生之外的任何事物”时，他立刻就引起了修辞学的兴趣。如果思维的目标是产生信念，“信念的本质是习惯的建立，并且不同的信念通过它们所引起的行为的不同模式而被区分……思想的整个功能就是去产生行动的习

① 关于成长原则的核心地位，参见“心灵的法则”，第557页，以及“回应”，第565页；在“心灵的法则”中，在过去的过去性的定义上，皮尔士表现了突出的首创精神，535f.：因此，“当下通过一系列真实的无穷小的步骤与过去相连”，第536页。

② 皮尔士，“观念，迷路或偷窃”，*Philosophy and Rhetoric* 2（1978）:147-155。

惯。”但这反过来也引起了解释学的兴趣：“因此我们就来到有 219
形和实效之物那里，它们是所有真实思维区分的根源，无论这个区分多么微妙；没有含义的区分如此细微以致根本不体现在可能的实践差异中。”①

方法 但这显然已经对他的方法观念产生了直接影响；他对那些批评他的决定论者的回答是：他们所信奉的先天策略的形式确定性仅仅是“想象的”；形式的分析产生形式的，也即，精神的、“大脑空转”的结果。②进而言之，皮尔士对无规律性、多样性、不确定性和世界的特殊性的坚决主张，也就是对灵活——的确，得体——的方法的坚决主张。但对作为使命的多样性的强调是修辞学的，同时对此的方法论响应也是修辞学的。“Reply（回答）”包含着对修辞学的得体准则的强烈肯定：“我解决所有问题的方法都开始于对适于特定问题的特定方法的历史和理性探究。”对适当性的强调是他的体系式进程的本质：特殊性保证了体系；他的偶然主义（tychism）假设了机遇“为普遍化原则开辟道路，或倾向为形成习惯开辟道路。”③

应用 在皮尔士的探究中，不只是精湛技艺、机智或得体是探究者所需要的能力；而是，探究的整个生活是应用的生活。在《一元论者》的文章中，进化论预设了成长是到处存在的，并且“对成

---

① 皮尔士，“如何使我们的观念清楚”，载《作品集》（*Writings*），3:263, 265。

② 皮尔士，“回应”，第 536、539 页；他的哲学反对者的工作见“梦的世界”，第 558 页；“演绎的确是与知觉和试验有关的问题，如归纳和假言推理那样；只不过，知觉和试验与想象的对象而非实在对象有关”，第 534 页。

③ 皮尔士，“回应”，第 547 页；“受检验的必然性学说”，第 336 页。还有许多关于自然的自发性、多样性和不确定性和思想的不精确、不确定性的文献：参见“受检验的必然性学说”，第 333-334、第 337 页。“理论的建筑学”，*Monsit* 1（1891）:165。例如，“心灵的法则”，第 554 页指出“精神法则的不确定性不仅仅是它的缺点，而是相反，也属于它的本质”。

长的完美说明是通过被运用于实践而实现的哲学理念的发展。”① 皮尔士的“实在性（reality）的社会理论”主张“实在乃是共同体最终沉淀于其中的理念”；探究者从事一组实践并受其束缚。但是探究的共同体以严格的方式具有时代内涵；结局被规定为开放式的：“我们不能非常肯定共同体总是能就任何问题达到一个不可更改的结论……我们也不能假设共同体对每个问题都得出压倒性的一致观点。”② 成长规定着实践者或者阻碍或者加强集体的努力，促使探究者致力于行动的研究习惯的历史。然而，尽管进化模式处于支配地位，但皮尔士否认笛卡尔式的进步隐喻，那种信念逐渐地、恰当地被确定的知识所取代的图画，把它看作心理学上错误的东西。③ 在激发和推动探究行动方面，信念是必不可少的。最重要的是，信念在超个体的实践中产生，“独立于我和你的偶发奇想”。④ 这里强调重点有一个奇特的颠倒：不是他从一个认识论的构造那获得“共同体”；而是他强调认识论依赖于共同体，依赖于生命的生物学构造，依赖于生育和成长，依赖于情感的、交互作用的成长。
220 只有一种心灵的法则：“观念趋向于连续不断地传播并影响其他人，这些人在易感性的独特关系中遵守这些理念。”⑤

---

① 皮尔士，“回应”，第 565 页；“进化论的爱”，第 188 页；参照，“回应”，第 549 页：“我们应该假设哪些东西不是作为成长的产物？”

② 皮尔士，“回应”，第 555 页；参照，第 559 页：“现实性是集体心灵上的某种形式的动态回应。”

③ 皮尔士相信我们的四种无能——不存在纯粹直观、相继行为中思维的嵌入、符号中思想的嵌入、断言不可知的无意义——使关于知识的天真的渐进说明无效；参见“四种无能的某些后果”。

④ 皮尔士，“四种无能的某些后果”，第 239 页。比较多克霍恩对西塞罗论“共同结论”的辩证起源的援引。的确，有效的普遍性的根源，它们的有效性的根源，在于给予和得到，在于共同体的可理解的、小心的、以经济的方式所构造的论辩：有效性是修辞能力的产物；参见德文版评论的第 172 页以下。

⑤ 皮尔士，“心灵的法则”，第 534 页。

凯利的例证：宗教和政治的相互关系

多克霍恩的修辞学的解释学的观念远不是修辞学分析在当代历史理论和实践领域中的简单化运用。乔治·阿姆斯特朗·凯利的最后三部著作《美国的政治和宗教意识》（1984）、《十八世纪法国的死亡政治》（1986）、和《人文的喜剧》（死后出版，1992）远不是这一流行的修辞学形式主义，而是接近多克霍恩阐述的深度计划。[①] 这三本书都以权威的方式处理了现代性中宗教和政治的复杂交织的重要性这一并不时髦的主题。《人文的喜剧》和《死亡政治》体现了一个有趣的对称：在《人文的喜剧》中，激发凯利的假设是“宗教是一个主要的且被严重忽视了的理解法国自由主义和它的偏见的道路”（PRC，第 35 页）。在《死亡政治》中，凯利用政治来对焦宗教：作为在战争或刑事司法中规范而合法地造成死亡的主体，政府在安慰面临死亡的人这一首要的宗教关注方面有巨大的影响力。（PRC，第 11 页以下）然而，在《政治和宗教意识》中，凯利已经规定了他的计划，它要求的仅仅是从过去那里重获一个研究的角色。在那里，他宣布他的榜样首先是查尔斯—路易斯·孟德斯鸠，然后是阿历克斯·德·托克维尔。孟德斯鸠声称不是作为神学家而是作为一个政治学作家论述宗教；他和托克维尔都从政治学的视角来论

---

① George Armstrong Kelly,《美国的政治和宗教意识》(*Politics and Religious Consciousness in America*), New Brunswick, N.J.: Transaction, 1984 ;《十八世纪法国的死亡政治》(*Mortal Politics in Eighteenth-Century France*), Historical Reflections/Reflexions Historiques 13 (1986);《人文的喜剧：康斯坦特、托克维尔与法国自由主义》(*The Humane Comedy: Constant, Tocqueville, and French Liberalism*), Combridge: Combridge University Press, 1992 ；上述文本下文分别在文中引作 PRC，MP 和 HC。凯利不是一个训练有素的修辞能手，他的风格太快了，可能是因为仓促——在 HC 中，它未经修饰。无疑，任何人以亨利·基辛格(Henry Kissinger)为导师，都必定受到连续不断的、令人激动的修辞术的操纵。

述宗教。（PRC，第 15 页；HC，第 36 页）托克维尔不只是榜样，而且是英雄；凯利钦佩他把精致的怀疑论和政治难题中对信念的核心地位的根深蒂固的确信结合起来。托克维尔的天才在于他能聚焦于自由和控制的交互作用和宗教与政治作为控制系统的相互依赖。

论题　我认为凯利的托克维尔式路径是一个双重的承诺，有关同时作为主体和客体的信念。首先，信念是论题；凯利的计划是宗教与政治的联结，孤立地专注于政治，会带来忽略信念的整个领域的危险，汉娜·阿伦特把这规定为政治的活动领域，而非只是它的子集（宗教信仰）。[①] 这个相互关联的领域，实际上就是多克霍恩的“社会与情感知识”领域，它对于政治作家是关键性的。第二，信念是对研究的约束：对于政治作家来说，乃是实践束缚之网修正着研究的进程。因此，凯利通向信念的双重路径是皮尔士式的：当皮
221 尔士断言思维的目的是建立信念而信念的功能是产生行为习惯时，他并没有在探究的行动和一般行动之间做出区别；尽管他的目的是去描述探究，但信念的固定、习惯的发展都是人（的确，生物）的普遍兴趣。

正是这样，在《人文的喜剧》中凯利的自由主义倡导者特别注意描述信念的范围，同样也特别关心他们在信念领域中自身的承诺，连同交往中个体的真诚，社会的“信心”。因为凯利假设政治事务和探究的事务发生在信念和行为习惯之网之内，他的叙述并不全是事实确定性中的成果，也没有完全陷入自由主义理论家的事实错误；

① 汉娜· 阿伦特，《过去与未来之间：政治思想中的六个练习》（*Between Past and Future: Six Exercises in Political Thought*），New York: Meridian, 1963。凯利的怀疑论 / 信念的托克维尔式视角是一个良性的、灵活的权衡，而非一个恶性的、僵化的对立。然而，凯利作为一个身体力行的英国国教高教会派教徒，发现了新教有害的“分裂倾向”；宗教的团结 / 分裂的对立是良好动机 / 恶意动机的实践对立中的一种；参见 PRC，第 199 页；参照，第 183 页。

它也不在政治选择的地图中抛出“理性”和“错误”的简单对立。毋宁说，《人文的喜剧》提供了一个以修辞的方式区别宗教和政治信念之缠结的说明，以及包含着对信仰和迷信的定义的论辩，和规定着法国自由思想的教条、方式和道德。

注意《人文的喜剧》的组织结构：前两章对比了本雅明·康斯坦特的自由主义首倡和托克维尔的宗教的自由主义对决连同“至关重要的自由社会的健康和力量”（《人文的喜剧》，第 84 页）。第三章是最复杂的和最有成效的。它主张，与我们的直觉相反，19 世纪和 17 世纪一样是一个“宗教的世纪”，一个重建（réveil）的时代，只不过被掩盖在新的、后革命和后启蒙运动身份的表面限制之下，这种掩盖使政治理论变得混乱（第 85 页；比较，MP，第 290-291 页）。每个处于有用的判断关联中的自由主义天主教或新教的尝试都犯了党派偏见的错误。凯利表明了自由主义天主教致命的模糊性：尽管政治自由主义是它的革新的源泉，但这个运动依然致力于作为目标的至高无上的基督教信念。（HC，第 125、127 页）在一个堂吉诃德式的回应中，新教徒基佐（Guizot）给少数新教徒（3%）分派了使天主教自由化的使命。正如凯利所总结的，“淹没共同信仰和斗志的混乱，自由政府的一个合法中介，传统宗教的欺骗性的乐观”，产生了“技术上的困难，意识形态的敌意和逻辑上的难题”（第 142 页，154 页）。第四、第五章报告了自由主义的“精神资源”（第 93 页）的奇特表现。“哲学作为市民信仰”这部分描述了哲学和信仰以及哲学和政治的双重联合的尝试，它首先是一个驯化作为理论的教条的可笑的努力（第 154 页）；这在维克多·库辛的“折衷主义”那得到例示，它就像一本美国的“伟大的书”，幻想能衍生为一个教派，这个教派在被革命和帝国所彻底革新的学术框架之中构成自身。它 222
是一个“凡俗的宗教”、一个“半截子的教条”（第 167 页），由一个教育官僚机构所管理：总之，学术政治作为思想的一个替代物。

第五章是对阿方斯·德·拉马丁诗歌的强有力的修辞学的精彩分析，它作为自由主义的“精神错乱”的一个载体（第181页）；他的诗是一个战争，“自由主义对抗自由主义者”：诗歌作为分析的一个代替物（第219页）。[①]第六和最后一章描述了到目前为止，那些熟悉的自由主义者从“政治竞争到文化和批评领域”（第222页）的撤退，即撤退到诗坛圣地，老年托克维尔、欧内斯特·勒内和古斯塔夫·福楼拜以精湛技艺在这个领域中奋斗。

我想强调《人文的喜剧》与凯利的早期著作之间的连续性。在《死亡政治》中，凯利努力弄清世俗信念的本质；法国大革命，除其他方面以外，还提出了“作为纪念或惩罚之象征的死亡的危险，它在高度危机的时期认可社会的道德判断”的赌注（第235页）。而且，的确，凯利吸收了托克维尔论述法国政治时的连续性主题；后者所要论证的是，作为启蒙运动和大革命的共同成果，世俗化只是用一种神秘取代另一种神秘（第XXI页），用一个极端主张取代另一个极端主张。[②]但这个批评也是皮尔士式的：对皮尔士来说，信念的固化，被激发的知识乃是探究的终结；要回避的不是信念——它是不可避免的，而是“命题的无节制的绝对性”，后者属于智力发展的幼年阶段，皮尔士在他的哲学的对立面，即决定论那里看到了这点。[③]不仅在法国大革命、法国的自由主义者中，而且在他更早的关于美国的著作中，在美国当代“世俗论者”对他们自己的宗教和政治的研究中，凯利都发现了这一极端倾向。[④]

---

① 因此，凯利敏锐地评论道：“在拉马丹那里有少许的威廉·华兹华斯；而在兰波那里却没有”，第190页。

② 凯利将之描述为“从隐藏的上帝到神秘的社会这一规范政治行动的基础的转移”，第315-316页。

③ 皮尔士，“回应”，第546页。

④ 神圣与世俗是一个二元关系；对一个的规定预设了另一个。

方法　凯利在《政治和宗教意识》中的两个表述并不是矛盾的：前一个说他只是在从事“一个理论的研究”（PRC，第 201 页），后一个说他在致力于“恢复”宗教和政治两者“取向的平衡”，致力于一个“重构的任务”。并且当他声称最近的社会学已经造就了“理论的世俗身体——它在神学的衰落中，为宗教提供了新的信任状和新的武器”——时，他所记录的是加剧了斗争而非培育平衡的研究。在某种程度上，这个“新的武器”就是世俗论的意识形态的无意中的产物。然而，凯利的理论并不属于武器工厂；在聚焦宗教和政治作为神圣和世俗的“控制系统”时，他的目的是恢复宗教和政治的相互关联；它是阐明争议、强调实践的解释学筹划（第 177 页），是对强大的交互作用的基体（matrices）的一个准确说明。

相互关联要求一个无所不包的方法，一个丰富的计划，以及伽达默尔所强调的对于解释学探究至关重要的那些论题范围：从交往 223
策略到制度的操纵，从个体的介入到宗教和政治传统的重要性及革命要素的干扰。它是“丰富的”和敏感的（responsive）：一系列灵活的论题（topoi），重复地唤起，指导文本解读和论辩的线索：奇特的论题——组合、地方主义者、行为定向、对形式的敏感。例如，凯利对法国地方主义的描述，传递了一种包含令人生厌的细节的地方主义，法国的精英们似乎无力避免的狭隘而自命不凡的地方主义；他指出他们的知识精英，与德国相对，如何“随便地纳入新成员”（HC，第 145 页），并且因而如何目光狭隘和近亲繁殖。他的论题的灵活性对一个皮尔士式的组织做出了回应。当皮尔士强调科学家面对的绝大多数关系是偶然的和不规律的时，他倡导的是修辞学的价值；当他假设“自然中的不确定性、自发性或纯粹运气的要素”时，他同时描绘了修辞学家自觉处理的或然性、自发性和多样性的组织。[①]

① 皮尔士，“四种无能的某些后果”，第 264 页；“进化论的爱”，第 165 页。

以同样的方式，凯利使他的说明与排他主义（particularist）的例子相协调，这些例子是对1820—1860年间法国政治的诡异、不稳定处境的回应。

我主张皮尔士的解释和凯利的例证促进了一个强有力的（因为反对单纯的形式主义）修辞学/解释学筹划：只有最特殊、独具的“修辞学”策略才是有用的。当然，《死亡政治》中的大部分仅仅是对各种文本类型的直接的修辞学分析：包括葬礼布道、俗世的悼词、“死者的对话”、革命的音乐和演讲。[①] 然而伽达默尔所强调的是理解、阐释、应用和回忆的技巧：凯利的技巧源自机智，机智代替了整齐或干净利落的虔诚评价。的确，技巧伴随着对棘手和困难的托克维尔式癖好（HC，第82-84页）。凯利的技巧对抗着世俗主义做派的、以英语为母语的人们的政治历史的干净的理性主义。在那里，信念和知识的对立倾向于在问题能被充分描述或积极地进入之前减少乃至消除它们。这一整齐造成了“问题的消失”；我们可以拿凯利意义上的要素的复杂缠结和整洁的世俗论者对比，后者试图把它保持在干净利落的对立中。在这个意义上，世俗论者的信念在他的说明中要更具侵略性，因为他们促使“糟糕的”信念进行说教式的判断，并且允许世俗化的信念不打折扣和不受约束地发挥作用。在皮尔士“想象的”、“精神的”及类似于此的意义上，它们是“形式主义”的；通过有效地利用理性制度和形式理论，进步合情合理地被混淆的信念所取代。

最后，让我们回想皮尔士的方法论格言：所有在含义中的区
224 别都成为在实践中的区别。修辞学应该把探究者从仅仅玩弄含义的徒劳的事业中解救出来。在这里凯利说明了修辞学的解释学不是什么：它不是一个单纯消极的解释学，一个技术的修辞学的去蔽，一个解神秘化或解构。凯利不是执迷不悟地接受修辞学的还原论定义

① 《死亡政治》（*Mortal Politics*），第3、4、10、11章都完全致力于文本分析。

的当今代表；总之，他的修辞学不是那种过分关注风格问题、叙述形式和隐喻的后现代形式主义。这种后现代主义意味着一个稀薄的表层，一个形式化操作的表皮，它或者抛弃了欺骗动机的深层内容，或者表现了构成全部文本信息的语词游戏要素。消极的解释学为熟练地玩弄文字游戏提供支持，沉迷于自反性（reflexivity），并被不可救药的自我关注所定义。[①] 因此文化批评（Culture Criticism）的修辞学工作主要是说行话；它是关于行会的纪律问题的内部备忘的交流，是对非会员来说极端乏味的争吵。然而文化批评的高蹈派（Parnassian）从政治说服那撤退，只不过是退向另一类型的说服。但在伽达默尔一度似乎把修辞学的角色限制在解神秘化的地方，凯利则把解神秘化视作一个职业病；他称之为"知识身份"（the knowledge estate）的精英传播"作为痛苦意识自身"的新语言并生活于其中（PRC，第 251 页）。[②] 凯利提醒人们注意从解神秘化的批评退回到相互关联的重构所包含的困难。

应用　我已经提到，伽达默尔认为法学和神学解释学为一般解释学提供了模型；我现在认为，凯利的政治著作就是法学和神学解释学。在伽达默尔的表述中，根本的是认识到应用是作为所有理解的一个内在要素；在法学和神学工作中"在写下的文本……和通过它在具体阐释中（无论是审判还是布道）的应用所达到的意义之间存在本质的张力……法律不是放在那里等待历史地去理解的，而是通过被阐释而变得实际有效。"（*in seiner Rechtsgeltung durch sie Auslegung konkretisieren*）[③]

---

① 例如，参见 John Guillory 对保罗·德·曼的还原修辞学的批评，《文化资产》（*Cultural Capital*），Chicago: University of Chicago Press, 1993。

② 伽达默尔，"修辞学、解释学与意识形态批判"，第 72 页。

③ 伽达默尔，《真理与方法》（*Truth and Method*），第 275 页，强调为笔者所加；德文版，第 292 页。

因此，我们必须把伽达默尔对探究者作为能动者的地位的强调与皮尔士关于探究者共同体的观念结合起来；凯利对政治作家的说明是对在共同体中工作的能动者的说明。好的法学、神学或政治解释学要求听众作为“应用者”，作为从事实践的人；法学学者的论述针对其他学者，但最终针对的是法律的审判者、律师和管理者。神学学者的讲话针对其他神学家，但最终必定指向那些“投身于”
225 信仰的人们。这个解释学具有双重的时间敏感：在信念的领域中工作，需要投身于政治活动的时间维度，而不断积累的其他确定知识的非历史领域、“僵死的确定性”则缺乏这一维度；“应用”恢复探究的自我定义共同体的时间敏感；皮尔士式的超个体的真理必须考虑时间。

《政治和宗教意识》的核心章节是“去魅（disenchantment）”，它概述了现代社会土崩瓦解的强大力量：世俗化、私有化、分化、官僚化，以及说也奇怪，怀乡病。凯利认为，去魅困扰了美国的政治和宗教，这个主题在1996年比在1984年显得更为正确。但我们更感兴趣的是他对理论家的力量的使用：他的选择的线性系列创造了一个共同体实践。他对哈维·考克斯（Harvey Cox），加布里·瓦汉（Gabriel Vahanian），大卫·贝拉（David Bellah），塔尔科特·帕森斯（Talcott Parsons），比德·贝尔格（Peter Berger），托马斯·卢克曼（Thomas Luckmann）和朱迪斯·斯科拉尔（Judith Shklar）的作品的利用试图改变人们关于理论如何被运用的传统观念；的确，在这个情形中，凯利也准确地指出贫乏的学术策略的不适用性。凯利处理这些理论家就好像他们的作品整个地对一个共同体做出回应；他利用他们的理念，就好像他们将纠正或被昙花一现的话语所纠正。而且，凯利发现他们的大多数工作是“不适用的”；拜拉赫（Ballah）的公民宗教事实上是一个虚构，是贫乏的学术话语的想象的产物。凯利不是指责这些理论家缺乏越界的欲望，毋宁说，他指责他们不负责任。“因为政治……是人人要与之打交道的普遍领域，把理论转译到实践中去的责任是非常重大的。”（第 192 页）学者们对美国宗教实践和渎职的说明不应该是与之同谋或对立的释义，而应该是破坏性的重构，强有力的争论。

困难在于作为研究共同体的政治“科学”致力于非皮尔士式的自然科学，一种包含着难以“翻译”的困难的科学。凯利注意到这些困难不是根本的困难，不是库恩所谓的“科学真理的历史化”，“因为这些深奥的阐释与普通人相距遥远”，相反它们是一般科学中的“概念上的外来事物”。“相信四百种基本粒子（它们中的许多仅仅是理论的）比相信神圣的三位一体更容易吗？”他声称，对大多数人来说，科学既是一种改善的力量，也被看作一个威胁。他们抱有“双重的信念”（PRC，第 180 页）因此，凯利的政治著作之于政治科学，正如修辞学之于哲学；就像多克霍恩的古典修辞学家和哲学家，凯利和科学家们分享了意图的严肃性，但他们在纯粹性问题上持不同意见，或至少对通过与共同体相分离而获得的纯粹性价值持不同意见——这个分离通过隐秘的，因而排他性的虚构来 226
区分研究的共同体。

一个美国的方案？

我已经主张，在凯利的工作中，解释学的理论可能性变成了实践的创造力，而又不需要德国理论为之辩护（的确，可能还与之对立）。皮尔士的解释和凯利的例证的并置，可能暗示了一个美国式的修正方案。

如果我们回到多克霍恩那里，我们将发现这样的论点：修辞学的兴趣支配了解释学并为之辩护；以修辞学方式进行的复杂工作依赖的是解释学的洞察力；一个健全的解释学筹划具有隐蔽的修辞学构造。在这里有用的不是逻辑而是修辞学的构造；修辞学直面多样性而不是减少它；它把特殊性与得体的回应衔接起来，而非污蔑得体感是相对主义；而且它在行动的理解中选择信念作为其根本的兴趣。

如果我们回到皮尔士那里，我们将再次发现在探究中产生丰富理据性（well-motivaedness）的修辞学准则和价值，因为皮尔士认识到不仅所有的观察是理论负载的，而且所有研究也是应用负载的。在他的实用主义中，“实践的”不是一个弱的、谨慎的观念，而是一个强的研究的承诺。实用主义是一个美国的哲学学派，并且我认为，说好的解释学本质上是实践的，这个主张也典型地是美国的。如果我们考虑另一个美国人迈克尔·瓦尔策的工作，一个当代的凯利的工作，我们发现他们的政治研究中占支配地位的关注都是宗教和政治的关系，而这就要求确定信念疑难的核心地位；同时我们也发现应用技巧的一个双重引申。①

对凯利来说，托克维尔模式中的政治作家“以政治的方式”有说服力地写作；他在试图连续得体地回应时可能成功，也可能失败，但此时他不是在修辞学上表现为对抗，而是以修辞学的方式去面对。政治的理论化嵌入到响应的日常行为中；没有离开当前考虑的过去的行为，也没有无过去之回响的当前可能性。在凯利看来，在回避学生和政治家的角色分裂上，托克维尔是一个典范（HC，第 232 页）。

瓦尔策把这种创造力往前推进了一步。凯利的政治解释学以修辞学的方式进行；而对瓦尔策来说，政治学就是解释学：作为“与外在事物发生关联的批评家”，政治作家不可避免地是一个阐释者；

① 瓦尔策在他的《圣徒的革命》（*The Revolution of the Saints*, Cambridge: Harvard University Press, 1965）中首先确立了他在宗教与政治关联方面的兴趣；如今它已经成为一个极为复杂的事业，且对应用的问题非常敏感。当然，不必再强调，作为这一研究兴趣的背景，从 17 世纪到今天美国的宗教—政治相互作用都持续而牢固的存在。

她不仅进行阐释，而且还被她造成的历史关联所定义。声称去“发现”或“发明”的政治哲学家是自我欺骗；她必须从某个地方开始，而这个地点就是她自身的历史处境，是习俗、信念、实践、法律和制度的深厚基体（matrix）。在《阐释和社会批评》中，瓦尔策对作 227
为核心政治角色的预言的定义把修辞学的赌注（ante）提高到一个几乎令人担忧的程度。瓦尔策把无位置的（beside-the-pointness）、“客观的”批评家的效力与和外界关联着的批评家的效力对立起来。如果托克维尔是凯利的楷模，那么先知撒母耳就是瓦尔策的楷模；瓦尔策并不把自己塑造成撒母耳，但他能把自己交付给撒母耳。[①]我将主张，两者都假设了研究的信念实践和研究者的邻近，他们的信念和我们的信念的邻近。承认作为政治探究共同体的富有活力的假设的信念的地位，这支撑了研究的信念共同体和被研究的信念共同体之间的盘根错节；拒绝假设研究共同体的优先地位，这使研究者远离了幼稚的错觉和适用性的天真观念。在凯利和瓦尔策那里，都有一种对精于控制的作者—批评家模式的不信任，对书呆子气的、学术的模式的不信任；他们都把试图用学术的事实取代信念看作无非是当前学术的信念对既有共同体的信念的替代。因此，皮尔士的开放性以无止境的自我消除的方式起作用。[②]积极的解释学把历史从“虚构的”确定性、从对死气沉沉的观念的分类和描述，从关系的表格（对“可用的政治语言”的分类完全是死气沉沉的）中拯救出来。它把

① Michael Walzer，《阐释与社会批判》（*Interpretation and Social Criticism*），Cambridge: Harvard University Press, 1987；特别参见第 3 章，“作为社会批判的先知”，第 69-94 页。感谢我的学生 Mallory Conklin 最先使我注意到凯利和瓦尔策的方案之间的相似性。

② 因此瓦尔策说，我们的道德辩护“参照一个实际的而非仅仅推测的道德话语而做出：不是一个人，而是许多人的谈论”，《阐释与社会批判》（*Interpretation and Social Criticism*），第 47 页。当瓦尔策声称阐释是一个“公共行为”（第 83 页）时，他想到的是多克霍恩；社会批判“与其说是科学知识的务实的后代，毋宁说是公众的不满的有教养的堂兄。”（第 65 页）

政治史从作为全方位策略的解神秘化的诱惑中拯救出来，避免把历史降为错误意图、背叛和意识形态的目录表。

但凯利强调美国方案所包含的困难，可能是因为他的托克维尔式的反讽，也可能是因为，像托克维尔一样，他必须在一个非常不稳定的政治语境中以政治的方式书写。注意他对威廉·詹姆斯（与皮尔士一样的实用主义者）的批评。作为一个研究宗教的美国作者，詹姆斯陷入托克维尔在《美国的民主》中所阐明的自由与控制的难题。尽管詹姆斯把宗教情感看作“主体生命领域的一个纯粹附加物”（PRC，第114页），但他的信仰观念不仅受到皮尔士的工作的滋养，也模糊地受益于心理研究（一种美国的嗜好）和神秘主义（第115页）。詹姆斯的气质倾向是各种天才的汇集，因而他的工作打下了彻底多元论的烙印；每个人都成为一个个体的分裂体系。他的政治方案的职责是消极的；詹姆斯把托克维尔的“宗教信念和公民自由的宝贵结合”贬为“完全不重要的”（第117页）；凯利评论到，托克维尔“若阅读威廉·詹姆斯的著作将会满怀疑虑”（第113页）。

然而美国人重要而积极的经验在于对信念、对充满活力的知识的内在兴趣。皮尔士的信念固化的概念使得对探究者共同体的
228 实践的说明成为可能——这种说明质疑乖张的学究气。凯利和瓦尔策的策略，即宗教和政治的联结，清楚揭示了正是对信念的忽视使得人们对世俗化的信念——作为世俗化的它在当前在修辞上甚至更有力——置之不理。凯利和瓦尔等以一种特殊的方式提供了一种积极的解释学；两人都重新建构了对当前（研究方面或非研究方面的）政治实践的重要兴趣这一历史难题。《政治和宗教意识》的总结性章节，“信仰和忠诚”的确是一个政治议题，尽管是悲观的；信仰（宗教信念）和忠诚（政治信念）处于疑难中，且它们的相互关系也疑难重重。可能应该由关于高蹈派的自由主义的挽歌式部分来为这种悲观主义做注解，《人文的喜剧》的最

后一章“托克维尔的悲哀”把撤退看作一个对“平庸”，对一个穷途末路的事业的有计划的逃避的通道。（第 225 页）但在这里凯利的说明为我们推荐了一个美德和价值的平衡：反讽“应该被包括在自由主义美德的任何分类法中”（第 230 页）以作为一个重要的平衡；自由应该作为“非反讽的价值”（第 231 页）而被珍视。[①] 这可能是一个朴素的解释学事业。然而它既不是纯粹的高蹈派撤回到文化批评，也不只是对获得许可的过去的一个保守的固化；毋宁说，它是这样一个事业，在其中反讽的谦逊使在信仰和忠诚的“废墟中的搜寻”，以及要求自由的发掘和应用的“搜寻”变得可以容忍。

---

① 凯利详尽地讨论了托克维尔的反讽，*HC*，第 221-223 页，第 227 页以下；他将之与海登 · 怀特（Hayden White）的作为“令人困惑的失败和失望的图景”的反讽做了对比，载《元史学》（*Metahistory*），Baltimore: Johns Hopkins University Press, 1973，第 196 页；托克维尔的反讽是“有目的的反讽”，*HC*，第 230 页；凯利在 *PRC* 中也谈到了反讽，第 201、241 页。我们必须把 White 对托克维尔的反讽的敌视视作“不成功的”，《元史学》（*Metahistory*），第 200 页。对怀特的反讽的讨论，参见我的文章“海登 · 怀特的元史学中的反讽和实验”，*Storia della Storiografia* 24（1993），45-57。

第三部分

论辩与叙事

11. 修辞的运用：法律推理及实践思维中的不确定性与文学修辞中的阐释 235

温迪·奥姆斯特德

阐释理论未能成功地找到一套能够运用于法律推理或文学阐释的规则体系。理论家对这种规则体系的渴求和他们对此体系是否可能的怀疑引发了众多的争论。[①] 修辞学提供了一条摆脱上述困境的出路，因为它是一门与处境和行动的特殊性相适应的推理技艺。这门技艺是合乎理性的（reasonable），但并不做这样的预设：为了被明智地运用，规则和条款必须是确定的（即可被准确地列举的、在不同处境中是可重复的以及单义的）。事实上，为了对特殊性做出判断和实现阐释，修辞技艺运用相对不确定的语言来发现和组织事实和论辩。修辞学家根据它们对一个具体的探究多么有用，来评估

---

① 在文学批评和法学中，对这个问题的诸立场的较好描述，参见桑福德·莱文森的“法律作为文学”（*Texas Law Review* 60, 3［March 1982］：第 373-403 页）。另参见 Gerald Graff 的回应，“‘远离草坪’、‘去你的’和其他不确定性：对桑福德·莱文森的一个回应”，载同一期，第 405-413 页，以及 James Boyd White 的“法律作为语言：解读法律与解读文学”，载同一期，第 415-445 页。莱文森和 Graff 的论文修改和重印于《阐释法律与文学：一个解释学读本》（*Interpreting Law and Literature:A Hermeneutic Reader*），Sanford Levinson 与 Steven Mailloux 编，Evanston, Ill.:Northwestern University Press, 1988，第 155-173 页，以及第 175-180 页。

不确定性的程度和类型，于是，对于修辞学家，“法律和文学中，可确定含义的问题实际上是一个错误的问题……它声称这两个选择都是不可能的。”① 认为含义或者是单义的，或者是不可确定的，这种想法通过使可选项绝对化和使阐释的可能性狭隘化，通向了不必要的怀疑论。为了在确定含义和不确定含义之间的截然区分之外提
236 出一个替代方案，我将讨论一系列的例子（它们以条款、论辩和修辞格［figures］的越来越不确定的使用为序），来表明每种不确定性的程度和类型是如何适用于它所服务的探究。

首先，我分析保罗·德·曼和雅克·德里达在语词、隐喻（tropes）和二元区分的含混含义中所发现的三种极端不确定性的基本类型，并且我把这些路径与修辞学的态度区分开来，依据后者，语词的含义、特性、论据（arguments）和修辞格（figures）是部分确定、部分开放的。我主张，相对于德·曼和德里达把修辞格（firgures）理解为去中心化的思想，一个典型地由之衍生的修辞学研究它们如何使思想得以可能。本文的思路是从对实际思想（如《联邦党人文集》）和美国判例法中的术语的分析，过渡到解决科学问题时的论辩（arguments）、判例法中的类比论证，直到对修辞论辩与思维的修辞格（figures of thought）之间的关系，特别是与广义的明喻之间的关系的分析。② 与

---

① White，“法律作为语言”，第 416 页。对阐释中含义的确定性的最一贯的辩护，见 E.D.Hirsch, Jr.，《阐释中的有效性》（*Validity in Interpretation*），New Haven: Yale University Press, 1967。关于术语如何在美国法律中起作用的法律分析的简史，参见 Elizabeth Mensch，“主流法律思想史”，载《法律的政治学：一个渐进的分析》（*The Politics of Law: A Progressive Critique*），New York: Pantheon, 1982，David Kairys 编，第 26-39 页。其他法学教授和文学批评家已经明确否定了确定性和不确定性之间的截然区分；参见 Robert Weisberg，“法律—文学的事业”，*Yale Journal of Law and the Humanities* 1（December 1988），第 43 页及注释 146。

② 关于修辞学和现代美国法律之间的类比，参见 James Boyd White，《赫拉克勒斯之弓：修辞学和法律诗学论文集》（*Heracles' Bow:Essays on the Rhetoric and Poetics of the Law*），Madison: University of Wisconsin Press, 1985，第 28-48 页，特别是第 41 页，在那

那些通过在声称是逻辑的语言中发现修辞性来破坏含义的那些路径不同，修辞学能让我们懂得论辩和修辞格（figure）之间的相关关联。修辞学与其他许多路径不同，它在认知上不是持怀疑态度的。相反，明喻，就像例证，能够作为一种模糊的阐明，以在真实或虚构的处境中发现那些不仅仅呈现在眼前的事物。

因为作为方法的修辞学的范围是普遍的，所以修辞学为在不同探究类型——甚至包括科学推理，当这个推理被当作科学家在具体的抉择处境中所实行的一个行为时——中考察不确定性的功能提供了有用的方法。正如理查德·罗蒂所主张的，“对于实用主义者［我还愿意说，对于修辞学者］，所有的探究模式，无论是道德的还是科学的，都是考虑（deliberation），这是一种相关于各种具体可选项之相对引力的考虑。”[①] 修辞学运用语言为选择变化着的事态提供依据——总是可能有另外一种选择方案。[②] 或多或少不确定的术语、论证和思维的修辞（例如明喻），暗示了人们寻找另一种可选项的

里 White 写道，以修辞的方式看待法律，就是看到“它作为同时规定和开放谈话论题的方式的含糊性”。法规能被看作“建立一套论题，一套条款，在其中这些［谈话的］议题可以得到讨论”。对作为理论文学话语的治疗的“修辞学的解释学”的一个分析，参见 Steven Mailloux，“修辞学的解释学”，载《对法律和文学的阐释》（*Interpreting Law and Literature*），第 345-362 页，特别是第 354 页以下。以及同前，“阐明与理解：修辞学与解释学之间的实际亲密关系”，本书第 18 章。

① 理查德·罗蒂，《实用主义的后果》（*Consequences of Pragmatism*），Minneapolis: University of Minnesota Press, 1982，第 163-164 页。

② 亚里士多德，《修辞术》（*Art of Rhetoric*），Cambridge: Harvard University Press, 1975，J. H. Freese 译，1.2.12.1357a3。当代对修辞学的本质和功能的三个精粹表述，参见：Hanna Holborn Gray，“文艺复兴的人文主义：对雄辩的追求”，*Journal of the History of Ideas* 24（1963）:500；Victoria Kahn，《文艺复兴中的修辞、审慎和怀疑主义》（*Rhetoric, Prudence, and Skepticism in the Renaissance*），Ithaca: Cornell University Press, 1985，特别是导论和第二章，“人文主义修辞学”；以及 Kahn，“人文主义与对理论的抵制”，载《文学理论 / 文艺复兴文本》（*Literary Theory/Renaissance Texts*），Baltimore: Johns Hopkins University Press, 1986，Patricia Parker and David Quint 译，第 373-396 页，该文作为本书第七章得到再版。

考虑，这种考虑在经验的探究、法律案例、审议的（deliberative）处境或一个虚构的处境——它们并没有准确地给出探究者所发现的东西——中进行。

对于古典修辞学，模糊性和相对不确定性给予论题（topoi，即修辞的位置）、论证和修辞格（figures）以灵活性，这种灵活性使得它们可以充当发明和发现的工具。西塞罗写道：“如果隐藏的位置被指出和被标记，那么被隐藏的事物就容易被发现；同样地，如果我们希望追踪某些论证，我们就应该知道位置或论题：因为它是亚里士多德赋予‘范围（regions）’的名称，就好像论证是由此引
237 申而来。”[①] 模糊的论题在修辞学手册中发挥作用，把演说者和写作者带领到考虑和论证之中。

另一方面，对于保罗·德·曼来说，语言的模糊性及其修辞性造成含义的失控。德·曼用阿尔奇·班科“有何分别？”的感叹的例子（这个例子现在已经很著名）来说明模糊性和修辞性如何使讲话者灰心丧气——当它们使讲话者身陷无力掌控语言含义的结构的处境时：

> 在被他的妻子问道他想把他的保龄球鞋鞋带系在上面还是下面时，阿里奇·班科以一个问句作答：“有何分别？”作为一个很死心眼的解读者，他妻子的回应是去耐心地解释两者之间的区别，但无论这种解释是怎样的，结果都只是带来恼怒。“有何分别”并不询问区别，而只是意味着“我不在乎区别是什么”。相同的语法样式造成了彼此相互排斥的含义：字面义探问概念（区别），而这个概念的存在被隐喻义所否定。在我们讨论保

---

① 西塞罗，《论题术》（*Topica*），Cambridge: Harvard University Press, 1968，H. M. Hubbell 译，第 386-387 页。参见亚里士多德，《修辞学》（*Rhetoric*）1.2.8.1356b。

> 龄球鞋时，其结果相对而言是微不足道的；阿尔奇·班科——尽管他是源头的权威性（当然，只要这些源头是正确的源头）的伟大信徒——在一个其字面义和隐喻义彼此妨碍的世界中得过且过，尽管多少感到不适。①

德·曼认为，当阿尔奇·班科被误解时，他的恼怒“揭示了当面对语言含义的结构——这是他不能掌控的含义结构，这种含义结构拥有未来无限相似的混淆的令人沮丧的前景，所有这些其后果都潜在地是灾难性的——时他的失望之情。”②

德·曼也把隐喻语言看作是不确定的。比喻（tropes）摧毁那些或公开或含蓄地要求确定和原义的话语。例如，哲学的定义可能被解构，从而揭示作为其基础的隐藏着的隐喻。哲学话语是“形象的话语或翻译，而它本身又创造定义这一虚妄的幻象。”③德·曼对约翰·洛克的分析就是一个恰当的例子。他把原子论者对运动（motion）的定义称作“从一个位置到另一个位置的迁移（passage）”。德·曼把这个命题看作一个翻译而非一个定义，因为说“迁移是一个运动”是同样合法的。“迁移”和“运动”是相互转译的；而“翻译”反过来又是对希腊词“metaphorein”（隐喻）的翻译。由此定义被还原为隐喻，还原为不确定的修辞。

最后，通过指出每个对子的左边项在等级上高于右边项，德里达消解了诸如自然和文化、男性和女性、言说和书写之间的区别。随后，通过表明右边项是真正优先的，即表明自然依赖于文化和言 238

---

① 保罗·德·曼，《阅读的寓言：卢梭、尼采、里尔克和普鲁斯特的修辞语言》（*Allegories of Reading: Figural Language in Rousseau, Nietzsche, Rilke, and Proust*），New Haven: Yale University Press, 1979，第9页。

② 同上书，第10页。

③ 保罗·德·曼，“隐喻的认识论”，*Critical Inquiry* 5（1978）:17。

说依赖于书写，他颠倒了这一等级体系。因此他也消解了自然和文化之间的区别，通过引证克劳德·列维－斯特劳斯所称的“一个丑闻：即某种不再承认他（列维－斯特劳斯）所曾认可的自然/文化二元对立的东西，某种似乎同时既要求自然属性，也要求文化属性的东西。这个丑闻就是乱伦禁忌。乱伦禁忌是普遍的；在这个意义上人们也可以称之为自然的。但它同时也是一个禁忌，一个禁令和规范的系统；在这个意义上人们也能称之为文化的。”[①] 德里达持这种见解是因为他能发现一种同时是自然和文化的现象，在那里自然和文化之间的区分受到质疑。德里达对自然和文化范畴的消解依赖于这样的信念，即区分必须是准确的，为了能够做出区分，它们必须鲜明地、毫不含混地划分所试图区分的现象。约翰·塞尔认为，解构预设了如下实证主义倾向的信念：除非一个区分或一套术语承认严格的内在分界线，否则它就不能成立。[②] 仅当我们相信术语和区分必须是严格的，在我们发现区分是模糊的或现象被刻画为不确定时，我们才会感到震惊和获得解放。塞尔反过来主张，“它是有关不确定现象的准确理论的充分条件，这种理论应该准确地把现象刻画为不确定的；并且由于容许彼此关联的家族和临界的例子，一个区分就不再是区分。”[③] 只有当一个人相信区分必须是严格的，并且把清楚可分的现象当作是真实或有用的之时，消解才真正发生。然而，存在许多思维类型，在那里确定的术语和区分不仅是不可能的，也是不受欢迎的；为了很好地起作用，术语本身常常必须是模

① 雅克·德里达，“结构、符号和游戏”，载《书写与差异》（*Writing and Difference*），Chicago: University of Chicago Press, 1978，Alan Bass 译，第 253 页。另见《结构主义论争：批判的语言与人的科学》（*The Structuralist Controversy:The Languages of Criticism and the Sciences of Man*），Baltimore: Johns Hopkins University Press, 1972，Richard Macksey and Eugenio Donato 编，第 253 页。

② John R.Searle，“倒置的语词”，*New York Review of Books* 31, no. 16（1983）: 74-79。

③ 同上，第 79 页。

糊的。

为有关事态的选择提供依据（它可以有多种可能性）的术语和区分同时是相对确定和相对不确定的。在我前面已经规定的修辞方法的框架中，“相对确定”指已经获得共识的东西，而“相对不确定”指依然模糊和有讨论空间的东西。因此，如果每个人都同意一个人杀了人，那就没有人对此再加考虑或讨论：然而我们可能会仔细考虑这个杀害是一个罪行还是自我防卫。因此，相对不确定的术语或论题也有一个一致同意但却模糊的含义，它把思想引向无法得到精确说明的思考。例如，术语安全（safety）、福祉（welfare）和联合（union）在《联邦党人文集》的第一篇文章中作为相对不确定的论题起作用。安全和福祉表述了每个人都欲求的目的，而又没有准确说明这些目的是什么；以后的文字在这个模糊的论题上填充以对安 239
全保障（security）的考虑，填充以保护人们免于国内威胁和违背协议之害的方法，以及国家防卫方面的议题。于是这个文本从有限的不确定性走向确定性。一些作者用论题来指他们一开始在心目中就具有的目的的一般类型；随后文本填充那个含义直到它最终确定下来。然而不是所有的讲话和写作都是为了达到术语的确定含义才构建出来的。讲话和写作也使用模糊的语言来阐明矛盾的或发展着的目的和促成开放式探究。术语和区分的明智运用要求人们让不确定保持恰如其分的模糊性，并且不去寻求超出特定的探究允许范围的精确性。

术语、关系和思维的修辞是相对且明确地保持为不确定的，当它们足够模糊以至于它们的含义能够随着它们被置于新的处境而发生相应的变化之时。例如，在判例法中，在“潜在危险的事物”和“自身并不危险的事物”之间的区别中，术语随着它们被用于对一套变化着的对象（出借的枪支、有缺陷的灯、有缺陷的四轮马车，以及最后，有缺陷的汽车）进行分类而改变它们的含义及它们彼此间的关系。[1]最开始的时候，“潜在危险的事物”和“自身并不危险的事物”之间的区别很清楚，出借的枪支、有缺陷的枪支、毒药和洗发剂被看作就其本性是危险的事物，而有缺陷的灯是通过一个未知的潜在缺陷而变得危险的。[2]随着新的处境和问题的出现，有关“潜在危险”的含义和重要性的观念发生改变。后来规则变成“如果事物的本性是这样的，以致当它被疏忽大意地使用，将很可能使生命受到威胁，那么它就是一个危险的事物。”就像爱德华·里瓦伊所表述的，“在托马斯诉温彻斯特案中仅仅是潜在危险的事物……变成急迫的危险或内在危险的事物，或者，如果不考虑措辞的细节，变成只是一般的或可能的危险事物。”“内在危险”的含义扩展到包括脚手架和咖啡壶，也即包括“潜在危险”。因此，两个术语的含义都发生了变化。里瓦伊追溯法律术语的演进以表明含义如何随着它们被带到新的处境中而不断演进。法律概念需要这种模糊性和弹性，因为变化着的情境给判断提出新的挑战。一个交通工具可能不被看作是内在危险的，当交通工具在人们那里意味着四轮马车时；而汽车提出了一个不同的问题，并且可能改变了人们使用术语的方式和术语意指的方式。术语“内在危险”和“潜在危险”把探

① 严格来说，术语被用于检查涉及出售、使用它们和被它们伤害的对象。如我们将看到的，在案例法中，术语在与例子或类比的推理过程的关联中起作用。见下文。相关于诸如出借的枪支和有缺陷的灯这样的对象，若脱离案例（不仅仅是事物）的比较过程来考虑术语和区别，将会使人误入歧途，只要事物的危险性可能与它如何使用和被谁使用相关。Melvin Eisenberg 把例证推理当作一个有关事物而非案例的推理过程来对待，并且他不但使事物与其案例情形相脱离，而且与推理过程和使用术语和规则的过程相脱离。Melvin Aron Eisenberg,《判例法的本质》(*The Nature of the Common Law*), Cambridge: Harvard University Press, 1988，第 86 页。而我则主张，例子不仅指向诸如圆锯这样的事物，也指向案例情形，在其中一些人给予或出售一些东西给其他那些被伤害或其亲人被伤害的人。

② Edward H.Levi,《法律推理导论》(*Introduction to Legal Reasoning*), Chicago: University of Chicago Press, 1949，第 13 页以下。

究引向多种多样的有缺陷的事物；然而这些术语并不严格地规定法院在这些事物中所发现的危险类型。既不是把一个表述看作明确的和固定的，也不是看作完全不确定的，而是阐释者能够把它用作探 240
查处境的一个工具。

法律中的修辞术语和论辩：论辩

在论辩的情形中，如同在术语的情形中，不确定性是相对的，且在与确定之物的关系中发挥作用；两者都考虑到了促进探究的开放性。确定性和不确定性在论辩中以相互关联的方式起作用。首先，因为论辩预设了以受约束的方式把一个术语联系于另一个术语的能力，术语之间的关系模式或者可能是确定的，即依据一个仔细地被规定的逻辑关联而联结（如同“A 是 B 的二分之一”），或者是相对不确定的（如同在“父亲之于他的儿子就像国王之于他的臣民”那样）关联而联结。在第二个例子中，术语之间的关系是模糊的。其次，论辩在它们与处境、情境或自然的关联方式方面可能是确定或不确定的。因此，公式 f=ma 与一个球在一个斜面上滚落的理想情形相关联：人们能够以精确的方式确定力、质量和加速度及其关联。然而，正如托马斯·库恩在《科学革命的结构》的跋中所认为的，当学生研究钟摆或水槽中的水的下落运动时，他们将不得不修正这个公式以便与类似于但并不等于斜面情形的特征相联系。[①] 因此，甚至在这里，在人们某种意义上用确定的公式工作（也即，在公式中，各项以严格给出的方式被关联）的地方，当学生们在钟摆的情形中寻求相似但并不等同的特征，以及当他们能够改变公式以适应于新

① 托马斯· 库恩,《科学革命的结构》(*The Structure of Scientific Revolutions*), Chicago: University of Chicago Press, 1962, 1970, International Encyclopedia of Unified Sciences, 2d ed., 第 190 页。

情形下的不同之处时，他们也遭遇到了不确定。我把这种人们依据他们所考虑的问题而改变的公式（/表述，formulation）称之为“手段（instrumentalities）”。当手段在与自然或其他研究对象的关联中被使用时，这些手段允许某种程度的修正。

为了表明人们可能在论辩中发现的不确定性的程度和类型的连续性，我将举出从最少程度的不确定性到最大程度的不确定性过渡的一系列例子。我们将发现，有关不确定性的绝对判断让位于有关一个论辩对于它所服务的探究是否恰如其分地不确定的更具体的修辞估价。

在下面的分析中，我聚焦于例证或类比论证的情形，即修辞论辩（以及在现代法律中最经常发生的形式）的两种主要形式中的其中一个，以及与例证密切关联的比拟辞格（包括明喻）。[①] 通过例子来展开的论辩允许探究者依据另一个例子来考察这一个例子，即随
241 着他或她对第二个例子的深入了解来调整他或她对第一个例子的理解。探究者在一个发现过程中将多个例子并置起来，这个发现过程为对这些事物——它们也可以是另外一种样子——的判断提供思考视角。然而，在一个探究的领域或类型中，探究者能够调整公式和论证的程度不是固定不变的。

一般来说，通过例子或类比来进行的论辩不是通过把一个例子（下文的引证中的“部分”）与一个普遍前提（“整体”）关联起来，而是在“两者都隶属于同一类属，但它们中的一个比另一个更为我们所熟悉”的情况下，我们把一个例子与另一个例子关联起来。通过例子来展开的论辩“既不是部分对整体的关系，也不是整体对部分的关系，也不是一个整体对另一个整体的关系，而是一个部分

---

① 亚里士多德把例证论辩视作两个主要修辞论辩形式中的一个；另一个形式是省略式三段论；《修辞学》（*Rhetoric*），I.2.8 and II.20.1.2。

对另一个部分、一个相似对另一个相似的关系——当这两个都归属于同一类属，但其中一个比另一个更为我们所熟悉时。例如，为了证明狄奥尼索斯正谋求专制，因为他依赖于卫队，人们可能会说，在他之前的庇西斯特拉图斯和麦加拉的尼斯做了同样的事情，并且在他们得到他们所谋求的东西时，他们就成为了暴君。”[①]

通过例子来展开的论辩类似于有缺陷的归纳法，在那里，人们从庇西斯特拉图斯的情形推论出狄奥尼索斯的情形。然而它不同于归纳，在前者那里并不为了自身的缘故去寻找关于卫队的一般规则。[②]相反，人们可能用庇西斯特拉图斯的例子来检查狄奥尼索斯的情形，以发现狄奥尼索斯谋求成为暴君是如何可能或不可能的。类似地，一些人可能用关于有缺陷的四轮马车的相关情形来评估有缺陷的汽车的情形，以便找到其与判断有关的相似性和差别。通过例子来展开的论辩具有启发的功能；它帮助人们发现相应的考量，后者反过来又成为说服的一个源泉。在判例法中，“相似性在诸案例之间被认出；然后内在于第一个案例的法律规则被宣布出来；于是法律规则适用于第二个案例。”[③]因为推理的过程包含对规则的调整，这种

---

① 亚里士多德,《修辞学》(*Rhetoric*)，1358a。

② 亚里士多德似乎持有两种例证论辩的观念，一个强调例子作为为一个论证提供支持的例子，另一个作为在发明中起作用的例子。Gerald A.Hauser，“亚里士多德〈修辞学〉中的例子：分歧还是矛盾？”，*Philosophy and Rhetoric* 1 (1968): 78-90，以及 Hauser，“再论亚里士多德的例子”，*Philosophy and Rhetoric* 18 (1985): 171-180。特别有趣的是，Hauser 在第二篇文章中把“归纳论证”(epagoge) 当作“发现的形式”来对待，强调归纳论证的能力“作为纯理智的洞见闪烁，借此‘archai (本原)’被把握”，第 174 页。亚里士多德把读者引向“论题”，一个发明的工作，引向对例子和省略三段论之间区别的理解；I.2.1356b。

③ Levi,《法律推理导论》(*Introduction to Legal Reasoning*) 第 2 卷，对作为与依据判例或原则类似的类比推理的理解，参见 Eisenberg,《判例法的本质》(*Nature of the Common Law*)，第 83 页以下。然而，值得注意的是，法律的规则是在一个案例通过例证推理过程被置于另一个案例旁边之后才被宣布的。因此，人们不能从单个案例的分析中

调整依据人们在诸案例中认出的东西来进行，所以推理是相对不确定的。换言之，律师和法官并不只是简单地把已知的术语和规则运用到新的案例中去；他们能够调整语词和规则以适应新的案例，或者他们能发明新的语词和规则。所以，一个律师不仅通过发现相关的考量来进行说服，而且通过使人们相信某些语词或语词的阐释是决定性来进行说服。我已经考察了法律术语如何随它们在具体案例中的运用而发生改变。现在我想强调，通过例子来论辩也是具有弹性的。法律推理不是把一个已知的规则运用到多样的事实或案例中去，而是首先确定“当规则首先被宣布出来时，何种类似于当下案例的事实将被考虑”；“在法律过程中，相似性或差异的发现是一个关键的步骤。”[1]这种相似性或差异的获得属于修辞发现（rhetorical discovery）行为。

242 探究依其公式（/ 表述，formulations）的类型——这些公式通过例子来引导推理——和对于他们有用的不确定性的程度而彼此相区别。之前我提到这样的事实，即尽管诸如 f=ma 的科学公式以能具体列出的方式规定各项及其含义之间的关系，但学生也需要通过类比推理来使公式和自然联结起来。他们在斜面情形和钟摆情形中发现力和质量的运作之间的相似性；他们学会如何把两个问题的有关方面看作是相类似的。[2]知道诸如 f=ma 的公式意味着用它来探索自然。学生通过把他的问题看成“与他已经遇到过的问题相类似”来

知道恰当的规则。有关判例法规则与类比推理之间关系的分析，见 Steven J.Burton,《法律推理导论》(*Introduction to Legal Reasoning*)(Boston: Little, Brown, 1985), 第 25-40 页及第 59 页以下。Burton 评论道：“那种意在把判例法案例的结果当作事先存在的规则的后果来对待的表达形式……并没有准确地反映判例法的过程。”(第 36 页)。对依据判例（stare decisis）和法院如何决定依循哪个判例问题的讨论，参见 David Kairys, “法律推理”, 载《法的政治学》(*Politics of Law*), 第 11 页以下。

① Levi,《法律推理导论》(*Introduction to Legal Reasoning*), 第 2 页。

② 库恩,《科学革命的结构》(*The Structure of Scientific Revolutions*), 第 189 页。

学会这样做。“看到相似性，并且把握了两个或更多不同问题之间的类比之处，他就能使符号相互关联，并且以他们以前已经证明有效的方式把它们与自然联系在一起。法则示意图，例如 f=ma，作为一个工具而起作用，它告诉学生要去寻找何种相似性，它标示出格式塔，在其中处境要被识别出。我想，作为结果的主题（f=ma），或某些其他的符号式概括，是学生通过解决典型问题所获得的最主要的东西。”①

在这里，如同在其他例证推理类型那里，问题在于学生没有遇到相同的情形；他或她不得不学会在某些方面把这些情形看作是相似的。f=ma 的图解式法则只是告诉学生要去寻找什么；但并不确切地告诉他们该如何去发现它，以及在什么形式中去发现它。

一旦学生已经把这两个问题看作是相似的，他们可能就需要去学会如何修改公式，用它作为一个手段来理解自由落体或钟摆。对于自由落体的例子，f=ma 就变成

$$mg= m\frac{d^2s}{dt^2}$$

对于简单的钟摆，它转换为

$$\mathrm{Sin}\ \theta =ml\frac{d^2\ \theta}{dt^2}$$

学生们正通过使用 f=ma 来学习它；他们也学会去设计 f=ma 的某些恰当的版本。懂得 f=ma 意味着能够把它调整到能适应不同情形。同时，改写的公式在各种制约条件中起作用；f=ma 作为一个图解式法则起作用，以引导自然的研究和不同公式的设计。

相对于图解式法则在库恩所给出的例子中对研究活动的引导，在法律推理中相对不确定的术语有助于安排判例法、成文法和宪法中的推理。在判例法中，推理中使用的术语并没有在一个成文法中 243

① 库恩,《科学革命的结构》(*The Structure of Scientific Revolutions*), 第 189 页。

被表述；它们通过由案例到案例的推理过程呈现出来。我已经讨论了里瓦伊对例证推理的分析方法，它表明一个案例如何与另一个案例并置在一起以便为在第二个案例中关键性的东西找到一个一般项。[①] 类推有助于在第一个案例中构建某个对理解和评价第二个案例有帮助的东西。如果例子在指导探究时没有确切规定要被发现之物，那么此时例子是相对不确定的。

相似性和差异的发现对于推理过程来说是极为重要的；然而似乎看起来没有一般的规则去告诉我们何种相似性是决定性的，或如何去依据重要性和程度来排列相似性。问题在于“什么时候该这样去对待差异的情形：就好像它们是相同的那样。”[②] 对立的系统被设计出来，通过保证差异和相似性获得凸显和竞争性例子得以给出，借以帮助我们恰当地行动。

然而甚至在判例法中，仅仅发现相似性和差异也是不够的；除非术语从过去的案例中被创造出来或被采用，并被重新运用到当前案例中，否则推理过程不可能进行。这个过程包括三个阶段：首先，法庭尝试在案例中找到一个术语（语词）；其次，这个术语多少被固定下来，并且类比推理不断对在术语范围之内和之外的情形进行分类；最后，当这个术语瓦解时，例证推理超越术语所指示的东西。

里瓦伊对术语“内在危险”的早期发展的分析说明了例证推理如何有助于发现诸案例中的相关要素，并进一步地确定法律术语的含义。里瓦伊引用了迪克逊诉贝尔案，在这个案例中，枪支的主人派一个女佣去取枪；尔后枪走火了，射向原告的儿子并使之受伤。在这个案例中人们判定，被告，也就是枪的主人表现出疏忽大意，使枪处于危险状态中；故而他理应做出赔偿。在后一个案例（朗格

① Levi,《法律推理导论》(*Introduction to Legal Reasoning*), 第 1 页。

② 同上书, 第 3 页。

里奇诉李维案）中，被告知情地卖给一个父亲一把有缺陷的枪，而这把枪在他儿子（原告）的手里爆炸了。也有这样的被告，他提供了一辆有缺陷的马车，这个马车摔翻并弄跛了被告——一个马车夫（温特伯顿诉赖特案），以及被告，一个零售店主，他卖给别人回收的灯泡。当其中一个灯泡爆炸时，买主的妻子受伤（朗曼诉霍利迪案）。

在所有这些情形中，有一个人（A）拥有、出售或提供一个事物（B）给另一个人。与后一个人有关联的某人（C）为此物（它某种形式上是危险的）所伤。其形式可以概略地描绘为A/B/C：：D/E/F。问题在于，是否被告知道或本应该知道危险（A的特性），被告与原告是何种关系（“/”作为直接打交道，等等），关涉这两人的行动的性质是什么（“/”作为欺骗），以及是否所涉及的事物（“B”）自 244
身就是危险的，还是仅当另一个行为介入时才使它变得危险。这些问题都是彼此关联的。如果一个事物只是潜在危险的，那么人们也许就不应期待被告知道它的危险性。做出这样的裁定需要通过把一个案例（A/B/C）与另一个案例（D/E/F）关联起来，进而通过人们对“：：”关系的理解来规定诸要素和“/”关系。在这里例证推理为提出与前述类似的考量提供了资源。但只有当一个表达了重要内容（从某特定角度来看）的一般项（术语）得以被发现，一个选择才能够做出。被一致同意的术语，例如学生的公式，作为一个手段而发挥作用，把思想引向要被解析的情形的某些方面。随着通过例子来展开的推理不断地对术语范围之内和之外的案例进行分类，术语就变得越来越确定。最终，它会瓦解；它的含义变得过于固定（过去确定！）或使人们感到它与变化了的情形不相应。早先被认为重要的区分可能在后来被弃用。例证推理已经超越了语词所表露的东西。

在判例法中，早期可能也是处于摸索阶段，因为找到一个语词是很困难的；在这里情形过于不确定。再后来，法庭可能被现成的概念的存在所影响。在第一个情形中，法庭必须为找到一个恰当的表述（/公式，formulation）而努力："人们可能会提出这样的异议：这个法律推理的分析过于强调案例之间的比较，而忽视了被创造的法律概念。的确，相似性是通过一个语词才被看出的，并且无力找到一个妥当的语词来表达相似性或差异将会制约法律中的变化。之前已经找到的语词被频繁地谈及，它们已经获得了自己的尊严，并且在很大程度上支配了结果。正如卡多佐法官在谈到隐喻时所表明的：语词以解放思想为起点，但最终却以奴役思想为终点。"①

一般项的发现是重要的，甚至在判例法中也是如此，但这些术语不要成为刻板的规则。当我阅读里瓦伊对自身危险和显得急迫的危险事物的观念的发展和演化的说明时，在我看来，整个过程中贯穿着一个判断的连续发展和修正，这个判断即：在是否把责任归于炸膛的枪、爆炸的灯和有缺陷的马车的问题上，什么是重要的或什么是需要被考虑的。里瓦伊强调推理的从案例到案例（case-to-case）的性质。而我想指出，像"潜在危险"这样的一般项的塑形标记了一个要素，在其中，被比较的诸案例的一些方面从某个特定角度被
245 看作是关键性的。固守旧的语词可能诱发那些并不体现社会的当前价值的选择。例证推理的不确定性，和与之关联的诸术语的不确定性对于司法过程来说是极为重要的，因为法律是与随着时间而变化的特定情境关联着的。构造术语的无能可能会使得人们无法提出某些考量，并且因此而变得僵化。当一个先前的案例被置于一个后来的案例之旁时，对此单个案例的司法理解可能会发生改变；例证推理将允许新的考量出现。

来自于法律和科学的这些例子表明，规则和术语的不确定性的

① Levi，《法律推理导论》（*Introduction to Legal Reasoning*），第 3 页，强调为笔者所加。

程度和类型依赖于公式如何被用于指导观察，以及当进一步的事实和关系被发现时，它们多大程度上容许修正。f=ma 对哪些特征相关和如何相关施加了较强的限制；我们会愿意称之为确定的。然而使用公式暗含了于差异中看出相似性的能力。法律的类推和概念相比而言就更为模糊和更具弹性。但它们也需要足够的确定性以指导判断。寻找语词的无能将阻碍判断过程，因为如果没有一般项的使用，案例的相关特征不能被认出和被描绘出来。在新的案例中，或在变迁着的公共价值面前，过于确定的概念将变得无用。

传统的修辞学家已经把相对不确定的法律术语称为 topoi（论题），对找到起证据作用的材料和论证有用的“位置”。[①] 现代修辞学能联系不同推理领域中的论题和论辩结构，这种修辞学的发展使我们能更好地理解语词和论辩如何能以最富技巧的方式被使用以发现特定情形中的要素。本文接下来的部分将处理相对不确定的论辩与诸如明喻这样的思维修辞之间的关系。

修辞论辩与思维的修辞的关系：明喻

修辞学使我们能理解论辩和修辞之间的相互关系，并把我们从定义和修辞的截然对立，或从把一个还原为另一个的“解构”的必然性中解放出来。解构主义者在声称逻辑可靠的话语中去发现隐藏的隐喻，这预设了隐喻自身本质上是破坏性的或认知上可疑的。这种立场与传统修辞学观点大不相同，后者认为思维的修辞具有使思想得以可能的功能。明喻或隐喻的修辞就像例证论辩一样，能够被当作相对不确定的工具使用，以在真实或虚构的情形中发现那些并

---

① 参考上面西塞罗关于论题的表述；《论题术》（*Topica*），第 386-387 页；亚里士多德，《修辞学》（*Rhetoric*），1.2.8.1356b。另参见本文之前关于西塞罗的注释。

不显而易见的事物。当我们进行一个思维实验，想象自己作为说话
246 者去寻找能够阐释某一情形的论辩和修辞时，这一思维与修辞之间的紧密关联就变得更为明显。例如，在人们表述友谊的危险特征遇到困难时，人们可能会寻找一个结构和道德层次上与之相类似的例子："是的，约翰是你的朋友，正如伊阿古是奥赛罗的朋友。"约翰的"友谊"的可能特征突然就栩栩如生地显现出来，尽管它们可能很难用语词来描述。例证论辩能以非常通俗的方式被使用。

类似地，听者和读者能够把例证论辩和修辞用作相对不确定的工具，以形成有关一个情形的观念和检验它的含义。想象护士告诉一个临产的妇女："像小狗一样喘气。"明喻的力量远大于"以快速、放松的方式吸气和呼气"的教导。为何明喻的力量更大，临产妇女如何把明喻用作一种手段？妇女参考小狗的例子来思考呼吸的节奏；然后她模仿她所创造的图解的节奏和深浅，从而将小狗的呼吸与自己的呼吸联系起来。[①] 因此，她对相对不确定的表述的阐释是复杂的。护士的句子的含义包括语义学上的含义和附加的隐含意义，据前者这个句子有意义，而后者被护士当作建议来帮助产妇呼吸。为了有益于这个妇女，护士给予了她一个思考如何很好地呼吸的手段。

"像小狗一样喘气"给予妇女一个思考的图解，并且在模仿小狗的行动时她想到了小狗和她自己的呼吸，直到她能以更有利于分娩的方式呼吸。从技术上说，她正把小狗的图像用作个别的图解——也即，用作"经验的对象，只要它的一些性质使它能确定对象的观念。"[②]

---

① 这里的 Diagram（图解）请参考 C. S. 皮尔士，他把图像符号（Iconic signs）区分为 images（图像）、diagrams（图解）和隐喻："那些具有单纯性质……的东西是图像，那些通过它们自己各部分的类比关系反映一个事物的多部分的二价关系的东西，是图解，那些通过呈现其他事物中的平行特征来反映被呈现物的典型特征的事物，是隐喻。"《论文集》（*Collected Papers*），Cambridge: Harvard University Press，Charles Hartshorne and Paul Weiss 编，6 vols.2:277。

② 同上。

她用小狗作为帮助分娩的放松、快速的呼吸的一种线索。从某种意义上说，她并不真正知道小狗是怎么喘气的；她仅仅思考它并用一些不同的方式去尝试，她这么做时不是去获得对“像小狗一样喘气”的确切阐释的观念，而是以学会如何在特殊情形下有效呼吸为目的。这个图解是相对不确定的，因为图解对她的行为的指导是在她的阐释改变和发展着的时候进行的。这个相对不确定性是建构性的，而不是解构性的，就像在其他路径那里被理解的一样。

这种情形中的交流不仅仅是信息的传达。阐释的目的不是去准确地重构“像小狗一样喘气”的说话者所意指的意思，因为听者可能用这个明喻发展出一种比说者所意指的更为有效的呼吸方法。这个图解也不是去规定阐释，尽管它对妇女关于呼吸的思考起着指导 247
作用。这个妇女并不试图完全像小狗一样呼吸，不加选择地重复小狗行为的每个细节；而是她在尝试时根据她的需要做决定。她关于小狗呼吸的观念指导着她反复尝试呼吸的努力：她的努力不是任意的，因为对应的参照物帮助她去除了一些不太可能有用的可能性。这个妇女力图用小狗喘气的图解作为她探索的工具，且她乐意根据她不断发展着的理解来修改她的图解、她关于小狗呼吸的观念和她自己呼吸的观念。

人们经常把修辞术语、论辩和修辞格当作似乎具有能服务于特定目的的僵化性质来对待，或者把它们看作是内在而彻底不确定的。然而，在实际做选择的时候，语言需要灵活有弹性，以为阐释者根据具体情形调整其含义留下空间。而且，对“诗意的”明喻的阐释包含人们在实际情形中同样需要的弹性和修辞技巧。把认知活动还原为不确定的“修辞术”或“诗”，将破坏了实践思考和诗性思考之间的强有力联系。例如，广义的明喻，在传统观念中被当作最为“诗性”的隐喻，只在灵感的瞬间起作用，却也邀请它们的听者和读者去检验和改进其阐释，其方式类似于律师在判例法中使用例证或产妇用语词指导分娩。当《伊利亚特》把人们投入战争的运动比作波浪拍击海滩的运动时，它邀请阐释者去发现人的运动与波浪的运动之间的关系的相似性：

有如海浪在西风的推动下，一个接一个
冲击那回响的沙滩，
先是在海面露出浪头
随即在地上打散，发出巨大的声吼，
拱着背涌向岬角，吐出咸味的泡沫。
当那安斯人 的队伍就是这样出动，
一队接一队，继续不断，奔赴战场
每个将领给自己的士兵下达命令
士兵们默默地行进

——《伊利亚特》4.422–29①

如果读者用类比关系（：：）来发现把严格意义上的明喻中的模式（波浪拍击和咆哮）和它的叙述的对应物（因而当那安斯人沉默地推进）两者联系起来的一个可能方式，他或她可以用波浪拍击陆地之间的关系来把这种冲突投射到叙述情形中（A/B/C：：a/b/c），从而理解当那安斯人那强烈的运动：他将在敌人那里遇到障碍并碎裂。于是明喻将预示叙述，预告一个行动。通过一个盲目被动然而
248 极为有力的自然运动，读者进一步把这样的明喻理解为那种战斗的能量，这个自然运动可能多少处于有目的的人类行为底下，或超出了后者。随后他们将把这个已发现的更深层的阐释与叙述的相关部

① 荷马，《伊利亚特》(*Iliad*)，D.B.Munro 编，vol. 1, 4th ed., rpt., Oxford: Clarendon Press, 1960，作者英译。中译参照了罗念生译本。

分联系起来，通过借助一个来估量另一个的方式同时改变他们对这两者的理解。读者用波浪的模式来把叙述中的人理解为被有力的、周而复始的运动裹挟的人，这个运动随着明喻和叙述同时被想到而显现出来。与此同时，波浪的咆哮和当那安斯人的安静之间的差异削弱了读者对相似性的期待。相对于一般项和公式在法律和科学的例子中帮助引导推理过程，在广义的明喻中，对行动或事件的整体外观的把握引导着对相似性和差异的发现。波浪拍击陆地的外观是相对不确定的，直到读者将它与人们投入战斗联系起来并进一步规定塑造着这两个事件的模式。

荷马的《伊利亚特》第20卷中的狮子比喻那样的精心构造的、非比拟的明喻，比有关波浪和人的明喻相对更少确定性，且为类比阐释提供了更复杂、更有挑战性的机会。这个明喻呈现了关于狮子被人猎捕的小型故事，而对这个故事如何与它在叙述中的对应物关联起来，则基本上未确定：

> 埃涅阿斯首先威武地冲出阵来，
> 沉重的头盔不住摇晃，可怖的盾牌
> 举到胸前，手中紧握铜头长枪。
> 佩琉斯之子从另一面冲出来迎战，
> 有如一头雄狮，凶残得全村农人
> 都想把它杀死。起初它竟自行走，
> 蔑视农人，后来有位勇敢的青年
> 投了它一枪，它才弓起身张开大口，
> 牙齿间泛出白沫，雄心在胸中沸腾，
> 强健的尾巴来回拍打后腿和两肋，
> 激励自己去和围攻的农人抗争。
> 它双目火光闪烁，纵身向前跃起，

或是杀死农人，或是自己丧身。
巨大的力量和无畏的心灵当时也这样
激励阿基琉斯向勇敢的埃涅阿斯冲杀。

——《伊利亚特》20.162–177

这个明喻故事比类比的战斗情形要更为详细，然而却并没有指明读者或听者该如何将明喻故事和战斗事件相对应，或他或她应如
249 何使何者（狮子的受伤，还是它的愤怒抑或这整个故事？）与何者（与阿喀琉斯？与他的愤怒？还是与驱使他对抗埃涅阿斯的力量？）相关联。

读者把明喻带入与叙述中的对应行动的关联之中，通过狮子的故事来理解对战斗事件的描述。这两者的相互关联允许读者进一步确定哪个应该与哪个相连。一些明喻能够被用于发现结构的平行性，以便读者用 A/B/C（在这里，是狮子的进场和受伤，以及所造成的暴怒）来阐明和图解叙述中的 D/E/F 行动（可能是英雄的接近、受伤和所造成的愤怒）中的类似结构。

因为确定相似性和差异的过程不是被诸如“内在危险”的一般项（它定义从某种角度看什么是重要的）所引导，而是相反，被作为整体的明喻故事所引导，所以阐释者能够参与到一种自由游戏，一个通过与人的行为的关联去平衡故事的各种要素的过程中。例如，阅读狮子这个明喻的读者可以领会狮子的整个故事：它进场、受伤并变得愤怒，甩着尾巴、口吐泡沫直到想杀戮，他的眼睛燃烧着怒火。通过它们在这个迷你叙述系列中的位置，在这个事件系列结尾的所出现的怒火通过被放置在迷你叙述系列中而呈现出一种新的鲜明的含义。这个故事强化了我们对那个怒火的阐释。于是我们能用这个怒火的观念来解释埃涅阿斯的能量的强度和性质。我们不需要把它们看作是刻板的“相像”：通过对诗的考察，读者调整他们“接受”

类比的方式。在这里，我们与不确定性类型最为接近，在其中语言能够与特定的参照和被考察和重新定义的相互关联相脱离。然而，这个过程不需要被理解为与从案例到案例的推理过程或日常讲话中例证的更加非正式的使用相对立。

事实上，我们必须抵制把不确定性颂扬为自由和可能性之开启的首要条件的诱惑，尽管人们通常这样做。明喻创造预期和把注意力引向战斗中的人的行为（也即，它的相对确定性）的力量使得读者得以发现某种超出显而易见的东西（也即，叙述中的人被一个有力的、周而复始的运动席卷）。此外，对人的行动的说明矫正明喻的投射，允许听众修正它的观点。（阿基琉斯的举止并没有完全像狮子一样；差异和相似性一样重要。）

我对论辩和修辞格的分析已经表明，修辞学提供了思考不确定
性的功能的一条道路，这条道路不会陷入确定之物（完全明确、单 250
义和可重复的）和破坏思想的可能性的不确定之物（模糊和形象的）之间的僵化区分。修辞学作为一种在各种情形中——在那里，不止有一种可能性——发现考量的技艺，不是把论辩和修辞格理解为对立的范畴，而是理解为密切相关的功能，它们常常在推理活动中彼此相互补充和支持。修辞学把术语、论辩和修辞格用作和理解为维持模糊程度的能力，它依赖于思考者的目的和要被决定之物的本性。

是否含义在法律和文学中是可确定的，这一问题已经引发了许多争论；然而只要这个问题把我们引向在两个不可能的可选项之间做非此即彼的选择，在其中含义或者是客观和可确定的，或者内在地是易变和不可确定的，那么它就提前封闭了发现的道路。趋向已知规则体系的渴望和对这种规则的可能性的怀疑形成了一个僵局。修辞学提供了走出这一僵局的道路，因为它是一种使规则适应于处境和行动的特殊性的推理艺术。为了判定特殊性，修辞学用模糊或不确定的术语、论证和修辞格来发现和组织考量。随着术语和关系

被带入新的情形中，它们的含义也发生变化。

术语、论证和修辞格要很好地起作用，各个领域在不确定性的种类和程度方面应该是不同的。来自力学、法学和文学的例子表明，规则和术语的不确定性的程度和种类依赖于这些公式（/ 表述，formulations）如何被用于指导观察，以及当进一步的事实和关系被发现时，它们多大程度上可被修正。修辞学使我们能够发现不确定性的程度和种类的连续性，它把我们从支配着推理的绝对确定的规则与语言的破坏性的、彻底的不确定性（它破坏了融贯的思想的可能性）之必然对立那解放出来。

我想感谢威廉·奥姆斯特德、宝拉·席勒和大卫·斯密格斯凯斯对本文初稿的评论。当然，错误的责任依然在于我自己。同时感谢丹妮·哈钦森颇有助益的指引。

12. 爱、模糊、清晰：奥古斯丁对修辞学和解释学的探索 *

大卫·特蕾西

在这个后现代时期，修辞学和解释学已经重新发现了彼此。在 254
传统的现代性中，这两者的范围已经变窄，它们作为理性（intellectual）学科的重要性被否定。现代理性主义随意地贬低乃至抛弃修辞学和解释学，因为两者都抵制现代性所推行的著名区分：思想与情感的区分（感性的分离）；形式与内容的区分；实践与理论的区分。修辞学可能被贬为游离于现代理论的，对现代理论不重要的一些问题：第一，实践理性和它的论题式思维；第二，思维的形式和诉诸整个理性的修辞（tropes）；第三，情绪、情感、心情和激情的合理性。总之，修辞学成为"单纯的修辞学"——一种形式和风格的修辞学，承担着理性活动领域中的次要工作。解释学也被贬为外来的（特别是圣经的）传统和似乎是次要的问题（例如历史的语境中的理解，它关心形式—结构和类型—风格）。对于现代性来说，解释学本应返回到它的圣经和古典的源头，并且不应再对诸如理论构造或历史

* 这里的"爱"是"charity"，在本文中准确地说应该指上帝之爱，也译为"博爱"或"仁爱"。——中译者

批判方法的现代事业构成影响。

255 后现代主义不仅给出新的方法（后结构主义、批判理论、女权主义理论、文化研究、新历史主义，诸如此类），而且也恢复和重新思考修辞学和解释学这两种传统的前现代方法。[①] 这些方法中的每一个在 20 世纪后期都已经以新的和古典的形式重新获得了它以前的范围。对于任何一个深思熟虑的人来说，修辞学都不再意味着“单纯的修辞学”，而是包括适于分析所有说服行为和技艺的学科范围。发明的新修辞学包括传统修辞学的全部范围——logos（逻各斯）、ethos（习俗）和 pathos（情感）。两派思想家之间展开了富有成效的争论，一派关心恢复和重新思考修辞学的实践理性和论辩，包括论题（例如斯蒂芬·图尔敏），另一派则是致力于重获并激进化修辞（tropes）的更鲜明的后现代思想家们（例如保罗·德·曼）。而这些思想家又加入与一个更大圈子的修辞学思想家(例如韦恩·布思)的争论，后者致力于重新思考修辞学的整个范围——以神秘的方式，既包括论题，也包括修辞（tropes）。

解释学是这样的一个学科，它在传统经典资源显得可疑的文化危机时刻获得发展：斯多亚派通过讽寓（allegory）对荷马诗歌的阐释；传统犹太人和基督徒解读圣经的比喻义的方法；路德对圣经的字面义的优先性的重新思考；文艺复兴时期对古典解释学的恢复；弗里德里希·施莱尔马赫和威廉·狄尔泰对移情（empathy）的浪漫主义解释学的进一步发展；乃至汉斯－格奥尔格·伽达默尔对反启蒙主义解释学的当代（某种程度上说，后现代的）发展。[②]

---

① 关于对圣经的后现代解读的修辞学，参见《圣经与文化选集：后现代圣经》(*The Bible and Culture Collective:The Postmodern Bible*), New Haven: Yale University Press,1995。

② 对这些内容的更多讨论，参见 David Tracy,《多元与模糊性：解释学、宗教和希望》(*Plurality and Ambiguity: Hermeneutics, Religion, Hope*), San Francisco: Harper, 1987。

在20世纪后期，由于伽达默尔解释学和利科对伽达默尔观点的发展和批判所取得的非凡成就（后者特别重视解释学理解中说明理论［explanatory theories］的角色和各种怀疑和批判的解释学及回溯的解释学［hermeneutics of retrieval］的必要性），解释学已经离开了圣经或古典文本的限制范围。在其最有趣和最重要的当代形式中，解释学已经把它的范围扩展到超出圣经文本乃至超出文本本身，而包括所有行为，它也主张它的聚焦中心是作为人的本体论特征的理解，以及对作为真理的原始特征的显现或揭示—去蔽（而非符合）的强调。

当代解释学和修辞学现在都有了一个广阔的范围。解释学主要聚焦于理解，它采用交谈和显现的模式。修辞学（或者，正如布思恰当地命名的那样，修辞之“学”［rhetorology］）主要聚焦于说服、论辩的模式和发明或发现，它同时以论题式论辩和修辞（the tropes）为 256
手段。两者都避免使具体化（reification）沦为单一的定义或方法。每个学科都带有热烈的内部争论和阐释的冲突（的确如此）的标记。每个学科都对理性主义的启蒙模式持独特而彼此关联的批评，并且由此对后现代的关注点和方法及前现代的资源有广泛的理解。每个学科都发现自己接近另一个（有时重叠，有时冲突），与此同时又保持了它自身独特的关注焦点。例如，作为显现的真理的解释学理解，不可避免地发现自己与修辞学对说服的反思纠缠在一起。修辞学关于论题论辩的争论必定会关注交谈的解释学模式，后者是比单独的论辩本身更广的探究范畴。的确，解释学和修辞学有选择倾向的亲缘关系和家族相似性表明了灵活性和特殊性诸类型的必要性，在这里每个学科中的思想家都发现越来越有必要走向另一个学科。

现在看起来很清楚，解释学家必须同时承认并研究修辞学理论，反之亦然。否则，这两个学科在传统现代性那里所经受的共同命运将再次光临它们；否则，像奥古斯丁的非凡的《论基督教教义》这样的经典文本的命运也就是所有的修辞学和解释学文本的命运。[①]

宗教，连同关于界限和终极性的宗教修辞学，[②]作为一个格外清楚的检验样本，表明了在研究任何现象时，我们都同时需要利用解释学和修辞学。而奥古斯丁，作为西方最伟大的修辞学思想家之一，和最重要的西方基督教圣经解释学家（没有之一），是宗教研究和更为宽泛的解释学研究的一个杰出的检验样本，它使我们能够去考察修辞学和解释学这两者在其中所扮演的角色。从《论基督教教义》在西方文化中的接受状况来严格判断，奥古斯丁可能写过两个文本；第一、二、三卷是论圣经的解释学；而第四卷是论圣经的修辞风格。而事实是，奥古斯丁只写了一部同时论解释学和修辞学的书。这部书表明这两个伟大的研究学科如何既鲜明有别，又（用黑格尔偏爱的词）总已经相互关联。

任何像奥古斯丁那样写作的神学家，都吊诡地总是处于被“平实风格”的神学工作者，或被从事古代所称的辩证法的实践的人们所误解的危险。直到 20 世纪后期修辞学和解释学的复兴，在哲学家和神学家的交流中，辩证法的限度才被承认，或者说修辞学的说服力量才被重新认可。在纯粹辩证法的精神看来，一个修辞学化的
257 神学似乎是“真正的”神学的一个半成品。这个辩证法的自欺既掩盖了所有辩证论辩中的修辞学，也掩盖了所有好的修辞学的论辩力量。

奥古斯丁从未系统阐明他的修辞理论。然而，他的确留给我们一部《论基督教教义》，神学家们总是匆匆略过这本书而去关注奥古斯丁更加思辨和更富辩论色彩的著作。这是不应该的。

---

① 圣奥古斯丁，《论基督教教义》（*On Christian Doctrine*）（*De doctrina christiana*），D. W. Robertson，Jr 译，Indianapolis: Bobbs-Merrill, 1958，所有的翻译均来自 Robertson。

② 参见例如，肯尼斯·伯克，《宗教的修辞：符号体系研究》（*The Rhetoric of Religion: Studies in Logology*），Berkeley: University of California Press, 1961。

只有在《论基督教教义》中，人们才能找到奥古斯丁对他的解释学和他留给我们的修辞理论的最清晰的表述。[①] 奥古斯丁的修辞理论以前总是通过现代修辞学家的严格的新亚里士多德的眼光而被解读。于是，他被看作仅仅或至少是主要地关注修辞学的“风格”，而非其“内容”，即作为真正的论题和论辩的发现的修辞学发明（inventio）。这是一个严重的误读。的确，奥古斯丁深入地论及风格。但他同样关注发明的修辞学和解读圣经的解释学。然而，奥古斯丁对发明的理解只能从他的神学的角度去领会，而不能只从哲学角度中去领会。奥古斯丁不断地说服人、教导人、娱乐人和感染人，因为他也发展了发现或发明的修辞学和神学原则。

然而，在阐释奥古斯丁的文本之前，有三个背景问题值得提及：前两个暗示了文本自身的一些可能的疑难；第三个则有关它的阐释历史。如果一个阐释者要去阐明这个文本中的部分公开、部分隐晦的基督教解释学和修辞学理论的话，就需要注意这三个方面，毕竟这是一本米兰和罗马的国际大都会里的一位前修辞学教授的著作，这个人后来成为了希波省城里的基督教主教和演说家。

第一个问题是最明显的，同时也是解释学上最核心的问题：《论基督教教义》一书所呈现的简单性和复杂性的奇怪结合。一方面，这本富有影响的著作在它的修辞学分析上远没有柏拉图、亚里士多

---

① 对奥古斯丁的修辞学与希腊和罗马的模式的关系的讨论，参见 James J.Murphy，《中世纪的修辞学：从圣奥古斯丁到文艺复兴的修辞理论史》（*Rhetoric in the Middle Ages:A History of Rhetorical Theory from St.Augustine to the Renaissance*），Berkeley: University of California Press, 1974；Richard Mckeon，“中世纪的修辞学”，*Speculum* 1（1926），第 1-32 页；Maurice Festard，《圣奥古斯丁与西塞罗》（*St. Augustine and Cicéron*），第二卷，Etudes Augustiniennes（Paris: Aubier, 1958）。关于希腊与罗马模式，参见 George Kennedy，《希腊的说服艺术》（*The Art of Persuasion in Greece*），Princeton: Princeton University Press, 1963；同上，《罗马世界的修辞艺术》（*The Art of Rhetoric in the Roman World*），Princeton: Princeton University Press, 1972。

德甚或奥古斯丁自己的主要导师西塞罗那么复杂。它也没有奥古斯丁本人的其他著作那么复杂：不仅是《忏悔录》、《上帝之城》和《论三位一体》，也包括他对创世纪、约翰福音和诗篇的一些评注。另一方面，《论基督教教义》（以下简作《教义》）依然是奥古斯丁著作的精粹部分，因为《教义》中论神学和文化之间关系的解释学和修辞学理论构成了阅读奥古斯丁其他著作的一条核心线索。

由于还涉及这本书是否实际上构成一个整体的疑难，这本书的问题就更复杂了。《教义》一书的撰写跨越了20年之久，这一点在这里很重要。在奥古斯丁辞去修辞学教授（皈依基督教）之后，他想在一些志同道合的朋友的陪伴下做一个冥想者（contemplative）（更准确地说，一个基督徒式柏拉图主义冥想者）。他希望写出类似于他在卡西西阿库时所写出的对话（《论辩证术》、《论音乐》、《论教师》、《论秩序》）。重要的是要记住，奥古斯丁转向基督教是他漫长的皈依之旅的最后阶段：第一个转换是转向哲学本身——通过与西塞罗现已佚失的著作《荷滕西斯》的斗争来寻求真正智慧，而第二个转换借助“柏拉图主义者的一些著作”转向“不可见”、“超感觉”、“精神”的领域。①

在他作为基督教皈依者的那些早年岁月，以及作为神父和最终作为主教的阶段，奥古斯丁从未忽略他的旅程的前两个阶段的重要性。就像他的修辞学导师西塞罗一样，奥古斯丁努力追随以智慧和雄辩为其双重目标的修辞学。像他的柏拉图主义的同时代人那样，奥古斯丁远离自己早期追求物质享受的本能，他希望首先通过一个灵性的解释学（spiritual hermeneutics）来沉思基督教的真理。对奥

---

① Robert O'Connell,《圣奥古斯丁的忏悔：灵魂的奥德赛》（*St. Augustine's Confessions: The Odyssey of Soul*），Cambridge: Harvard University Press, 1969；同上,《圣奥古斯丁早期关于人的理论，公元386—391年》（*St. Augustine's Early Theory of Man, A. D. 386-391*），Cambridge: Harvard University Press, 1968。

古斯丁来说，米兰的安布罗斯的布道的例子，证明了这个理想——它同时是修辞学和解释学的理想——能够成为现实：对圣经和所有基督教义的一个灵性的（柏拉图主义的）解读（解释学），恰恰可以教导、感染其他人，即那些寻求智慧和雄辩的同道中人，并使他们感到欣喜（修辞学）。基督教神学，作为哲学上真正的智慧和雄辩，是追求智慧和幸福的人们现在就可以实现的目标。为了实现这个目标，奥古斯丁打算构思与他那帮基督教柏拉图主义者朋友的对话，来反思各门人文学科。然而，除了《论音乐》和《论辩证法》的一部分外，这些早期著作都佚失了。现存的早期对话（特别是《论秩序》和《论教师》）表明了这一集体沉思的生活所渴望却未实现的承诺。

为什么奥古斯丁回到北非，特别是回到希波省城，对于他的传记作家来说是一个谜。但无论他想要回家还有其他什么意图，奥古斯丁显然想继续与小圈子的朋友在一起过悠闲的生活（otium liberale），以便去理解他已经开始相信的东西。塑造了西方基督教思想几个世纪的理想在奥古斯丁终生对解释学和修辞学的使用那找到了它的根基：“信仰为了理解：理解为了信仰。”

这个理想依然保持着。但早年对悠闲生活的希望证明是不实际的。因为奥古斯丁在人们的拥护下被选为(“被迫”也许是更准确的词）第一牧师，以及希波的主教。作为常常是难以驯服的民众的主教， 259
他发现自己面对一堆新的问题。奥古斯丁是一个非常敏锐的修辞学家，他不可能没有认识到他现在有了不同的受众：希波地区那些极为形形色色的会众。

听众的转变是《论基督教教义》出现背后的一个主要动机。这本书是奥古斯丁在公元 396 年成为主教后不久开始写的。因为奥古斯丁在 397 年停止写《教义》（止于第三卷，第 35 段，关于“泰科尼厄斯的圣经阐释规则”这一解释学讨论的中间）。而且，当我们认识到在这期间也在写《忏悔录》—— 皈依的经典基督教修辞——时，我们阐释《教义》的难度又增加了。对于这个多产的作家来说，这只是时间上的一个历史巧合吗？还是它表明奥古斯丁在他生命的这一关键的过渡阶段，同时需要《忏悔录》和《教义》来表达他完整的修辞学神学？而且，《教义》的其他部分直到427年才完成，也即延续到奥古斯丁与多纳图派及（之后的）佩拉斯主义的激烈争论和困难重重（并且常常令人困惑）的作品之后。然而，很难在《教义》的427年后所附加的部分中发现奥古斯丁后来对人的处境的深深的悲观主义看法：在回应贝拉基主义的情境中被塑造起来的神学观点。它是一个关于人性的悲剧性观点，在许多评论者看来（包括佩拉斯和埃克拉农的朱利安），这消除了奥古斯丁早期柏拉图式对话的相对乐观主义（特别是在自由意志问题上）。

考虑到前希波时期和后希波时期奥古斯丁的转变，《论基督教教义》构成一个如此融贯的整体让人感到惊讶。事实上，在后来补充的第三卷和第四卷中，很少提到关于人性之恶的灰暗的反佩拉斯主义观点。甚至在他生命行将结束之际所撰写的《勘订》中，奥古斯丁也没有发现有质疑《教义》中关于“异教文化”的相对乐观主义的必要。虽然在这个著作中有引人注目的中断，但它依然构成了一个融贯的整体，由此揭示，无论我们能从奥古斯丁未写的修辞学理论中学到什么，这都不重要，因为这部著作已经明确地揭示了他对圣经解释学和神学与文化的解释学关联的最基本立场。

然而，《教义》一书没有处理哪些问题，这一点也值得提及。首先，尽管它包含有护教要素，但它不是基督教的护教修辞学。奥古斯丁早期的对话似乎更适于这个角色。其次，《教义》也不是皈依的修辞学。《忏悔录》——重复一遍，它写于《教义》写作中断的之前和之后——依然是奥古斯丁全部著作中理解皈依的修辞学的
260 经典之作。的确，一些评论者已经甚至暗示，在写作《教义》的过程中，奥古斯丁发现他需要皈依的修辞学以便使基督教修辞学理论

得以完整——于是就有了《忏悔录》。这个假说在我看来是富于启发的。但即使一个完备的奥古斯丁宗教（这里是基督教）修辞理论的确需要一个公开的皈依—忏悔修辞，这个事实也只是表明《教义》作为奥古斯丁全部神学修辞学根据地是不完整的，而不是表明这里实际呈现的神学—修辞学理论是错误的。但这是后话。在冒险阐释这部看起来直白的文本之前，我们首先需要去看看阐释这部文本的最后一个解释学难题。

第三个难题是《论基督教教义》的复杂而相互冲突的效果史。如前所述，考虑到解读的冲突，《教义》不如说本是两个文本。如伽达默尔以来的现代解释学所认为的，[①] 经典文本的效果史（也即，它的阐释或解读的历史）不能与解读者对文本本身的阅读分离开来。因此，任何后来的解读也必须处理这个历史，而不是把它只当作一个整体解读的外在问题。从某种意义上说，任何西方基督教思想家（以及大量的后基督教的非教会的思想家）都是奥古斯丁这个文本的效果史的一部分。的确，人们只需要读任何东正教基督思想家的书，就能理解弥漫在西方基督教的内部争论中的深刻的奥古斯丁印迹：天主教与异端的争论，以及自由派与新正统派的争论。

如果我们注意《教义》的解读史，该著作的整体性问题就会在新的背景上出现。第一个文本（第一到第三卷）是西方圣经解释学上的关键论著，这个文本以西方的人类中心论（而非东方的世界主义）的方式运用了东方的寓意解经方法。这给西方对圣经的神学寓义（figurative）解读提供了重要推动力。从更一般的文化角度来看，这个文本也为修辞学对作为知识价值的“模糊性”的捍卫提供了重要推动力。在中世纪的奥古斯丁主义者那里，对模糊性的捍卫很大

---

① 汉斯-格奥尔格·伽达默尔，《真理与方法》（*Truth and Method*）2d rev., Joel Weinsheimer and Donald G. Marshall 编译，New York: Continuum, 1993。

程度上是对象征—宗教式文本的捍卫。对于自彼特拉克、薄伽丘和伊拉兹马斯（他们都是修辞学的思想家）以来，经过浪漫主义者和现代主义者，直到 20 世纪后期的修辞理论家洗礼的现代人来说，对模糊性的捍卫意味着诗和象征对概念、命题甚至辩证法所热爱的字面义（在其有限的意义上）的优先性。

奥古斯丁不只是一个非常重视（的确太重视了）圣经的寓意（/ 讽寓，allegorical）意义的亚历山大学派（Alexandrian）解释学家。的确，在《教义》及其他地方，奥古斯丁对圣经的字面义也给
261 予了有力的辩护。这种情况甚至让现代的读者怀疑奥古斯丁的基督教柏拉图主义精神是在其他地方，尽管他的修辞学同样强有力地捍卫圣经的灵性意义和寓意意义。当然，奥古斯丁为字面义辩护的方式不同于那些后来的、明显有别的仰慕者，即托马斯·阿奎那和马丁·路德的方式。[①] 相反，在圣经的字面意义和灵性意义这两方面，奥古斯丁在修辞学上赋予模糊性以的重要价值，这使他致力于捍卫一个重要解释学原则：以这样的方式去修正类型学（typological）解读的新约全书传统，以便阐释者能够在原则上同时尊重圣经文本的字面义和精神义。[②] 正如汉斯·弗雷公正地主张的，奥古斯丁的确把世界设想为是通过类历史（history-like）和现实的叙述而形成的，这些叙述在圣经故事中作为救赎的历史被提出。[③] 在后期奥古

---

① 对这个论点的一个说明，参见 Rita Copeland：“中世纪文学理论中字面义的修辞学与政治学：阿奎那、威克里夫和罗拉德”，本书第 16 章。

② 关于这些问题的更多资料，参见 James Preus，《从阴影到前提：从奥古斯丁到青年路德的旧约阐释》（*From Shadow to Promise:Old Testament Interpretation from Augustine to Young Luther*），Cambridge: Belknap Press, 1969；以及，Henri de Lubac, *exégèse médiévale*，第三卷，Paris: Aubier, 1968。

③ Hans Frei，《圣经叙事的消逝：对十八和十九世纪解释学的一个研究》（*The Eclipse of Biblical Narrative: A Study of Eighteenth-and Nineteenth-Century Hermeneutics*），New Haven: Yale University Press, 1974，第 1-3 页。

斯丁的意义上，可以说他给予了字面义（它作为基督徒共同体的直白含义）以一定的优先性。同时，奥古斯丁的额外的兴趣——这里再一次同时是修辞和解释学的兴趣——体现在其他地方。若假定共同体对圣经的直白含义的肯定，以及假定圣经解释学的传统类型学（typological）模式，一个基督教的阐释者如何能同时尊重和把握文本的字面义和精神义的解读——无论何时文本自身的模糊性都要求这种进一步的反思（对于奥古斯丁来说，圣经就总是如此要求我们）？这里，第一到第三卷的解读史富有成效地表明，奥古斯丁对文本中修辞的模糊性的捍卫，伴随着对智慧和雄辩——它与对任何模糊文本的不可避免的多元解释之可能性相结合——的提倡，对于奥古斯丁的圣经和文化解释学的核心和他的修辞理论的核心来说，这是一条可靠的线索。

“第二个”文本（第四卷）常常被修辞史家们引证，他们把它作为一个不同的修辞学类型（也即仅仅狭窄地关注风格的西方修辞学兴趣）的主要代表。根据这种解读，第四卷和它在基督教布道和修辞学上的深刻影响被指责为对哲学的发明（inventio）从修辞学传统那被清除出去负有责任，因为它支持对风格的过分关注——这个过分关注总有滑入“单纯的修辞学”的危险。人们把这种奇怪的指责归于米兰和罗马的西塞罗式修辞学教授——甚至归于饱受批评的希波的主教！

如果奥古斯丁所有的修辞学都只包含在《教义》第四卷中，那么这个指责将是成立的。但如果这个文本的确构成一个整体呢？如果第一到第三卷不仅对解释学，也对基督教神学的发明（inventio）给出了（或许很大程度上是隐晦的）新的意见呢？如果第一至第三
卷对解释学的关注构成哲学—神学发明（inventio）的新形式，它为 262
对古老经典（人文学科）和新经典（《圣经》）的崭新基督教解读提供了论辩的新论题和新形式呢？因而，奥古斯丁的发明将标志着

一种基督教和文化——同时是解释学和修辞学——之关系的新模式的出现。奥古斯丁的模式塑造了中世纪和文艺复兴文化，并且不断地启示着当代众多基督教神学。依据这种解读，《论基督教教义》一书必须被看作一个整体。[①] 而且，依据这种解读，《教义》的作者奥古斯丁绝不会遭受萦绕着他的同时代人和朋友哲罗姆内心的噩梦：梦见在最后审判时他宣布自己为基督徒，不料基督却宣判他为一个西塞罗崇拜者。《教义》作者奥古斯丁也没有分享他在北非的庭辩修辞学前辈德尔图良的信念，即：问题“雅典与耶路撒冷是何关系？”纯粹是修辞，对此，期待中的回答是：没有任何关系。依当代的语言，《教义》的问题是：圣经的解释学与同时是发明和风格的修辞学是何关系？在奥古斯丁自己的语境中，问题就是：第一至第三卷与第四卷是何关系？甚或，米兰和罗马的西塞罗式修辞学教授与希波的主教是何关系？

作为解释学的修辞学发明

我将从第一卷的这一句话开始：“对待圣经，有两件事情是必须要做的：发现要被理解的那些事物的方法，以及教导我们已经学到的东西的方法。我们应该首先谈论发现，然后谈论教导。（I.I）”

在某种意义上说，奥古斯丁直接把读者带到探究阐释圣经的原则的问题那。更严格地说，我们很快被告知，为了理解圣经，我们必须注意两个相关的实体：事物（res）和符号（signa）。这个区分

① 我用书—章节的格式（例如，在文中引作 I, I）以便于同时使用 Robertson 的优良的英译和拉丁原文。后者载于 J-.B.Migne 编辑的 *Patrologia cursus completus*，Series Latina（Paris：Migne），第 34 卷，以及 S.Aurelei，*Augustini de doctrina christiana libros quatuor*，H.J.Vogels 编，Florilegium Patristicum, Fasc.XXIV（Bonn，1930）。文中的引用都出自这些版本。

的一个简要的例子是：例如，石头这个事物，相对于雅各放在他头上的石头，后者既是一个事物，同时又是符号，也即一个事物被用于意指其他东西。尽管如将被证明的那样，奥古斯丁的符号理论影响巨大而复杂，然而人们在第一卷中主要发现的是奥古斯丁对如下独特主张的坚持：为了在某种程度上理解符号，我们必须首先理解事物。

但这个典型从事物到符号的运动很快把我们引向奥古斯丁另一个著名的区分：frui（喜爱）和uti（使用）之间的区分。而这两个实体，反过来很快与我们的爱和欲望联系起来。这是怎么回事呢？正如下一章（III-XXXIV）对辩证法和修辞学频繁而多半简略的探索（事实上，许多章节是对他早期对话中的论证的缩写）所表明的，我们在第一 263
卷中所找到的，一般而言，乃是一个根本性发现（和“发现方法”），它揭示了奥古斯丁的整个思想：爱的现实性（caritas）要作为一种预知（foreknowing）而起作用。同时，我们发现，在奥古斯丁转向基督教之后，甚至在他被迫要承担在希波作为主教—传教士的义务之后，这个皈依基督教的修辞学家，没有也不会抛弃他前两个转变（转向作为智慧的探索的修辞学哲学；以及转向超感觉、不可见、永恒和精神的领域）。

Frui和uti之间的区别本身是很清楚的：“去喜爱某物，就是因对其自身的爱而与之紧紧结合在一起。而去使用某物，就是去运用它来获得我们所爱的东西——如果它值得我们爱的话。”（I，IV）在下一章，这个区分很快与对真实事物的寻求联系起来：“被用于喜爱的事物乃是圣父、圣子和圣灵，唯一的三位一体，对于所有喜爱它的人都是某种最高之物，如果它的确是一个事物而非所有事物的原因，或同时是事物和原因。”（V）

这看起来非常清楚，除了如下事实：正如奥古斯丁所知道的，依然有待回答的问题是，我们如何去认识上帝这个最高的实体。奥古斯丁坚持认为，仅当上帝给予我们借以发现他的恩典（gift-power），我们才能发现他。于是就有一个精致的奥古斯丁悖论：上帝必须给予我们恩典以让我们发现上帝，然而在恩典作为纯粹的礼物给予之前和之后，我们不可阻挡地被驱使并朝向那个发现。《论基督教教义》大概是为已经在某种程度上皈依然而仍需要去发现该如何理解最高实体的读者所写，这个最高实体使他们皈依，并且由此允许他们去发现发明的新原则（信仰为了理解）。

同时，人们不得不注意到，在第一卷的沉思和论证中另一类读者也浮出了水面：还没有皈依基督教的人，以及那些虽然皈依了，但某些方面心存疑虑的基督徒——换言之，那些需要理解以便信仰的人。抱有这种理性（intellectual）问题的修辞思想家最需要的是一个发明的新形式，借此去发现新的位置（topoi），在那里人们能够找到论据。为了提供一个完整的修辞理论，奥古斯丁的修辞发明原则必须也证实转换的习俗（ethos）这一问题。在奥古斯丁的视野中，这个习俗（ethos）必定是复杂的，它同时尊重我们对智慧和幸福的欲求（eros），然而最重要的是尊重这样的事实：即只有上帝才能给予我们作为爱（agape）的礼物的鲜活的恩典之礼，这个礼物将使我们转身（conversio）去看
264 事物的真理，并且由此通过正确地重新整理我们的理解和我们的意志而去改变两者。与许多解读相反，我主张奥古斯丁的确发展了发明的修辞学。只是他这里的发明的观念必定既不是柏拉图、亚里士多德式的，甚至也不是西塞罗式的。奥古斯丁的发明必然是神学的发明（它包括，但不限于哲学的发明）。他的主要的读者是基督教阐释者，后者希望了解如何去正确地阐释圣经。因此，这里存在一个背反（或至少是难题）：一个真正的解释学同时是一个发现或发明的新修辞学。因为只有那种发明才使得基督徒能够懂得如何去发现最高实体上帝在圣经的真正符号中所揭示的新的论题。

奥古斯丁没有让他的读者失望。不同于他的一些后期著作（想

想论罪与恩典的反佩拉斯主义著作的 massa damnata［有罪的群众］的主题，甚或《上帝之城》对异教徒的“美德”如何成为“辉煌的邪恶”的论述），《论基督教教义》中的恩典并不只是对比自然以迫使我们承认我们的堕落、恶的习性和罪（sin）。毋宁说，被提及的这些堕落，被暗示的那些我们人通过习性控制自己的任性的天才，似乎在一个更大的、神学上转换了的语境中，作为使人不安但并不完全失去作用的要素在《教义》中起作用。

正确阐释的关键是 caritas（博爱）：eros（欲求）的改造，它通过上帝的恩典之 agape（爱）预备给我们，对奥古斯丁的解释学而言，它是预知的一种新途径。[①] 这个解释学也使我们获得解放，从而获得一个真正的发明的修辞学。对我们的欲望的真正智慧的发现和对智慧与幸福的追求，奠基在对阐释（因而，由此出发去辩论）圣经符号——即皈依者的新经典——的真正方法的发现中。按照奥古斯丁成熟的神学理解，堕落导致我们关于实体的知识和我们对符号的使用之间的断裂。甚至在他更早的论符号和事物的著作中，根据他的修辞学思想，很明显，只有在我们多少已经理解了它们所指的实体之时，我们才能够正确地解读符号。站在解释学的角度，奥古斯丁的原则可以这样表述：为了正确阐释文本中的符号，我们必须已经具有关于这个主题内容的某些前理解。因此，按照这种理解，奥古斯丁在第一卷中的立场既不依赖于他隐含的关于意义和指称的哲学立场，也不依赖于他对堕落的神学解读，即堕落造成了符号与事物的断裂，这里的事物指他在其自身长期和坎坷的皈依道路中，和他皈依之后的、毕生的康复期（convalescence）所相信的东西。和这些原则同样重要的是，对于奥古斯丁关于符号和事物的完整理论的

---

① 对 caritas（博爱）的最好的现代研究是 John Burnaby,《上帝之爱：圣奥古斯丁的宗教研究》(*Amor Dei: A Study of the Religion of St. Augustine*), London: Hodder and Staughton, 1938。

蕴意来说，这些原则并不动摇奥古斯丁第一卷中关于发明（inventio）
265 的解释学和修辞学的根本立场。对此，我们只需要去理解，或至少首先需要去理解：我们若想毕竟对符号有所理解的话，我们就必须对 res（主题内容）有所了解。但我们如何能有一个真的理解？这是奥古斯丁的第一卷中的基本问题。

因此，第一卷的高度简略的反思既能从辩证法角度，也能从修辞学角度进行考察。关于为何上帝能独自（作为真正的 res［事物］）被真正喜爱，且只能被这样的人们所真正喜爱：他们已经从同一个上帝那得到恩典，从而喜爱至高之物，奥古斯丁给出了修辞学和辩证法的论证。这些论证（重复一遍，其中大多数是他早期对话的辩证法和修辞学论证的摘要）采取了熟悉的基督教柏拉图主义的主题。朝向真正智慧的内驱力(drive)就是喜爱不可见和永恒之物的内驱力，并且只有永恒者自身显示，这个内驱力才得到满足。我们的高度易变的意志在趋向真正幸福时遇到两个主要的障碍：我们的欲望的多样性（由此，它的内在冲突），以及当我们——倒错地——喜爱我们本应使用的东西（所有易变的事物，特别是我们自己），却使用我们本应喜爱的东西（不变者、不可见者，永恒的最高实体，上帝）时，我们为自己设置的陷阱。

对智慧和幸福的两个内驱力构成了同时既激励又控制我们的根本 eros（欲望）。只有通过永恒者在道成肉身中自身显示的礼物，我们才能发现真正的智慧和幸福。因为只有这样，我们才能喜爱应被喜爱的事物（上帝），并且因这一对上帝的爱—喜爱，而用它来爱其他事物。对奥古斯丁来说，甚至邻人也是作为“被使用”而被爱的，也即是为了上帝的缘故。[①]

---

① 参见，Anders Nygren,《神爱与厄洛斯》(*Agape and Eros*)，New York: Harper and Row, 1969, 第 449-563 页, 特别是第 539-543 页。

但是，对信仰转变的信和望使自我的革新得以可能，这一革新促使人们重新寻求真正的智慧和幸福。这个自我革新也就是博爱（caritas）：因为神的恩典作为agape（神爱）的爱的礼物被慷慨地给予我们，它解放我们趋向智慧和幸福的欲望（eros），使之投入到新的博爱的奥古斯丁式综合中去，因而投入到发现真正的智慧和幸福的新可能性中去。这一博爱的革新原则似乎表明，对奥古斯丁来说，修辞发现（发明［inventio］）完全是有关恰当的习俗（ethos）的问题。但甚至撇开传教士的声名狼藉的（或者，至少是反昆体良的）的问题不论——这些传教士并不实践他们所宣讲内容（第四卷）——仅仅建立在习俗基础上的解读在下一点上没有实现其目标：即说明，博爱如何把基督教修辞学家的逻各斯（logos）也转换为对真正理解的发现。

当然，若要革新修辞者的习俗，博爱是必需的。但博爱也是另一种线索，它更多地与逻各斯，因而与发明相关联，而非关联于习俗。因为被表述为“上帝之爱和邻人之爱”之原则的博爱，作为预知的一种新模式，成为新的智慧得以诞生的工具。信对于奥古斯丁来说，现在就可以被理解为一个“诞生于博爱的智慧”。被表述 266
为一个革新原则的博爱，同时革新了习俗和逻各斯。博爱成为发现新的经典——圣经的真正含义（因而，真正的论据从之而来的论题［topoi］或“位置”）的手段。然而，尽管这些圣经经典对于古代的受教育者可能是新的，但圣经文本将是经典只是因为它们是真正事物（res）、最高事物或所有事物之原因（即神）的自我显示的权威符号。正如第二卷和第三卷显示的，这些符号只对那些已经把握真正事物（或更准确地说，已经被事物把握）的人——也即，那些知道这个神圣实体的人，他们通过知道圣经和我们的欲望的核心论题必须是上帝之爱和邻人之爱而知道这一点——显示它们的真正含义。此外，奥古斯丁解释学的博爱的原则，显然是基督形态的，但也更明显地是彻底以上帝为中心的（/ 神本的，theocentric）。

情形就是如此，以致奥古斯丁毫不犹豫地得出了可能使今天的许多基督徒感到不快的结论："因此一个有着信、望和爱为支撑，毫不动摇地抓住它们的人，并不需要圣经，更不用说他人的教导。而许多依靠这些事物为生的人，离群索居且没有书籍。"（I，XXXIX）因此，上帝这一事物对于习俗和逻各斯如此关键，以至于真正的基督徒能够没有符号（圣经的语词）而生活。但是我们有这些符号，并且它们将帮助我们发现真正的智慧，只要我们清楚地牢记奥古斯丁基本的解释学原则：上帝之爱和邻人之爱。于是，博爱既作为习俗也作为逻各斯，同时对于在异教经典中寻求真正智慧的欲望（eros）的符号来说，和对于在新的经典，即圣经中寻找真正智慧的神爱（agape）的符号来说，都将证明是关键的修辞学发明的新原则。此外，作为一个革新的（而不纯粹是对抗性的）原则，奥古斯丁的博爱将允许基督教修辞学家甚至在阐释圣经的新智慧时，也继续从异教的经典中汲取智慧。看起来，雅典（以及米兰和罗马）依然有许多与耶路撒冷（和希波）相关的地方。神学和文化在奥古斯丁关于发明的新原则——上帝之爱和邻人之爱——下重新结合。①

论辨识新经典的符号：对模糊性和多元性的捍卫

因此，第一卷已经论及了"事物"（特别是最高的事物——上帝）和原则（同时作为习俗和逻各斯），借此基督教阐释者能够找到发

① 经典的研究是 Henri-Irénée Marrou，*Saint Augustin et la fin de la culture antique*, Paris: E. D. Bocard, 1949；也参见 Ragnar Holte，*Bèatitude et sagesse: St. Augustin et le problème de la fin de l'homme dans la philosophie ancienne*, Paris: Etudes Augustiniennes, 1962。这些作品应该与 Peter Brown 撰写的很好的传记结合起来读，《希波的奥古斯丁：一个传记》（*Augustine of Hippo: A Biography*），Berkeley: University of California Press, 1969。

现真正的智慧和幸福的原则（即博爱）。但是我们也被告知，上帝已经通过一定的符号而揭示了自身。第一卷提到了自我揭示的最高 267
符号（也即，道成肉身）。然而，奇怪的是，当奥古斯丁开始反思符号本身时，他并没有详细论述道成肉身。但我们应该记住，对奥古斯丁来说，博爱原则恰恰体现出道成肉身作为符号所揭示出的东西：即道成肉身在我们这里所显露的东西。的确，当他对旧约的隐喻（figurative）符号做基督教类型学（以及，在这个意义上，基督学）解读时，上帝之爱和邻人之爱的原则是奥古斯丁一贯采用的原则。

奥古斯丁对作为最高事物之最高符号的道成肉身保持相对沉默，这并不是不公正的，这表明他在《教义》和其他地方中关于符号的基本神学假设，能够用现代神学—解释学的术语加以重述。这个假设就是：对于犹太人和基督徒（在这个问题上，从解释学方面看，穆斯林是非常不同的）来说，圣经“文本”和这些文本承载的权威（依照教规的）见证所指向的“事件”之间的关系是这样的：启示发生在神圣的自我揭示的事件（例如，西奈山或道成肉身）中，而圣经文本提供了对它的见证。启示事件既是历史的（例如，它们涉及拿撒勒的耶稣），又是超历史的（例如，耶稣基督中神圣的自我揭示）。圣经文本不是启示，而是对原初启示的权威见证。基督徒的信仰声明乃是“我相信（believe *in*）耶稣基督和（*with*）他的使徒”。新约文本乃是使徒见证在耶稣基督的事件和人之中的上帝启示的文本。这个启示在基督教共同体的理解中延续，它通过语词的首要符号（宣告）和圣礼（呈现它所意指之物的符号）而得到重现。

把这个当代基督教神学解释学翻译成第二卷和第三卷的术语就是：奥古斯丁主要关注的是去发现见证的权威符号（即圣经）与最高事物（上帝）的最高符号（即道成肉身）两者如何关联。第一卷已经阐明了必不可少的发现的基督教修辞学新原则，即博爱。对奥古斯丁来说，这个原则是基督教阐释者应该用以阐释圣经的权威文本的原则，也即用以阐释这些语词—符号见证——它是对作为最高的事物的自我揭示的最高符号—事件的见证——的原则。解读作为经典的圣经，就是以神学的方式，通过基督教形态学的和神本（theocentric）的奥古斯丁式博爱原则来解读它们。新约符号可以直接通过这个原则来阅读。旧约符号对奥古斯丁来说，应该以类型学的方式被阅读。在奥古斯丁那里两者都应该同时以字面的方式和灵性的方式被解读，这种解读以相关的书写符号的本性和阐释者通过
268 上帝之爱和邻人之爱的核心原则而获得的对“真正事物”的知识为基础。

然而，即使我们承认奥古斯丁的所有这些术语和解释学—神学的假设，任何一个圣经的读者，连同奥古斯丁本人，都会认识到，阐释者在阐释圣经的语词—符号时仍将遇到大量的困难。一些困难能够相对较为轻松地被奥古斯丁解决。例如，我们能够在自然和习俗符号之间做出区分。在处理许多“未知符号”的难题时，我们也能依赖常识。作为一个明显的例子，我们能够学习圣经的原始语言。事实上，奥古斯丁只懂很少的希腊语，可能不懂希伯来语。因此，在《教义》中他主要是用最好的拉丁译本。奥古斯丁洞察文本的其他方法让众多圣经的当代阐释者感到震惊（例如他对数字和音乐的毕达哥拉斯式的热爱）——这些方法是奥古斯丁时代晚期古典文化常识（但很少是我们的常识）的一部分。

奥古斯丁的许多方法，诸如对圣经中的隐喻（tropes）的修辞学分析方法，以新的形式在许多当代圣经的历史批评和文学批评阐释者中继续存在。还有其他观点，例如语境的重要性和部分与圣经整体的关系，在奥古斯丁之前的圣经阐释中都是常见的论题，它们以变换了的形式被保持下来，直至今日，例如：语境的形式批评（form-critical）分析，或为了理解部分而对单个福音之整体的版本分析。奥古斯丁自己提出的理解事物的神本（theocentric）原则（也

即，上帝之爱和邻人之爱的原则），因为它的神学角色充满争议，最多作为多个候选方案中的一个继续存在。

上述这些奥古斯丁的分析是重要但为人们所熟悉的。[①]然而，在第二卷和第三卷中，奥古斯丁有三个与众不同的观点，它们实际上有属于自己的接受史。由于它们的新颖性，要求我们进一步的考察。

第一个问题是如何去评价和理解圣经中的“含糊”符号，特别是如何从特定文本的“字面”义中辨别出“隐喻”义。我们先处理后一个问题：奥古斯丁用博爱原则作为区别特定段落的字面义和隐喻义的主要方式，在这点上他是十分清楚和一贯的。（例如，第三卷，第 X 页：“因此，必须构建判定某个位置是字面的还是隐喻的方法。而且一般来说，这个方法就在于：有德性的行为与上帝和邻人之爱相称；信的真理与上帝和邻人的知识相称。”）因此，（“一般来说”）我们的确拥有一个能够帮助我们发现困难段落的真正含义的原则。但我们也有一个不仅捍卫隐喻义，而且捍卫圣经中常常具有的模糊 269
性和晦涩的解释学原则；这个特定的晦涩——它常常引发有关哪个是字面的、哪个是隐喻的困难问题——必须得到澄清。并且一般来说，这个方法就在于：任何在神圣语词中出现的、在字面上并不与有德性的行为或信的真理相吻合的内容，都必须当作是寓意的。

纵观第二卷和第三卷（以及，在一个新形式下，第四卷对圣经的“真正雄辩”的捍卫），我们发现奥古斯丁给出了一个最富自身特色的解释学和修辞学步骤：即重新表述了他对晦涩和模糊性的捍卫，这在希腊教父那里是一个常见的话题。在第二卷第六章的讨论所涉及的几个例子中，我们被告知，在奥古斯丁对“雅歌”中牙齿

---

① 参见 David Tracy，《类比的想象：基督教神学与文化多元论》（*The Analogical Imagination: Christian Theology and the Culture of Pluralism*），New York: Crossroad, 1981，第 233-339 页；Robert M.Grant with David Tracy，《圣经阐释简史》（*A Short History of the Interpretation of the Bible*），London: SCM, 1984，第 174-187 页。

和剪了毛的羊的隐喻的绝妙阐释中，圣经的晦涩既有消极方面也有积极方面的充分根据。从消极方面看，这些晦涩的段落帮助我们经由艰苦的工作来克服我们的骄傲。它们驯服我们本能的对看起来明显的事情所生出的轻视之心。的确，奥古斯丁毫不怀疑，上帝为了这种训诫的目的而提供了这些晦涩内容。

从积极方面看，这些晦涩的语词和段落是明智的（依据后文，还是雄辩的），因为“没有人怀疑，通过相似性，事物更容易被接受，并且所寻找的事情若带有某种难度，人们发现它们时就伴有更多的愉悦。”这是一个有争议的修辞学原则，它把奥古斯丁从早期皈依前对圣经的“粗鄙”和“晦涩”的轻视中解放出来。总之，晦涩和模糊性具有新的形式方面的价值，这一原则允许奥古斯丁为圣经作为新的经典符号做辩护——它比他自己钟爱的异教经典更明智（这属于逻各斯方面），甚至更雄辩。正如博爱能够革新人们的欲望（eros），因此看起来，与异教经典中那些“更清楚明白”的符号相比较，圣经的晦涩也能悖论般地改变奥古斯丁早期皈依前对圣经符号的地位的修辞学估价。这同一个晦涩的修辞学原则（作为一个价值），如前文提到的，将在文艺复兴时期奥古斯丁派人文主义者和修辞理论家（彼特拉克、薄伽丘和伊拉兹马斯）那里，经历一个奇异的命运。而在另一个巨变中，奥古斯丁的这一原则将在浪漫主义者和现代主义者那里，在象征（晦涩—模糊）对于概念、命题、字面的优先性的标题下获得生命，当然，这对于奥古斯丁对圣经的晦涩的捍卫来说，是一个讽刺性的转折。

相对于第二个问题，这一对晦涩的捍卫也能说明奥古斯丁方案的另一方面——第二卷第四十章关于偷埃及黄金的著名策略（借自依勒内）。这个旧约的隐喻被奥古斯丁用来强调，甚至在圣经还不
270 被当作首要经典的新修辞处境中，基督教修辞学家也能使用异教的人文科学经典。的确，这些学科就像被离开的以色列人偷的埃及金

银珠宝一样，属于新以色列人（也即，基督徒），因为这些科学毕竟不是异教徒创造的。依据这种解读，毋宁说，这些被发现的人文科学，乃是通过创造它们的上帝的恩典，而成为已经存在的。基督徒并不需要拒绝这些财富（如德尔图良和杰罗姆那样），因为作为新以色列人，他们已经拥有所有这些人文科学。

在奥古斯丁看来，圣经经典比异教经典更明智也更雄辩，因为只有圣经是直接见证神圣的自身揭示的符号。不仅如此，受到圣经启示的基督教修辞学家，通过自己对以色列偷埃及财宝这一事件的隐喻义的新阐释，现在就能自由地把这些异教的财富当作他或她自己的。原初的圣经图像和由此引申而来的基督教类比论证这两者可能有些牵强附会。但如果我们考虑到德尔图良的观点和这个令人惊奇的偷窃意象的积极的效果史，那么后世的修辞学家、解释学家和神学家必须同意，奥古斯丁对圣经晦涩性的寓意解读，使得人文学科的财富在中世纪基督教中重获新生，并且通过中世纪的基督教，在西方 20 世纪后期重新焕发生机。

关于如何阐释圣经符号的最后一个论题也值得一提，也即，奥古斯丁对圣经解读的多元性的捍卫（第三卷，第 27 章）。这里，在解释学上有趣的是，奥古斯丁并不允许用圣经中作者的原意去规定文本的含义。上帝，作为最高的作者，能够用人类作者来表述一个甚至他或她并不理解的一个含义，但一个读者（例如奥古斯丁）却可能发现它。（“当然，通过世俗作者来工作的上帝的精神，无疑预见到这个含义可能被读者或听众想到。”）

这个神学解释学赋予圣经文本含义的异乎寻常的弹性和解读的真正的多元性。而且，一旦奥古斯丁自己的博爱原则也被质疑，这个多元性必将增强。总的说来，越是到了第二卷和第三卷，奥古斯丁第一卷中的解释学和修辞学原则在实践中就变得越有弹性：圣经符号的模糊性和晦涩性得到捍卫；隐喻义开始扮演几乎和字面义同

样重要的角色（与奥古斯丁后期的追随者阿奎那和路德相反）；人
271 文学科的异教经典将继续为基督教阐释做出贡献，而且还借此提供更多的解读角度；最后，因为上帝是这些文本的最终的作者，任何依据“作者的意图”而来的解释学的优先性变得相对不重要。当然，第二卷和第三卷的“符号”将依赖于第一卷中的事物（res）。但随着奥古斯丁发明的神学修辞学变得越来越可疑，在后来圣经的基督教解读和对圣经文本的世俗解读中，一些解释学转向的现代修辞学家（hermeneut-turned-rhetoricians）倾向于去发现第二和第三卷的解释学原则，以作为奥古斯丁自身文本符号中所包含的修辞学发现的真正智慧。这将使第一、二、三卷成为一个在神学上被拦腰截断、但在解释学上仍引人入胜的文本。这个新的文本将与伽达默尔的解释学，与现代修辞学理论需要解释学作为它自己的发明过程的主张有强烈的家族相似。按照那种解读，现代解释学将被诠释为古代修辞学的历史化。但显然，这是另一个故事——人们也许最好将之命名为“埃及的复仇”。然而，这不是奥古斯丁的故事，在这个故事中，修辞学和解释学构成一个真正的整体。

雄辩和清晰

如果说第一至第三卷提供了奥古斯丁对修辞学—神学的发明的讨论，这种讨论致力于通过阐释新经典的正确解释学原则来发现真正智慧，那么下面这一耳熟能详的观点，即说《教义》的（狭义的）修辞学旨趣只能在卷四对风格的论述中发现，就变得非常站不住脚了。实际上，真实情况恰恰相反。依据当前的解读，卷四中关于传教士有去教导、愉悦和打动（也即，说服别人去行动）听众的需要的分析表明，修辞学的教导首先在这个系列中，总是同时需要阐释和发明的原则：也即卷一至卷三的解释学和修辞学。当然，奥古斯丁非常关心风格（或者说各种风格——抑制的、温和的、绚丽的），并且的确在 17 章中大量论及西塞罗，以便将他的风格直接与西塞罗“教育、愉悦和说服”的主旨联系起来。我承认，第四卷第二章的首句多少削弱了我解读《教义》的立场：我认为它提供了与圣经阐释的完整解释学结为联合同盟的完整的发明的修辞理论。这个首句似乎表明了对修辞学的多少是智辩式的理解——的确，奥古斯丁自己早期的反智辩的评论似乎完全被清除了。然而，这章的修辞学倾向（同样，无论是在这里，还是在其他地方，奥古斯丁都不愿系统阐述他的修辞学理论）表明教导的（以及由此，发明的）修辞学依然是他的修辞学关注的核心。更准确地说，依据这种解读，现在已 272
为我们所熟悉的奥古斯丁的主旨，在新的外观下得以重新返回：例如，新经典的真正智慧也已经变成真正的雄辩（特别是在保罗书和阿摩司书中）。而且，传播圣经智慧和雄辩的传教士不可试图模仿圣经的晦涩—深奥。

但为什么不可以呢？——特别是考虑到奥古斯丁自己对下一点的辩护：作为对实践中缺少正规修辞训练的一个部分代替，传教士可以“模仿”雄辩的经典模式。原因似乎非常清楚：传教士不是圣经的被赋予灵感的作者，后者被上帝用来说出那些甚至他们也不必理解的晦涩的真理。相反，传教士是这个真正智慧和雄辩的阐释者。作为阐释者，传教士不应擅自去模仿圣经的晦涩；相反他应该为了教导、愉悦和说服会众而使圣经的晦涩变清晰。传教士需要圣经阐释的修辞学和解释学的原则以便清晰地教导（卷一、卷二）。传教士也需要一些“风格”的知识（后天习得的，例如通过模仿经典的风格或通过修辞学在风格上的教育），以便取悦会众，以及由此吸引他们的注意力并打动他们——说服他们——去行动。

但是首先，作为常常是晦涩的圣经段落的阐释者，传教士必须努力达到清晰。唯有清晰能引导需要圣经的真正智慧和雄辩的形形色色的读者。只有这种清楚的教导才能恰当地运用在其他修辞学那里既可用又必要的各种风格（例如，为了愉悦和打动别人）。奥古斯丁从不主张“单纯的修辞学”或主要关注风格的修辞学，即使在第四卷中。至少可以说，只要愉悦和打动的要求被教导和发明的要求所主导，那么情形就是如此；而在第一至第三卷中，基于发现圣经的真正解释学的规则的需要，发明被明确提出。

奥古斯丁这个前修辞学教授甚至可能会同意，我对他的修辞学和解释学理论的阐释是顺理成章的，只是它们有时在他的文本符号中被遮蔽了。这个希波的主教对他后世的神学继承者会作何感想，这是一个很难索解的问题，我们最好留待以后再谈。但无论第二个问题的答案是什么，奥古斯丁的一些修辞学原则都似乎以新的形式存活在二十世纪后期的修辞学语境中：例如，神学的爱（charity）转变为韦恩·布思的作为“朋友”的文本解释学模式；圣经的晦涩性在现代和后现代解释学和文学批评中转变为“诗的优先性”；神圣的推动力对于不被作者原意所限定的解读的多元性的作用，在某些解构主义那里变成了作者的丧失；对交流中的清晰性的要求，变
273 成了有关发明的修辞学（logos）、情感的修辞学（pathos）和习俗的修辞学（ethos）之关系的争论，以及此三者与一个更完备的说服的修辞学之关系的争论，此说服的修辞学处于当代关于论题和隐喻之关系的修辞学争论中。我认为，奥古斯丁将给那些争论施加何种影响，取决于我们把《教义》解读为一个文本还是两个文本。如果人们要寻找奥古斯丁的护教修辞学，应该去读他早期的对话。如果人们想了解他的皈依修辞学，则必须转向《忏悔录》。但如果人们希望找到奥古斯丁的发明（作为任何致力于行动的基督教说服中的一个关键要素）的修辞学，而且希望去了解奥古斯丁如何把解释学和修辞学联合为一个融贯的整体，而同时又不抹杀两者的区别，那么《论基督教教义》就是人们要读的经典基督教文本。

13. 修辞学、解释学和圣经阐释：从奥古斯丁到贝斯沃恩的罗伯特 275

唐纳德 · G. 马歇尔

修辞学和解释学在对哲学和语法的怀疑那找到了共同的根基。在《论演说家》中西塞罗通过对话揭示了修辞学和哲学之间的复杂关系。[1] 当克拉苏声称演说家必须拥有广泛的知识和文化时，斯凯沃拉反对道：知识是哲学家的领域，并且他们已经证明演说家是无知的（1.41-44）。克拉苏回答道，这在希腊人那里是一个熟悉的话题，但是当柏拉图雄辩地反对雄辩时，显示了他没能正确地理解他自己。如果演说家没有把握他所讨论的主题，他就不可能是令人信服的（1.48）。不同于哲学家，他们“在他们的洞穴和角落里讨论这些主题，以消磨空闲的时间”（1.56），演说家以全部的力量和魅力（cum omni gravitate et iucunditate）展开那些哲学家们“以一种空洞和苍白的风格”（tenui quodam exsanguique sermone）（1.57）讨论的话题。演说家的文化是既不陷入学术性，也不建立在抽象的反思的基础上和致力于一种以自我为中心的智慧，而是综合到表现为审慎的人类

① 西塞罗，《演说家》(*De oratore*)，Cambridge: Harvard University Press, 1942，E. W. Sutton and H. Rackham 译，第 2 卷。后文引用均出自这个版本，并以文中注形式出现。

276 社会中，它可运用于喧嚣的公共事务，并且能提供给普通人的常识。哲学家的知识被归入到演说家的雄辩之下（3.143）。

昆体良——尽管他更多作为一个教师在说话——肯定了西塞罗：他指出哲学已经吞并了被演说家们轻率地抛弃了的知识领域。[①] 修辞教师不应该怠惰地逃避他的责任，把自己的核心主题交给文法学家（2.1.2）。昆体良希望修辞学家发挥的支配作用在《演说术教程》开头的文法纲要中得到体现。这不是一个无关紧要的主题，而是演说术的基础，如果它们没有被正确地建立，那么整个修辞大厦将要倒塌（1.4.5）。文法学家有他们自己适当的领域，但修辞学家必须检查语法的趋势，夺取属于演说术的知识分支。修辞学家必须保证，学生们既不会在日益增多的语法技术中迷失，也不会被迫停留在这个准备阶段。

解释学同样自身根植于历史实在（realities）和生存分析，历史实在和生存分析具有广泛的适用性，却不求助于概念的普遍性和系统推理的经院结构。汉斯—格奥尔格·伽达默尔在它们与人文科学的持续关联中恢复了人文主义传统的诸引导性概念——“教化”（Bildung/culture）、“共通感”（sensus communis）、“判断”和“趣味”，即使人文主义者不能为它们提供“任何认识论的正当性”。[②] 更有说服力的是，在从埃德蒙德·胡塞尔的“生活”概念到海德格尔对作为此在生存结构的理解的分析的转变中，伽达默尔通过重新审视自我奠基的整个观念，实现了对基础主义的形而上学的克服。（TM 242-264）同样，伽达默尔拒绝结构主义的语言观，这种语言“完

① 昆体良，《演说术教程》（*Institutio oratoria*），Cambridge: Harvard Univrsity Press, 1920-1922，H.E.Butler 译，第 4 卷，1.10.2。文引用均出自这个版本，并以文中注形式出现。

② 汉斯－格奥尔格·伽达默尔，《真理与方法》（*Truth and Method*），New York: Crossroad, 1989，Joel Weisheimer and Donald G. Marshall 编译，2d rev.，第 3-42 页；所引的话出现在第 9 页。下文引用均出自这个版本，并以文中注形式出现。

全脱离于所被考虑之物的存在”（TM 416）：“一个语词不是一个与回溯的事物并列的符号”，也不是“人们所选择的符号，更不是人们制造或给予其他人的符号”（TM 417）。毋宁说，语词属于事物，因此“能被理解的存在就是语言”（TM 474）。当语法把语言还原为只有内在逻辑的任意结构时，语法就是一个错误的抽象。

解释学和修辞学都把人类事务中的语言和实际生活之间的紧密关系放在关注的中心位置。但这个明显的平行可能掩盖了一个不可化约的张力。因为尽管海德格尔的理解概念是一个非常广泛的概念，但解释学必须扎根于文本的阐释，否则它将失去自身。另一方面，修辞学从古代起就关心对形势的掌控。这个关心是贯穿从奥古斯丁的“论题”概念到赫摩根尼的“争议点（stasis）”概念的缠结的思想线索的核心。在《修辞学》中，亚里士多德努力从普遍适用的思想模式那区分出特定的主题内容所独具的材料。[①] 亚里士多德并没 277
有非常清楚地展开他的讨论，但是就我这里的目标而言，很明确的是：他的目标是探究相关于变动不居的人类事务——这种事务以做出判断或选择为旨归，而判断或选择导致行动——的明智讲话的材料。论题的观念不只是一个在讲话中被不断提出的主题的清单，它还试图把握属于常规模式的理智经验的事务的可理解结构。为了把握说服的所有可能方式，有必要找到这一结构，该结构不能如此抽象，如此远离事务以致讲话者忘记了讲话的目标乃是行动而不是沉思（theoria）。这里的关键是使得演说者能够不仅把握所被讨论的

① 亚里士多德，《修辞术》（*The 'Art' of Rhetoric*），Cambridge: Harvard University Press, 1926，John Henry Freese 译，1.2.22.1358a37ff. 文引用均出自这个版本，并以文中注形式出现。与这里相关的是“论题”。另参见 William M. Grimaldi，“亚里士多德的论题”，以及 Donovan J. Ochs，“亚里士多德的形式论题的概念”，载《亚里士多德：修辞学的古典遗产》（*Aristotle:The Classical Heritage of Rhetoric*），Metuchen, N.J.: Scarecrow, 1974，Keith V. Erickson 编，第 176-193 页和第 194-204 页。

具体事实，而且能在具体的处境中把握这些问题，把这些问题放到劝服听众以实际方式（pistis）去行动的光线之下。

在《演说术教程》第三卷中，昆体良处理了这同一个问题。一个演说家必须处理由成文（法律）或不成文之物所引发问题（3.5.4）。尽管昆体良对阐释成文法给予了一些注意，但他更广泛地检讨了用于分析法律和政治演说所要处理的“事实”或事务状态的种种术语和理论。无疑昆体良证明了他是一个名副其实的博学多识的教授。但非常独特地，他坚持对常识的要求，以避免过分学术性。昆体良一直以诙谐机智的自我反思方式关注他的论题，也即论题的主题，并且努力使他的读者懂得关键在于，讲话必须有一个要点。至于它被称为 stasis（争议点）、status（胶着点）、quaestio（问题）、constitutio（构成）还是 caput（头）不重要（3.6.2）。相反，它是要聚焦于所讨论的要点（primam causarum conflictionem，3.6.4），并且在任何具体的情形中去把握法官选择的原因、关键点，以及核心论证（causa，iudicatio，continens）（3.6.104 和 3.11.1）。理论和术语的增殖只不过表明了以特定而非一般的术语去说明漫谈和紧扣要点的谈论之间的区别是多么困难。昆体良给出了一个很好的实际检验：基础是“我应该说的东西，如果我被限制在一个单一的论证路线中。”（3.6.11）他分析了与继承法有关的一个例子（3.6.96 以下）。但无论什么错综复杂的事物，早在《演说术教程》中这个讨论所处的位置就证明了昆体良的信念：修辞学首先是对复杂的人类处境的内在可理解结构的分析和把握，而不是关注演讲的各分支或风格细节——这些是他最后处理的论题，并且在历史上趋向于远离这个更根本的问题。

在古代，奥古斯丁以最富于启发的方式揭示了面向处境的修辞
278 学分析和面向文本阐释的解释学要求之间的张力。像昆体良一样，奥古斯丁是一个修辞学教授，可能比前者更醉心于理论而非修辞实

践。至少奥古斯丁的《忏悔录》主要聚焦于哲学和神学探究，而不像西塞罗的《论演说家》，后者是对公共演说的巨大胜利的生动叙述。这可能模糊了《忏悔录》这部著作的主题，使得人们对该书最后三卷一直感到困惑。因为如果主题是奥古斯丁的精神探索之旅，它在第八卷关于他的皈依的讲述中达到高潮，附以卷九中讲述他母亲的临终几日和卷十中他的告解作为有条理的尾声，那为什么我们要转入后三卷对创世纪的复杂和抽象的非个人的阐述和对诸如时间的本性、圣经的多重含义和一个“空虚混沌”（《创世记》，1.1）的大地如何能存在的问题的哲学分析？

然而，有一些关于各卷顺序的关联的迹象可循。《忏悔录》开始于渴望赞美上帝，上帝是不安宁的人的内心的港湾。[①] 然而为了呼告上帝，人们必须首先相信，并且“没有一个传教士，他们如何相信？”奥古斯丁呼告上帝是凭他因“你的儿子的仁慈”和你的传教士的事奉而已经获得的信。这个开头在第十一卷收获了结果，在那里奥古斯丁花所有的时间去供认：首先，他的所有种种经验，通过这些经验上帝“已经把我培养成你的语词的传教士，和把你的圣餐给你的子民的分发者”（11.2；第211页）；其次，“我应该在你的书中发现的任何东西”（11.2；第213页）。并且事实上，动词 confiteor（悔罪）贯穿整个最后三卷，以便整个著作是向上帝立誓的“忏悔的祭献”（sacrificium confessionis）（12.14，第345页）。在第十一至十三卷中，奥古斯丁既不是供认他的罪孽，甚至也不是他的生活，而是供认上帝让他在圣经中所发现的含义。这个含义的发现是他回应上帝对他做牧师的召唤的能力的基础。《忏悔录》通向的不是奥古斯丁的皈依，

---

① 奥古斯丁，《忏悔录》（*Confessions*），Cambridge: Harvard University Press, 1912，William Watts，第2卷，1.1。文中的引用给出书籍和章节，后标页码。我也参考了另一个版本，《忏悔录》（*Confessions*），Oxford: Clarendon Press, 1992，James J.O'Donnell 编，第3卷。

而是他作为传教士的新生活的开端。

这个职业和传统的演说家职业之间的对比看起来很鲜明。毕竟，正是修辞学阻碍了奥古斯丁早期转向基督教。由于阅读西塞罗的《荷尔顿西乌斯》（已经失传的著作），奥古斯丁陷入了克拉苏在《论演说家》中所指责的错误。他牢牢铭记西塞罗对于哲学的劝诫，对演说家喋喋不休的野心感到厌恶。然而，当他对智慧突然而来的爱使他阅读圣经时，修辞学对它的任性的儿子展开了复仇。与西塞罗的雄辩相比圣经的风格如此贫乏，以致奥古斯丁再一次回转向语词并远离它们应当包含的内容（3.4-5）。直到安布罗斯关于文字和精神之区分为他开放了被正确理解的圣经权威时（echoing 2 Cor.3.6;
279 6.3-5，特别是第 279 页），他才回到了正确的道路。并且事实上，第十一至十三卷依赖的是奥古斯丁的哲学训练的而非修辞学的基础。对时间的繁复分析展示了打开文本的含义的可能性，它不是通过与作者协商——甚至不管原始语言——而是在上帝（他是真理）帮助下来洞见文本所表现的真理（11.3，第 215-217 页）。

在这里详细地追溯奥古斯丁的思想训练过程——当他辩证地反复思考问题，对哲学疑难（quaestiones）（例如，11.30，第 281 页）紧追不舍，既与对手展开争论，也在自己的灵魂中展开争论时——并非与我们的主题不相干。更切题的是指出，这个方法在十二卷中陷入一个困境，因为坚持真理甚至允许不同的阐释者对同一个圣经段落提出多种含义。奥古斯丁拒绝退而求助于作者的意图以作为支配性的标准，因为我们对真理的洞见比我们对作者的内心的洞见要更确定（12.24，第 345 页），而且不论如何，或者作者可能意指了读者发现的一切东西（12.31，第 367 页），或者更有理由的是，上帝预知了所有的含义。上帝将通过跨越时代的文本启示读者，即使作者只认识到仅仅一个含义（12.32，第 369 页）。因此奥古斯丁检查了对《创世记》1.1 的许多可能的阐释，认为它们都是对的

（12.28-29）。尽管“少量语言”流入到“最清晰的真理河流”，因而非常有利于“要宣讲它的人们”（12.27，第353-355页），然而这样一个被抑制的源泉造成一个问题。因为这就导致有太多内容要说——以如此多的篇幅论述圣经的寥寥数语，以致他自己的力量和寿命不够“以这种方式研究你的全部书籍”。因此，奥古斯丁祈祷，“许可我比较简略地向你做这方面的忏悔”。他的解决方案是“选择你所启发我的一种正确、可靠、良好的见解，虽然我能看到多种解释和多种意文（这些意见也很可靠）。”如果奥古斯丁所供认的内容忠实于摩西的含义，那将是最好的，因为这正是他努力的目标；但至少他能够祈求说出上帝说给他内在之耳的真理（一个重复出现的表述，如在12.11，第305、307页；12.15，第315、第321页。），正如上帝把真理说给摩西一样。

这个转变通向了第十三卷中一个不同的接近圣经的道路，它不可适用于古代的哲学辩证法。我们能够称这个方法为寓意的（/讽寓的，allegorical），如果我们不让这个术语的现代文学含义误导我们的话。因为这不是一个有关通过具体图像来传递抽象含义的问题。相反，奥古斯丁把基督教圣经的两半（旧约和新约）联系在一起。《创世记》中关于创造的说明成为框架，在这个框架中思想体现在三位 280
一体、洗礼（水）、圣餐（鸟和鱼的创造）和爱的工作（丰饶，增产和繁殖）中。特别有意义的是，在这些沉思中，旧约的一小部分的意义在对一系列新约的引用（主要是使徒书）的帮助下被打开了。这不是诸如把以色列的历史事件与犹太人的生活联系起来的习俗形态学，而更多的是教义的、伦理的和人类学的。这肯定不是奥古斯丁对待圣经的唯一方式，但这个方法在这里提供了一个注解：即在把圣经转向当前的应用时，对圣经加以综合。于是，即使我们没有走完从哲学的争论到布道的道路，我们也即将到达终点。而修辞学在这个前进过程中没有扮演显著的角色。

修辞学的怀疑表现在奥古斯丁的《论基督教教义》中。奥古斯丁意识到自己承认，如果说话者不只是教导，而是也打动听众，他们就需要讲话方面充沛的才智。[①] 但他立刻把话说回来：无论谁明智地说话，都将使听众受益，尽管雄辩可能增加这个益处；但任何人仅仅雄辩地讲话，将是绝对有害的（4.5，第121页）。但在圣经那里，智慧与精通圣经是成正比例的（4.5，第122页）。与其花费时间学习雄辩，不如阅读、理解和记忆圣经。奥古斯丁回到了老问题。他知道圣经并不符合修辞学的雄辩的标准，但他不能忍受人们在这些指责面前默然以对。他坚持认为他能表明圣经中的雄辩，但他不想这么做："但我们的作者和异教的演说家、诗人所共同拥有的雄辩中的那些事物，并不真正使我感到快乐。"（4.6，第124页）他继续毫不动摇地推进他的论证。首先，保罗书和先知书被引用，以证明平衡的成员（balanced member）、周期性的韵律甚至层层叠进的从句系列的存在（4.7）。圣经后来补充了平实、温和和绚丽的风格的例子，并且在塞浦路斯和圣·安布罗斯那里同一水平层次的呈现表明，通过阅读圣经，忠实能够成为"精通神圣的知识和有益的真理"（4.21，第153页）。当然，圣经的风格缺少有节奏的收束（rhythmic closings），但尽管这些韵律"在文法和修辞学校中被如此高度重视和讲授……让我很高兴的是，在我们的作者的写作中它们很少出现。"（4.20，第149-150页）然而，当奥古斯丁重新定义雄辩时，他对优美修辞风格的厌恶产生了积极的效果。雄辩不是指一种语言的几乎魔力般的和自主的力量，而是当一个表达无论什么时候"不应该以任何其他方式说话"（4.6，第123页）时，它就是雄辩的。符合这一条件的强制的雄辩的语言，当然是上帝的真理，因此讲话者应该

---

① 奥古斯丁，《论基督教教义》（*On Christian Doctrine*），Indianapolis: Bobbs-Merrill，1958，D. W. Robertson, Jr 译，4.4，第121页。文中的引用给出书籍和章节，后标页码。

祈祷上帝将准许他们说什么和以有利于听者的方式发表。（4.30，第 168 页） 281

奥古斯丁对修辞学的不可克服的不信任与他对寓意阐释的热情形成鲜明的对比。他引用了雅歌 4.2，“你的牙齿如新剪毛的一群母羊，洗净上来，个个都有双生，没有一只丧掉子的。”在奥古斯丁看来很明显，这篇诗谈到了圣徒，他更乐于思考，“当我把他们设想为基督教会的牙齿，他们使得人们与错误切断关联，并且在坚硬之物已经被软化，好像被咬过和咀嚼过之后，把他们转移到她的身体。”（2.6，第 37-38 页）我们回到修辞学与圣·安布罗斯的对抗，而且尽管奥古斯丁能够明白，反题是错误的和还原论的，他也难以自禁地说：“爱在语词中的真理而非语词，这是好的、有辨别力的心灵的标志。”（4.12，第 136 页）

然而，他对修辞学的评价的骚动不安的逆转，泄露了一个奥古斯丁不能有意识地加以解决的问题，也即，他不可避免地深深受惠于修辞学。他对风格持非常强烈的消极态度——而对古代修辞学家来说风格是事实的一个表征，风格是人，也即，风格植根于生活方式并表现生活方式，奥古斯丁能够看见的价值系统必须被基督教破坏和替代。《论基督教教义》开始于这样的断言：“处理圣经时，有两件事情是必要的：发现那些要被理解的事物的方法，以及教授我们所已经知道的东西的方法。”（1.1，第 7 页）在 396 年至 397 年，恰恰在他撰写《忏悔录》之前，奥古斯丁完成了前三卷关于阐释的论述——如何发现圣经所教给我们的东西——随后把这个工作丢在一边。显然之后他的注意力不在这个工作上，直到 426 年至 427 年间，他才再一次回来。此时，他再次引用他开头的承诺并宣布他的意图，“在上帝的帮助下”，用一本书总结关于教授的所有事情，也即关于如何用适于在宗教集会上讲话的语言传递传教士在圣经中已经发现的真理（4.1，第 118 页）。在这个有意识和表面的层次上，修辞学对于阐释是无用的，且按其潜在的文化承诺，在公开宣讲的任务中，它是一个危险的伙伴。

然而，发现含义与把它变成公共话语，这两者的整个对照本身就是修辞学的——是 res（事物）和 verba（言语）、主题内容和语言、事物和语词的古老的二重奏。并且特别是第一卷，是对 res（也即圣经的内容）真正是什么的非常敏锐的沉思。奥古斯丁解释道，所有的教义，所有的教导“或者有关事物，或者有关符号”，但他补充道“事物是通过符号而学到的”（1.2，第 8 页）事物被定义为不被用于意指其他东西的存在。而有些事物却意指其他事物，例如，摩
282 西把木头投入苦水中以消除苦味，在这里木头是十字架的一个符号。语词也是事物，但他们的整个存在就在于被用于意指。由此奥古斯丁避免了两者的抽象对立，而指向了事物之于含义、符号之于事物的复杂关系。然而，奥古斯丁并没有继续这一思想，而是开始谈论对事物的正确运用：有些是被喜爱，而有些是被使用，另一些同时被喜爱和使用（1.3，第 9 页）。所被喜爱的事物，是因其自身而被爱；所被使用的事物则被用以获得其他事物——即最终获得所喜爱的事物。我们的生命是一个朝向家的旅程，并且我们必须用这个世界的事物来帮助我们达到那个唯一因其自身而值得被喜爱的事物——上帝。为了忠于回家的路，我们必须清除任何使我们分心的事物或能蒙蔽引导着我们的心灵之眼的东西。我们的选择在于，是让我们自己遵照这个世界，即那些较低的事物；还是遵照上帝，我们的创造者。我们能够凭救治者基督的帮助去遵照上帝，他向我们显示了道路，他就是道路。我们沿着友爱（affections）的既定道路前行，只要我们让自己听从真理。我们通过追随爱的法则来这么做，爱的法则是双重的：爱上帝和爱我们的邻人。由此我们每个人都将成为事物的一个完整的、无偏见的评价者（rerum integer aestimator，1.27，第 23 页）。我们将能够理解圣经的 res，事物或内容：“自从我们开始

谈论事物起，我们所谈论的全部东西于是就是：它被理解为，法则和整个崇高的圣经的完满性和目的乃是对被喜爱的存在的爱、对能够与我们分享这一喜爱的存在的爱（也即，上帝之爱和邻人之爱；1.25，第 30 页）”这成为了一个阐释的标准：“因此，无论谁认为他理解了神圣的圣经或其中任何一部分，但这种理解却并不培育对上帝和我们的邻人的双重的爱，那么他就根本没有理解它。无论谁发现一个对爱的培育有用的经验，即使他没有说出作者在那个地方所意指的东西，他也没有被欺骗，更没有以任何方式骗人。”（1.36，第 30 页）真理的概念在这里包含一个共同体生活的动态过程，它以不断调整的方式朝向一个共同的目标。含义没有一个命题式的内容，而是已经以它在会众、在传教士的听众的生活中的应用为定向。

与之相关的是奥古斯丁在第二卷中详细论述的关于语言的概念。在这里，他把注意力从 res（事物）转向了 signa（符号），并且区分了自然符号和习俗符号，前者例如烟之于火，这里符号和指示物的关系是在没有任何意指意识的情况下发生的，而后者中的符号和指示物的关系则依赖于活生生的人——他用符号来传递内心的精神生活给他或她的同伴（2.1-2，第 34-35 页）。在这个较广的框架中，奥古斯丁得以研究为了理解圣经，需要何种有关符号的知识，以及 283
这种知识该如何获得。接着他指出，文化符号假定了在人类共同体中的含义；使用符号去指示，就必须融入符号在其中进行指示的那个共同体。因此，属于任何与基督教生活不一致的共同体的符号，都必须回避。那些研究诸如占星术的技艺来预言未来的人都是傲慢的，是在与魔鬼联姻：“所有属于这种不重要或有害的迷信的技艺——它们都是在人与恶魔的邪恶的联合的基础上构建的，就好像通过一个不虔诚和欺骗性的友谊的契约——都应该被基督徒完全拒绝和回避。”（2.23，第 59 页）再一次，我无法全面彻底地追随奥古斯丁的分析。我想指出的只是：这种牢固地根植在共同体中，并且因而暗暗地浸淫在话语所支撑的生活价值中的语言概念，完全是修辞学式的。仅仅靠那些以哲学的、认识论的方式被表述的渴望不足以保证语词与事物的恰当关系能够建立。这并不是说，人们不能在哲学家那里找到对语言的复杂的理解，而只是指出，在这点上，奥古斯丁的思想以微妙的方式求助于修辞学。

这些例子对我这里的论证的重要意义在于表明，一种修辞学的思维方式在深层结构层面上，通向了对文本的语言和含义的解释学洞见。这个判断不仅适用于《论基督教教义》这部早期著作。例如，在大约417年圣诞节后不久宣讲的布道中，就充满了修辞学的策略。[①] 奥古斯丁这样开始："我亲爱的人们，愿上帝实现了他所曾唤醒的你的愿望！"（S 21）显然，他曾经在较早的布道会上许诺了这次布道，但他强调他的许诺和当下的实现来自于上帝，因为在做出那个许诺时传教士祈求了上帝，而现在则是偿还所欠他的，他给予了传教士一切他所说的。这个思想的复杂的悖论性质，是优雅精致的修辞形式的典型表现，但它支撑了奥古斯丁的讲道理论。他继续回想他承诺的主题，听众们将记起它：即对某个问题的解决。此时，大量的听众可能已经只对圣诞节举行的庆典感兴趣。但那些倾听着的人们已经开始注意这个布道，并且心里想着那个要被解决的问题。于是，奥古斯丁不是讲给"聋了的耳朵或厌倦了的心；并且你们的这个热切的期望实际是为我的祈祷。"（S 21）这个关于祈祷、期待和上帝对它们的满足的布道开头中的策略把修辞学的习俗转向了解释学的目的。

---

① 奥古斯丁，《圣诞节与主显节讲道集》（*Sermons for Christmas and Epiphany*），Westminster, Md.: Newman Press, 1952，Thomas Comerford Lawler 译，古代基督教作家系列丛书，第 15 卷。日期见第 190nl. 页。下文的引用出自这个版本，且在文中标注为 S 并附页码。该文可能花了至少两个小时发表，这一时间长度的讲话不是不可能的，但或许不太可能是一篇布道形式的论文。

在一定的修辞手法中，有一个类似的目标在起作用。那些已经开始倾听布道的人们已经选择了布道，而非同时举行的公共奇观。但他们也选择了一个奇观。因为基督使自己作为奇观："听听如何" 284
（S 22）。他的受难表明了先知所预言的，愤怒中的人们使他成为一个奇观。类似地，正如使徒保罗所说，殉道者"向世界制造了一个奇观"。但这是对于那些用信的眼看的人们来说的精神奇观："这里一个伟大的奇观呈现给心灵之眼——灵魂毫发无伤，而身体被撕成碎片"（S 23）。那些在教堂里出席布道的人们是对被阅读的事情感兴趣的观察者。通过这些语词，他们看到了内容，没有这些内容，语词就是无意义的。如此等等。奥古斯丁正以修辞学的方式阐述一个使教义得以明白显露出来的处境。类似地，对照法和悖论是圣经教义的结构。耶稣已经征服了国王，"不是通过傲慢的武器，而是通过被嘲弄的十字架；不是通过刀剑的怒火，而是通过被悬挂在十字架（Wood）；通过身体的受难，通过精神的苦役"（S 24）。整个开篇，奥古斯丁在一个缠绕着的术语系列上构建了一个对照的戏剧：身体奇观 / 精神奇观、迫害 / 被迫害、战胜—打败 / 被战胜—被打败。修辞学风格和解释学内容在这里不可分割。

整个布道像法律争论一样被组织起来。奥古斯丁所承诺去解决的是一个疑难（quaestio），在修辞学学校中被讨论的一种问题。也即有关马太和路加所给出的耶稣家谱方面的明显不一致问题。奥古斯丁对此的回答是独创性的，这些回答有助于消除礼拜会中那些不够聪慧的人们的困惑和毁谤。"如果不是因为这些诡辩的煽动"，他们不会有这些烦恼。"因为当异端错误地指控时，少数人会深受其困扰。"（S 36）"因此，"奥古斯丁宣称，"这个问题和它背后的敌意得到了处理；因为清楚的推理已经给出了"一个合理的解决（S 59）。在已经消除了若干谜团之后，如在布道中屡次做过的那样，奥古斯丁再次提请观众的注意："我恳求你，认真地倾听这些内容，就像主看适于帮助我们；你们的心灵现在是安适的，不必与捏造的指控斗争。”（S 65）因此，布道很大程度上具有对错误指控展开法律辩护的形式，尽管它的内容明显具有通过讨论解决一个疑难的哲学性质（并且事实上，这个布道频繁地采取了问答模式）。其收场白把它的解释学意图表明得很清楚：

> 因此，关于这些在上帝的神秘中的隐藏的财富（也即，圣
> 经中的更深层含义），如果还有什么有待说出，它将有待于那
> 些比我们更聪明和更配它们的人把它阐发出来。无论如何，我
> 285 们已经在上帝的帮助和启示下，依有限的时间所允许，尽我们
> 的最大能力论及了这个主题。如果你们中有任何人有对此更精
> 深的把握，让他去敲他（Him）的门，从那里让我们也收到我们
> 所能够把握的，我们能够说出的。但首先要记住的是——对于
> 崇高的圣经上你还不理解的内容，不要惊慌失措；当你的确理
> 解了它们时，也不要骄傲自负。对那些你所不理解的，你要抱
> 以敬畏和耐心；而对那些你的确理解了的，请珍惜和保持它们。
> （S 70）

尽管许多学者已经揭示了奥古斯丁布道的高超的修辞学风格，并且把他布道的效果归因于听众对这些策略的响应能力，但我在这里主张，存在修辞学方式和这一布道的圣经的解释学内容之间的一个更深层的相互联系——这个联系可能奥古斯丁本人多少不愿承认。

在这一章中，我仅限于提出修辞学学科与解释学之间的关系问题这一庞大而复杂的论题，前者（修辞学）在古典时代得到了郑重承认，后者（解释学）在很大程度上依然是隐而未显的，直到古典世界遭遇基督教和体现在基督教圣经中的犹太注经实践。接下来我想跳到奥古斯丁过后一千年，简要地讨论贝斯沃恩的罗伯特的十四

世纪作品《布道的形式》，[①] 以此来结束本文。这部陌生的著作包含许多谜团。像许多中世纪的论著一样，古代的东西发生了如此的改变，以致熟悉的术语变得完全令人困惑。然而我想，通过思考修辞学和解释学之间的相互作用，多少有助于我们去理解它。

罗伯特的论著有助于人们根据“巴黎人的方法”，一种令人惊讶的繁复的创新风格，来构思一个布道。在做了一些铺垫准备后，罗伯特谈到了关于布道的“议题的发明”的问题（第 15-23 章，第 133-145 页）。对罗伯特来说，议题是一个圣经的文本。议题不是根据实际的情形去选择的，而是根据教会的日历——宗教节日或圣徒节来选择的。为人们所接受的圣经翻译的准确文本应该被遵循，尽管轻微的变化可以被接受。

然后，一个恰当的议题通常必须被分成“三个陈述，或三个相等部分”（第 19 章，第 138 页）。作为例子，罗伯特仔细剖析了主题：“上帝让他的儿子造女人，依照法则去造，上帝将拯救那些位于法则之下的人们。”它可以分成三部分：“（1）在医生那里提到一个慷慨提供的崇高，因为它说上帝派他的儿子。（2）揭示出谦卑的治愈工作如何得到公正的显露，因为它说依照法则去造女人。（3）揭示出效用如何以充分延伸的方式得到引申，因为它说他将拯 286

---

① Robert of Basevorn，“布道的形式”，Leopold Krul 译，载《三种中世纪修辞技艺》（*Three Medieval Rhetorical Arts*），Berkeley: University of California Press, 1971，James J.Murphy 编，第 109-215 页。文中引用将给出贝斯沃恩原文的章节和墨菲译本的页码。依本文的有限目的，我并不要求对《布道的艺术》（*ars praedicandi*）做广泛的学术评论。一个简要的评论和引导性的参考文献，见 Thomas M.Conley，《欧洲传统中的修辞学》（*Rhetoric in the European Tradition*），Chicago: University of Chicago Press, 1990，第 96-97 页与第 102-103 页，或 James J.Murphy and Martin Camargo，“中世纪”，载《历史和当代修辞学中的当前学术状态》（*The Present State of Scholarship in Historical and Contemporary Rhetoric*），Columbia: University of Missouri Press, 1990，修订版，Winifred Bryan Horner 编，第 51-52 页，第 65 页。

救那些位于法则之下的人。”（第 19 章，第 138-139 页）当然，这个划分是有分歧的。因此，在第一部分中，崇高、花费和慷慨的三部曲平行于上帝、他派遣和他的儿子。理想的是“通过一个权威，在其中在言辞方面有三项：上帝、派遣和儿子，而且在这个句子中，这种伟大的高贵被传递给我们。”来肯定这个三部曲，“但因为这样的权威很难找到，这么多语词的议题没有被普遍地接受。”（第 19 章，第 139 页）

“发明”和“划分”的修辞学观念在这里以一种令人惊讶的方式被转换。在修辞学的语境中，发明瞄准资源，以为了在实际或想象的事实系列中发现关键的问题。这些问题为一个讲话提供主题内容。而划分则通过澄清争论的结构和这个结构与演讲结构之间的关系，从而有助于上述过程。因此，西塞罗认为，通过遵循一种分类形式，我们表明“哪些是我们同意我们的论争对手的，哪些是有待于争论的。”这有助于听众知道该把他或她的注意力放在哪里。另一种形式简要地和从方法上考察“我们意图去讨论的内容”，帮助听众“在心里记住确定的要点”并且了解什么时候“演说将要结束”。[①] 在这里，上述定向作为分析真实情形的一个手段服务于演说，以便演说对于听众的判断来说是清晰明了的。

罗伯特的转换完全聚焦于言辞内容的操纵。“划分”包含建立议题的次级部分与演说者希望引入的某些其他材料，特别是“权威”（其他圣经的引文）之间联系的技术。因此，关于一个博学的人——“这个聪明的仆人合上帝的意”——的议题，可以被划分成智力完美（聪明）、精神上谦恭（仆人）和兄弟般的友好（合上帝的意）。假设人们希望确定“聪明”和“智力上完美”之间的关联：“有时可能

① 西塞罗，《论发明》（*De inventione*），Cambridge: Harvard University Press, 1949，H. M. Hubbell 译，1.22.31。

找不到适于这句话的确切意义的权威。那么就必须增加另一个权威与之相契合的影响因素。例如，假如我不能找到一个权威来证明聪明的事物包含智力完美，那么我必须通过一些形容词，或以某种别的方式来增加另一个影响因素，以便它可以这样表述：首先，情况表明，滥用理性的完美将受到严重的惩罚。”于是罗伯特接下来可以引用“所罗门的智慧”6.2-6——它肯定了后一点，从这里出发，他就能够回过来推论出他想建立的联系（第 33 章，第 160-161 页）。

跟随区分于是就有了“各部分的宣布”（第 34 章，第 162 页）。罗伯特认识到有不同类型的整体。因此，“聪明的仆人合上帝的意” 287
能够被分解成一个实际整体的诸部分：首先，“真理的光辉，借此人们因洞察力（vision）的力量而被赞美”（= 聪明）；其次，“纯洁的过程，借此人们富于情感地生活”（= 仆人）；这种情感“为我们提供爱（charity）的甜蜜的希望，借此人实实在在地得到回报”（= 合上帝的意）。前两项，即洞察力和情绪 / 情感，与“理性和意志”平行，因而是一个实际整体（即灵魂）的诸部分。又或者，信倾向于真理的知识（= 聪明）；望通过纯洁的生活增加确定性（= 仆人）；而爱（charity）达到不朽的回报这一目的（= 合上帝的意）。现在一个神学的美德“是非常普遍的整体，也即，一个包含着信、望、爱的类，作为一个普遍整体的诸部分。”（第 34 章，第 162 页）

这里修辞学的等价物是 narratio（叙述），即条理清楚地安排与演说家富有说服力的分析保持敏感关联的事实。再一次，以事态为定向的演说的区分，已经被转换成产生用以扩展议题的语词关联的过程。似乎罗伯特所感兴趣的乃是把各部分综合进已被划分的议题的各种方法，无论是通过语法或逻辑的策略，还是依议题所表述的有形的属性（正如当“我离开世界到圣父那里”被“表示”为起点和终点及两者之间的运动形式，它们一起构成运动；第 34 章，第 166 页）。其结果的连贯性，尽管紧密和令人印象深刻，乃是开始于语词材料并保持为语词，而没有参照具体事态的理智结构。

似乎没有必要过多地讨论这一点。从这个视角出发可以帮助我们更好地理解罗伯特所表达的内容，尽管它们中的许多依然——至少在我看来——是非常令人困惑的。在其产生结构严谨的优美话语的潜能中——它可以阐明人类生活的现实性——罗伯特的论著在同时运用修辞学和让修辞学从属于不是基于处境而是基于文本去产生话语的任务那里，似乎表现为某种极端。这个功能被如此地强调，以致在这里甚至解释学也已从属于在阐释文本（即布道词）时要实现的结构的要求。修辞学和解释学之间交互作用的哪些其他形式可以在历史记录中被发现，这依然是一个未决的问题——人们可能提及犹大·梅塞尔·莱昂的《蜂巢漂流记》（出版于 1475/1476 年），这部论著既充当修辞学的教科书（用希伯来圣经为例子），也主张"'修辞科学'的最主要的原则被包含在希伯来圣经中，并且最好去向它
288 学习修辞科学。"[①] 这里，解释学去阐释可以衍生出修辞学的圣经，而非用修辞学去阐释圣经。尽管修辞学和解释学面向的差异——面向事情的实际状态 VS 面向文本——保证了一定的张力，但通过两千年西方历史，那些在修辞学占支配地位的制度下经受训练的人们将不可避免地调动修辞学的资源以努力从文本（特别是神圣的文本）中阐发含义，这一点确保了这两个值得勘测的领域之间剪不断理还乱的复杂关系。

---

① Issac Rabinowitz 为 Judah Messer Leon《蜂巢漂流记》（*The Book of the Honeycomb's Flow*）一书撰写的导论，Ithaca: Cornell University Press, 1983，Isaac Rabinowitz 编译，第 lii 页。

14. 赫尔墨斯的修辞学问题：神圣在哲学解释学中的两难困境

艾伦·斯库尔特

围绕我将称之为赫尔墨斯的修辞学问题，修辞学与解释学不论在神圣解释学（sacred hermeneutics）的传统中，还是海德格尔之后的哲学解释学传统中，都明显地相互交汇。[①] 因为哲学解释学从神圣解释学那生长起来，后者自身根植于对圣经阐释的复杂性的反思，所以让我们从一个圣经段落开始，在那里我们发现一个对修辞学和解释学的疑难丛生的交汇的较早且有影响的揭示。 290

> 摩西牧养他岳父米甸祭司叶忒罗的羊群，一日领羊群往野外去，到了神的山，就是何烈山。耶和华的使者从荆棘里火焰中向摩西显现，摩西观看，不料被火烧着，却没有烧毁。摩西说："我要过去看这大异象这荆棘为何没有烧坏呢？" 耶和华神见

① 赫尔墨斯，作为信使的神，通常被认为是 hermeneutics（解释学）的词源学根据。参见，例如马丁·海德格尔在"关于语言的对话"中关于这一词源所提供的版本，载《通向语言的途中》（*On The Way to Language*），San Francisco: Harper and Row, 1982，Peter Hertz 译，第 29 页。对作为疑难"修辞"的赫尔墨斯的任务的描述，随着本章论述的推进将逐渐清楚。

> 他过去要看，就从荆棘里呼叫说："摩西，摩西！"他说："我在这里。"①

注意，神与摩西这次唯一的面对面遭遇开始于明显属于尘世的
291 漫无目标。不仅使者第一次出现，而且它的出现通过了燃烧的荆棘的中介——一个可能是罕见的现象，但仍然是一个尘世的现象。然而随后，荆棘烧着却没有被火烧毁，显然这是一个超于尘世的事件。摩西，而不是神，第一个实际开口"说话"，回应以他对荆棘景象的惊讶。仅当神看到摩西在注意异象，他才实际地向他呼唤。摩西毫不犹豫地回答，"我在这里。"

因为摩西作为一个埃及人长大，这是他第一次对神的经验（神后来作为耶和华而为世人所知）。因此一个在另一个面前的"出现"成为一个难题。耶和华有意义地向摩西说话，甚至告诉他他自己的名字，都必须首先以摩西愿意注意到他作为一个说着话的存在为先。这个问题在叙述上是通过耶和华以具体和有形的实体的形式、以同时以某种方式反映一个超越它自身的起源的形式出现而得以解决的。只有当摩西回应了这个超于尘世的经验维度之后，神才开始对他说话。伴随着神的召唤，"摩西，摩西，"以及摩西对召唤的直接而顺从的回应，交流成为多少定位在尘世话语中的交流。把一个超越的存在引到一个生活在语言的限制中的存在面前的难题，暂时被解决了。

但是当摩西去承担把神的语词传达给人们的使命时，问题重又出现。他现在应该怎么做？难道人们应该被带到荆棘面前，使经验重复一遍（这顶多只是延续宗教传统的一个笨办法）？如果不这样

① 《出埃及记》3:1-3。这个翻译，以及所有源自圣经的翻译，都来自犹太出版学会的《律法》（*Torah*），Philadelphia: Jewish Publication Society, 1962。

的话，摩西应该如何以既可信又有意义的方式把这一经验再现给人们，与此同时，又忠于原初事件的本质和意义（import）？由于这一事实——未来的听众将越来越少地对奇迹事件做出响应——问题将变得更严重。对这些事件的更通常的响应，将通过科学的说明把人们带到寻常事物的领域。神圣的信使应该怎么做？

在这个阶段，这个问题成为“使观念和人相互适应”① 的经典修辞学问题。但在它的更早形式中，这个问题也明显是修辞学的问题和理解的经验所特有的问题。甚至在摩西必须以适于更广泛听众的表达方式传递他自己的解释学经验之前，他必须自己能够“理解”神的出现的经验以便去经历它。因而他的注意力必须以某种方式被唤醒，并且准备好被一个陌生和神秘的事件（它将改变他生命的历程）“恰当地”影响。

这两个修辞学要素是相互交织的。在摩西能够传递神的语词给以色列人之前，他必须首先被放置在恰当的位置以经验神的讲话。 292
这个安置包含一个意图唤起摩西的特殊回应的象征行为。尽管这一对注意力的召唤不是严格的语言性的，也不是真正致力于说服的，但它在摩西那里，具有引起一种特殊的准备好回应的姿态的修辞学功能。② 在摩西已经在修辞学方面准备好经历这一经验的方式之后，叙述必须随后处理摩西所面对的问题，即使人们准备好倾听上帝语词的问题。就像摩西在荆棘中的经验，神的语词只有在人们准备好

---

① 这个修辞学的定义同样是“传统的”，如在 Donald Bryant 的里程碑式论文“修辞学：它的功能和范围”中所提到的。*Quarterly Journal of Speech*, 39（1953），第 401-402 页。

② 对基本修辞功能的这一说明源自肯尼思 · 伯克，它比布赖恩特的界定要广：“在本性上对符号做出回应的诸存在者中形成合作的一个符号手段”（《动机修辞学》（*A Rhetoric of Motives*），Berkeley: University of Californai Press, 1969，第 43 页。使用不止一种关于修辞学的定义，这与当代修辞理论中把握希腊哲学，特别是亚里士多德中的修辞理念的丰富性的不断尝试是相一致的。

倾听的时候，才能够有意义地传递给他们。[①]

这个问题的较早时期的一个平行的表现，可以在海德格尔的哲学解释学那里找到，在那里，一种类似的在先的理解是此在的解释学任务的先决条件。[②]在此在能够理解关于存在的任何东西之前，它必须首先具备经历这种经验的能力，在这种经验中，存在显现自身。这种显现的可能性必须“呈现”给人类此在，并且此在被它们所吸引，就像燃烧的荆棘呈现给摩西，而摩西凝神响应这一呈现。只有这样，超越者才能够被“听到”；只有这样，解释学经验才能够向前推进。

吸引“听者”对存在的呈现的注意，这一要求作为理解的先决条件，按照海德格尔，可以被视作修辞学和解释学之间的源始 关系。[③]就像荆棘的经验，唤起听者对存在的注意看起来是一个无语词的修辞学，或最多是在通往语词道路上的修辞学。[④]但正如我们将看到的，尽管它可能是无语词的，但我所指的现象在海德格尔那里无疑是修辞学的：它以一种有力召唤的方式“对”个体“讲话”——足够有力地引发一个他并不知道自己已经具有的经验的能力。海德

① 因此，我意欲如此称呼的赫尔墨斯的修辞难题在始终富有挑战的形态中重复自身，因为“承载一个信息”（参见海德格尔作为“承载消息和音信”的解释学定义，载“关于语言的对话”，第 29 页）的解释学 / 修辞学使命发现自身越来越远离启示的原始经验。似乎与启示的原始事件的距离越远，以模仿的方式再造神的语词的修辞力量的任务就越困难。

② 参见马丁· 海德格尔，《存在与时间》（*Being and Time*），New York: Harper and Row, 1962，John Macquarrie and Edward Robinson 译，第 36 页以下。

③ 海德格尔对我视作修辞学的现象的“源初性”的最详尽的讨论，见《存在与时间》（*Being and Time*），第 261 页以下。

④ 我认识到，我有正当的根据在这里谈到原生的荆棘的事件。但是随着本章的推进，我想这将变得清楚：在圣经的设计中，荆棘是我正在讨论的东西的一个叙述的换喻词：即把人们召唤到他们最深刻的理解时刻的原初修辞。

格尔自己把这个原始的修辞学要素称作“召唤”。[①] 这个召唤的修辞学特征在海德格尔论巴门尼德的文章中得到更突出的暗示：“在phasis(道说)和logos(逻各斯)中发生了什么？在其中起支配作用的、聚集着—召唤着的道说，是那种首先带来一种闪耀的带出（bringing）吗？”[②] 语词“闪耀（shining）”在这里暗示光的来到、现象的闪现。恰恰是所是者（das Lichtung des Seins）[③] 的“光亮”乃是海德格尔现象学的实事（Sache）或主题内容。因此，我们可以说，它是把我们召唤到理解——海德格尔试图在他的解释学的现象学中重现它——的边缘的源始修辞学，并且它事实上就是海德格尔现象学的核心。

这个源始的修辞学就是从摩西到海德格尔的信使们试图重述的东西。但是人们如何重述无语词的召唤——它给出理解，而不装扮成创造礼物的上帝？这就是放大版的赫尔墨斯的修辞学难题，并且我想表明恰恰是这个被构想为修辞学（尽管海德格尔显然没有用这 293
个词）的问题，扰乱了海德格尔的现象学筹划。

进一步地，我们将看到，正是海德格尔不愿意公开面对赫尔墨斯的修辞学问题，不愿把它作为他自己的修辞学风格的一个自身蕴含的伦理学问题——换言之，正是他公开地把自己诠释为一个哲学家——最终限制了他的现象学的范围。海德格尔以为他的现

---

① 我指的是“良知的召唤”。在《存在与时间》(*Being and Time*）中第一次提及召唤时，海德格尔给这个术语涂上了更强的修辞学特征的釉彩。他称之为一个声音（第313页)、一个话语模式、一个吁求、一个召集（第314页）。

② 马丁·海德格尔，“命运”，这个演讲课程的原始部分（尽管未发表）冠名为“什么叫思想”，收在他的《早期希腊思考》(*Early Greek Thinking*, New York: Harper and Row, 1975）中，David Farrell Krell and Frank A.Capuzzi 译，第93页。

③ 海德格尔后来对《存在与时间》(*Being and Time*）中本想唤起的东西的暗示，参见约翰·卡普托，《海德格尔思想中的神秘要素》(*The Mystical Element in Heidegger's Thought*), New York: Fordham University, 1986，第XIII页。

象学方法足够严格，以致能够抹消他的讲话方式的自身蕴意（self-implicature），这样他就缺乏对他自己话语中的修辞学和解释学之关系的考察。人们可能会说，一个类似的方法论预设埋藏在柏拉图为作为高超的解释学话语的苏格拉底辩证法所做的论证中。这个辩证法被以为是如此严格，以致苏格拉底的修辞学步骤（moves）可被视为“无效的要素”，它一点都不妨碍人们对他的辩证法方法的直接领悟。

由于柏拉图和海德格尔也是优秀的雄辩家，我们也许可以为它们不愿反思他们的修辞学加上另一个原因：这可能将损害他们自己的话语的效力。正如亚里士多德指出的，最好的雄辩家在听众面前隐藏他们的修辞技巧。[①] 这种隐藏对于那些严肃地把他们的传教角色当作赫尔墨斯的哲学家特别重要。柏拉图致力于改变哲学的航道，并且讽刺的是，他在这方面的成功恰恰是海德格尔把哲学唤回到前苏格拉底哲学家所实践的真正的“思”的修辞学热情的原因。海德格尔在许多地方使他的解释学的现象学的修辞学任务公开化，最鲜明的莫过于他在《什么叫思想？》中所表达的：尝试去找到适合于存在的召唤的语言，以便重述召唤和把哲学带回思。[②]

因此当人们思考修辞学和解释学的多层次的交汇（如同在圣经

① 亚里士多德的《修辞学》（*Rhetoric*），第三卷，1414b：“作为结果，作者应该以不被注意的方式创作。”（《亚里士多德：论修辞学：市民话语理论》（*Aristotle:On Rhetoric:A Theory of Civic Discourse*），New York: Oxford University Press, 1991，George Kennedy 译）。

② 伽达默尔的一个回忆更标示了海德格尔的召唤的修辞学蕴意：“当他（海德格尔）写信给洛维特说‘我是一个基督教神学家’时，他一定想说的是，他想捍卫神学的真正使命，也即以当今神学的恰当的基督教精神为背景，‘去发现能够把人们唤向信，并且保持在信中的语词’。（在 1923 年的一个神学讨论中我听到他用这些词）”，伽达默尔继续说：“但这［找到把人们唤向信的语词］也是思的一个任务。”汉斯－格奥尔格·伽达默尔，《海德格尔的道路》（*Heidegger's Way*），Albany: State University of New York Press, 1994，John W. Stanley 译，第 175 页。

传统和哲学传统中所揭示的那样）时，我们看到，赫尔墨斯的修辞学问题自身加倍扩展了。我们继续探索这种交汇在圣·奥古斯丁那里的体现，因为奥古斯丁在其圣经解释学中对待修辞学的方法，为我们考察海德格尔筹划中的与之平行的运动提供了一个有益的背景。

奥古斯丁解释学中的神圣修辞学

对奥古斯丁来说，要真正地理解圣经就需要认识到，它的修辞在本质上不同于我们自己的修辞：也即，圣经使自己被理解的方式，它讲话的方式，都不是我们人的讲话所能仿效和我们去领会的理解力所能达到的。的确，不可能完全地领会和阐明人们理解圣经的经验， 294
这种不可能性赋予了圣经在解释学上的特性。理解圣经必然要求认识到这一理解的限度，并且这些限度由文本的修辞的不可穿透性而被定义。①

人们甚至会说，以这种方式被看待的神圣文本被它们最本质含义的不可言说性所规定。我们只能通过被神的力量所启示的话语才能够经验那些含义，这些话语的修辞学天才恰恰在于知道隐瞒什么和如何去隐瞒它。要求拥有领会这个话语如何能够做到这点的能力，更不用说阐明这种领会的能力，将“使我们类似于神”，② 我们只能知道透露给话语的那个神圣意识所能知道的。这个含义的难以言传的深度创造了一个空间，在其中神圣文本完成它们独特的修辞学工作，这一工作按其本性在任何其他话语中都是无法被理论化的、不可知的。

旧约进而在燃烧的荆棘的情节中，以严格明确的方式揭示了这

① 奥古斯丁在《论基督教教义》（*De doctrina christiana*）（Indianapolis: Bobbs-Merrill, 1958，D. W. Robertson，Jr. 译，第 123 页）第四卷第六部分讨论圣经修辞自成一格的特征。在这里，他把圣经的特殊的雄辩描绘为具有“晦涩”的标记。

② 《创世记》3:4, 22。

一点。在想到把神的信息传递给人们时，摩西表达了可被称为修辞学焦虑的东西。“当他们问我你的名字时，我该说什么？”[①]在交往的这个关头，神隐瞒了他的名字，由此隐瞒了他的本性的详细知识。神没有给出名字，而是在 Ehyeh asher Ehyeh（通常表述为“我是我所是”，但本质上它是不可翻译的）的神秘中富于修辞地铭写了他的身份。因此，关于神的本性的知识，所有人类可能理解之物的神秘的核心，被遗留在卓越的不确定的修辞学的宝藏（nugger）中。不仅“他的道路不是我们的道路”，而且类似地，他的话语必定远离我们的话语。在神的话语中隐藏的秘密将作为无止境的解释学沉思的一个基本原理（propaedeutic），它构成以色列人的天职。人类的理解将被守卫在它的限度上的修辞学之神秘所规定。

奥古斯丁因而位于那样一些人的长长的队列中，他们继续着赫尔墨斯作为神圣信使的使命，而赫尔墨斯的任务就是以保存了他们的话语的神圣性和源自天国的他者性的方式传递神的消息。甚至可以说，此神圣（the sacred）在解释学上乃是被人类话语完全理解它的不可能性所定义，或者更明确地说，被人类话语在说明神圣的修辞学运行上的无能，以及让它自身被人所知的方式的无能所定义。因此，此神圣留下一种难以言传的深度，对于它，人类所构造的话语不能也不应该试图穿透。

因此，有很好的理由说明，为何在其整个历史上，解释学的反思都针对着神圣的文本。并且，当它试图为神圣找到一个更为世俗的换喻词时，如汉斯－格奥尔格·伽达默尔用他的“古典型”的观
295 念所做的那样，[②]解释学思想开始与后现代的敏感性（sensibilities）

① 《出埃及记》3:13。

② 特别参见汉斯－格奥尔格· 伽达默尔,《真理与方法》(*Truth and Method*)，New York: Continuum, 1993，2d, Joel Weinsheimer and Donald G. Marshall 编译，第 285 页以下。

相混淆：为什么伽达默尔的解释学把古典的文本放在优先地位？这里存在着与神圣解释学的传统——它对于伽达默尔的论证十分关键——的一个联结，但它没有得到明确讨论。

我想指出，任何值得解释学反思的内容或实事（sache）都通过使人回忆起神圣的难以言传的修辞学工作而引起我们的注意、唤起我们最深层的倾听的能力。人们会说，这通向了对作为神圣的解释学对象的经验，即使在世俗的解释学中我们回避这个术语。但这样一个文本实现其（让其含义为人所知的）修辞学功能的方式，依然是神秘的，而这不断地唤起我们的解释学的欲望。由这些文本所产生的源初解释学经验表明它们自己值得反思，恰恰是因为它们显现的方式依然是隐而未彰的。它们能够让我们对它知其然而不知其所以然，所以进一步激起了我们去理解的欲望。

但是随着海德格尔之后的哲学解释学试图把解释学反思的实事（sache）与神圣的文本分离开来，它就也使自己与解释学植根于其中的难以言传的修辞学的神秘相分离。没有这种难以言传的意义，强调把一定的文本解读为解释学经验的范式（例如，像在海德格尔解读前苏格拉底和现代德国诗人那里）似乎明显属于特殊对待。正如我们将看到的，由于他自己对赫尔墨斯的修辞学问题的处理和与神圣的关系上的变化（早期和晚期），海德格尔可能应为这种分离和混乱的结果负间接责任。

但首先，简要重述一遍：正是一定话语的难以言传的深度，它们的修辞的不可穿透性，使理解它们变得既有价值又困难重重。解释学的活动由神秘的修辞所引发，后者既揭示又掩盖了我们希望去理解的东西。同时修辞使含义对我们显得非常之真——以致我们可以经验我们自己，就像以某种方式“属于”它。然而它说出这个“真理”的方式依然与我们保持一个令人尊敬但令人沮丧的距离。通过消除一些模糊了原作的修辞阴影而把话语带到离解释者更近的范围，这是一个挑战，此挑战使阐释者的解释学欲望更加强烈。但在使之贴近我们的特定行为中，也即，在投射她自己的修辞光线到原作的阴影上的行为中，阐释者可能把原初的解释学经验还原为某些低于它的东西。借用安托万·圣艾修伯里的措辞，她可能“驯服了它”，因而稀释了它内生的、原初的修辞力量。这一稀释中所发生的最明显的下降（slippage），可能就是围绕着原作的源初修辞力周围的奥秘事物的神圣意义。

296 另一方面，通过努力保持在他给予其读者的解释学经验中的那个修辞力，阐释者自身就冒着伪装成真理的源初给予者的危险，因而把赫尔墨斯的修辞学难题转移给了他的读者，后者要去决定是否要把他的文本当作神圣的文本去读。如我们将要看到的，这个赫尔墨斯的修辞学难题的第二代版本，恰恰是人们遭遇一些不那么忠实的文本时的情形，就像人们阅读海德格尔，特别是其后期著作时的情形。

海德格尔第一次遭遇这个难题

在他的早期著作中，海德格尔迎面遭遇了赫尔墨斯的困境。从他的教职论文（habilitationsschrift）开始，并且经过 20 年代早期研讨班的继续推进，海德格尔一直在作为一个“基督教神学家”的早期学术研究和构建解释学的现象学的毕生努力之间做艰难的转换。这个转换是不容易的。他的教职论文充满了对我们可称之为中世纪神秘主义的修辞活力的东西的颂扬。哲学如何能把这种强有力的富于鼓动性的经验丢掉——这些经验看起来如此基础牢固以致在人们的思想中是有真正价值的、真实可信的？但这似乎是埃德蒙德·胡塞尔之后做哲学的代价。即使胡塞尔已经开始通过他的现象学复兴哲学，他仍与神圣保持了一臂的距离，并且强烈地感到，为了从事严肃的哲学，海德格尔也必须同样这么做。[1]

然而，随着海德格尔开始进入他哲学的成熟期，他发现与神圣的经验相分离的哲学将成为理论的和无生命的。他称之为 Ent-leben（脱弃—生命）。[2]在20年代，由于他的神学经验依然鲜活和可供思考，他开始致力于沟通中世纪神秘主义的非理论的生命活力和现代哲学的过度理论化的脱弃—生命之间的鸿沟。用海德格尔自己的话说，“哲学作为一个与生命相分离的理性主义系统是无力的，神秘主义作为一个非理性的经验是盲目的。”[3]

当海德格尔思考他从神学到哲学的道路的时候，他开始看到与神圣相一致的神秘经验类型与胡塞尔现象学试图揭示的源初的、生命－构造的直观经验之间的重要相似之处。海德格尔确信，这种相似性具有能够被暗示和指示但却不能被充分阐明的形式。存在某种东西，一个 Ur Etwas（源始的东西），它给予这些经验以其强有力的直接性、“生命的流动经验自身”[4]的意义。就像西奈山的启示，
生命如其自身降临我们，被给予我们，作为一个“占有事件（properizing 297
event）”［Ereignis］。[5]它随着我们允许自己被它占有而“占有”

---

① 在写给保罗·那托普的推荐天主教徒海德格尔申请马堡教职的信中，胡塞尔向那托普保证海德格尔已经“从独断的天主教义中解放出来”并且现在他是“我最重要的哲学合作者”（引自西奥多·克兹尔，《海德格尔的〈存在与时间〉的起源》[*The Genesis of Heidegger's Being and Time*]，Berkeley: University of California Press, 1993，第75页）。

② Ent-leben 可以被翻译为“unliving”（无生命化），与完整意义上的经验的“living through（活过，经历）”（Er-leben）相对，可对照：克兹尔，《起源》（*Genesis*），第46页。

③ 源自海德格尔的《教职论文》（*Habilitationsschrift*），克兹尔引及译，《起源》（*Genesis*），第71页。

④ 马丁·海德格尔，《关于哲学的规定》（*Zur Bestimmung der Philosophie*），Frankfurt am Main: Vittorio Klostermann, 1987，第116页。（后面引作 ZBP），克兹尔引及译，《起源》（*Genesis*），第47页。

⑤ ZBP，第75页，克兹尔引，《起源》（*Genesis*），第46页。

我们。

生命经验的性质作为它所是的“被给予性”的结果来到我们面前。在这个经验到的被给予性的性质中，海德格尔看到了天启的神秘力量和“解释学直观”的本体论力量之间被错失了的联结。[①] 解释学直观以让人回想起西奈山启示的方式来到我们面前。这两种经验似乎都伴随着一个不是我们自己产生的真理的压倒性的意义而降临。可能正是海德格尔对解释学直观未被触及的他者性和神圣的整全他者（Ganz Andere）之间的相似性的承认最终引导着他，使得他在《存在与时间》和之后著作中谈到存在和真理之间的关系，以及它们所共享的先天的超尘世性的模糊线索。[②]

然而，海德格尔非常明确地强调，给予我们生命经验的解释学直观的原始之 es gibt（有）完全属于这个世界。的确，被给予性的现象对表面上非人格，然而非常强有力的世界的“世界性”做出了说明。在他的早期作品中，他把引发我们的生命经验的力视作 modus essendi（存在形态）：“存在形态是如此这般可经验的、在绝对意义上与意识针锋相对的任何东西，是‘粗犷’的现实性，它强有力地作用于意识，并且从不会被撇开或消除”[③]

现在我们可以对海德格尔协调从神学到现象学的过渡时所体现的赫尔墨斯的修辞学问题做至少初步的阐述。海德格尔似乎和奥古斯丁都认识到了源初解释学经验的他者性的让人敬畏的意义。他也相信，试图在传统哲学的世俗修辞学（earthly rhetoric）中去理解这一经验，是一个根本性的错误。但在对刻画了他者性的超越性（transcendence）的理解上，他开始背离奥古斯丁。超越性尽管被

---

① ZBP，第 116 页，克兹尔引，《起源》（*Genesis*），第 51 页。

② 参见，同上，海德格尔：《存在与时间》（*Being and Time*），第 272 页：“存在和真理‘是’同样原始的。”

③ 源自《教职论文》（*Habilitationsschrift*），克兹尔引及译，《起源》（*Genesis*），第 47 页。

经验为他者，但它是属于这个世界的："此在是一个超越的存在。对象和事物绝不是超越的。超越性的源始本性在在世界之中的基础构造中揭示自身。"[1]

这个超越性的吊诡的观念作为此在的在世界之中存在的特征，打开了 Mitsein（"being-with"，共在）的空间，但尽管如此却是此在的解释学直观的"无所关联"的框架。[2] 这个先天要素——在那里此在经验了一个矛盾的、无所关联的共在——海德格尔使之等同于给予理解的原初话语："话语（Rede）在生存论上和现身、领会一样原始。某物的可理解性甚至在得到恰当的解释之前就已经是分 298
成环节的。"[3] 我们所阐释的"世界"作为已经有意义的事物而给予我们（但还不足够有意义！）。这一给予通过源初话语——它服从语言阐释，但自身还不是我们所知道和言说的语言——而进行。（它与 Ehyeh asher Ehyeh［我是我所是］的相似性是惊人的。）原初话语的对话的、类语言的性质，海德格尔隐喻地表示为"共在"。在另一段中这个隐喻被赋予了更鲜明的修辞学外观，在其中"共在"获得了"朋友"的特征（在修辞学的认识论中它不是一个陌生的隐喻）：[4]"的确，每一个此在都随身带着一个朋友；当此在听这个朋友的声音之际，倾听还构成此在对它最本己能在的首要和本真的敞

---

① 马丁·海德格尔，《现象学的基本问题》（*Basic Problems of Phenomenology*），Bloomington: Indiana University Press, 1982，Albert Hofstadter 译，第 300 页。

② 海德格尔，《存在与时间》（*Being and Time*），第 308 页："最本己的可能性是无所关联……只有当此在作为操劳寓于……的存在与共……而操持的存在主要是把自身筹划到它的最本己的能在上去，而不是筹划到常人自己的可能性上去的时候，此在才本真地作为它自己而存在。"

③ 海德格尔，《存在与时间》（*Being and Time*），第 203 页（着重号为笔者所加）。

④ 我在这里所想的是亚里士多德的 Homonoia（同心）或政治友谊的观念。对它与修辞学的关联的一个富有洞见的考察，见 Ronald Beiner，《政治决断》（*Political Judgment*），Chicago: University of Chicago Press, 1983，第 20 页。

开状态。此在倾听，因为它理解。作为理解着的、同他人一道在世的存在，此在‘听命’于他人和它自己。”[1]

也就是说，海德格尔早期现象学的修辞学挑战就是如何去描述倾听（hören）的源始解释学经验的在世界之中但却是超越的现象。奥古斯丁和神圣解释学的传统在很大程度上满足于对这个经验的赞咏：这个信息自身应该被阐释；但信息使自身被理解的方式必定依然是神秘的，只能从远处被领会。

但为了构造神圣和实际性之间的联结，海德格尔必须在语言中彻底改造、重新铭刻经受哲学检验的神秘而难以言传的修辞学，后者传递作为生命经验的超越性。现象学的真正使命在于以尘世的术语重新面对赫尔墨斯的修辞学难题：去提出那不可能阐明但却“存在着”的实际经验。我们的在世界之中存在如何居于一个此（Da）的决定性力量之中？什么是有？我们立即看到，在这些很可能遭受嘲讽的海德格尔主义者那里，传达实际性的被给予性而不暗示一个神圣的给予者存在着巨大的困难。而且，的确，一些批评者总是把海德格尔的本体论解读为本体论神学（ontotheology）。人们如何能对存在之神秘加以赞咏，而又同时称之为哲学？

海德格尔架起通往神圣的哲学桥梁的尝试建立在这样的主张上：神圣的经验仅仅是原初解释学经验类型的其中一个例子，此解释学经验赋予人的生活以实际性。海德格尔把实际性与神圣联系起来，这与弗里德里希·施莱尔马赫相一致，后者认为神圣文本的阐释是理解的普遍人类经验中一个例子，尽管是典范性的例子。[2]但正如我
299 们已经看到的，解释学范围的这一扩展给它带来了类似于优先权的

① 海德格尔,《存在与时间》(*Being and Time*), 第206页。

② 对这个解释学上的重要过渡的一个有益的阐明，参见 Joel Weinsheimer,《哲学解释学与文学理论》(*Philosophical Hermeneutics and Literary Theory*), New Haven: Yale University Press, 1991, 第2页以下。

一个特征：一些文本比另一些文本含义要更丰富。正如伽达默尔所阐述的："我们都知道，有一些语词只是作为符号起作用，而其他一些语词……亲身见证了它们所传递的东西。可以说，这些语词接近于所是的事物；它们既不是可以替代的，也不是可以交换的，而是一个在其自身的言说行为中揭示自身的一个'Da'。"①

与给我们带来这种语词的那些文本相应，一些比其他经验"更真实"的经验也就被给予我们。这就是更牢固地置放我们（作为我们之所是的个体人）的实际性经验。在给伊丽莎白·布罗赫曼（一个早期的通信者，她也对施莱尔马赫感兴趣）的信中，海德格尔把这种优先的经验称作"天才时刻（gifted moments）"

我们必须能够等待有意义的生活的激烈强度，并且我们必须保持在这些天才时刻的连续性中，不是享受它们以使它们进入生活，在生活的激流中携带着它们，以及把它们包括进所有即将到来的生活的韵律中。并且在我们直接感受自身和调谐到我们完全属于的那个方向的时刻，我们不能只是确立和单纯记录清楚具有的东西，好像它如一个对象站在我们面前一样。真正自我占有的理解只在……意识到它自己方向的激烈生活中，它不是理论的，而是一个彻底的经验。②

我正把海德格尔在实际性的力量和神圣的力量之间所发现的同构性刻画为修辞学的，以引入生命经验的给予真理的直接性。通过准确地倾听和回应圣经中所包含的语词，宗教的神秘主义者把他自己的经验与先辈的经验融为一体，并且由此重新确定他自己与神圣者之间的本质统一。这就像海德格尔阅读迈斯特·艾克哈特，若我

---

① 伽达默尔，《海德格尔的道路》（*Heidegger's Ways*），第 24 页。

② 海德格尔，给伊丽莎白·布罗赫曼（Elizabeth Blochmann）的信，引自克兹尔，《起源》（*Genesis*），第 112-113 页。

们将此阅读锚定为“灵魂与神的超越的源始关系”。[1] 因此此阅读伴随着此在。给予此在以本真性的机遇的实际性经验点燃了此在的解释学追寻与存在之间的本质统一的火花。通过回应原始的呼声（ruf）或“召唤”，此在位于以本己的方式成为自身的境域中。[2]

使得此在去成为自身的呼声是高度动机引发的。海德格尔在他早期对此在概念的阐述中，一再聚焦于处境和动机之相互关联的观念——一个修辞学家非常关注的观念。尽管可能“语言是存在的家”，
300 但此“是（isness）”通过一个知道我们在世界之中存在的源初修辞学而来到我们这里。在早期，海德格尔把此在等同于我的经验的境域性，*das Situation-Ich*（境域 – 我）。[3] 通过他们的存在的一个源初和境域唤起的经验，人被安置到、被动机引发至成为一个“我”。但怎样如微妙的修辞学所是的那样去描述那个唤起——即如何分环勾连得足够富有意义，以让我们站在狭窄的山脊上：一边是我们的存在的可能性的完全实现，另一边是虚无和绝望的深渊?

海德格尔解释学的现象学的修辞学任务乃是以某种方式表明这个源初的显现，而不把它带到非本真的阐明——换言之，如同它被给予此在去理解的那样，如同“自在自为的生活”那样去显现生活。这意味着一个修辞学的法规：拒绝它自身那种修辞学的适应特性（denies itself the sort of adaptation characteristic of rhetoric）。源初的呼声必须在它自身的话语，一个不是为我们完全掌握的话语中被如实地提出。但同时，它不能被留在神圣的纯化的超越语言中：我

① 海德格尔，源自论文，由克兹尔引用和翻译，《起源》（*Genesis*），第 71 页。

② “什么召唤我们，提醒我们应该思，并且通过思询问我们是谁？”见马丁·海德格尔，《什么叫思想》（*What Is Called Thinking?*），New York: Harper and Row, 1968，J.Glenn Gray and Fred D.Wieck 译，第 121 页。

③ 海德格尔，ZBP，第 206 页，克兹尔引，《起源》（*Genesis*），第 64 页；克兹尔解释到，“das situation-Ich”乃是“此在概念的一个明确的先驱”。

是我所是（Ehyeh asher Ehyeh）不是哲学！在此海德格尔开始以精巧的方式踏上奥古斯丁不敢涉足的领地。

形式指引作为海德格尔现象学的修辞学法规

海德格尔早期提出生活经验的原—话语（ur-discourse）的尝试，以概念的方式凝结在 Formale Anzeige 的观念中（通常被翻译为“形式指引”）。[1] 他对此概念最早然而最详尽的一个阐明就是：“由于这个前世界的（preworldly）关键性事物，具有可知性的形式对象性的事物第一次被动机引发（motivated）。这个进入世界（世界着［es weltet］）的趋势，在它作为一个世界被划界和阐明之前，能够以理论化的方式被歪曲。因此形式对象的普遍性从自在的生活经验流那拥有它的起源。”[2] 这个“自在的生活经验流”是尚未分化的原始事物，通过它，自身阐释的此在成为一个个体人。海德格尔在这里是要指出“趋向某物而生活着的、‘从世界之外’［auszuwelten］进入特殊生活世界的生命的基本特征［Zug］”。[3] 形式指引的方法论任务是保证这一现象的“形式对象”之呈现。

原初修辞学——它“动机引发”我们的生命经验——的现象学呈现的可能性因而依赖于形式指引的严格和准确。尽管这个提示性的观念规定了与海德格尔的解释学现象学相适应的方法，但这个方法本身并没有得到彻底阐明。将形式指引过于主题化（thematize）， 301
将不过是使现象学回到哲学的理论上疏远的脱弃生命（Ent-leben），因此海德格尔对形式指引谈得很少，这可能让我们假设，他的著作

① 我对形式指引的理解很大程度上受惠于 Daniel O. Dahlstrom 的“海德格尔的方法：作为形式指引的哲学概念”（*Review of Metaphysics*，43［1994］：第 775-795 页）。

② 海德格尔，ZBP，第 116 页，克兹尔引，《起源》（*Genesis*），第 51 页。

③ 克兹尔，《起源》（*Genesis*），第 51 页。

的余下部分不过是在展示它。随后我将很快回到这点上，但对形式指引的讨论所需保持的克制的确使我的任务在这点上变得很微妙：如何发展这个概念，如何对此说一些有意义的东西——也许是新的东西——而不说得太多？

首先，形式指引构成了我所称的解释学现象学的修辞学任务：这个任务就是以推论的方式（discursively）呈现解释学经验的原始呼声，而又既不陷入使之主题化为哲学的传统的理论化修辞学，也不使之停留为未经消化的神秘的呓语。正如来自海德格尔的段落所暗示的，在使用形式指引时首先和最重要的指导方针也许就是不要过于详细地说明它。原始动机引发着话语的形式必须被抓住、被“读取”，在此之前的原型（the orginal）在个体的历史中达到具体的例示。因此，形式指引的恰当呈现乃是通过我们可称之为其修辞克制的方式而得以被勾勒出来。它在达到详细说明之前就自己停下来。一旦越过这个防止故障的装置点，修辞学就成为“单纯的修辞学”，即一个使特殊者本质化的尝试，就好像它再现了存在自身。这一修辞学的过度标志着我们的“沉沦”。的确，我们可以说，海德格尔对修辞学的沉默的否定（后来被等同于“在公共领域的独裁下的语言”）① 恰恰是因为它与本质化这一沉沦的诱惑有关。如自柏拉图以来的哲学家对修辞学所抨击的那样，给予具体内容以解释学处境的普遍化（如果不是普遍形式）和把存在与存在的具体方式绑在一起的难以抑制的冲动，乃是修辞学的衰落。但形式指引体现了这一哲学修辞学的可能性，即抓住动机引发的指向的力量和鲜明的修辞学的呼声，它使此在处于不断朝向特殊的过程中——在这个特殊性在个体的生命中被分环勾连之前。

---

① 马丁·海德格尔，“关于人道主义的信”，Frank Capuzzi and J. Glenn Gray 译，载《海德格尔：基本著作》（*Heidegger: Basic Writings*），New York: Harper and Row, 1977，David Farrell Krell 编，第 197 页。

这一修辞学抑制的实行对于海德格尔现象学的成功是关键性的。对于具体生活着的生存，存在一种派生的、第三人称的性质。这是一种常人（das man）的非本真的日常性，它区别于在常人之中被给予此在的生活。海德格尔把现象学的任务看作通过把它的注意力聚焦在常人中的此在，“沉沦之前”的此在上，来使哲学返回到本真性中。用海德格尔的话说，“哲学是活着本身的一个根本方式，以此方式，在每种情形中，哲学本真地重获生活，从它的堕落那里重新赢回它，此重新赢回作为彻底的追寻就是生命 302
自身。”①

但人们越摆脱特殊性的陷阱，人们就越不能把自己的洞见传递给更广泛的共同体。随着海德格尔通过本真地呈现原始动机引发的生命原—河流的方式来进行形式指引，他的修辞就变得越不可通达，他就越攀上他自己归隐的高山。一种超卓的孤立刻画了海德格尔的后期著作。当他的读者被要求在沉思的孤独中去观察这位大师时，他们并没有这么做。海德格尔不再谈到形式指引。随着他的著作越来越明显地带有自传色彩，他几乎根本不再谈论方法。可能他要用自己的散文来再现他的原初洞见的形式的力量，而非进一步阐释它。因此，对许多人来说，海德格尔的声音假定了一个违反奥古斯丁乃至他自己的禁令的权威：他更多地成为了启示的给予者而非阐释者。海德格尔不是继续努力克服赫尔墨斯的修辞难题，而是假定了神性的声音。他似乎已经超出了形式指引，并且随着彻底重述作为解释学经验之基础的原初召唤，他致力于重新构造现象学的修辞任务。在后期的著作中，对此岸世界的良知召唤的现象学探寻被一个对“存

---

① 马丁・海德格尔，《亚里士多德的现象学阐释》（*Phänomenologische Interpretationen zu Aristoteles*），《全集》（*Gesamtausgabe*）61 卷，Frankfurt am Main: Vittorio Klostermann, 1985，第 80 页，Dahlstrom 引及译，“海德格尔的方法”，第 787 页。

在的召唤”[1]的更无边而深远的探寻所代替。并且“哲学终结后思的任务”成为去“思 Aletheia，无蔽，作为开启，它首先许可了存在和思，以及它们相互向对方和为对方的在场。”[2]海德格尔主张现象学必须抓住原初的原—话语的修辞力量如超经验的神秘修辞所是的那样：“让那显示自身者依其自身而被看见，且以特定的方式被看见：在这种看中，它如其自身那样显示自身。”[3]

理解总是以修辞上打包好的方式来到。再一次引用海德格尔关于这个观念的一个精妙表述：“解释学不只是意味着阐释，而是意味着甚至在这之前的承载消息和音信。”[4]换言之，理解的经验以已经被表达、被阐释和富有意义的方式来到我们这里。我们把这个已经被表达了的性质标为修辞学对解释学的原始关系。它是存在的神秘原始的显示，一个携带着模糊可辨但不能说出的意向性的显示。[5]但什么给予生存以“意向的方向性”，它是如何被给予的？这条询问线索似乎追溯着超过了修辞学不可通达性之神秘——它总是使处于神圣传统中的阐释者保持着与圣经文本的一个恰当距离——的解释学经验的现象。神的语词总是要求阐释，但阐释的任务只是去重
303 获已经在那里、已经在言说中被表达了的含义。至于这个言说如何

---

① 特别参见《什么叫思想？》(*What Is Called Thinking?*)，第 242 页以下；及《早期希腊思考》(*Early Greek Thinking*)，第 89 页以下。在后期著作中，海德格尔同义地使用影响深远的术语诸如“存在的要求”；参见《早期希腊思想》(*Early Greek Thinking*)，第 27、39 页；他对 logos 的讨论也作为存在的“言说”，第 77 页。

② 马丁·海德格尔，《哲学的终结与思的任务》(*The End of Philosophy and the Task of Thinking*)，载《基本著作》(*Basic Writings*)，第 387 页。

③ 海德格尔，《存在与时间》(*Being and Time*)，第 58 页。引人注目的是，在这同一段，海德格尔提及胡塞尔的“事情本身”的观念，表明他的呈现原初话语的方法能够向后伸得足够远，以触到现象学的“圣杯”。

④ 海德格尔，“关于语言的对话”，第 29 页。

⑤ 对海德格尔的现象学和胡塞尔的意向性之关系的一个富于启发的考察，参见克兹尔，《起源》(*Genesis*)，第 30-32 页。

如其所是地意谓，则在阐释的能力之外。

早期的海德格尔像奥古斯丁一样，警惕试图理论化以及因而妄图重述原始富有意义性的声音的大胆僭越。但《存在与时间》及之后的海德格尔认为，把那个声音带到公开乃是现象学的使命：把它如其显示给他那样地显示给我们，因此暴露它的原始显示的隐藏维度。海德格尔似乎在暗示，他自己的耳朵如此谐调于存在的声音，他的现象学方法如此精确，以致他能超越原型中的明显可通达之物而形象地（用言辞）给出它显示的修辞方式。休伯特·德雷福斯很好地把这个主张表述为："现象学的主题必须是那些并不显示自身，但却能被制作得得以显示自身的东西。"[①] 海德格尔能迫使无以名之者从隐藏处走出来！[②] 他不是第一个如此越界的人，可能也不是最后一个。理查德·罗蒂以这种方式刻画海德格尔的最宽泛的转向："海德格尔性（Heideggerise）只是海德格尔给予我们的礼物，而不是存在给予海德格尔的礼物。"[③]

伽达默尔没有这么快做判断。他认为，正如海德格尔的现象学所显露的，海德格尔自己不断与赫尔墨斯的修辞难题做斗争。尽管海德格尔不再谈到形式指引，但他的工作继续给予我们可被称为一种方法的形式指引，一种在与给予理解的原始话语的关联中表现我们自身的方式。这种表现的方式没有被后期海德格尔当作模式而被

---

① Hubert Dreyfus,《在世界之中存在：对海德格尔〈存在与时间〉第一部分的一个评论》（*Being-in-the-World: A Commentary on Heidegger's Being and Time, Division I*），Cambridge: MIT Press, 1991, 第 32 页。

② 对照《存在与时间》（*Being and Time*），第 59-60 页："必须在与众不同的意义上成为'一个现象'的东西是什么……它是某种隐藏的东西，与首先与通常显现自身的东西相对……正是因为现象首先与通常未被给予，现象学才有必要。"

③ 理查德·罗蒂，"维特根斯坦、海德格尔和语言的具体化"，载于他的《关于海德格尔及其他人的论文》（*Essays on Heidegger and Other*），Cambridge: Cambridge University Press, 1991, 第 63 页。

思考，用海德格尔自己的语言来说，他向我们显示这个方法。在这一情形中，这个方法要求一种其力量可能类似于原型，但其任务不同于原型的修辞学。伽达默尔这样规定海德格尔："可能这个思想家的语言不可避免地总是与让人苦恼的口吃相像，因为这是一种努力从存在的遗忘中觉醒过来的语言，并且只是去思那些值得被思的东西。"①

对哲学家来说，存在的遗忘表现为他们对哲学语言的缺陷的遗忘。通过假定哲学的语言足以完成它们的任务，哲学忽视了环绕着人的知性的原始被给予性的修辞疑难。

因此海德格尔后来的修辞学的形式指引被伽达默尔阐释为自我反思的（self-reflextive）。② 海德格尔想要刺激自己走出他自己的哲学遗忘，如同我们等着观察和可能注意着觉醒。因此，对伽达默尔来说，海德格尔后期现象学的修辞任务依然忠于他在《教职论文》
304 中所构想的任务：通过恢复内在于我们语言境遇性中的修辞疑难，把哲学从它脱弃—生命的长久沉睡中唤醒。

看来，留给我们的问题是，究竟是按照伽达默尔还是按照罗蒂来解读海德格尔。是海德格尔给予我们存在的语言，还是在语言中海德格尔的存在？

在这里，在作者和听者两边，都要做出一些重大的选择。海德格尔必须决定多么强烈地断言他的那些主张。而我们必须决定在多大程度上让自己听从它们。这些选择彼此作用地创造了阅读海德格尔的经验。这一相互作用并非不同于作者自己关于多么强烈地倾听原型所可能做出的选择。当然，对海德格尔来说，它足够强烈到被它"占有"。但海德格尔应该对他的听者多么强烈地断言这一倾听

① 伽达默尔，《海德格尔的道路》（*Heidegger's Way*），第 25 页。

② 海德格尔自己做了一个具有形式指引功能的类似的自我反思的改造，参见 Dahlstrom，"海德格尔的方法"，第 787、794-795 页。

经验的他者性？这一修辞学—解释学循环是复杂而微妙的。我想罗蒂过于简化了它。

罗蒂选择把海德格尔当作“只是”另一个哲学家来倾听。但海德格尔自己要求以不同的方式被倾听。早些时候，他以含糊其辞的谦恭向他的学生卡尔·洛维特表达了这一愿望：“（假定地或明确地）以诸如尼采、克尔凯郭尔或任何其他创造性的哲学家为背景来衡量我，［将是］一个根本的错误。不是要禁止这么做，但必须说我不是一个哲学家，我只是欺骗自己去相信我能比得上。我是一个基督教神学家。”①

后来，海德格尔以对他所正在做的事（也即，在思）的更强烈断言来重新表述上述拒绝，而且他一点都不谦虚地把自己等同于开启这一切的真正的思者：“赫拉克利特和巴门尼德还不是‘哲学家’。为什么？因为他们是更伟大的思者。”②

通过他的视野（vision）的纯粹修辞学的力量，海德格尔想要把我们带回到思的此岸世界的超越性，在它作为哲学沉淀之前。在他后来的文章中，海德格尔明确要求他的读者自己“走向语言的经验”，大概是通过跟随他的引导。③海德格尔的修辞学为他的读者提供了他自己四十年前所经历了的重生的可能性。在响应海德格尔的奉献物时，人们可能跟随海德格尔走在思的道路上，并且因而重新开始：“随着哲学的终结，思并不是也到了它的终点，而是过渡到另一个开端。”④

---

① 海德格尔，Dahlstrom 引，“海德格尔的方法”，第 170 页。

② 马丁·海德格尔，《什么是哲学？》（*What Is Philosophy?*），Pfullingen: Verlag Günther Neske, 1956，William Kluback and Jean T.Wilde 译，第 52-53 页。

③ 海德格尔，“通向语言之途”，载《通向语言之途》（*On The Way to Language*），第 119 页。

④ 马丁·海德格尔，“克服形而上学”，载《哲学的终结》（*The End of Philosophy*），New York: Harper and Row, 1973，Joan Stambaugh 译，第 96 页。

我们将如何刻画后期海德格尔的修辞立场？它当然超出了形式指引所要求的限制。被激励去承载原型的（the original）消息
305 的首要的修辞学已经压倒了被激励去给出其现象学轮廓的首要的解释学。哲学已经给预言的修辞学诱惑让路。这里海德格尔违反了奥古斯丁的建议，并且试图重现原型的雄辩，而非仅仅阐释它。海德格尔的修辞假设把以伽达默尔还是罗蒂的方式解读他的现象学的选择的重担转移到我们肩上：是作为本体论还是本体论神学被解读；是作为一个以修辞的方式被构架，然而原始且本真地给出了解释学经验的普遍形式，还是仅仅作为一个哲学家自己的特殊解释学经验的修辞版本（但却伪装成不仅于此）而被解读。我认为关于如何解读海德格尔的问题实质上与哲学中解释学和修辞学的恰当关系这一更深层次的问题有关。哲学家应该遵循奥古斯丁和早期海德格尔所规定的谦恭态度，并且不要求她自己话语的本体论范围吗？采取这条道路，我们将看不到海德格尔走在归隐之山的路上，将很难和伽达默尔一起找到通往海德格尔其他开端的道路。根据这条道路，留给我们的不是一种回忆其光荣开端的夸张的哲学形式，而是一种有自知之明的哲学，犹如在维特根斯坦那里的形态：哲学“仅仅”是对我们所玩的语言游戏的一个描述，并且最终自身也不过是另一个语言游戏。根据这种观点，无论哲学家认为他在里面捕获了什么内容，解释学的修辞包装必须自身如修辞所是的那样摊开。无论因为何种原因，海德格尔自己的哲学修辞学似乎从未达到自身反思的层次。

在警告我们“在思的领域中没有命题”之后[①]，海德格尔似乎让他的阐释者去避开他自己话语的矛盾。对此，可能没有人比约翰·

① 海德格尔，约翰·卡普托引，《激进解释学：重复、解构和解释学的筹划》（*Radical Hermeneutics: Repetition, Deconstruction,and the Hermeneutic Project*），Bloomington: Indiana University, 1987，第 196 页。

卡普托说得更到位："因为《存在与时间》自身就是由想要具有揭示性力量和从原始源泉中汲取营养的命题组成，所以它也面临这样的危险：自己的命题可能也将只是被不断传递并逐渐丧失它们的原初力量。这里解读者的任务不是使自己免除发现这些命题所揭示的内容的职责。"①

乃是奥古斯丁指出，圣经修辞的揭示力量必须受到阅读它的阐释者的尊敬——也即它的雄辩不能且不应该受到和我们自己的雄辩一样的规则的束缚。因为奥古斯丁谈到圣经的作者们："因此有一种适合于这些人的雄辩配得上最高的权威。没有任何其他的雄辩能成为它们。这种雄辩也不适合于其他人。它适合于他们，并且它越是看起来降到其他人水平以下，它就越超越他们。在我并不理解它们的地方，它们的雄辩在我看来是弱的……［但它是一种］这样的 306
雄辩：借此我们的理解力应该不仅受益于埋藏于其下的发现，也受益于去发现的劳作。"②

海德格尔配得这样的解释学的尊敬吗？可能在现在，在我们的探究行将结束之际，我们可以如此重新表述这一问题：海德格尔的修辞引发了人们所必需的尊敬吗？只要修辞在判断那里找到它的终点，修辞和伦理必然不可避免地相互交叉。而且随着赫尔墨斯的修辞难题从海德格尔那过渡到他的读者那，判断海德格尔"言说"的优点变得极为困难。不仅海德格尔的现象学话语的修辞表现在《存在与时间》之前和之后发生着变化（以本章所力图勾勒的方式），而且明显的是，特别是 1933 年中的几个月，海德格尔自己连篇累牍地谈论他的"召唤"的提出，当然，还有他的必须坚持的悲剧献词。但还有其他时刻，特别是二十年代，此时召唤似乎在一个更适于它

---

① 卡普托，《激进解释学》(*Radical Hermeneutics*)，第 76 页。

② 奥古斯丁，《论基督教教义》(*On Christian Doctrine*)，第 123 页。

的光中灿烂而纯净地闪耀。也许从赫尔墨斯的修辞难题的视角研究哲学解释学的优点就是，它使我们能够追溯修辞学和解释学之间随时间和词语而变动着的关系，而且，此关系随词语变动也许是最有意思的：这些语词标明了一个最富才华的赫尔墨斯的哲学生活中的道路。

第四部分

公民话语与批判理论

15. 修辞学、解释学和意识形态批判

汉斯 – 格奥尔格 · 伽达默尔

313 哲学解释学的使命是完全打开解释学的整个维度，揭示它对于我们对世界的整体理解，以及对于这种理解在其中揭示自身的以下各种形式的根本意义：从人际交流到社会操纵；从社会中个体的亲身经验到他面对社会的方式；以及从基于宗教和法律、艺术和哲学所建立的传统到通过解放的反思以打开传统的革命意识。

然而，尽管哲学解释学有广阔的范围和重要意义，但个体的探索必然是从非常有限的经验和经验领域出发的。例如，我自己的努力就是回到狄尔泰对德国浪漫主义遗产的哲学发展，因为我也把 Geisteswissenschaften（精神科学）的理论（人文科学和社会科学）当作我的主题。但我希望我已经从语言、本体论和美学角度入手，把它放在一个新的、更广阔的立足点上；因为我相信，艺术的经验能够回答人文学科中历史异化的流行假设，连同它自身对共时性的首要的、压倒一切的主张、一个位于其特定本质中的主张。从所有人类世界经验的根本语言性来看——该语言性把 314
不断自我更新的共时性当作自身的实现方式——这一点已经很明显。我坚持认为，恰恰是这个共时性和这个语言性指向了一个真理，该真理以怀疑的方式审查所有知识，以预期的方式探究它之前的

所有知识。

因此，在我对人与世界关系的普遍语言性的分析中，经验领域的局限性——探究从这里出发获得它的起点——不可避免地将不经意间预先决定结果。的确，它与解释学问题的历史发展过程中所发生的事情平行。它在与书写传统的遭遇中形成，书写传统需要翻译，因为传统作为诸如时间距离、书写的固定和持久性的绝对惰性等要素的一个结果，已经成为与当下疏异的东西。因此，正是翻译的多层次问题成为世上所有人行为的语言性的模型。翻译的结构揭示出了使陌生之物变成属己之物这一一般性问题。然而，对解释学的普遍性问题的进一步反思最终表明，就此而论，翻译的模型并没有完全把握语言在人的生存中所具有的多重性。① 的确，在翻译中人们发现构成所有理解和可理解性的紧张和松弛，但它最终还是源自解释学问题的普遍性。重要地是要认识到，这一现象在人的生存结构中并不是从属性的，而且解释学也不应被看作单纯精神科学舞台中的从属性学科。

人的语言性的普遍现象也伸展到除直接与解释学问题相关之外的维度，因为解释学深入到所有规定和约束人的世界经验的语言性的语境之中。这些现象中的一部分在我的《真理与方法》中已经作过说明，例如在有意识地阐明历史的某些阶段的语言观念的过程中，我提出了 Wirkungsgeschichtliches Bewusstsein（效果历史意识，或历史在其中总是起作用的意识）。当然，语言性还延伸到《真理与方法》

① 因此 O. Marquard（Heidelberger Philosophiekongress, 1966）称之为“趋向文本的存在”的东西就并没有完全穷尽解释学的维度，除非“文本”这个词不是在狭义上使用，而是作为“上帝亲手写下的文本”，也即，“*liber naturae*”，因此后者包括了从物理学、社会学到人类学的全部知识。而且即使是这一暗含了翻译模型的情形，也没有充分揭示解释学维度的复杂性。

所没有提到的许多其他维度中。[1]

在修辞学中，语言性被证实为具有真正普遍的形式，这种形式本质上先于解释学，并且几乎体现了与某种类似于语言阐释的“消极”相对照的“积极”的东西。而且在这一关联中，修辞学和解释学之间的关系是极有趣味的问题。[2] 在社会科学中，人们发现语言性深深地织入人生存的社会性中，以致社会科学的理论家们开始对 315
解释学方法发生兴趣。其中最为杰出的，是尤尔根·哈贝马斯最近在《哲学评论》发表的一个重要成果，[3] 在其中他建立了哲学解释学和社会科学的逻辑之间的关联。这一关系也对解释学反思的恰当兴趣和目标——在与科学和社会科学的独特性的对照中——提出了重要的问题。

就贯穿修辞学、解释学和社会科学并且努力照亮这些要素所具

① 参见 Johannes Lohmann,《哲学与语言学》(*Philosophie und Sprachwissenschaft*), Berlin: Duncker and Humbolt, 1965, 以及他在 *Gnomon* 37（1965）: 709-718 中对我的书所做的评论。Lohmann 的处理可被看作对我简要勾勒的作为 Sprache 概念（西方思想中的语言）的印记的大大扩展了的运用。他追溯“概念（Begriff）的出现，后者作为理智的工具，借此，被给予的对象随时被归入到一个范畴形式的统摄之下”（714）。他在印度—日耳曼语系的词干—变化动词那，特别是在系动词那，认识到这个观念的语法表达。据此，他说，我们能够推论出理论的可能性，后者是西方独有的产物。这一点不仅具有历史意义，而且影响着未来。Lohmann 不仅通过表明语言形式的发展，把从词干—变化到语词—变化的语言类型转换带到对西方思想史的阐释中，而且他表明这一向语词—变化的后世发展使得现代意义的科学得以可能——科学作为可为我们自由支配的对世界的表达。

② 我已经在《真理与方法》(*Warheit und Methode*, Truth and Method, 2d rev. Joel Weinsheimer and Donald G. Marshall 编译，New York: Continuum, 1989）中思考了这一点的某些方面，但我们可以大大地扩充它们；例如，可参见克劳斯·多克霍恩对此的广泛补充和修正（Göttingen Gelehrten-Anzeigen, 218, nos.3-4［1996］,169-206）。

③ 尤尔根·哈贝马斯，“社会科学的逻辑”，*Philosophische Rundschau*（后引时简写作 *PhR*）14, no.5（1967）,149-180。另参见他近期的书，《知识与人类旨趣》(*Knowledge and Human Interests*)，Boston:Beacon Press,1972。

有的各种合法性类型的普遍性而言，我们似乎应该（如果不是必须）考虑这三者的相互依赖问题。考虑到这一事实：即在这三者那里，由于与实践的明显关系，它们试图成为严格科学的要求变得格外不确定，上述相互依赖问题显得更为重要了。当然，这一与实践的关系在修辞学和解释学那里表现得最为公开和清楚；但如我们马上将看到的那样，它也适用于社会科学。

因为显然，修辞学不仅仅是讲话形式和说服的理论；相反，它能依靠天赋的才能而发展为实践上的精通，而不需要对其方式方法做任何理论的反思。同样地，理解的技艺，不论它的方式方法是什么，也不依赖于人们对引导和支配它的规则的明确意识。如同在修辞学那里一样，它也建立在每个人多少都具有的自然能力之上。它是一种技艺，在其中一个有天分的人将超过所有其他人，而理论最多只能告诉我们为什么。因此，在修辞学和解释学中，理论都位于它所从之抽象而来的东西之后，也即在实践之后。

从历史方面看，值得注意的是，修辞学属于希腊哲学的最早时期，而解释学在浪漫主义时期才成熟——作为与传统的牢固联系在现代被瓦解的一个结果。当然，解释学在更早的时候、以更早的形式出现过，但即使此时它也代表了一种把握消逝之物和使之呈现在意识光线之中的努力。因此，它仅仅发生于文化演进的较晚阶段，如后期犹太教、亚历山大哲学、继承犹太福音的基督教，或反对基督教义旧传统的路德神学。拥抱历史（history-embracing）和保持历史（history-preserving）的因素深深植根于解释学，这与主要作为从权威和传统中解放出来的手段的社会科学反思兴趣形成了鲜明的对比。修辞学之中的反思，如同解释学之中，都是关于实践——它自
316 身已经是自然和富于经验（sophisticated）之物——的沉思。为了刻画和对比修辞学和解释学这两个领域的范围和功能，我应该回顾它们的一些早期历史。

修辞学和解释学

修辞学的第一部历史由亚里士多德所撰写，我们现在只有它的残篇断简。然而很清楚，亚里士多德的修辞理论基本上是要实现最初由柏拉图所构想的计划。柏拉图回到由同时代修辞教师所提出的肤浅命题的背后，从而发现了只有哲学家、辩证法家能够发现的修辞学的真正基础：修辞的任务是以这样一种非常有说服力的方式掌握讲话的技能，使得所提出的论证总是适于它们所指向的灵魂的特定接受能力。当然，这一对修辞使命的表述理论上富有启发性，但其中隐含了两个柏拉图式的假设：第一，只有把握了真理（也即理念）的人才能准确无误地构造出修辞论证的或然性假命题（pseudos）；第二，人们必须拥有对他想说服的人的灵魂的丰富知识。亚里士多德修辞学是对后一个论点的卓越展开。在其中，柏拉图在《斐德罗篇》中所要求的讲话与灵魂之间双向适应的理论得到了实现，只是现在它处于讲话艺术的人类学基础的形式中。

修辞理论是一场争论的早就准备好的结果，该争论是一个令人陶醉且令人恐惧的讲话艺术和一个教育新理念（即智者派教育理念）闯入希腊文化的表现。其时，作为一种教人学会把一切都头足倒置的可怕的新技能，西西里的演说术涌入刻板但易受人影响的雅典青年人心田。现在非常有必要指出这一新的权力（这个伟大的统治者，如高尔吉亚所曾经称呼演讲术的）的恰当限度所在——即规训它。从普罗塔哥拉到伊索克拉底，修辞学的大师们不仅要求教导讲话，而且要求能预见政治成功的公民意识的形成。然而，直到柏拉图才第一个创建了这一基础，从此出发，一个新的令人无比震惊的讲话艺术——阿里斯多芬已经足够清楚地为我们描述了这一点——能够发现它的限度和合法位置。

理解的历史也同样古老和令人尊敬。如果人们承认在理解的真正艺术显示自身的任何地方都存在解释学，那么解释学必须至少从《奥德赛》开始，如果不是从《伊利亚特》中的涅斯托耳开始的话。人们可以指出，由智辩师所体现的新哲学运动与著名诗人所完成的讲话的阐释有关，并且非常富于技巧地把他们描述为教育的典范。
317 显然这是解释学的一种形式。与此相对，人们能够确定苏格拉底解释学的位置。[①]然而，它还远不是一个完备的理解理论。毋宁说，它似乎是“解释学”问题——一些距离必须被拉近，某种陌生性必须被克服，过去和现在之间的桥梁必须被搭建起来——出现的普遍特征。因此，解释学作为面对世界的一般态度到近代才出现，它已经意识到把我们与古代分离开来的时间距离，以及不同文化传统的生活世界的相对性。这种意识的某些内容保存在宗教改革的圣经解经的神学主张（“唯有圣经”原则）中，但只有当“历史意识”在启蒙运动中出现，并在建立与我们的整个历史遗产的（尽管破碎了的）关联的浪漫主义时期获得成熟时，它才得到真正展开。

由于解释学的这一历史发展，解释学理论旨在阐释固定在书写中的生命表现，尽管施莱尔马赫从解释学出发的理论工作包括了在口头谈话交流中的理解。另一方面，修辞学与在其全部直接性中的讲话的影响有关。当然，它也进入有效书写的领域，并且由此它发展出大量关于文风和风格的学说。然而，它不是在阅读行为，而是在讲话行为中才真正实现了自己。口头朗读的讲话这一现象占据一个居间的、混合的位置：它已经展示了把讲话的艺术建立在内在于书写中介的表达技术之上的趋势，并且由此开始与讲话的原始处境相脱离。由此开始了向诗学的转换，后者的语言对象是如此完整彻

① Hermann Gundert 在其给 *Hermeneia*（Heidelberg: C. Winter, 1952）（献给 Otto Regenbogen 的纪念文集）的文稿（“Die Simonides_Interpretation in Platons Protagoras”）中完成了这一任务。

底的艺术，以致它们从口头领域到书写领域的来回转换可以在不遭受损耗或破坏的情况下完成。

然而，这样的修辞学与其效果的直接性紧密相连。现在情感的唤起——它显然是演说者使命的核心①——在书写表达中远不是那么有效了，而书写表达是解释学研究的传统对象。这恰恰是事情的区别所在：演讲者裹挟着他的听众；他的论辩的令人信服的力量征服了听众。而当听众处于讲话的令人信服的魔力之下时，他们不能也不应该沉浸于批判性检查。另一方面，对被写下来的东西的阅读和阐释如此远离它的作者，与作者分开——与作者的情绪、意图和未表达出来的倾向分开——以致对文本含义的把握呈现出一定的独立创造性行为的特征，它更多地类似于演讲者的艺术而非单纯倾听的 318
过程。因此很容易理解，为何阐释技艺的理论工具（解释学）很大程度上要向修辞学借鉴学习。②

的确，对阐释的理论检查不转向修辞学还能转向哪呢？源自最古老传统的修辞学曾是捍卫或然性、似真性（eikos）的真理主张的唯一辩护人，这种真理主张对于日常理性是令人信服的，它反对科学的主张，后者仅仅把能够被证明或检验的东西看作真实的！令人信服和具有说服力，但不能够被证实——这显然既是理解和阐释的目标和尺度，也是演讲和说服技艺的目标和尺度。这个令人信服的“说服”和一般占主导性的观点的整个宽广领域不会由于科学的进步而逐渐缩小，尽管科学的范围已经极大；相反，这个领域扩展到把科学事业的每个新产物包含在自身中，它声称这些产物是为自身的，并把它们纳入自己的范围之中。

---

① 在 *Gelehrten-Anzeigen* 中，克劳斯 · 多克霍恩以杰出的学识表明了，从西塞罗到昆体良，再到英国十八世纪的政治修辞，情感的激发被看作是说服的最重要手段。

② 我已经在《真理与方法》(*Truth and Method*) 中讨论了这点，此外，在 *Gelehrten-Anzeigen* 中多克霍恩在更广阔的基础上探究了这一点。

的确，修辞学的无所不在是不受限制的。只有通过它，科学才是生活的社会要素，因为科学的所有超出狭隘专家圈子的表现（而且，可能人们应该说，只要它们不把其影响局限在内行的小圈子中），都应该把它们的效力归功于其所包含的修辞要素。甚至笛卡尔这个方法和确定性的伟大而热忱的辩护者，在他的所有著作中都表现为一个以杰出风格使用修辞手段的作者。[①] 因此，在社会生活中修辞所具有的基本功能是确定无疑的。但从修辞学的普遍性角度看，我们可以进一步捍卫修辞学相对于现代科学的原初性主张，如果我们牢记，所有多少希望具有一些实际用途的科学都要依赖于修辞。

同样解释学的功能也是普遍的。历史地流传到我们手上的文本的直接可理解性的缺乏，或其易被误解的倾向，仅仅是下述普遍情形的特例：人们在所有朝向世界的定向中将遭遇到陌生性（atopon），这种陌生性并不"适合于"我们的以经验为基础的期待的惯常秩序。解释学只是把我们的注意力引向这一现象。正如当我们在理解中进步时，奇迹（mirabilia）会失去它们的陌生性，同样我们对传统的每一次成功占有都将消融到一个新的、独特的熟悉性中，在其中我们与它相互隶属。它们都一起汇入到一个为自己所拥有的、共享的世界，这个世界包含了过去与现在，并且在人与人的交谈中获得其语言性阐明。

319 于是，理解的现象表明了作为承载一切事物——不仅是通过语言传承给我们的"文化"，而是一切的一切——的无限中介的人类语言性的普遍性，因为（世界之中及之外的）一切事物都被包含在"理解"和我们生活于其中的可理解性的范围之中。当柏拉图断言，无论谁在话语的镜子中观察事物，谁就能在其完全和未被削弱的真理

① 特别是 Henri Gouhier 在其"La résistance au vrai"（in *Retorica e Barocco*, ed. E. Castelli, Rome: Fratelli Boca, 1955）中特别地表明了这点。

中意识到它们时，他是对的。而且当他教导说，所有的认识（cognition）都只是作为重新认识（recognition），因为“第一认识”就像第一语词一样是不可能的，此时他尤为正确。实际上，那些刚刚过去时刻中的认识、其结果尚不可预见的认识，只有当它们已经显露出它的结果和实现为主体间理解的中介时，才成为其真正所是。

因此我们看到，人类语言性的修辞学和解释学侧面是完全彼此相互渗透的。如果理解和赞同不被预设、不是作为潜在要素存在，那么就不会有讲话者和讲话的技艺；如果没有已经受到干扰的相互理解，从而必须再次寻求和获得谈话中的相互理解的话，也就不会有解释学的任务。当我们通过完美组织化和完美操纵的信息来思考时——现代修辞学似乎已经转向了这一道路——这就成为我们未能认识到上述真理所表现出来的一个症状，是现时代人类生活的逐渐增强的自我异化的一个明证。在这一情形中，修辞学和解释学的相互渗透被削弱，解释学孤立地存在着。

解释学和社会科学

正是在保持解释学路径的普遍性时，解释学必须在与社会科学的逻辑的对照中，特别是在与社会学方法论中有意的疏远和间距化的关联中来思考自身。在尤尔根·哈贝马斯论主体的论文中，与《真理与方法》中关于“效果历史意识”和翻译模型的分析携手合作，希望借此能有助于克服社会学逻辑的实证主义的僵化，并且使社会学理论摆脱其在反思自身语言基础时所经历的历史性失败。现在哈贝马斯对解释学的使用，站在了希望保存社会科学的方法论的前提上。但这一前提就其自身而言，是一个有着至关重要意义的先行选择，因为这样的话，作为把人从传统中解放出来的社会科学方法之目的，从一开始就远离了解释学疑难的传统目标和出发点，连同其所有桥梁建筑和对过去最好东西的恢复。

320 无可否认，包含现代科学特定本质的方法异化的确也在Geisteswissenschaften（精神科学）中被发现，而且《真理与方法》这个标题从不意味着它所暗示的对立命题应该相互排斥。[①] 但在《真理与方法》中Geisteswissenschaften是我分析的出发点，恰恰是因为它是无关于方法和科学的经验而是超出科学的经验——就像带有其历史传统印迹的艺术经验和文化经验。当解释学经验在所有这些情形中起作用时，它自身不是方法论异化的对象，而是针对这一异化。解释学经验先于所有方法论异化，因为它是一切的母体，由此出发才出现了指向科学的那些问题。另一方面，现代的社会科学家，尽管他们承认解释学反思是不可避免的，仍然提出了如下的要求（如哈贝马斯所曾阐述的）：即要通过"受到控制的"异化——也即通过"理性（intelligence）的方法论发展"[②]——把理解从一种前科学的操作提升到自我反思的层次。

自古以来科学的方法就是通过可学习、可控制的行动方法，来达到凭个体聪明也偶尔能实现，但却是以不可靠和不可检查的方式实现的工作。但这种方法可绝对化或可被当作偶像来崇拜吗？社会科学家应该相信通过它他们就能获得人的切身的判断和实践吗？通过"受到控制的异化"人们能够获得何种类型的理解呢？难道不会是很可能获得一个异化了的理解？情形难道不会是：许多社会科学家更热衷于运用内在于语言性中的沉淀了的自明之理（以便"科学地"把握社会的"真实"结构，如他们所定义的那样），而非真正地理解社会生活？然而，解释学反思将不会允许它把自己限制在这一内在于科学的功能中。特别是，它将不惮于将解释学反思再一次

① 关于这点，参见第二版前言（1965）。

② 比较哈贝马斯，*PhR*，第 172-174 页。

运用于社会科学所实践的理解的方法论异化，即使它受到实证主义的贬损。

但是让我们首先考察解释学疑难如何在社会科学理论中运用的，以及依社会科学的优先立场它将如何被看待。哈贝马斯从解释学关于历史性的分析中看到解释学对于社会科学的一个主要价值。因此，正是解释学主张即 Wirkungsgeschichte（效果历史）的观念为通达社会科学所处理的对象领域准备了工具。Wirkungsgeschichte Bewusstsein（效果历史意识）力图意识到它的前判断、控制它自身的前理解；因此它就摆脱了幼稚的客观主义，它不仅证明了科学的 321
实证理论为虚假，而且证明了为社会学奠定现象学或语言分析基础的任何计划为虚假。

然而，问题在于究竟是何种解释学反思？哈贝马斯通过参照普遍历史，参照不可避免地使自己摆脱多重目标的单个目标，以及社会行动中的目标概念来回答这一问题。他宣称，如果解释学反思只是满足于一般的思考，诸如声称无人能够超出他自身立场的有限性，那么它将是没有成果的。历史的唯物哲学（material philosophy of history）的要求也许会受到这一思考的质疑，但历史意识仍将不断地投射一个预期的普遍历史。哈贝马斯问道，毕竟，仅仅知道一个被投射的未来只能是预备性和本质上暂时性的，这有什么用呢？因此，它在哪里是有效和可操作的？解释学反思做了什么？这个“历史地操作的”反思与它逐渐意识到的传统处于何种关系之中？

我的论点是，解释学告诉我们的事情乃是，要透彻地看到这种断言——即认为不断进行的、自然的“传统”和对这种传统的反思性占有之间总是对立和割裂的——是独断论的。并且我认为，这一论点是承认我们的境域性和有限性之中的历史的可操作性（operativeness）的必然结果。因为在这个断言背后，站着一个独断的客观主义，它扭曲了解释学反思本身的独特概念。在这种客观主义中，理解者——甚至在像历史学这样的所谓理解科学那里——不是在与解释学处境的关系中、在与其自身意识中的历史的持续可操作性关系中被看待，而是暗示着他自己的理解并不进入事件。

但情形不仅如此。实际上，历史学家（甚至那些把历史当作“批判科学”对待的历史学家）也无法与不断持续的传统（例如与他的民族的传统）割裂开来，他自己实际上就为民族国家的进步与发展做出贡献。他是“民族的”历史学家中的一员；他属于自己的民族。而且对于民族国家的时代而言，人们必须说：他越是反思自己的解释学处境，他就越懂得自己是民族的。例如，看穿了历史学家的“阉人般的客观性”的方法论天真的J.F. 德罗伊森，对十九世纪文化的资产阶级民族意识具有巨大的影响。不管怎么说，他比列奥波尔德・冯・兰克的史诗意识要更给人以深刻印象，后者倾向于培育与极权国家相适应的非政治性。我们会说，理解本身就是一种事件（happening）。只有那种解释学上天真的、非反思的历史主义，才
322 会把历史—解释学科学看作某种清除了“传统”的力量的全新事物。相反，我试图在《真理与方法》中，通过在所有理解中起作用的语言性侧面，给出对这个持续中介过程的清晰说明，借此中介过程，在社会中被传递的事物（传统）得以延续。因为语言不仅是我们手里的一个对象，它还是传统的蓄水池，是我们在其中并借此生存于世和感知世界的那个中介。

针对上述表述，哈贝马斯提出异议：科学的中介自身通过反思而改变，而且这一经验恰恰是德国观念论（它源自十八世纪的精神）所遗留给我们的无价财产。哈贝马斯宣称，尽管在我的分析中，黑格尔的反思进程不会在绝对意识中完全实现，但我的“语言性的观念论”（如他所称呼的）[①] 在单纯的解释学占有、发展和“文化传承”

① 比较哈贝马斯，*PhR*，第 179 页。

中穷尽了自身，因此从社会关系的实在整体的角度看来，它就表现为一种可怜的无力。哈贝马斯说，这个更大的整体显然不仅被语言所推动，而且被劳动和行动所推动；因此，解释学反思必须转变成意识形态批判。

在采取这一立场时，哈贝马斯直接与获取知识的社会学兴趣中的核心动机相联系。通过在真理和显得是真理的事物（和话语教人们去生产的事物）之间做出区分，修辞（理论）进一步反对通过话语的力量所实现的意识的迷惑。面对着破裂的主体间理解，解释学寻求把交往放在一个新基础之上，而且特别是，用新的解释学基础来取代异化认识的错误的客观主义。正如在修辞学和解释学中，在社会学反思中同样有一种解放的旨趣在起作用，它使得我们仅通过意识到外在和内在社会力量和强制力，而把我们从中解放出来。由于这些力量和强制力倾向于以语言的方式合法化自身，因此哈贝马斯把意识形态批判看作一种揭露“语言的欺骗”的手段。[①] 但是这个批判自身显然是一种反思的语言活动。

哈贝马斯说，在精神分析治疗领域中，我们同样发现了对由反思所保证的解放力量的要求。因为压抑一旦被识破就会使错误的强制力失去力量。正如在精神治疗中，目标是通过反思进展的过程，使我们行动的动机与患者所面对的真正含义保持一致（当然，这一目标在精神分析处境中受到治疗任务的限制，因此其自身体现为一个受限制的概念），同样，在社会现实中，（如哈贝马斯所认为的）当这样一种虚构的目标处境起作用时，解释学将处于最好的状态。323
对哈贝马斯来说，以及对精神分析来说，社会生活和个体生活就在于可理解的动机和实际强制力之间的相互作用，为了使人们，使行动者和能动者获得自由，社会学和心理学研究在不断进步的澄清过

① 比较哈贝马斯，*PhR*，第 178 页。

程中努力占有这种相互作用。

不可否认这一社会理论概念有其合理性。然而，我们要问自己的问题是，这种概念是否公正地对待了解释学反思的实际贡献：解释学真的在被理解的动机和有意识进行的行动两者之间完美的相互作用这一极限概念（我相信这一概念本身是虚假的）那里失去了它的意义吗？我坚持认为，解释学问题对于包括历史和当下的所有人际经验都是普遍的和基础的，这恰恰是因为甚至在不是被实际意指的那些地方，意义也能够被经验到。我想，当被理解的意义之领域（例如，“文化传统”的领域）与其他可被识别的那些被当作“实在”要素的社会现实性决定因素分离开来时，解释学维度的普遍性就被狭隘化了。但难道不是说，我们恰恰能够理解作为虚假语言意识形式的每个意识形态，这一意识形态不仅可能作为一个意识，一个明白和可理解的含义向我们显现，而且可能在其“真实”意义上被理解？政治和经济支配下的利益就是其中的例子。在个体的生活中，同样的事物也运用到无意识动机中，而精神分析师致力于把这种无意识动机带到意识自觉中。

谁说这些实在的、所谓的真实的要素是外在于解释学范围的？从被正确理解的解释学立场来看，把劳动和政治的实在要素当作外在于解释学领域是完全荒谬的。如何看待解释学反思所处理的前见这一关键问题？这些前见来自何处？只是来自于“文化传统”吗？当然，部分是来自于它，但文化传统又由什么构成的呢？当哈贝马斯声称“解释学徒劳地从内部撞上传统之墙”[①]时，他是对的，如果我们把这个“内部”看作是与这样的“外部”相对而言的话：一个并不进入我们世界——我们的要被理解、可被理解或不可被理解的世界——而是作为对外在变动（而不是人的行动）的单纯观察的“外

① 比较哈贝马斯，*PhR*，第 177 页。

部”。解释学不与处于人的理解范围和诸理解（我们的世界）之外的事物相关。的确我们肯定了这一解释学事实：世界是人理解或不理解的中介，但这并不导致那种认为文化传统应该绝对化和固定的结论。假定上述事实具有这一蕴涵，在我看来是错误的。解释学的原则只是意味着，我们应该试图去理解一切能够被理解的东西。这 324
就是我下述句子所表达的意思：“能被理解的存在就是语言”（《真理与方法》，第 474 页）。

这并不意味着存在一个意义世界，它被限制在知识的二级对象的位置上，仅仅是根本上决定着社会生活的经济和政治现实性的补充。相反，它意味着，语言的镜子反射着所有这些事物。在语言中，且只有在语言中，我们才能遇到我们从不在世界中“遭遇”的事物，因为它就是我们自身（而不仅仅是我们所意味的或我们所知道的我们自己）。但镜子的隐喻不能完全充分地说明语言现象，因为在最后的分析中，语言不只是镜子。我们在其中所感受到的不只是我们自己和所有存在的一个“反射”；它是由伴随着我们的事实真相所构成的生活——不仅在劳动和政治的实在的相互关系中，而且在构成我们世界的所有其他关联和依赖关系中。

因此，语言不是最终被发现的所有社会—历史进程和行为的匿名主体，好像它只是提供社会行为活动的整体，以作为我们观察目光的对象化；相反，它是我们所有人每天都参与其中的自动的阐释游戏。在这个游戏中，没有人在其他人之上和之前；每个人都处于中心，都是这个游戏中的“它”。因此你总是要被阐释。每当我们“理解”，特别是当我们看穿前见或撕开掩盖现实性的伪装时，这个阐释过程就发生了。无疑，在这里，理解实现了。这个观念让人回想起我们关于 atopon（陌生性）、奇怪之物所讲的话，因为在其中我们已经“看穿”了某些看起来奇特和难以理解的事物：我们已经把它带入到我们的语言世界中。以下棋来类比，类似于棋盘中的困境，只有最终的解救对策（直到最后一个棋子）才使棋子处于荒谬位置的必要性被人理解，一切才被“解决”。

但这意味着只有当我们看穿借口或拆穿虚假托词时，我们才“理解”了吗？哈贝马斯的马克思主义意识形态批判似乎预设了这个意思。至少，似乎只有当它具有这一效力时，反思的真正“力量”才是清楚易见的，而当我们一直停留在语言精心编造的幻象中并继续这种幻象时，反思就是软弱无力的。他的前提假设是，作为致力于解释学科学的反思应该“动摇生活—实践的独断论”。的确这里有一个在我们看来是纯粹独断的偏见在起作用，因为反思不总是导致和不可避免地导致消解先前的肯定。权威并不总是错的。然而哈贝马斯把以下这点当作站不住脚的命题，并且认为它背弃了启蒙运动
325 的遗产：即澄清理解中前判断的结构有可能导致对权威的承认。按照哈贝马斯的定义，权威是一个独断的力量。我不能接受认为理性和权威彼此抽象对立的断言，如解放的启蒙运动的观点所认为的那样。相反，我认为它们基本上处于一种含混不清的关系中，这种关系应该被深究，而非随意地把两者之对立看作一个“根本的信念”。[①]

在我看来，启蒙运动所信奉的这种抽象对立是一个具有灾难性后果的错误。在其中，反思被授予一个错误的权力，而且它所包含的真正的依赖性在一种错误的唯心主义的基础上被误判。当然，我承认，权威在无数统治形式中行使着本质上独断的权力：从教育管理和军队、政府的全部强制命令，到由政治力量或狂热信徒所创造的权力的等级制度。现在，单纯服从于权威这一外在表现已经不能表明为何或是否权威是合法的，也即，是否此环境是真正的秩序，还是仅仅是由权力的任意运作所造成的被掩盖了的无序。在我看来显而易见的是，对于与权威的关系而言，赞同或承认是决定性的。

① 比较哈贝马斯，*PhR*，第 174 页。

因此问题在于，这个承认建立在什么的基础上？的确，这种赞同常常更多地表现为无权者对拥有权力的人的屈服而非发自内心的赞同，但这实在不是真正的服从，它也不是建立在权威，而是建立在力量的基础上。(而且，当任何人在论辩中寻求权威时，他都只是在伪装。)人们只需要研究一下权威的丧失或衰退（或它的上升）过程，就可以看到权威是什么，它依据什么存在和发展。它不是来自独断的权力，而是来自于独断的赞同。然而，如果这种独断的赞同不是指人们承认权威在知识或眼光上更为优越，并且因为这个原因才相信权威是正确的，它还会是指什么？只有在这个至关重要的承认、这个相信之上，赞同才是有根基的。权威能够进行裁决，仅仅是因为它是被自由地认可和赞同的。对真正权威的服从既不是盲目的顺从，也不是卑躬屈膝的顺从。

人们错误地指责我说，我以某种方式主张不存在权威的衰弱或不存在对权威的解放式批判。当然，人们是否能够真正说权威的衰弱通过反思的解放式批判而产生或权威的衰弱在批判和解放中得到体现，这是一个我们要搁在一边的问题(尽管我们可能说，它可能是对一个真正可选答案的错误表述)。但我想，争论中的要害不过在于，是否反思总是能够消解实质的关系或能够将它们带入意识之中。

就这一点而言，哈贝马斯以非常片面的方式对待我在《真理与 326
方法》中阐述的教育和学习过程(主要渊源于亚里士多德的伦理学)。这样的传统应该是且应该保持为接受假设的唯一根据，上述观点(哈贝马斯把这个观点归之于我)完全违背我的一个基本主张：权威作为一个解释学过程乃至植根于洞见。一个成年人不必——但若基于洞见，他也能——保有他以往曾经顺从地遵循的思想观念。传统不是某些事物的证据和验证，无论如何，它不在反思所要求的验证之处。但关键在于：反思在什么地方需要传统？任何地方吗？基于人生存的有限性和反思本质上的特性，我反对这一答案。真正的问题在于，是否人们把反思的功能看作是，为了面对伴随其他可能性而被实际接受的东西，而把某物带入自觉意识——以便人们能够或抛弃所接受的传统，或抵制其他可能性而去接受传统实际呈现的东西；或者说，是否把某物带入自觉意识总是消解了人们之前所接受的事物。

在我看来，哈贝马斯使用的反思和带入自觉意识的概念（这显然源自他的社会学兴趣）本身就陷入了独断论，而且无疑是对反思的错误阐释。因为从胡塞尔（他的匿名的意向性的学说）和海德格尔（他对唯心主义中的主—客概念对本体论所做的简化的说明）那里，我们学会了识破内在于反思的唯心主义概念之中的客观化谬误。我坚持认为，毫无疑问存在一个反思之中的意向性的内在翻转，它绝不把所意味的事物提升为主题对象。弗朗茨·布伦塔诺通过亚里士多德的洞见，意识到了这一事实。否则，我将不会知道语言存在的神秘形式如何能在根本上被把握。于是，人们必须区分“现实的反思”（*die "effektive "Reflexion*）和明确和主题的反思，语言的展开发生于前者之中，而西方语言学历史得以形成则是源自后一反思类型。① 后一类型的反思把一切东西都变成对象，并为现代意义上的科学创造条件，从而为未来的地球文明奠定基础。

哈贝马斯以异乎寻常的情绪捍卫经验科学免于任意的语言游戏的指责。但从用技术力量使自然为我们所处置的优势立场上看，谁会对它们的必要性提出异议呢？研究者可能会否认他工作的技术动机，并以完全主观个人的理由来捍卫他与纯粹理论兴趣之间的关系。
327 但没有人会否认，现代科学的实际运用已经根本上改变了我们的世

① 关于这一点，我同意 Lohmann 在《哲学与语言学》（*Philosophie und Sprachwissenschaft*）中的观点。

界，而且随之而来也改变了我们的语言。但恰恰是这个“也改变了我们语言”。这决不是如哈贝马斯归咎于我的那样意味着：以语言的方式阐明的意识要求决定所有生活—实践的物质存在。它只是意味着不存在任何不把自己带到以语言的方式得到阐明的意识呈现之中的社会现实性及其实在力量。现实性并不发生在语言的“背后”；[①] 毋宁说它发生在那些生活在主观观点中的人们的背后，这些人已经理解了“世界”（或不再能够理解它）；也即，现实性恰恰发生在语言之中。

这一事实显然使哈贝马斯所讨论的“自然环境”的概念大为可疑。[②] 马克思已经令人信服地主张，这一概念是现代阶级社会的劳动世界这一观念的反面，但哈贝马斯在援引这一概念时，欣然地将之不仅运用到“传统的自然实体（substance）”上，而且运用到“自然模式的因果关系”上。我相信这是一种纯粹的浪漫主义，而这种浪漫主义在传统和奠基于历史意识的反思之间造成了一个人为的鸿沟。然而，“语言性的唯心主义”至少具有这样的优点：它并不落入这种浪漫主义之中。

在相关于其历史处境——哈贝马斯自己也要以该历史处境为基础——来质疑先验哲学的内在论（immanentism）时，哈贝马斯的批评达到了顶点。这的确是一个核心问题。任何人若严肃地对待人生存的有限性，不构造一切事物都可以回溯到它之上的“如此这般的意识”、“理智原型”或“先验自我”，都要面对他自己作为先验的思想如何在经验上得以可能的问题。但在我所发展的解释学维度中，并不会出现这一困难。

著名的年轻神学家沃尔夫哈特·潘能伯格在他的《解释学与普

① 哈贝马斯，*PhR*，第 179 页。

② 同上，第 173-174 页。

遍历史》一文中对我的书做了很有益的讨论，[①]讨论涉及内在论问题，特别是涉及是否我的哲学解释学必然但是无意识地重新恢复了黑格尔普遍历史的概念（例如在视域融合概念那里，潘能伯格说，每个个体融合事件的方向中都暗含或预设了最终的视域）。特别是，他的讨论使我深刻地认识到下述两者之间的巨大差别：前者是黑格尔对在历史中证明理性的存在的要求，后者是那些不断超越的世界历史的诸概念，在其中人们总是无意识地像最后一个历史学家那样行事。

328 黑格尔关于世界历史哲学的主张当然可以商榷。黑格尔自己也知道它是多么有限，并且评论到：门外那埋葬他的人的脚步声已经清晰可闻［伽达默尔以更生动方式表述了这一引文："Die Füsse derer, die dich hinaustragen,sind schon vor der Türe."（英译者注）］，而且人们发现在所有对世界历史的否定背后，自由的目的、自由的终结—思想（end-thought）仍得到引人注目地彰显。人们不能超出这一目的和终结，正如人们不能超出意识自身。

但是，每个历史学家都必须做出的要求（或在这个要求下工作），也即，把所有事件的意义与今天（以及，当然，与此今天之未来）联系起来这个要求，与普遍历史或世界历史哲学的断言相比起来，在根本上的确是一个更为谦虚的要求。没有人能否认历史预设了未来，一个普遍历史的概念不可避免地是源自实践的立场或为了实践的目的（"In praktischer Absicht"）的今日之历史意识的其中一个维度。但是想要把黑格尔简化到由一时之需的实用阐释要求所暗含的限度之中，这对他是否公正？"为了实践的目的"——今天没有人超出这个要求，因为意识已经懂得它的有限性，并且不再信任理念或概

① Wolfhart Pannenberg, "Hermeneutik und Universalgeschichte," *Zeitschrift fr Theologie und Kirche* 60（1963）:90—121. 英译：Paul J.Achtemeier，载于 *History and Hermeneutic*, ed. Robert W. Funk and Gerhard Ebeling, New York: Harper and Row, 1967，第 122-152 页。

念的专制。即使如此，谁会如此愚蠢地试图把黑格尔简化到实践目的的层次上？我当然不会，即使我批评他的普遍历史哲学的命题。因此，在这点上如果我理解了潘能伯格的话，那么我和他之间并没有真正的争议。因为潘能伯格也并不打算复活黑格尔的命题。唯一的区别是，对于作为基督教神学家的他来说，所有普遍历史概念的“实践目的”在道成肉身的绝对历史性中有其固定点。

普遍性问题依然存在。如果解释学疑难希望在修辞学的无所不在和普遍性和意识形态批判的明显主题性（topicality）面前维持自身的地位，它就必须确立自己的普遍性。而且它特别要与现代科学对普遍性的要求，以及由此对把解释学反思纳入自身使之为科学服务（例如，在哈贝马斯设想的“对才智进行方法论训练”的概念中）的要求对抗。再一次，只有当解释学并不禁锢在先验反思的牢固内在性中，而是对它自己的反思类型所获得的东西做出说明，它才能做到这一点。而且它必须不仅在现代科学的领域中，而且为了表明 329
超越现代科学之普遍性的普遍性，还要在现代科学领域之外这么做。

关于解释学反思的普遍性

解释学的反思实现了在每个把事物带到意识自觉的过程中所得以完成的功能。因为它确实、它能够和必须在我们所有的现代知识领域，特别是在科学中揭示自身。让我们对这一解释学反思做一些反思。反思被给定的前理解将把那些发生在我们背后的东西带到我们面前。但能被带到我们面前只是某些，而不是所有事物，因为我所说的“效果历史意识”不可避免地更多是存在而非意识，而存在从不会完全得到揭示。当然，我并不认为这种反思能够避免意识形态僵化，如果它并不进行持续的自我反思和努力实现自我意识的话。因此，只有通过解释学反思，我才能面对自己而不再感到不自由，而是能自由地对待我前理解中那些可能和不能得到辩护的事物。

同样只有通过这一方式，我才学会获得对通过前见之眼所看到的事物的新理解。但这也暗示着，引导我的前理解的前判断同时一直经受着考验，直到它们缴械投降——这种缴械投降也可以称之为转换。它是在被引导过程中经验的不知疲倦的力量，人们无止境地形成新的前理解。

在作为我的解释学研究起点的艺术和语文学—历史学科学研究领域中，不难阐述清楚解释学反思是如何工作的。例如，请想想，从风格历史的优先视角去看待艺术的自主性是如何已经被 1）艺术概念自身和 2）个体风格和时代的概念的解释学反思所动摇的。请想想肖像学如何从边缘走向前台的，以及关于经验和表达概念的解释学反思如何对文学批评产生影响的（甚至在它更有意识地推进文学批评中所长期偏爱的趋势的情形中）。对固着的预设的动摇如何通过使新的问题得以可能而预示科学的进步，这当然是显而易见的，但同样显而易见的是，这也适用于艺术和文学风格的历史。而且，通过具有关于观念的历史的意识，我们不断地经验到历史研究所能
330 获得的成果。在《真理与方法》中，我相信我已经能够表明历史的疏异如何在我称之为视域融合的形式中得到调解的。

然而，解释学反思的整个意义不会被它相对于科学和在科学自身中的内涵所穷尽。因为所有现代科学具有一个它们施加于自然意识且我们需要去了解的根深蒂固的疏异。在现代科学的开始阶段，在方法概念中，这个疏异已经到达了反思的自觉意识。解释学反思并不意图改变或消除这一处境；事实上，它能通过透彻地弄清楚科学中引导性的前理解，并且由此打开提问的新维度，而间接地服务于科学的方法论事业。但是在这点上，它也必须意识到科学方法为其进步所付出的代价：它们所需要的缓和（toning down）和提取（abstraction），借此自然意识（作为科学所获得的创造和信息的消

费者）也总是必须不断一同前进。我们可以用维特根斯坦的话把这一洞见表述如下：科学的语言游戏依然与存在于母语中的元语言保持关联。所有通过科学所赢得的知识都通过学校和教育，凭借现代信息媒介而进入社会意识，尽管可能会有（过于）漫长的延迟。无论如何，这是新的社会语言的现实性得以被表达的途径。

当然，与自然科学相比，这一鸿沟和研究的方法论异化不如对于社会科学那么重要。真正的自然科学家本来就懂得他的科学知识领域与现实整体的关系是十分特殊的。他并不分享公众强加给他的对其科学的神化。然而，公众（以及需要面向公众的研究者）格外需要对科学的前提和局限做解释学的反思。另一方面，所谓的人文学科仍然容易与一般意识发生中介关系，因而只要他们被接受，它们的对象就直接属于文化遗产和传统教育的领域。但现代社会科学与它的对象（社会现实）处于非常紧张的关系中，而且这一关系特别需要解释学反思。方法的异化——社会科学把自己的进步归功于它——在此与作为整体的人类—社会世界相关。这些科学逐渐把它们自己看作注定要服务于科学秩序和社会控制。它们必定与“科学的”和“方法的”计划、指导、组织、发展——总之，与这些功能的无限化有关，也就是说，它们从外部规定每个个体和群体的生活整体。 331
然而，这个社会工程师，这个承担照料社会机器的运作的科学家，自己就受到方法的异化，并且与他同时所隶属的社会相分离。

但是人作为政治的存在，只是制造公众舆论的技术所作用的对象吗？我想不是：他是社会的一个成员，并且只有在以自由判断和政治上真正有效的方式扮演他的角色时，他才能保全自由。乃是解释学反思的功能在这个关联中使我们避免天真地屈服于社会技术专家。

当然，像哈贝马斯这样以解释学方式进行反思的社会学家不可能用社会工程的肤浅术语来描述自己。哈贝马斯对社会—科学的逻辑的透彻分析已经完全澄清了何谓本真的认识论兴趣，正是后者使真正的社会科学家区别于社会结构的技术专家。他把它称之为“解放的旨趣”（这与社会工程师的旨趣有多么大的差别！），解放的旨趣仅仅把反思当作它的目标。就此而言，他提到精神分析的例子。作为一个事实，正是在精神分析中，解释学反思扮演了一个根本的角色。正如我们早先所强调的，这是因为无意识的动机并不为解释学理论提供一个清晰而完全可阐明的边界：它落入解释学的更大周界之内。精神分析可被视作“把教育的不连贯过程融入一个完整历史（一个能用语言清晰讲述的故事）”的工作，因此解释学和封闭在对话中的语言循环是精神分析的核心。我最先通过雅克·拉康懂得了这一事实。①

同时，很清楚，即使这也还不是问题的全部，因为精神分析方法即使对于精神分析师自己来说也不是可普遍应用的。弗洛伊德所实现的阐释框架声称拥有真正自然科学假设的特征，也即，要求成为普遍法则的知识。这一定向必定表明了方法异化在他的精神分析中所扮演的角色。尽管成功的分析在其结果中赢得了对它的证实，但精神分析中的知识要求不应简化为单纯实用主义的有效性。而这意味着精神分析要再一次经受解释学反思，在其中人们必然会问：精神分析师的专门知识如何与他自己在社会现实——他毕竟从属于它——中的位置相关联？

精神分析师把病人引入解放的反思，这种反思走到意识的表面
332 阐释背后，突破伪装的自我理解，识破社会禁忌的压抑功能。上述行为把病人带到解放的反思之前。但当他在不作为医生而是作为游戏的一个伙伴的处境中运用这同一类反思时，会发生什么呢？他将抛弃他的社会角色！一个总是“看穿”他的游戏伙伴，不严肃对待

---

① 参见拉康的著作集，现在出版为《拉康文集》（*Ecrits*），Paris: Editions du Seuil, 1966。

他们所代表的东西的参与者，是人人都避之唯恐不及的扫兴之人。精神分析师所要求的反思的解放力量是反思的一个特殊功能而非一般功能，并且必须通过社会语境和意识来给予它边界，在这一社会语境和意识中，分析者乃至他的病人与其他所有人平等相处。这就是解释学反思所告诉我们的东西：社会共同体尽管有其紧张对峙和断裂，总是一再地被引回到社会理解的共同区域，正是由于它的才存在。

在此，我想哈贝马斯所提出的精神分析和社会理论之间的类比关系就瓦解了，或至少很成问题了。因为这一类比的界限在哪里？病人的角色在哪里结束，处于非职业权利中的社会关系在哪里开始？更为根本的是：当针对何种社会意识（及所有这样的道德）的自我理解时，深入探究这一意识背后是恰当的，以及在何时它又是不恰当的？在纯粹实践的语境中，或者在一个普遍的解放反思的语境中，这些问题看起来无法得到回答。所有这些观察所通向的不可避免的结果就是，基本的解放意识必须考虑所有权威、所有服从的瓦解。这在无意中就意味着，在社会科学中，解放的反思的最终引导性图景必定是一个无政府主义的乌托邦。然而，这样的一个图景在我看来反映了解释学上的一个错误意识，而对它的矫正方法只能是更普遍的解释学反思。

G. B. 赫斯，理查德·E. 帕尔默 英译

16. 中世纪文学理论中字面义的修辞学和政治学：阿奎那、威克里夫和罗拉德派

丽塔·科普兰

335 众所周知，中世纪晚期的文学理论从阿奎那对圣经文本中凡人的修辞学和真理的神圣启示之关系的调和那受惠甚多。阿奎那和遵从他的方法的理论家通过重新描绘圣经的字面义和灵性意义之间的界限及使修辞语言和字面义等同起来，实现了这一友好关系。基于它对十三和十四世纪释经的理论和实践的影响，特别是它重新强调了人类作者对圣经话语的贡献，人们对阿奎那这一决定性的步骤展开了充分的研究。但修辞学为实现这一引人注目的综合所付出的代价是什么？中世纪试图使修辞隐喻（figures）[*] 和比喻（tropes）与字面义和解的尝试，留下了关于修辞学地位的许多冲突未获解决。我想思考修辞学的角色如何作为字面义的理论被重新塑造——从牧师的学院理论（clerical academic theory）这一相对局限的语境，进化到威克里夫解释学的流行辩论术（popular polemics）。我在这里主张，经院哲学的以下努力，即通过把修辞学包含在字面义这一固定范围

* Figure 可译为修辞、形象、隐喻等。这里一般译为“隐喻”，泛指与直白语言相对的形象语言、修辞语言，与作为具体修辞格的隐喻（metaphor）有区别。为了区分两种“隐喻”，文中都尽可能附了原词。——中译者

内来使凡人的修辞语言合法化，体现了对已经是不可能的问题的一个不可能的解决。修辞学的语言（它的内在本质是间接和模糊性） 336
如何能在圣经的真实话语中有一个位置？在罗拉德派内部意见分歧的解释学中，这一经院综合的内在矛盾得到重新讨论并被放到显著位置，在那里，字面义成为政治斗争的一个场所。在本章的第二部分，我将考察威克里夫的批判理论如何通过把修辞学描绘成一个束缚（文本的开放的、字面的含义必须从这个束缚中解放出来），以在修辞学和字面义之间打入一个新的楔子。

经院哲学批评关于圣经中的隐喻语言的主要假设，是从早期中世纪关于隐喻话语的思想那产生出来的。比德的论文《草稿和比喻》（*de schematibus et tropis*）在时间上和理论上，都可看作是中世纪中期对圣经象征和修辞学语言——比德称为语词讽寓（*allegoria in verbis*）和事实讽寓（*allegoria in factis*）[①]——之关系的阐明的一个中点。正如阿曼德·斯图伯尔所表明的，比德通过公开地提出和思考圣经中修辞学隐喻（figuration）的位置，去推进奥古斯丁的符号学。[②] 在《论基督教教义》2.10.15 对 *signum proprium*（本来的符号）

---

① 参见 Armand Strubel，《“事实讽寓”和“语词讽寓”》（*'Allegoria in factis' et 'allegoria in verbis'*），《诗学》（*Poétique*）23（1975）：342-357。【译按：Allegoria/allegory 在解释学用法中一般也译为“寓意”，在修辞语境中，可译为“讽寓”。我们这里统一译为“讽寓”。关于 allegory 的译法和在西方语境中的概念流变的讨论，可参看张隆溪：《讽寓》，外国文学，2003.11。】

② 尽管比德的 *de schematibus* 同时被归类为修辞学和语法学的论著，他关注的是大量传统上与修辞学联系在一起的隐喻。然而，到了古代晚期，修辞手法或者在语法的名目下被处理，例如在 Donatus 的 *barbarismus* 中，或者在修辞学的名义下被处理，例如在 Martianus Capella 的 *De nuptiis Mercurii et Philologiae* 中，或同时在两者之下，例如在 Isidore 的 *etymologiae*1-2 中。参见 Martin Irvine 对比德的论著的分类的讨论，《语法学家比德和八世纪诺森布里亚的语法研究范围》（*Bede the Grammarian and the Scope of Grammatical Studies in Eighth-Century Northumbria*）（Anglo-saxon England 15［1986］：36），以及 James J.Murphy，《中世纪的修辞学》，Berkeley: University of California Press,

和 *signum translatum*（迁移的符号）的讨论中，奥古斯丁明确地做出推论：圣经中有隐喻这一层次存在，但他并没有深入这一问题，也没有对 *signa translata*（象征其他事物的事物，例如公牛被理解为象征福音传道者；参见 Deut.25：4 及 1 Cor.9：9）和刻画了修辞学比喻（tropes）的间接或二重性之间的关系做出理论的说明。在《论三位一体》15.9.15 中，他似乎否认比喻讽寓（trope allegory）的修辞学—语言学要求，相反，把它规定为：它不是在语词中，而是在历史事件自身中被发现。①

在利用奥古斯丁的符号理论时，比德把他对隐喻含义的整个讨论放在修辞学的庇护之下。他对比喻（trope）的定义与古代和中世纪早期对这个术语的修辞学和语法学处理一致："一个比喻是这样的一个表达，它离开其正常含义，而拥有无论从必要性还是基于装饰的缘故本不具有的含义。"② 在这个系统中，讽寓（allegory）是熟练的比喻，也依传统修辞学—语法学方式而被规定为"意味着某种与它所说不同的东西"。③ 但在奥利金和奥古斯丁的影响下，比德引入了讽寓运作的辩证的双重层次："注意到讽寓有时是历史的，

1974，第 77 页。也参见 Roger Ray 关于比德受惠于晚期古典修辞学的杰出研究，《比德与西塞罗》（*Bede and Cicero*）（Anglo-saxon England16［1987］：1-15）。Ray 认为比德可能已经知道西塞罗的《论发明》（*De inventione*）。

① "Sed ubi allegoriam nominauit apostolus non in uerbis eam reperit sed in facto cumex duobus filiis Abrahae, uno de ancilla, altero de libera, quod non dictum sed etiam factum fuit duo testamenta intellegenda monstrauit," *De Trinitate*（15.9.5），W.J.Mountain 编，*Corpus Christianorum Series Latina* 50, Turnhout，Belgium：Brepols，1968。

② 原文和翻译引自 Calvin Kendall 编译，*Libri II De arte Metriac et De schematibus et tropis*；《诗学与修辞学的技艺》（*The Art of Poetry and Rhetoric*）（Bibliotheca Germanica，ser.nova，vol.2［saarbrücken：AQ-Verlag，1991］），168，169，参见，Isidore，*Etymologiae* 1.37.1; Ad Herennium 4.31.42; *Quintilian, Institutio oratoria* 8.6.1。

③ Kendall，*Libri II De arte Metrica et De schematibus et tropis*，192，199; 另参见 Kendall 的导论，第 24 页。

有时纯粹是语词的，这一点很重要。”[1] 按比德的说法，纯粹语词的讽寓根据一个重要原则区别于历史或实际的讽寓：隐喻（figuration） 337 在圣经文本中可以在多个层次上及多种模式中起作用，但纯粹修辞学形式中的讽寓没有它自身的“正常”或“字面”意义。在以赛亚书 11：1 所给出的例子中，“从耶西的树干必生出一根嫩芽，从他的根而出的枝条必开出花朵。”为了阐释，根、树干和花可被比作大卫的房子、圣母和基督，但它们没有字面的和（在这个意义上）历史的含义，因为这个阐述在现实中没有必然的指示对象。语词的图像只具有与灵性真理的偶然诗性的（也能被宽泛地成为隐喻的［metaphorical］）相似性。不同于实际讽寓，在其中，圣经中的一个历史事实（例如亚伯拉罕的两个儿子）也能够以类型学的方式超出自身而指向另一个含义（在这里，即象征旧约和新约圣经），语词讽寓没有它自身的实际性，而仅仅作为修辞辞格而超出自身。[2] 正如加尔文·肯德尔所说，语词讽寓不像事实讽寓那样是二价的，这是因为语词讽寓的含义只能在对它的阐释中被发现。[3] 人类的想象构成了语词图像和历史—神学的实际性之间的相似或可比拟的偶然关系。

但比德也似乎由于允许语词讽寓（以及在此意义上，一般的修辞比喻）在圣经的各灵性层次中有一席之地，而使他做出的语词讽寓和历史讽寓之区分失去了力量。在他的阐述的另一部分，他给出了传统圣经阐释的四个意义的一个版本（历史的和类型原型的，以

---

① Kendall，*Libri II De arte Metrica et De schematibus et tropis*，192，199; 另 参 见 Kendall 的导论，第 196 页，201 页。

② 参见斯图贝尔，《“事实讽寓” 和 “语词讽寓”》（*'Allegoria in factis' et 'allegoria in verbis'*），第 351 页； 以 及，Johan Chydenius，“La théorie du symbolisme médiéval”，*Poétique* 23（1975）：329.Irvine 对这个问题的说明假设了比德与奥古斯丁的《论基督教教义》（*De doctrina christiana*）比与斯图贝尔具有更大的相似性；参见《语法学家比德》（*Bede the Grammarian*），第 37 页。

③ Kendall，*Libri II De arte Metrica et De schematibus et tropis*，第 27 页。

及道德和神秘的），通过断定语词讽寓能形象地表达圣经的道德和神秘意义，他允许语词讽寓具有和历史讽寓同样的功能。这里他模糊了他早前打算澄清的那个问题，因为他已经把凡人的修辞（语词讽寓，连同其单维的和仅仅偶然性的价值）嵌入了只能在拯救的神圣系统中被产生和指明的事实多价性、多重神学指称物之中。[①] 因此比德实际上使凡人的修辞的价和具有灵性意义的事件（奥古斯丁称之为 *signa translata*，一些事物用作表示另一些事物的符号）的价无法截然区分。

描述比德富有影响的说明中包含的含混性的一个方法是，他努力在两个完全不同的术语和理论系统之间建立和谐关系甚或接触点：一边是比喻（tropes）和隐喻（figures）的古典修辞系统，另一边是圣经意义和阐释的三个或四个层次的亚历山大解释学系统。他试图
338 通过使主要的修辞格讽寓这一修辞范畴一分为二，即成为语词讽寓和事实讽寓这一对子，来实现这一和谐关系。这个新对子的其中一半，语词讽寓，仍处于修辞学范畴之下；而另一个新的实体，事实或历史的讽寓，他将之转到亚历山大解释学系统中，在其中历史意义以讽寓的方式让位于比喻义（tropological）和灵性意义。

比德试图界定修辞学的功能和协调这两个体系，但这一努力的结果是在后来的释经者那里造成混淆，而非使之走向清晰性。关于这一点，最广为人知的例子是普瓦捷的彼得（Peter）（1167-1205）在其 *Allegoriae super tabernaculum Moysi* 中做出的尝试，他把比德的术语与对字面义重要性（维克多·马斯特斯·休和安德鲁所强调

① 斯图贝尔，《“事实讽寓”和“语词讽寓”》（*‘Allegoria in factis’ et ‘allegoria in verbis’*），第 352 页：“Bède reprend ici, à l’intérieur des distinctions qu’ elle fait naître, l’opposition *allegoria in factis*. Or l’étagement des sens n’est possible qu’à l’ intérieur de *l’allegoria in factis*. Si on y introduit *l’allegoria in verbis*, comme le fait bède, on la place du côté du sens spirituel.”

过这点）的当代思考两者协调起来。释经者们不断地面对这样的问题：是否他们应该把隐喻（metaphor）包含在历史—字面义中，以及是否预言能够照字面地指向基督或应该作为属于圣经的神秘意义而被理解。[①] 彼得在意义（signification）的两个类别之间做出区分。在第一类别中，语词直接或间接地通过隐喻意指事物，与比德的语词讽寓平行。在第二类别中，事物意指事物，它与事实讽寓对应。但在讨论第二类别，历史的象征时，他回到比德语词讽寓的定义和作为耶西的世系，圣母和基督的讽寓的根、枝和花的例子。这里他附加了一个令人不安的注释："然而，其他人把这点看作历史的隐喻的表现。"[②] 彼得想把这个例子包含在历史预言之下，而且与比德不同，他似乎认为语词讽寓的存在并不必然禁止文本通过首要的字面义起作用。相对于比德不允许语词讽寓任何字面的指称，普瓦捷的彼得，连同他的维克多的前辈和诸如斯蒂芬·兰顿这样的后来的人物，把预言的隐喻（metaphor）看作字面义的一部分，后者是文本的基石。[③]

我们在比德和十二世纪释经者那里所看到的确定诗性隐喻（metaphor）和其他比喻（tropes）的位置的斗争强调这样的问题：只要存在任何试图以理论的方式说明它对宗教语言中含义的构建的贡献的尝试，就会提出修辞学的要求。奥古斯丁在《论基督教教义》

---

① Beryl Smalley,《中世纪圣经研究》(*The Study of the Bible in the Middle Ages*), Oxford: Oxford University Press, 1952：重印，Notre Dame，Ind.:University of Notre Dame Press, 1978, 第 232 页；论圣·维克多的休和安德鲁，参见第 83-263 页。

② Peter of Poitiers，in P.S.Moore and J.A.Corbett，eds., *Allegoriae super tabernaculum Moysi*, Notre Dame, Ind.: Notre Dame University Press, 1938, 第 100-102 页。另参见在导论中对这个难题的讨论，第 xix-xxiii 页，在那里他们发现讽寓与以隐喻的方式叙述的历史之间的区别是模糊的。也参见 Smalley,《圣经研究》(*Study of the Bible*), 第 232 页；以及 Chydenius, "La théorie du symbolisme médiéval", 第 329-330 页。

③ 参见 Smalley,《圣经研究》(*Study of the Bible*), 第 233-34 页；以及 Beryl Smalley,《斯蒂芬· 兰顿和圣经的四种意义》(*Stephen Langton and the Four Senses of Scripture*), Speculum 6（1931）：60-76。

中提出的富有影响的符号学回避了这个问题。比德直接地论及这点；但他有一基本假设，即修辞学隐喻（figuration）在讲话中主要充当装饰而非工具的功能，它是“衣服”和“装饰品”，而非话语的内容，
339 这一假设损害了他的分析，因为根据这一假设，他不得不使修辞语言与真理、历史或神学的领域脱离干系。[1] 在《作为批评家的修道士》中，贾德森·艾伦回顾了十二世纪关于字面义的争论，以及它们对于十三、十四世纪文学批评的意义。他对字面义的说明，即字面义“由语词所指向的事物构成”，总括了类似圣·维克多的休等理论家的论点，后者试图找到一个办法去解决奥古斯丁的沉默和比德的模棱两可所引发的问题，并且重新恢复隐喻(figurative)话语的指称价值。[2] 当休批评那些人仅仅解读灵性意义时，他暗指了这一问题，因为“这样的话，以灵性方式教导我们的隐喻（metaphors）和明喻将被圣灵徒劳无益地包含在圣经中”。[3] 艾伦提出，在这些既包含神圣文本也包含世俗诗歌的语境中，“字面的”的含义实际上意味着“文学的”含义、诗性的外表，它有一个几乎是表层的外在性，并且它构成了含义的最简化的形式。[4] 艾伦的说明尽管优雅而有力，却并没有解决由在字面义中界定和限制修辞学的理论欲望而产生的难题，特别是在后期中世纪关于作为真正含义的承载者的字面义的角色的争论中

---

① “经院学者称语词的人为安排为希腊语中的图式；拉丁语的演说家一般称这种安排为‘习性’，或‘装饰’，或‘图形’，因为以此方式，语言可以说是衣服和装饰”，Kendall, *Libri II De arte Metrica et De schematibus et tropis*，第 168-169 页。关于把修辞学贬为单纯的装饰功能，参见 Tzvetan Todorov 在《象征理论》（*Theories of the Symbol*）（Ithaca：Cornell University Press，1982）中对通向了第二次智者浪潮和修辞学后期衰落的演讲术危机的阐述，Catherine Porter 译，第 60-83 页。

② Judson Boyce Allen, *The Friar as Critic*, Nashville, Tenn.: Vanderbilt University Press, 1971，第 11 页。

③ 圣·维克多的休，《论圣经》（*De scripturis*），5.13，P.L. 第 175 页。译文引自 Smalley，《圣经研究》（*Study of the Bible*），第 93-94 页。

④ Allen，*The Friar as Critic*，第 26-27 页。

这一难题所造成的关键冲突。

阿奎那对这一长期争论的积极贡献不在于引入了新的观念，而在于他细心地在许多相互竞争观念中努力争取某种理论一致性。在《神学大全》和《神学任选问题辩论集》（*Quaestiones quodlibetales*）的讨论中，他试图澄清圣经中隐喻（metaphor）（包括预言隐喻这一艰深范畴）和各种灵性意义之间的区别。他通过阐明已经被之前的作者（特别是圣·维克多的休）把握到了的原则来完成这一工作，而这些原则之前没有得到如此准确的表达。

阿奎那通过在语词领域（凡人所制定）和事物或历史事件的领域（上帝独自创造并指派意义）之间做出严格的划界，来解释语词讽寓和事实讽寓之间的关系。因而圣经能够具有多重意义，因为语词构成了字面义，而语词所指向的事物为灵性意义的多重性开辟了道路。

> 这些真理的呈现或表达能够或者通过语词，或者通过事物 340
> 来完成；也就是说，语词意指事物，并且一个事物能够作为另一个事物的形象（figure）。现在万物的作者不仅有用语词来指称事物的力量，也能以这样的方式安排事物，使它充当其他实在的形象；以此方式，圣经以双重的形式呈现真理。在第一层次上，事物通过语词被意指：这就构成了字面义。在第二层次上，事物充当了其他事物的形象；这就构成了灵性意义。由此圣经能够产生多重含义。[①]

---

① 阿奎那：《神学任选问题辩论集》（*Quaestiones quodlibetales*），Parma: Fiaccadori, 1859; reprint New York: Musurgia, 1949，7.6.14. 这段文本引自帕尔玛的版本，第九卷，由我译出；后面的都是这个版本，以文中附注的形式出现。关于这一段，参见 P.Synave, “La doctrine de Saint Thomas d’Aquin sur le sens littéral des Ecritures”, *Revue biblique* 25（1926）: 41。也可对比《神学大全》（*Summa theologiae*）1.1.10 答复。

这就有效清除了比德表述的含混性，因为语词的价完全区分于事实的价。语词自身不能提供圣经的灵性意义：只有事实，被上帝所规定且“服从于他的天意”的历史事件才被赋予超出它们自身的灵性和神秘涵义。[①]而且，真正而言圣经只有两种意义，字面的和灵性的（灵性意义又可依据亚历山大学派而区分为道德的、讽寓的、神秘的意义）——这就是阿奎那对早期几代释经者们所遇到的难题的明确回答。这些区分是清楚的：圣经的语词总是和整个地属于字面义。不是如比德等人所认为的那样，事实讽寓可以滑入语言现象的领域之内：“通过语词所实现的［圣经中真理］之体现产生历史或字面的意义；因此所有这些从语词的涵义角度被恰当理解的内容都属于字面义；《神学任选问题辩论集》7.16.15”语词照字面义指向事物，而那些事物——事件、对象和事实——被用于揭示更高的真理。这让人想起圣·维克多的休（特别是在《训导》［*Didascalicon*］中）拯救字面义的努力。[②]正如阿奎那所说，一切都建立在字面义的基础上，它是我们对事物和它们的更高含义的感知的必不可少的载体：“然而，那个通过语词被意指、接着也意指其他事物的事物，其含义被称作灵性意义；它以字面义为基础，并且预设了字面义。”[③]

---

① “Sicut enim homo potest adhibere ad aliquid significandum aliquas voces vel aliquas similtudines fictas, ita Deus adhibet ad significationem aliquorum ipsum cursum rerum suae providentiae subjectarum,” 阿奎那，《神学任选问题辩论集》（*Quaestiones quodlibetales*）7.6.16。参见 Mark D.Jordan，《安排智慧：阿奎那哲学话语中的等级秩序》（*Ordering Wisdom:The Hierarchy of Philosophical Discourses in Aquinas*），Notre Dame, Ind.:Notre Dame University Press, 1986，第 29-30 页。

② 圣维克多的休，*Didascalicon*, Washington, D.C.: Catholic University of America Press, 1939，C.H.Buttimer 编，第六卷，第 1-4 章。

③ 阿奎那，《神学大全》（*Summa theologiae*）1.1.10. 据帕尔玛版本（Parma: Fiaccadori, 1852; reprint New York: Musurgia, 1948），第一卷；译本据 Blackfriars 版本，Thomas Gilby 编译，New York: McGraw-Hill; London: Eyre and Spottiswode, 1964，第一卷。后文的引用均据这些版本，并以文中附注形式出现。

但这个推论往前推进一步就是：语词仅仅属于字面义，所有被包含在语言使用中的东西都是字面义的一部分。因此甚至各种修辞格——隐喻、想象的比拟（fictive similitude），以及比喻（parable）或修辞讽寓（rhetorical allegory）——作为语言现象都被等同于字面义：“通过语词或通过想象的比拟（其目的是去意指某物）来意 341
指某物，除了字面义外不产生任何东西；《训导》7.6.16”这当然为比德的推论——即修辞讽寓，语词讽寓，没有字面的运用，这是一个后来的释经者发现很难接受的立场，特别是在预言的隐喻的情形中——提供了一个重要的解决办法。阿奎那以这种方式颠倒了比德：阿奎那的观点是，语词讽寓是一个语言现象，因此必须具有一个字面指称。《神学大全》为这一点提供了一个补充说明：“比喻义［parabolical sense］包含在字面义中，因为语词能够以一般的方式意指某物及比喻地意指某物；在后一种情形中，字面义不是话语自身的形象，而是它所形象的对象（着重号引者所加）。《神学大全》1.1.10ad3”。

因此在一个隐喻表达中，直接的意义不是形象自身，而是这个形象所再现的东西。[①] 正如安伯托·艾柯所言：“比喻义……是一个言辞或形象化图像的含义，它如此适于和与它的意义相称，以致它表明自身与之合一。”[②] 阿奎那给出的例子是，当圣经谈到上帝的“手臂”时，这个话的修辞格的字面义不是说上帝有一个物理的手臂，而是说上帝具有贴切地可归之于一个手臂的、可做事和制造的力量。（《神学大全》1.1.10ad3）

正是这个论证及其结果——把修辞隐喻（figuration）同化为字

① 参见 Albert Blanche, “Le sens littéral des Ecritures d’après Saint Thomas d’Aquin,” *Revue Thomiste* 14（1906）: 194；比较，斯图贝尔，“‘事实讽寓’和‘语词讽寓’”，第 355 页。

② Umberto Eco,《托马斯·阿奎那的美学》(*The Aesthetics of Thomas Aquinas*), Cambridge: Harvard University Press, 1988，Hugh Bredin 译，第 153 页。

面义——为阿奎那体系中修辞学的地位提出了深刻并且在我看来难以解决的问题。阿奎那为字面义范围中隐喻（figuration）的功能提供了一幅清晰的图画：修辞学被还原为一个符号体系，它的唯一目的是提供含义："诗性虚构除了意指外没有目的；并且这样的涵义并不超出字面义的范围。《神学任选问题辩论集》7.6.16"依据这种观点，必须扩大我们对字面义的界定：通过字面义阿奎那理解每个在语词或它的诗性虚构（它唯一的目的是充当符号）中有其直接源头的涵义。[①]

这是一个关于修辞学语言的纯粹机械的观点。它与歌德关于作为一个修辞发明的讽寓的观点极为接近，讽寓是与象征相对照的一个概念，而象征表现为浪漫主义的有机美学的最初表达。对歌德来说，讽寓（作为主要的修辞辞格）通过直接意指的方式起作用；正如茨
342 维坦·托多洛夫所言，它的唯一目的是"转移一个含义"。它提供
了"一个即时的通道，通过符号意指的表面来指向所被意指的知识。"[②]根据歌德的说法，"有一些……因为理性、机智和华丽（gallantry）而闪闪发光的艺术作品，并且我们也把所有讽寓作品包括在这个类别中；在后者这些作品中，我们抱极少的期待，因为它们破坏了我们在再现自身方面的兴趣，并且可以说把精神推回到自身之上，同时离开它的被真正再现的幻象领域。讽寓区别于象征，因为后者以间接的方式指称，而前者直接地指称。"[③]

依据歌德的描述，象征超出和抗拒任何想要阐明、穷尽它的创造含义的组织潜能的理性企图，但与象征不同，讽寓作为一个修辞学辞格在其含义上是有限的，并且可还原为一个简单的密码，对此

---

① Blanche, "Le sens littéral des Ecritures", 第 194 页。

② Todorov,《象征理论》(*Theories of the Symbol*), 第 201 页。

③ J. G. von Goethe,《论造型艺术的对象》(*On the Objects of the Plastic Arts*), 转引自 Todorov,《象征理论》(*Theories of the Symbol*), 第 199 页。

我们只需要阐释的钥匙："在（讽寓）中，更多的是偶然和任意性，因为符号的含义在我们知道它要意指的东西之前必须首先传递给我们；例如，何种观念被附于绿色，这个绿色已经与希望相契合？"[①] 我们在阿奎那对隐喻（figuration）或比喻义的理解中看到这条原则。圣经的比喻，包括预言性的隐喻，是一个已确立的、约定俗成的密码，一个诗意用法的体系，它能够被任何训练有素的读者开启。因此，但以理书第八章的替罪羊能够作为代表基督的一个诗性相似性而立刻被理解；它是一大批诗性的习俗约定的一部分，一旦我们知道何种涵义附于它们，它就能被破解。[②] 对阿奎那来说，正如对近五百年后的歌德来说，修辞学可以还原为一个纯粹机械和约定俗成的功能。我们不应该脱离语境来考虑这两个重要的理论家的立场，好像他们彼此的类似只是一个巧合或奇事；相反，经院神学家和浪漫主义美学家代表了一个历史连续性过程中的两个位置，这是一个修辞学逐渐但可察觉地沦为单纯约定俗成和任意之功能的历史连续过程，它的动力学在早期基督教时代就在起作用，并且在近代早期可以找到它的各种表现。[③] 但我对这一对照的兴趣更为具体，因为我用它来凸显两者之间的一个重要区别，这个区别使我们转向阿奎那体系的特定疑难。在歌德那里，修辞学的工具化是人们实质上对修辞学持拒

---

① J. G. von Goethe,《颜色理论》(*Theories of Colours*)，转引自 Todorov,《象征理论》(*Theories of the Symbol*)，第 202 页。

② 阿奎那,《神学任选问题辩论集》(*Quaestiones quodlibetales*) 7.6.15 ad 1；参见，Eco,《托马斯 · 阿奎那的美学》(*The Aesthetics of Thomas Aquinas*)，第 154 页；比较，斯图贝尔，"'事实讽寓' 和 '语词讽寓'"，第 355 页。

③ 除了 Todorov 的《象征理论》(*Theories of the Symbol*) 的经典研究以外，也可参见 Gérard Genette 的文章，"受限制的修辞学"，载 Genette,《文学话语的修辞》(*Figures of Literary Discourse*)，New York: Columbia University Press, 1982，Alan Sheridan 译，第 103-126 页；以及 C.Jan Swearingen,《修辞与反讽》(*Rhetoric and Irony*)，New York: Oxford University Press, 1991。

绝态度（由于它是过于机械化的活动）的一个根据，而对阿奎那来说，修辞学的工具化代表了拯救和保存修辞学的唯一方法。把修辞的隐喻（figuration）同化为字面义，这是阿奎那通过遏制它不断增长的、不稳定的指代的威胁，来保证修辞学的合法位置的一个方法。

在保罗·德·曼经典的文章“抵制理论”中，他谈到现代学术
343 中文学理论的有争议的地位，他所称的对理论的抵制，即“对关于语言的语言之使用的抵制”，实际上即是对以修辞方式进行解读的抵制。[1] 作为一个修辞的探究，理论不是有关文本的含义或价值，而是有关“含义的生产和接受的形态”（第7页）；在“作为符号系统和涵义系统的语言”中“比在作为含义的确定模式的语言中”更为有趣。（第9页）德·曼认为，在现代学术中文学理论所扮演的争议性角色，正如修辞学在晚期古典和中世纪三艺中所扮演的角色。三艺作为一个整体构成了最传统和一般的语言模式之一，因为它的科学中的每一个（语法、修辞学和辩证法）都从不同的认识论视角处理语言的运作（第13-15页）。德·曼在这里所精妙地阐述的，是修辞学作为一个处理语言指称的不固定性的科学语言，在历史上的变化无常的地位：修辞学处理说服的策略，其最明显和最独特的部分是比喻（tropes）和隐喻（figures），它们通过使语词从它们的正常涵义那“脱离”或“转移”开来而起作用。修辞学所经常造成的威胁是，它动摇了三艺科学中其他两者（语法和辩证法）所承诺的指称的稳定性。它与语法的关系——修辞学以语法为工具，分担着对话语的隐喻（figures）的研究——是格外紧张的，因为在语法提供关于语言密码的规范、确定知识的地方，修辞学对话语的比喻维度上抱有兴趣，这种兴趣消解和动摇了语法把语言当作一个透明

---

[1] 保罗·德·曼,《抵制理论》（*The Resistance to Theory*），载 *Yale French Studies* 63（1982）：13。后面的引文采取文中附注形式。

工具的要求。（第 15-17 页）

德·曼关于修辞学对固定指称的理想主张所造成的威胁的阐明，能够帮助我们发现，在阿奎那在字面义的严格限定领域中为修辞语言寻找恰当位置时，问题的关键所在。阿奎那的做法表明了语法知识的确定性和修辞用法的不确定之间的冲突。对阿奎那来说，把修辞学的隐喻（figures）和比喻（tropes）放在字面义中，就是把修辞学实际地包含在语法的安全边界内，因为语法或语法的展示与字面义、表层含义相关联，正如我们在圣·维克多的休的《训导》（第六卷第八章）中所发现的那样。阿奎那这一迁移的目的，是要通过驯服修辞学和把它限制在字面的、语法的展示的固定边界内，来挽救作为圣经话语一个组成部分的修辞学。如果修辞学被包含在字面义中，那么修辞学的双重性的力量、它把语言带离其正常涵义的潜在能力就能够得到控制，字面义按其定义总是可控的和公开的。如果修辞学语言能够等同于字面义，那么它的含义将变得清晰明白。以此方式，修辞学回到了一个稳定、专制的展示体系的有序控制之下。

阿奎那有必要在圣经话语中保留修辞学隐喻（figuration）和许
可它以位置。早期释经者们，例如比德显然已经证明了圣经中隐喻 344
（figures）和比喻（tropes）的存在；但对阿奎那作为一个整体的理论体系来说，对为何圣经使用修辞学语言给予一个实质的说明，这也是重要的。在《神学大全》的开头，他讨论了是否圣经使用隐喻、比拟（similitudes）和其他诗性表现形式的问题，通过为他的学说提供依据的感性认知的泛亚里士多德主义原则的术语，说明并确认了它们在圣经中的位置。人类知识从肉身感觉开始，而且诗性隐喻构成了再现的感性模式，它给予我们通向“经由感性世界到”更高的“理智世界”（1.1.9，答复）的通道。但是，虽然在圣经中，修辞学隐喻（figures）的存在在这些基础上得到辩护，仍有必要说明它们如何在神圣著述中起作用，以及解决曾经对早期释经者们构成挑战的那些难题，即如何理解圣经中的比喻（tropes）。这里需要强调，阿奎那承认修辞学语言的不透明本性。在描述隐喻用法时，他借助了一套身体上伪装、掩饰或包装的语言，这种语言源于古代关于隐喻（figures）和比喻（tropes）的体表特性的修辞学和哲学的话语。

> 圣经在身体伪装之下恰切地传递神圣和灵性的现实……于是，非常契合地，圣经在从身体事物那截取来的隐喻的帷幕之下把灵性事物传递给我们。狄奥尼索斯同意，除非在许多宗教面纱的帷幕之后，否则神圣的光线不能照亮我们……狄奥尼索斯在相同的地方教导，神圣启示的光线不会被遮住它的感性意象所扑灭。（《神学大全》1.1.9 responsio-ad 2）

在承认修辞学的不透明性，它的含混性或双重性的同时，也有了稳定它和限制它的多价性的方法。为了挽救修辞学，阿奎那使修辞学变形：他抑制了隐喻同时意指两件事情的基本能力。在上文的引自《神学大全》1.1.10 的有关上帝手臂的例子中，阿奎那解释道，字面义不是喻体而是比喻所指向的本体，因此隐喻的字面义不是上帝有手臂，而是他有一般归于人的手臂的做事和制造的能力。根据这一解读，我们以一个还原的和机械的方式直接地来到隐喻的可释
345 义（paraphrasable）的内容。依新批判主义的术语，我们可以说，这种解读直接来到了主旨，而把手段丢下了。显然，这使得修辞学语言成为通向含义的透明通道。因此修辞学的双重性和不稳定的含混性的威胁被切除了：修辞学成为一个可控的语言系统，其唯一目的就是给出含义，在此之后它的价值就被耗尽。如阿奎那告诉我们的，字面义不包含任何错误（《神学大全》1.1.10ad3）。连同如此这般被提升的字面义，修辞学被驯服和被赎回了。

这些论证的一个重要结论就是，字面义反映了作者的意图（《神

学大全》1.110 答复）。阿奎那的释经方法的后继者，特别是里拉的尼古拉斯，也发展了这一假定。[1] 对阿奎那来说，有必要在神学和哲学的基础上把字面义，连同其隐喻涵义分派给人类作者的意图，因为这样就坚持了人类作者的语词领域和神圣作者的象征领域之间的一个严格等级分离。[2] 作者的意图是修辞学和字面义之间联系的纽带。它是证实含义或字面义的诸含义的准则，因为根据这一规则，字面义有可能具有多重含义，只要人类作者理解并意指这样一个多样性（《神学大全》1.1.10ad1;《神学任选问题辩论集》7.6.14ad5）。[3] 阿奎那小心地确立字面义的合法性，以作为所有从圣经中被提取的论点的基础，并且，为了这一目的，他用意图来排除含义的双重性或含混性的可能性；根据人类作者的意图，通过语词被意指的事物可以反过来透露进一步的涵义（《神学大全》1.1.10ad1）。正是本着这种汲汲于抑制字面义中任何含混性迹象的精神，后来的释经者，例如里拉的尼古拉斯和理查德·菲茨那夫，引入了双重字面义（*duplex sensus litteralis*）的观念，其中一个是“正常”意义，另一个是隐喻义：这两种涵义都体现了作者的意图。[4]

---

① 参见 A. J. Minnis,《理查德· 菲茨那夫和约翰· 威克里夫释经理论中的“作者意图”和“字面义”》（*'Authorial Intention' and 'Literal Sense' in the Exegetical Theories of Richard Fitzralph and John Wyclif*），*Proceedings of the Royal Irish Academy* 75（1975）: 1-31。

② 参见 Jordan,《安排智慧》（*Ordering Wisdom*），第 30 页。

③ 参见 Synave,《圣· 托马斯· 阿奎因的学说》（*La doctrine de Saint Thomas d'Aquin*），第 58-59 页。关于这一意图原则进一步的意蕴，参见 *C.Sqicq, Esquisse d'une histoire de l'exégèse latine au moyen âge*, Bibliothèque Thomiste 26，Paris: Vrin, 1994，第 251 页。

④ 明尼斯，《“作者意图”和“字面义”》（*'Authorial Intention' and 'Literal Sense'*），第 4-10 页；A.J.Minis 与 A. B. Scott 编，David Wallace 协助，《中世纪文学理论与批评 c.1100-c.1375：当代传统》（*Medieval Literary Theory and Criticism c. 1100-c. 1375:The Commentary Tradition*），Oxford: Oxford University Press, 1988，第 205-206 页；G.R.Evans，《圣经的语言与逻辑：通向改革的道路》（*The Language and Logic of the Bible:The Road to Reformation*），Cambridge: Cambridge University Press, 1985，第 43-47 页。

尽管神学和释经的那些基本原理可能是融贯的，但这一体系扭曲了修辞学的特定本质。在根子上，修辞学和它的比喻维度与清楚明白的真理无缘。试图通过意图的原则锚定字面义的真实性，这在扭曲所关涉的修辞学的情况下才是特别有效的。意图是最灵活和便利的修辞学概念，适于且能够归属于任何情形。我们在这里看到的是下述两者之间的冲突：一边是承认圣经之中有人类所造成的修辞性的愿望，另一边是抑制修辞学通常暗含的双重性、含混性和指称不稳定性的要求。

346 这就是约翰·威克里夫及其追随者所揭露和挑战的矛盾。常被看作使他们回到刻板严格的实在论（realism）的东西，同时也是使他们敏锐地承认修辞学不可能同化为字面义的公开性的基础。威克里夫直面修辞学所施加于含义的真实压力，并且我认为他对修辞学作为散乱的干扰和间接的力量的理解远比阿奎那到位。这是因为他承认他所抵制的修辞学的颠覆的力量。他并没有开放他的体系去容纳修辞学的要求，也没有致力于使修辞学和字面义和平共处来缓解修辞学所带来的危险。他如其所是地估量修辞学，并且在此基础上彻底地拒绝它作为圣经语言中的一个要素。不同于阿奎那，后者想要通过改变修辞学的特质来挽救修辞学，威克里夫不致力于保留修辞学作为通向不可见的神圣真理的一个必要肉身（corporeal）途径；但在否定圣经中修辞学的角色时，他以消极的方式肯定了修辞学的真实本质。

威克里夫关于圣经语言本质的争论，如其在论著《论圣经的真理》》中阐明的，所针对的不是阿奎那或诸如里拉或菲茨那夫等托马斯主义理论家：他攻击的对象是十四世纪学院的“逻辑剃刀手”和“地卜师”，诸如奥卡姆的威廉和罗伯特·赫尔考特这样的唯名论思想家。更一般地说，他嘲笑学术理论中走马灯式的时髦变换。[①] 但说到修辞学的角色，威克里夫的立场截然不同于阿奎那。威克里夫试图调解圣经中隐喻（figurative）语言无可否认的存在和圣经的字面真理的必然的假设这两者。他通过宣称圣经语言作为一个独一无二的体系，被它自己特定的语言逻辑——他称之为 *vis*（或 *virtus*）*sermonis*［语言的意义］——所支配，来做到这点。阿奎那也宣称圣经在同时具有字面义和灵性意义上是独特的，但依阿奎那的看法，人类的修辞依然在神圣语言中有一位置。而对威克里夫来说，人类的雄辩或修辞术，是在圣经领域之外的。没有任何日常话语中我们承认为隐喻的（figurative）或修辞术的东西在圣经雄辩的语言功能中有正当性："由于 *virtus sermonis*，圣经在其所有部分中都是真的，并且圣经的阐述者应该遵循其特殊的讲话模式，所以在涉及雄辩和逻辑时，圣经的书写超过任何其他尘世的书写。"（1: 2/7-10）

仅仅在上述基础上，圣经的真正含义才可以说被包含在字面义中。如果圣经使用隐喻的（figurative）的语言，那么这些隐喻（figures） 347
不是依据适用于日常修辞学的标准而被判定为"不适当的"，因为这些修辞学现在处于圣经用法的体系框架之外。圣经彻底的写实主义（literalism）只能通过无条件地排除人类的修辞而实现。

> 因为这个原因，教会和基督神学家非常合理地承认，通过 *virtus sermonis*，在圣经意义得到揭示之后，基督是羊羔、蛋、

---

① 明尼斯，《"作者意图"和"字面义"》（*'Authorial Intention' and 'Literal Sense'*），第 13-17 页；关于"地卜师"和"现代"，参见约翰·威克里夫，《论圣经的真理》（*De veritate sacrae scripturae*），London: Wyclif Society, 1905，Rudolf Buddensieg 编，1：114/20-25；关于流行的牛津争论，参见 1：54/6ff. 对威克里夫的圣经理论的概观，参见 Michael Hurley，《"唯有圣经"：威克里夫和他的批评者》（*'Scriptura sola': Wyclif and His Critics*），*Traditio* 16（1960）：第 275-352 页，特别是第 293-298 页。

> 牛犊、公羊、狮子、虫，但根据神秘的意义，这是最忠实的字面义。奥古斯丁的格言应该成立，在《论基督教教义》第四卷第六章中他说，“其他的雄辩无益于这些作者，而这种雄辩也无益于其他作者。”这些话是对的，因为任何讲话者都有他自己的雄辩；但其意思是，这一雄辩除了通过模仿外，不会自然而然地适合于任何其他作者。（1：5/1-11.）

日常的雄辩，作为“其他作者”的工具，不乞灵于圣经话语——即“这些作者”所活动的范围。正如人类的修辞不适于上帝，同样神圣的雄辩也不适于人类使用。当运用于话语的隐喻（figures）时，与“不适当”相对的“适当（proper）”的特定问题在这里以辩证的方式加倍了：隐喻（figurative）语言的“不适当性”——在其中不“适于（proper）”一实体的属性通过讽寓或隐喻（metaphor）的间接性而在修辞学上与该实体相联——在威克里夫的体系中，成为对圣经语言的一个不恰当或“不适当”的理解。圣经语言总是“适当的”或字面的，而且它的特定本质或“性质”在被 *vis sermonis* 的“适当性”支配时，对于字面来说，就等同于神秘意义。*vis sermonis* 被理解为圣经话语的作者意图，并且因而被理解为作为圣经作者的上帝的意图（见《论圣经的真理》，1：43、17 以下）。[①] 现在圣经领域中修辞学的歪曲作用被驱逐出去，不是因为圣经不使用隐喻（figures），而是因为上帝使用一种藐视人类规则的语言，一种在其中“不适当”总是凭他的意图而是“适当的”或字面的真

① G.. R.Evans,《威克里夫论字面和隐喻》(*Wyclif on Literal and Metaphorical*), 载 Anne Hudson 与 Michael Wilks 编,《从奥卡姆到威克里夫, 教会历史的研究》(*From Ockham to Wyclif,Studies in Church History*) subsidia 5, Oxford: Oxford University Press, 1987, 第 259-266 页, 特别是第 263-265 页。

理。[1] 根据 *vis sermonis*，隐喻（figurative）用法既在风格上是“贴切的”，又在本体论上是“适当的”。圣经的作者使用一种贴切的修辞术，而不是属于异教徒用法的一般修辞术。[2]

修辞学现在完全外在于圣经的主体。圣经的必然而绝对的写实 348
主义不能容纳任何形式的修辞学，甚至是阿奎那所持的固定化了和清除了其间接性的修辞学。威克里夫并不试图对修辞学做任何改变：他只是把它从图画中驱逐出去。*vis sermonis* 支配着的字面义的区域，被扩大到占据和包含了现在与之无关的、世间的修辞学所腾出的疆域。总是笼罩在字面义中的，乃是神圣的作者意图，它给予字面以无所不包的智慧，以致它不可能因为虚假或老生常谈而是错误的。的确，任何对字面义的误读都是读者这边的错误意图的结果，这个读者可能用对圣经的阐释去增进虚荣或一己私利。[3] 这里我们能够看到，扭曲、间接和含混性的机制如何被转移到文本之外的地方：修辞学的含糊其辞的能力现在完全在于某些读者糟糕的意图，他们任意地、玩世不恭地把不确定的解读强加到文本上，又把这种含糊措辞当作本真的东西加以传播。（参见《论圣经的真理》1：36、20-22，111、2-5，12-19）

在罗拉德派关于圣经阐释的争论中，我们看到威克里夫把修辞

---

① Evans，《威克里夫论字面的和隐喻的》（*Wyclif on Literal and Metaphorical*），第 263 页；David Lyle Jeffrey，《乔叟和威克里夫：圣经解释学与十四世纪的文学理论》（*Chaucer and Wyclif:Biblical Hermeneutic and Literary Theory in the XIVth Century*），载 Jeffrey 编，《乔叟和圣经传统》（*Chaucer and Scriptural Tradition*），Ottawa: University of Ottawa Press, 1984，第 109-140 页，特别是第 115-123 页。

② 参见 Gustav Adolf Benrath，《威克里夫的圣经注释》（*Wyclifs Bibelkommentar*），Arbeiten zur Kirchengeschichte 36，Berlin: De Gruyter, 1966，第 64 页。

③ Jeffrey，《乔叟与威克里夫》（*Chaucer and Wyclif*），第 122 页；参见威克里夫论路加福音 9 的文章 *postilla*，印于 Benrath 的《威克里夫的圣经注释》（*Wyclifs Bibelkommentar*），第 364 页。

学从字面义中清除出去的做法的极端后果。罗拉德派理论试图沿着政治路线解放阅读，首先通过假定字面义的完整性和可译性，其次通过把注意力引向含义自身的可通达性。一本关于圣经翻译的论著为在理论上把含义置于语言领地之外提供了一个现实的例子：

> 上帝的真理同等地在每个语言中，但是最好地生活和教授圣经的人最能取悦上帝，无论以什么语言，因此以英语被写下和被教导的上帝法则可以教诲一般人，如同它教诲使用拉丁语的牧师，因为它是应该被保存的灵魂的供给。并且基督为那些应该学习、了解，以及而后看护福音的人们看顾着被传道的福音。那么为什么我们不可以用英语书写福音和整个圣经，以启迪基督徒的灵魂，如同传教士真实地向人们展示的那样？因为，如果它不应该被写下来，那它就不应该被宣讲。①

这一现实主义的立场，即语言的细节（particulars）不是含义的构成部分，成为罗拉德派为他们的语言工具辩护的一部分。正如一本论世俗统治者的小册子所言：“智慧不仅在语言中，也在真理的基础中，因为在拉丁语中的这个智慧同时也在希腊语或希伯来语中，而且真理应该向各民族的人们公开。”② 在圣经中，位于语言细节之外的“上帝的真理”，就是神圣作者所意指的字面义。

与之相对的论点，即含义与语言是捆绑在一起的，当然就是大
349 主教托马斯·阿伦德尔在 1407 年的牛津《谕令》中所采纳的观点，

---

① 关于圣经翻译的论著，载 Anne Hudson 编，《威克里夫英文著作选》（*Selections from English Wyclifficte Writings*），Cambridge: Cambridge University Press, 1978， 第 107 页（后面引作 SEWW）。这里及整个全文，“th” 被字母 “thorn” 替代，“gh” 和 “y” 被字母 “yogh” 替代，视情况而定。

② 关于世俗规则的小册子，载 Hudson 编，SEWW，第 127 页。

在那里他确定，“如圣杰罗姆所宣称的，把圣经的文本从一个习语翻译成另一个习语是危险的，因为翻译时要在所有细节上保持相同含义，不是一件容易的事。”①阿伦德尔偷工减料地挪用杰罗姆关于翻译的观点，为文本的修辞观念提供了一个机会主义色彩的论据，在其中习语的特殊性包含并规定了含义。如杰罗姆所说，修辞学隐喻（rhetorical figuration）为一般的习语翻译设置了一个最大的障碍。②翻译问题的正统结构，如阿伦德尔所呈现的，把罗拉德派理论逼入到它最激进，但也是最富有成效的极端情形中。如果字面义——它是作者所意指的——包括了修辞学语言的习语细节，那么它将不可能在不丧失字面义的情况下将一种语言翻译成另一种语言。因此罗拉德派必须在理论上不把修辞学当作字面义，因为否则的话字面义——以及由此，作为整体的神圣文本——将是不可翻译的。这把罗拉德派放到了一个有趣的立场上：即去肯定修辞学具有塑造含义并且实际地扭曲含义的发散性能力的经典（特别是西塞罗式）观点。但罗拉德派不是去试图通过使修辞学改变本性和失去力量来容纳修辞学，如经院批评所做的那样，而是拒绝在圣经语言中给予修辞学任何位置。在这点上他们复现了威克里夫关于 *vis sermonis* 的论点。一个罗拉德派布道处理圣餐礼时，从《论圣经的真理》中引出它对语言涵义的解释：“因而上帝如他喜欢的那样对我们说话，尽管我

---

① 《谕令》（*Constitutiones*），文本载 D. Wilkins 编，*Concilia Magnae Britanniae et Hiberniae*（London, 1737），3: 317；翻译引自 Herbert B.Workman,《约翰 · 威克里夫：对英语中世纪教会的研究》（*John Wyclif:A Study of the English Medieval Church*），Oxford: Clarendon Press, 1926，2：194。

② 参见杰罗姆为他翻译尤西比乌斯的《编年史》（*Chronicle*）所撰写的引言，载 J. K. Fotheringham 编，*Eusibii Pamphili chronici canones latini*, London: Milford, 1923, 1/12a-25b. 有关杰罗姆对圣经翻译的观点，see epistle 57 to Pammachius，载 I.Hilberg 编，*S. Eusebii Hieronymi opera, epistularum pars I*，Vienna: Tempsky, 1910，第 508-510 页。有趣的是，杰罗姆说，圣经要求接近字面翻译而非以习语的方式呈现。

们从未通过这同一个权威如此说。这些上帝说的语词我们任何情况下都应同意，并且对此做真正的理解。”[①] 在那里罗拉德派著作的确对圣经中隐喻语言的本质给予了关注，正如在威克里夫版圣经“序言”的第 12 章中那样，但占统治地位的假设依然是神圣雄辩的特殊性质这一奥古斯丁式信条。[②]

但威克里夫在人类话语和神圣话语两者之间所做的区分假设了在罗拉德派争论中有关地方语翻译的另一维度。对罗拉德派来说，修辞学不只是在理论上与神圣意图的观念不协调，后者在融贯的字面义中揭示自身。对他们来说这也反映了一个语言失去其重要性的真实威胁。如果修辞学的比喻，连同其所有习语的细节，都是字面义的构成成分，那么神圣文本将被限制在武加大的拉丁版中。对于罗拉德派使文本向地方语的语言可通达性开放的目标来说，修辞术将成为一个语言的牢笼，一个不可逾越的障碍。罗拉德派最重要的理论计划之一就是挑战拉丁语固有且因此而普遍的权威的虚假性，这一虚假的权威保证了拉丁文圣经的霸权。威克里夫关于 *vis*
350 *sermonis* 的论证满足了罗拉德派这里的目的：真理在人类语言的表达方式之外被构成，而且人类语言充其量是真理的一个传递者，而不是真理的仓库。的确，含义的稳定性不能依赖于将动摇含义的语言细节（particularities）。这是一个赋予多种语言以单一真理的理论主张，它为罗拉德派的地方语圣经计划提供了基础。对罗拉德派来说，通过将修辞学驱逐出字面义领域来使修辞学失去重要性，同时就是使地方语得以作为值得信赖的语言媒介。它不亚于使字面义从特殊

① 关于圣餐的布道，载 Hudson 编，SEWW，第 114 页及注释，第 194 页；比较，威克里夫，《论圣经的真理》（*De veritate sacrae scripturae*）1：5/10-11。

② 参见 Josiah Forshall 和 Frederic Madden 编，《圣经，约翰· 威克里夫和他的追随者据武加大拉丁译本》（*The Holy Bible,Made from the Latin Vulgate by John Wycliffe and His Followers*），Oxford: Oxford University Press, 1850，第 43-48 页。

语言的错误束缚中解放出来，以及由此，使阅读自身获得解放。

于是，在这个语境中，修辞学成为一个束缚，文本和解读行为都必须从此束缚中逃离出去。罗拉德派的理论著作在公开性观念周围创建了一个含义之网。① “公开（open）” 被运用于圣经文本本身，用以指在翻译中含义和语法的清晰透明。威克里夫版圣经的“序言”声称，最好的翻译是“遵循句子而不仅仅遵循词语，以便在英语中的句子和拉丁文中一样显白或者更为显白，贴近于书面；并且如果在翻译中存在不相适的情形，那就让句子保持整体和公开，因为词语必须服从意图和句子，否则语词或者是肤浅的，或者是错误的。”。② 仅仅逐字逐句的翻译要冒打碎和扭曲有其内在完整性的“公开句子”的危险。按照这些思路，“公开”就等同于忠实，正如在翻译者的宣告中“我力求在上帝的帮助下使英语句子真实且公开，如同在拉丁文中那样，或甚至比在拉丁文中更真实和公开。”③ 通过延展，文本也向未来的翻译者“公开”，后者可能表示“真实的句子和神圣智慧的公开”，因为“因为在一个人模糊地说话的地方，另一个人或者可以更公开地说”④ 在这一不断进行、永不停止的集体计划的意义上，没有文本的哪个版本或哪个作者拥有圣经的开放真理的垄断权。甚至奥古斯丁的爱（charity）的原则——它被援引作解读圣经中既“隐晦”又“公开”的内容的原则——构成了一个公开性的释经体系，因为“他或者在美德中持有

① 关于语词“公开”的多重涵义，我受惠于 Ralph Hanna，《李嘉图散文翻译的困难：罗拉德派的例子》（*The Difficulty of Ricardian Prose Translation:The Case of the Lollards*），Modern Language Quarterly51（1990）：319-340。

② 《圣经》（*The Holy Bible*）序言，第 15 章；Forshall and Madden 编，《圣经》（*The Holy Bible*）57。可对照紧随其后的，关于通过拉丁语和英语之间的语法平行来使“句子公开”的讨论。

③ 同上。

④ 同上书，第 57、59 页。

爱，或者在好的环境中持有爱，同时在上帝语词所公开和隐藏的事物中保持爱”。[①] 爱既是文本的又是元文本的，为所有读者共有，而不为某个读者独有。这一公开性的形而上学因此与一个公开文本的观念相联系，此公开文本作为一个承认语言和读者的多元性的公共和集体的社会实践。根据这一逻辑，“公开”也呈现为对公共权利和共同可通达性的政治反思。在公开性观念中潜藏着的是反精英主义，正如在“序言”中作者对里拉的尼古拉斯的《布道录》的赞许：“这里里拉在这些规则中预演了圣奥古斯丁和伊西多尔的判断，并且通过圣经和回响公开地宣告它们，把他的全部神秘传递给
351 普通人的智慧。”[②] 对于那些应该被允许阅读圣经的人来说，“普通人（simplemen）的智慧”成为一个不变的标准，一个“公开的”尺度。

字面义在无论是语法、解释学和政治学的任何意义上，都是公开性的位置所在。在文本不会从内部被修辞学的冲突和潜在破坏性力量所“占据”的意义上，文本自身是公开的。一个公开的文本并不需要牧师苦心构造的中介和解释。相反，文本的“封闭”是某种与文本本性对抗的东西。“封闭”的观念也同时具有解释学和政治学方面的影响。正如“序言”所宣称的那样，圣经被“贪婪的神职人员”把持和垄断，他们害怕失去他们那个阶级的文本特权：“因为尽管贪婪的神职人员沾染买卖圣物，异端邪说和其他罪恶，并且尽其可能尽管轻视和阻止神圣智慧，然而底层的人们以极大的代价

---

① 《圣经》（*The Holy Bible*）序言，第 15 章；Forshall and Madden 编，《圣经》（*The Holy Bible*），第 46 页。对照传统经院原则的《序言》（*Prologue*）中关于字面义是圣经含义的基础和标准的援引：“And worschipfully and heelfully the Holy Goost mesuride so holy scripturis, that in opyn placis he settide remedie to oure hungir, and in derk placis he wipte awey anoies; for almest no thing is seyn in tho derknessis, which thing is not founden seid ful pleynly in other placis”（同上，第 50 页）。

② 同上书，第 55 页。

和危险急切地追求，了解和保存神圣的智慧。”① 这种对圣经的贪婪的占有在解释学上也采取了把控和阻挠的方式：神职人员“传递极少的福音，任意地掩盖福音”②。最重要的是，通过错误的诠释对文本刻意地封闭或神秘化，这在修辞学的模糊方面得到了表现：根据 *Vae octuplex* 布道的英语版本，“一些人传递虚构故事和某些无价值的故事，一些人肢解整体的智慧，一些捏造佚失的文本；因而上帝法则的教诲全部蒙上了阴影。”③ 由含混性或间接（“虚构故事”、“没有价值的故事”、“谎言”）造成的含义的帷幕，是从文本之外强加而来的扭曲作用，几乎就像由外在虚假意图造就的、遮住了真正字面义的覆盖物。一个名为“神圣先知大卫的言说”的罗拉德派小册子以清楚标明字面真理和修辞“色彩”外在机制之区别的方式，攻击与传道士相关联的精心构造的注经体系：“他们通过人的智慧的傲慢来做无根据的理解，携带骄傲自负和吹捧，巧妙地粉饰她的罪恶和欺骗她的邻人。”④ 对圣经不忠的解读者试图用精细的欺骗来粉饰或遮盖他们的罪恶；但这里也蒙有修辞学隐喻（rhetorical figuration）的虚假工作的阴影，它用微妙的含混性（修辞学的色彩）来粉饰赤裸裸或字面的文本。修辞学现在外在于文本：它隐藏公开（赤裸）的文本，它成为无良解读者的工具。赤裸的文本具有它自己的

---

① 《圣经》（*The Holy Bible*）序言，第 15 章；Forshall and Madden 编，《圣经》（*The Holy Bible*），第 57 页。关于“贪婪的神职人员”和封闭通向圣经道路的问题，参见 Richard H.Rouse and Mary A.Rouse，《方济会与书籍：罗拉德派的谴责与方济会的回应》（*The Franciscans and Books: Lollard Accusations and the Franciscan Response*），载 Hudson and Wilks 编，《从奥卡姆到威克里夫》（*From Ockham to Wyclif*），第 369-384 页。

② 关于圣经翻译的论著，载 Hudson 编，SEWW，第 107 页。

③ *Vae octuplex* 布道，载 Pamela Gradon 编，《英语威克里夫布道》（*English Wycliffite Sermons*）第二卷，Oxford: Oxford University Press, 1988，第 366-367 页。文本也见 Hudson 编，SEWW，第 75 页。

④ “The holi prophet David saith”，载 Margaret Deanesly，《罗拉德圣经》（*The Lollard Bible*），Cambridge: Cambridge University Press, 1920; 1966 年重印，第 447 页。

内在融贯性，而修辞学是某种事后附加给圣经的东西。因此，对罗拉德派来说，把意图与修辞学联结起来，是虚假的解释学意图的一个标志。圣经的神圣作者并不意指修辞学的含混性。

352 罗拉德派把修辞学从圣经中排除出去，将之放逐到外在于真实文本的虚假意图的等而下之领域，这一点做得如此成功，以致这一范式能够被罗拉德派的反对者所采纳，后者接着把罗拉德派的字面注经刻画为一种强加于文本之上的虚假修辞学。罗拉德派的对立方所反对的，是罗拉德派偏爱字面注经甚于神秘注经（这是一个不准确的指控，稍微一瞥任何罗拉德派圣经注经都将表明这点）。但写实主义在与正统原告的争论话语中所处的位置，就像修辞的间接在罗拉德派争论中所处的位置那样。1395 年，约翰 · 克罗夫特，赫里福郡的一个乡绅，不得不宣誓脱离与罗拉德派异端的任何关联，包括“居心叵测地根据赤裸文本（nudum textum）从圣经中引申而来的英文书籍（这些工作通常被认为是罗拉德派的人完成的）”，他们“不仅试图欺骗我们的天真单纯，而且促使堕落的人们顽固地背离对圣经的健全的、正确的理解，背离启示的真理和正统的信仰。”[1] 我们看到，赤裸的文本自身如何已经以某种方式成为事后强加给圣经真理的虚假粉饰，成为堕落的解释学意图的工具。在 1390 年针对威廉 · 斯维德尔比的异端诉讼（被提交给赫里福德郡的主教约翰 · 特富南特裁决）上，罗拉德派被谴责向人们阐述圣经乃是“根据新的字面义方式，而不是按照圣灵所要求的方式，在罗拉德派那里语词脱离它们的正常涵义，而且看起来以新的方式是神圣的，在那里语词不是从它们所指派的意义，而是从它们所由之而被指派的意义

---

① 源自约翰 · 克罗夫特宣布脱离关系，载 W. W. Capes 编，*Registrum Johannis Trefnant, Episcopi Herefordensis*, London: Canterbury and York Society, 1916，坎特伯雷和约克系列 20，第 148 页，笔者翻译。

那被判定。”① 这里，责备字面注经的语言恰恰是罗拉德派对修辞学扭曲，对使语词疏离它们的正确含义的无意义寓言的责备的映射。这并不影响修辞学对于每个阵营意味着完全不同的东西，罗拉德派把修辞学看作通向字面义的一个阻碍，而他们的对立方把修辞学看作起阻碍作用的、堕落的写实主义。对两者来说，修辞学都被理解为外在于文本，在那里修辞学成为圣经真理之敌人的一个属性，成为被虚假和任意的意图操纵的工具。

如果修辞学总是一个颠覆的力量，那么它与字面义的关系绝不可能是舒舒服服的。在我这里所追溯的批判性争论中，从经院哲学对综合的尝试，到威克里夫对任何一致性的拒斥，修辞学的地位经历了一个根本的变化：它从一种其在经院理论中的角色应被约束和限制的东西，变成在威克里夫式争论中它的化身进行遏制或禁锢的、必须加以抵制的东西。而且，一旦修辞学与字面义分离，它就不再需要通过与作者意图相联结来证明其合法性；在此分离状态中，它 353
需要一个新的价值——它现在与虚假和事后来到的解释学意图相联系。这里归根结底的是这样的观念：中世纪批评修辞学消解任何话语的真理要求，因而不信任修辞学，而有关字面义的理论为了保持他们理论的融贯性，必须或者改变修辞学本性，或者妖魔化它。从修辞学命运的角度解读这阶段的中世纪批评理论，就是去梳理一个未解决的、矛盾的关系的历史。但在这一丰富多样的矛盾史中，可

---

① 源自 William Swynderby Proceedings，载 Capes 编，*Registrum Johannis Trefnant*，第 232 页，笔者翻译。关于 *faciunt/fiunt* 之间的区别在其他解释学争论中的位置，参见 Karlfried Froehlich，《“‘在圣经中总是坚持字面义意味着扼杀灵魂’：圣经解释学在十五世纪初的状况”》（“‘*Always to Keep the Literal Sense in Holy Scripture Means to Kill One's Soul': The State of Biblical Hermeneutics at the Beginning of the Fifteenth Century*”），载 Roy Miner 编，《预表论的文学运用——从晚期中世纪到当前》（*Literary Uses of Typology from the Late Middle Ages to the Present*），Princeton: Princeton University Press, 1977，第 20-48 页，特别是第 35-38 页。我想感谢 Dr. Kantik Ghosh 提示了我这点。

以引出一个强有力的结论：修辞学恰恰是关于字面义的政治学。如果字面义总是争夺对文本的控制的战场，那么修辞学就是这一控制的手段；而且，正是对修辞学的管理——无论是通过容纳它还是抵制它——决定了什么是对字面义的忠实。

17. 哈贝马斯论辩理论中的理性与修辞 358

威廉·雷吉

20 世纪后期为理性的全面阐明提供了一个非常不利的环境。恰恰在社会割裂和文化间的误解越来越凸显之时，社会一体化和理性冲突的裁决的共同基础似乎在一个后现代、多元文化的混战中渐趋消失。世界观的多元化、对宏大叙事的去魅、对草率的民族中心主义普遍化（ethnocentric generalization）的怀疑，甚至探究自身的学科专业化都鼓励人们纷纷撤回到相对主义或狭隘的经验主义形式中。结果，维持批判的社会理论和关于人类解放和社会和解的宣告，以及启蒙理性的持续筹划之间的关联变得越来越困难。

由尤尔根·哈贝马斯和其他人所发展出来的交往行动理论是对这一挑战的一个广为人知的回应。哈贝马斯不是抛弃启蒙的筹划而去求助于反讽或诘难法（aporia），而是尝试提出一个合理性（rationality）的交往概念，这一概念抛弃启蒙运动的基础主义的自夸，而又不放弃社会批判的批评的、非相对主义的标准。[①] 哈贝 359

① 特别参见尤尔根· 哈贝马斯,《交往行动理论》(*Theory of Communicative Action*) 第 2 卷（Boston: Beacon, 1984; 1987），Thomas McCarthy 译，后文引作 TCA ；另参见他的《交往与社会进化》(*Communication and the Evolution of Society*)，Boston: Beacon, 1979，Thomas McCarthy 译。哈贝马斯发展这一理论部分是为了克服那些破坏他之前的努力的那些困难,《知识与人类旨趣》(*Knowledge and Human Interests*)，Boston:

马斯转向交往和话语的分析，借以表明一个理性的无所不包的概念如何依然能够对我们讲话。更具体地说，他将合理性与语言使用者提出和为各种合法性要求（例如对真理、对规范正确性［normative rightness］和真诚等等的要求）辩护的能力联系起来。交往行动理论因此必定不仅证明自身是对交往的一个说明，而且也是一种论辩［argumentation］*（或话语）理论。

哈贝马斯的论辩理论能够胜任对理性的规范说明这一当代挑战吗？至少有两个显著的倾向可用于描述那些试图提供更精致的论辩合理性概念的诸多尝试。一方面，有一个广泛的共识，即启蒙运动固执于形式演绎的逻辑和明证的确实性，这过于狭窄以致不能把握论辩和探究的合理性。① 另一方面，与早期修辞学常常被赋予的从属

Beacon, 1971，Jeremy J.Shapiro 译；对他如何偏离早期路径的一个说明，参见 Thomas McCarthy,《尤尔根·哈贝马斯的批判理论》(*The Critical Theory of Jürgen Habermas*)(Cambridge: MIT Press, 1978)，第 2 章和第 3 章。对哈贝马斯当前方案的一个综述，参见 Maeve Cooke,《语言和理性：关于哈贝马斯语用论的研究》(*Language and Reason:A Study of Habermas's Pragmatics*)，Cambridge: MIT Press, 1994。

* 作者区分了 argument 和 argumentation，前者指逻辑学层次上的、单个的论证，后者指辩证法和修辞学层次上的、处于修辞语境中的辩论，是更广的概念。我们把前者译为“论证”，后者译为“论辩”。——中译者

① 关于这个主题的两个开创性著作都出现在 1958 年：Chaim Perelman and Lucie Olbrechts-Tyteca,《新修辞学：论论辩》(*The New Rhetoric:A Treatise on Argumentation*)，Notre Dame, Ind.: University of Notre Dame Press, 1969，John Wilkinson and Purcell Weaver 译；以及 Stephen Toulmin,《论辩的运用》(*The Uses of Argument*)，Cambridge: Cambridge University Press, 1964。对论辩理论领域的发展的全面综述，参见 Robert J.Cox and Charles Arthur Willard,“导论：论辩的领域”，载《论辩理论和研究的进展》(*Advances in Argumentation Theory and Research*)，Carbondale: Southern Illinois University Press, 1982，Robert J.Cox and Charles Arthur Willard 编，第 xiii-xlvii 页；另参见《论辩理论与同意的修辞》(*Argumentation Theory and the Rhetoric of Assent*)，Tuscaloosa: University of Alabama Press, 1990，David Cratis Williams and Michael David Hazen 编。

地位相比，论辩的修辞方面现在已经得到人们更多的重视。[①]尽管哈贝马斯属于第一个倾向，但他对修辞学的态度并不那么清晰。因此就并不奇怪，托马斯·B. 法雷尔基于修辞学理论对哈贝马斯的批判性占有应该被看作颇有争议的，如果不是可疑的。[②]如果，如这些倾向所表明的，一个对理性的合理说明必须严肃地对待修辞学，那么这些反应就表明了哈贝马斯理论当中的一个弱点。[③]因此，在本章中，我想要通过表明哈贝马斯的论辩理论——即使在它包含一个强烈的普遍论和认知主义的理想要素时——如何在一个并非不重要的意义上向论辩的修辞特征开放，来弥补哈贝马斯的这一弱点。

哈贝马斯的论辩理论很大程度上受惠于斯蒂芬·图尔敏，后者致力于推动哲学超出形式逻辑的狭窄关注点。[④]如果人们对在不同学科中（以及在日常生活中）被运用的论辩的规范分析感兴趣，那么形式的演绎逻辑只有有限的用处，因为演绎的或“分析的”论证完全不增进知识：结论并不给前提中已有的内容增加任何东西。引导着真正探究和选择的增进知识的论辩相反必须建立在“实质的逻辑”的基础上，借此，严格来说，辩论者得出超出可用材料的结论。科

① Kenneth Burke 是这一潮流中有重要影响的一个思想家；例如，参见他的《动机修辞》（*Rhetoric of Motives*）（New York: Prentice Hall, 1950）。除了佩雷尔曼和 Olbrechts-Tyteca 外，也参见 Wayne C. Booth，《现代教义与同意的修辞》（*Modern Dogma and the Rhetoric of Assent*），Chicago: University of Chicago Press, 1974。

② 参见 Thomas B.Farrell，《修辞文化的规范》（*Norms of Rhetorical Culture*），New Haven: Yale University Press, 1993，以及 Dilip Parameshwar Gaonkar 的评价，“修辞文化的特定观念”，以及 Maurice Charland，“修辞文化中的规范和笑”，*Quarterly Journal of Speech* 80（1994）:333-338 and 339-342。

③ 因此，本章可以被看作致力于沟通批判理论与修辞学的联系，但与法雷尔相反，他是以亚里士多德为出发点，而我则从哈贝马斯的论辩理论出发。

④ 特别参见 Toulmind 的《论辩的运用》（*Uses of Argument*）；尤尔根·哈贝马斯，“真理理论”，*Vorstudien und Ergänzungen zur Theorie des Kommunikativen Handelns*，Frankfurt: Suhrkamp, 1986，第 127-183 页。

学的归纳法就是实质的逻辑的其中一个最著名的例子，不过人们也不难从其他领域，例如法律领域，找到这样一些例子。在不深入细节的情况下，我们目标的要点就在于表明如下事实：并不遵循论证标准的实质的逻辑并不意味着就缺乏好的论辩的规范性标准。

360 但如果形式逻辑并不提供所有的准则，那谁提供呢？图尔敏寻求针对探究或制度(/习俗，institution)领域的标准。这个策略的困难在于，即使它的确避免了一种彻底的相对主义，但依然使人们过于受历史和制度的偶然性支配。[①]尽管制度的目标的确塑造着论辩，但一个制度的社会批判进一步要求内在于论辩的、非演绎的合理性标准。

详细列举这些标准有助于区分论辩的不同方面或层次。在这里哈贝马斯依照论辩理论中的尝试，去给出观照论证（argument）的更多差异化视角。除了从形式和实质的逻辑角度——它的逻辑“产物”是单个的论证（前提和结论）——区分论证之外，人们也能够谈到作为一个辩证的程序或方法的论证，作为一个交往的修辞过程的论证，甚至可能是作为以制度方式组织的用以满足特定社会功能的事业的论证。[②]让我们首先扼要重述哈贝马斯对前三个层次的理解，他

① 参照，哈贝马斯，TCA，第1卷，第33-35页。

② 对作为结果、步骤、过程的论证的分析，是由 Joseph Wenzel 和 Wayne Brockriede 独立提出来的。例如，参见 Joseph W. Wenzel，“尤尔根·哈贝马斯与关于论辩的辩证视角”，*Journal of the American Forensic Association* 16（1979）：83-94，以及 Wayne Brockriede，“关于人类理解的论辩”，*Communication Monographs* 49（1982），第137-147页，特别是，第142-143页，在那里 Brockriede 扼要地重述了理论的发展过程。这一三重区分源自另一个较早的区分，后者通过作为一套表述或句子的“论证（argument）”和作为一个交互作用的“论证（arguing）”之区别而体现出来；参见 Daniel J.O'Keefe，“论辩的两个概念”，*Journal of the American Forensic Association* 13（1977），第121-128页；Daniel J. O'Keefe，“argument 和 arguing 的概念”，载《论辩理论与研究中的进展》，Willard and Cox 译，第3-23页。关于哈贝马斯对这一区分的处理，参见哈贝马斯，TCA，第1卷，第25-26页，以及他的“商谈伦理学：关于哲学辩护大纲的笔记”，载《道德意识与交往行动》（*Moral Consciousness and Communicative Action*），Cambridge: MIT Press, 1990，Christian Lenhardt and Shierry Weber Nicholsen 译，第87-92页。

宽泛地把它与亚里士多德工具论中的区分联系起来。①

在逻辑的层面，人们关心这样的“强有力的论证”的构造，这种论证“凭借它们的内在特性而令人信服，借此其合法性主张能够被重获或拒绝。”②这个层次首先与结论和作为支撑的证据、断言之间的语义和句法关系有关。因而其标准是由健全论证的准则所提供的：例如谓词和表达的运用中的不矛盾性和一致性，就是哈贝马斯所举出的一些具体准则。③可以假定，这些准则不仅包括演绎的合法性，而是必须也包括好的日常论辩和归纳论辩的准则。

在辩证法层次上，论证者卷入“致力于更好结论的程式化了的竞争”。因此这是一种“交互作用的形式”，它作为一个追求真理的“支持者和反对者之间的劳动的合作分工”而被组织起来。④参与者作为一个辩证论者，必须从行动的压力那后退，对正在讨论的有效性主张采取一个假设的态度，然后“用理性并且仅仅用理性来检验，是否被支持者所捍卫的主张能很好地站住脚。”⑤这个层次中的标准包含“一切对于以竞争的形式被组织的真理探寻来说是必要的东西。”具体来说，哈贝马斯要求这一标准包括切题的规则、命题的引入的规则，以及讲话者仅仅坚持他们所相信的内容的宽泛要求。⑥自然，正如图尔敏所表明的，许多这样的规则将随着特定的制

---

① 哈贝马斯，TCA，第 1 卷，第 26 页。

② 哈贝马斯，TCA，第 1 卷，第 25 页。

③ 哈贝马斯，“商谈伦理”，第 87 页。通过借鉴 Robert Alexy，哈贝马斯在不同层次上说明了这些规则，“实践话语的理论”，载《交往伦理的争论》（*The Communicative Ethics Controversy*），Cambridge: MIT Press, 1990，Seyla Benhabib and Fred Dallmayr 编，第 151-190 页；然而要注意，他重新组织了 Alexy 的分类，后者不是依据这三个层次进行安排的。

④ Habermas，TCA，第 1 卷，第 25 页；“商谈伦理”，第 87 页。

⑤ Habermas，TCA，第 1 卷，第 25 页

⑥ 哈贝马斯，“商谈伦理”，第 87-88 页。哈贝马斯所引证的规则与 Alvin I. Goldman 所勾勒的论辩规则十分吻合，“论辩和社会认识论”，Journal of Philosophy 91（1994）: 27-49。

度（/ 习俗，institution）而变动，但这并不意味着人们应该立刻走向分析的制度层次。哈贝马斯反对图尔敏，坚称理论家应该在合法性
361 主张的诸类型中首先注意那些更抽象的区别。[①]例如，至少在某些方面，人们以辩证的方式检验有关经验世界的真理命题的方式应该与人们检验一个道德命题或美学命题的方式有所不同。尽管制度的语境将进一步明确和限制检验的恰当形式，但制度不能任意地无视合法性的不同维度。因此，哈贝马斯坚持认为，一个给定制度的动力学——例如，司法制度的合法性——在交往行动理论所提供的广泛启发式（heuristic）框架中将能得到更好的理解 。[②]

最后，在修辞学的层次上，哈贝马斯把论辩诠释为一个交往过程，在其中论辩者寻求获得大多数听众的同意。理性的对话如果是富有意义的，那这种同意就应该是自由和无强迫的。因此，这个层次好的论辩的相应标准就是哈贝马斯早先表述为“理想谈话情境”的一般实用主义预设：“通过能够在纯粹形式的术语中被描述的那些特征，论辩中的参与者必须一般地预设他们的交往的结构排除所有强制力——无论这种强制力是源自达成理解的过程自身之内，还是来自于外在的影响——除了更好的论证自身的强制力（因此对于参与者来说，它也排除所有除愿意合作以探求真理的动机之外的所有动机）。”[③]

除了排除强制，这些预设也包括开放性标准（任何能胜任的讲话者都不可以被排斥在论辩之外，并且所有的参与者都应该有同等的机

---

① 图尔敏实际上从对论辩的逻辑结构的普遍分析直接走向了制度层次；因而他的分析没有公正地对待支配着作为辩证法和修辞学的论辩的一般结构；哈贝马斯，TCA，第 1 卷，第 35 页。

② 作为这一分析的一个例子，参见尤尔根 · 哈贝马斯，《事实与规范之间：对法律和民主的商谈理论的贡献》（*Between Facts and Norms:Contributions to a Discourse Theory of Law and Democracy*），Cambridge: MIT Press, 1996，William Rehg 译。

③ 哈贝马斯，TCA，第 1 卷，第 25 页。

会参与论辩，提出问题，以及诸如此类）。[①] 哈贝马斯现在承认，理想谈话情境的隐喻多少是不成功的，因为这些预设不是要去描述一个经验中可以实现的情境。毋宁说，它们描述的是范导性的理念或“理想化”：如果论辩中的参与者要去考虑一个双方都同意的理性的结果，那么它们必须假设它不只是强制或隐蔽的强迫所致的效果。如果后来证明这个假设是错的，那么它们就具有了重启讨论的基础。[②]

我们后面再回过来讨论哈贝马斯的上述理想化与修辞学之间的联系。现在我们能够总结一下哈贝马斯通过行为类型对三个层次的大概区分，以及各自所包含的相应标准：在逻辑的层次，这个行为是语言构造的一种；在辩证法层次，其行为是一种竞争；在修辞学层次，它是一个交往过程。注意，这些行为都不是分离的：在提出一个论证时，一个参与者同时与其他的辩论者竞争，并且与一个听众展开交流。好的论辩的相应准则能够依据不同行为层次而得到区 362
分。因此，统治着第一个层次的标准是与之相应的逻辑和语义标准。在第二个层次，标准可能源自议题和合法性主张或成问题的主张的类型（例如，相关性准则，证明的负担）；人们也可以指向“回应（responsiveness）”的标准，如我后面将提到的。最后，在第三个层次，标准基本上通过自由和平等的参与来定向。这里人们也能够看到论辩的各层次或各个侧面是如何相互关联的：人们如何在修辞学层次规定理想化的受众部分地依赖于议题的类型和何种合法性主张是成问题的。[③]

---

① 哈贝马斯，“商谈伦理”，第 89 页。

② 参见 TCA，第 1 卷，25 页，同时参看尤尔根 · 哈贝马斯，《辩护与应用：对商谈伦理的评论》（*Justification and Application:Remarks on Discourse Ethics*），Cambridge: MIT Press, 1993，Ciarin P.Cronin 译，第 54-57 页。

③ 参见哈贝马斯，《事实与规范之间》（*Between Facts and Norms*），第 4 章；另参见，《辩护与应用》（*Justification and Application*），第 1 章。

尽管哈贝马斯的分析引发了一系列的问题，但在这里我首先关心它在修辞学方面的问题。的确，人们会怀疑是否哈贝马斯的说明真正描绘了修辞学层次的特征。毕竟，哈伊姆·佩雷尔曼与之相反，恰恰把理想的“普遍听众”的概念与演绎逻辑和明证的确实性相关联；[①] 而约瑟夫·文策尔把这些理想化看作属于辩证法的部分，认为哈贝马斯将之与修辞学联系起来是奇怪的。[②] 此外，哈贝马斯对修辞学高度理想化的理解，似乎与修辞学的传统观点相违背，后者一般聚焦于针对具体场合和具体受众的有效说服手段。为了解决这些困难，我们首先有必要阐明论辩的诸层次之间的一些内在关联。

如果我们能够检查在论辩的说服力的说明中每个层次（从逻辑层次开始）如何要求另一个，那么我们就能对这三个层次如何相互区别又相互联系有更为准确的理解。

逻辑与辩证法　如果我们把逻辑层次看作与单个论证的产物有关（结论建立在一系列支撑命题的基础上），那么即使逻辑上强有力的证明也并不必然在更宽泛的论辩过程中获得理性同意。如果你让我面对一个建立在我认其为真的前提上的合法演绎，我会乐于承认你的结论伴随这些前提而发生——然而我依然可以质疑你的主张。例如，我可以主张你的演绎忽视了更深一层的相关因素，或者主张这些前提尽管完全正确，但却不够精确或精细。逻辑层次的健全预设了与之相关的问题、所需要的精确程度乃至逻辑的恰当体系都已

---

① Perelman and Olbrechts-Tyteca,《新修辞学》（*New Rhetoric*）, 第 31-35 页。

② 同时参看 Wenzel,“尤尔根·哈贝马斯”与他的“关于论辩的修辞学视角”，载《论辩：跨越学科的界限》（*Argumentation:Across the Lines of Disciplines*），Dordrecht: Foris, 1987，Frans H.van Eemeren et al. 编，第 101-109 页，特别是第 102 页。这些困难不应使我们感到惊讶，考虑到辩证法与修辞学之间关系的充满疑难的历史；参见，例如，Lawrence D.Green，“亚里士多德修辞学、辩证法和‘矛盾修辞法’传统”，*Rhetorica* 8（1990）:5-27；Walter J.Ong,《分支、方法和对话的衰退》（*Ramus,Method,and the Decay of Dialogue*），New York: Octagon, 1974。

经在一个更宽泛的论辩上下文中得到解决。

图尔敏对论辩的解释表明了这些问题的重要性，只要它们与前提有关。的确，在哈贝马斯对图尔敏的最初占有中，他首先聚焦于 363
这些前提层次上的“实质的”论辩——它为从一系列材料中引出结论提供一般的“保证”。因为这些保证通常依赖一个广阔范围内的归纳和决疑（casuistic）证据（支持［backing］），实质的论辩令人信服不是凭借证明的强制性，而是由于有足够的支持使赞同结论的合理成为可能。[①] 合情理的同意因而预设了对结论的支持状况的一个批判性考察，如果还有必要评估支持得以在其中被构造的特定范畴框架的话。[②]

因此我们能这样区分逻辑和辩证法这两个层次：作为一个逻辑的活动，我通过诉诸于一系列支撑的证据构造一个关于命题 P 的论证，这样，当一系列前提被明确表述时，应该可以合法地推论出 P。在我的支撑证据的一致性中，我的论证的逻辑结构是明证的，只要相同的概念体系同时被用于描述证据和表述结论 P，诸如此类。但如果这个论证在论辩中是令人信服的，它就必须向一个辩证法的检验保持开放（的确，它必须预设辩证法的检验），在其中它的根据和概念预设接受进一步的质疑。换言之，说服力不能在这样的逻辑关系的层次上得到充分的说明：一个令人信服的论证并不单单通过它与其支撑的前提的逻辑关系而成立，而是只有在与竞争性论点及它们所提出的问题的关系中才能确立自身。人们在逻辑的层次上无力实现论辩的封闭性，这迫使人们引入辩证法的准则。

我们不必在这里具体地确定和区别逻辑与辩证法的规范和准

① 哈贝马斯，“真理理论”，第 164 页。

② 哈贝马斯，“真理理论”，第 165-174 页。

则。[①] 我们更关心的是辩证法和修辞学之间的关系。为了弄清楚这个关系，把令人信服的论辩的核心辩证法准则概述为一个简单但通用的标准是有益的，这个标准就是：如果一个论证的支持者能够回答所有进一步的相关问题，那么它在辩证法上就是有说服力的。这个标准至少与哈贝马斯对辩证法层次的描述（通过竞争以获得更好的论证）明显相容，并且，如我们将看到的，它进一步澄清了哈贝马斯对论辩的分析。[②] 于是，说服力不仅要求一个论证在逻辑上是一致的，而且要求它具有经受（吸收）相应的异议和反驳的能力。这包含一系列的行为，这里仅举几例：对一个立场的证据和支撑前提做批判性检验，寻求进一步的有关材料，评估异议和与之竞争的论点。因此，好的论辩不只是逻辑上是健全的；用阿尔文·古德曼的话来说，它尽可能多地对与之相关的意见做出“回应”。[③]

364 这引出了可被看作与之相关的一个问题。我只能通过澄清与这个辩证法观念有关的交互主体性来间接地处理这个问题。而后我们将来到理解辩证法和修辞学之关系的平台上。

附论：交互主体性与论辩　辩证法的过程通常是一个社会的、合作的活动（以竞争的方式组织起来），尽管它也能在一个个体内部发生，这个个体在试图达到令人信服的论证时预演各种潜在的问

---

① 对于人们能够从一个辩证法的视角认出的规范和谬误的意义，参见 Frans H. Van Eemeren and Rob Grootendorst,《论辩、交往和谬误：一个语用—辩证法的视角》（*Argumentation, Communication,and Fallacies: A Pragma-Dialectical Perspective*），Hillsdale, N.J.: Lawrence Erlbaum, 1992，第 2 部分。

② 对进一步的相关问题的引入的更充分分析，参见 Bernard J. F. Lonergan,《洞见：人类理解的研究》（*Insight: A Study of Human Understanding*），3rd ed.（New York: Philosophical Library, 1970），第 1 部分；关于科学论辩的应用，参见我的“从逻辑到科学中的修辞：朗尼根洞见的一个形式—语用解读”，载《交往与朗尼根》（*Communication and Lonergan*），Kansas City, Mo.: Sheed and Ward, 1993，Thomas J.Farrell and Paul A.Soukup 编，第 153-172 页。

③ 古德曼，“论辩”，第 40-43 页。

题和异议。但在某些更深层的意义上，它难道本质上不是对话性质的吗？与其陷入围绕着共识理论的争论，我更愿意提出一个前述分析所暗示了的更直接的问题：对于一个被给定的问题或有争议的论点，单个的、富有才智的个体能够单凭自身就知道所有已经被回答的相关问题，还是必须要与他人合作？

对于某些简单的问题，回答完全可以是“是的”。我能作为一个个体，用我自己的大脑，确保通向一个答案的证据和逻辑操作，而且确信我自己已经回答了与问题的解决有关的所有相应问题。自然，错误是有可能发生的，并且我被建议让其他人来检查我的推理。但结果的主体间的可接受性似乎奠基在每个个体能够重演通向问题之解决的推理的基础上。即使个体是易错的，即使个体把解决问题的范畴框架和技巧归功于社会环境，但具体的论证（借此得到和验证了一个解决方案）似乎建立在共同然而为个体所持有的能力的基础上。人们可能会说，这种情形中的论辩是“独白的”。

然而，更复杂的问题的解决本质上是合作的，或者说是对话的。这看起来特别适于科学中的情形，在那里相关材料的收集和大量支撑证据和命题的验证都需要群体的努力。这也适用于道德议题，如果说道德冲突的解决必须体现对作为自主的人的尊重。[①] 在这一情形中，人们能够说，交互主体的可接受性奠基于一个相互合作的群体的能力。作为一个个体推理者，我原则上不能单凭自身确保或证实一个解决方案。注意，这不只是有关易错性。它涉及个体的理性能力中的一个本质性局限。与之相伴的，对一个命题的批判的、辩证的检验在根本上指向涉身论辩中的参与者的称职的倾听。

① 针对科学，我在“从逻辑学到科学中的修辞学”一文中主张了这点，针对道德领域，我在《洞见和团结：对尤尔根·哈贝马斯的商谈伦理的研究》（*Insight and Solidarity: A Study in the Discourse Ethics of Jürgen Habermas*, Berkeley: University of California Press, 1994）第 1 部分中主张了这点。

辩证法与修辞学　复杂论辩和探究的交互主体性特征具有许多涵义。首先，交互主体性使对相关性的估价超出了个体推理者。如
365 我们已经看到的，一般辩证法评估令人信服的论辩的标准是回应，即一个既定立场多大程度上能够回答所有相关问题，以便论证或者打败或者吸收所有异议和对立观点。根据独白的立场，这个标准内在于关于这个议题的立论和驳论的结构，因为它提供了估量被用以支持一个既定主张的相关概念和经验资源的方法。但一旦一个对话的标准成为必要，相关问题的提出和回答就成为一个社会的、合作的过程，其成功在根本上就依赖于参与者（或听众）的能力和处置，以及依赖于交往过程自身。

其次，这个交互主体性为对过程的考量，因而为修辞学打开了大门。正如我们已经指出的，在复杂的议题那里对对话的需求最为明显，在那里没有单个的参与者能够纵览相关考量（considerations）的整个范围，以及担保既定解决方案或共识是无懈可击的。这意味着，从参与者的角度看，回应不能与论辩的交互主体性过程分离开来。也即，在考虑一个解决方案是理性的时候，参与者必须部分地依赖于对过程的考量——他们的论辩向不同视角的称职的讲话者的开放，他们参与的质量和倾听其他人观点的能力，等等。只要论辩的过程已经接近某种理想化，参与者就有信心认为当前关于这个议题的一致意见反映了最可能的观点。每个参与者对一致意见的信心不只是建立在确保他或她自己的疑问已经得到解答的基础上——也不只是建立在没有人还有疑问的基础上——而是建立在参与的环境的基础上，这个环境使得每个人的问题能够被提出和被解答。

当涉及交往问题时，问答的辩证法通向修辞学的领域。因此，哈贝马斯把修辞学与听众的理想化等同起来有一定的合理性。然而，它留给我们的修辞学概念看起来更像是辩证法所投射的影子：这种理想化并不是传统上与修辞学关联起来的那些高度语境化手段，例

如求助于品格、富于情感的论证、风格上的夸饰，等等。当然，哈贝马斯的方案并不排除这些手段可以起辅助性作用，只要它们依然服从于前述的标准；修辞的手段对于好的论证的有效传递来说甚至是必需的。但它们依然外在于理性论辩本身。

哈贝马斯的路径的长处在于它为论辩提供的清晰的批判标准。366
从参与者的角度加以总结：在逻辑的层次，我必须考虑观点及其论证是自身一致的。在辩证法层次，我必须判断，和与之竞争的观点相比，这些观点更能够得到如下论证的捍卫：这些论证或者能够回答所有相关问题，或者显示了能够回答所有相关问题的希望。如果这个判断是我自己做出的，那么它将很大程度上基于我实际争论的经验，这个经验让我了解其他不同观点的论证，以及它们相应的回答我的问题和应付其他人异议的能力。最后，在修辞学层次上，我必须假设我的同意不只是作为内在心理学强制或外在社会压力的结果。在评估有影响力的修辞学手段时，我询问是否这一修辞学起到了社会或心理学强制的作用，从而与自由平等地参与论辩不相容。与之相关，我必须假设我已经给予了倾听对立论辩的公平的机会，以及我的争论经验没有过于狭隘或片面，以致我的观点建立在忽略了更好的论证的基础上。

这三套标准以彼此关联的方式暗示了目前社会赞同和反对意见所依据的三个源头：人们可以批评某些观点是不合逻辑的；是依赖于对相关考量的压制；或是由交往上扭曲了的论辩过程所致，在这个过程中潜在的称职参与者被排除或没有得到公平的倾听机会，或参与者中存在严重的自我欺骗，等等。当然，人们不能在不熟悉争论的社会和制度语境和它们的具体要求的情况下，把这些批判标准运用到实际争论中去。但与此同时，人们将能够通过一整套评判好的论辩的决疑式准则来对待制度。这些准则给批判的理论家们提供了相对于既定的制度规范的某种批判手段，以使他们不是仅仅受制度的现状所支配。

然而，在接受这些批判标准时，我们也必须如此远离一个更语境化的修辞学吗？实际上，恰恰是哈贝马斯表述中的一个有趣的裂隙，显示了对立的立场更为合理，当共识没有实现时，这个裂隙将变得最为显著。依据哈贝马斯，有说服力的论辩并不以逻辑演绎的方式强迫人们的同意，而只是同意一个主张是可能的或合理的。这表明，至少在某些情形中——特别在更富争议的事情那里——赞成和反对都可能是合理的观点。两种观点都达到这样的程度，以致一个开放的、不受限制的话语过程既不能判定某个观点是不合逻辑的，也不能判定某个观点在回应方面明显较弱。那么，鉴于每个人都听
367 到相同的赞成和反对的论证，一些参与者基于理性的动机去接受命题P，而另一些参与者以同样的方式却反对命题P，这是怎么回事呢？尽管两种观点都是合理的，但它绝不是说参与者相信哪边是无关紧要的——也即，论辩中的参与者不是单纯感到可以自由地采纳两个合理观点中的任何一个。

因此，裂隙就在由逻辑和辩证法的标准所提供的合理同意的可能性和实际的理性动机这两者之间。在这些一般的标准和参与者的实际立场之间，是各种语境的偶然性的位置，正是后者使支持某套论证的天平发生倾斜。于是，问题在于是否至少其中的一些偶然性导致了人们基于理性动机去赞同某立场。例如，参与者能够承认语境的偶然性的重要性吗？——这个偶然性与他们对论证的实际倾听相关联，与他们所遭遇到的具体支持者的个性和修辞效力相关联。如果这样的话，他们就能够断言，逻辑的一致性和开放性争论中的辩证回应使采取一个给定立场对他们来说成为可能，但只有传统上与修辞效力关联的各种偶然性才实际地促使他们采取这一立场。这就走向了这样一种论辩的标准版本：在其中，修辞扮演一个内在固有的角色。

我现在提出一种更加实质的修辞学概念，它将与哈贝马斯的论

辩理论相容。由于篇幅的限制，我将不涉及由交往行动和策略行动（strategic action）之区别所引发的问题。[①] 而且，无法得到全面考察的形形色色修辞学概念使得我们不可能全面考察修辞学和形式语用学之间的可能关联。[②] 无论如何，哈贝马斯路径的认识论定向——以及他分离修辞学和辩证法时所遭遇的困难——为我们的关注引入了一系列特殊的观念。在这个光谱的一个端点，我们发现了柏拉图式的概念，在那里，如果不是把修辞学当作装饰（在最好的情况下）或欺骗（在最坏情况下）而不予考虑，那就是把它与哲学和辩证法相等同。这里一个较强的、客观的知识概念没有或只为修辞学留下了很少的位置。在光谱的另一端，是作为建筑学学科或无所不包的事业的修辞学观念，它和语言的全部运用范围同等宽广。这种观点常常是，但并不必定是相对主义的。根据亚里士多德的精神，我在这里提出一种居中的观点，它承认在令人信服的论辩中 ethos（习俗）和 pathos（情感）的内在作用，而又不牺牲逻辑和辩证法的理性标准。[③]

---

① 对哈贝马斯关于这一点的批评，参见 Farrell,《规范》(*Norms*)，第 188-197 页；关于人们将如何回应它，参见 James F.Bohman，“社会批判中的以言取效和语内表现”，*Philosophy and Rhetoric* 21（1988）:185-204。

② 例如，Bohman 将修辞学与意识形态批判、世界话语关联起来；Bohman，“解放与修辞学”；也参见他的“语言转向的两个版本：哈贝马斯的批判与后结构主义”，载《哈贝马斯与无止境的现代性筹划：关于“现代性的哲学话语”的批判论文》(*Habermas and the Unfinished Project of Modernity:Critical Essays on 'The Philosophical Discourse of Modernity'*)，Cambridge: MIT Press, 1996，Marizio Passerin d.Entrèves and Seyla Benhabib 编。

③ Mary Margaret McCabe 曾主张亚里士多德在他的《修辞学》(*Rhetoric*) 中试图在这一对立之间游走（一端通过柏拉图的《高尔吉亚篇》(*Gorgias*) 得到体现，另一端通过伊索克拉底得到体现)；参见她的“语境中的论辩：亚里士多德对修辞学的抵制”，载《亚里士多德的〈修辞学〉：哲学论文集》(*Aristotle's Rhetoric:Philosophical Essays*)（Princeton: Princeton University Press, 1994)，第 129-165 页。另参照，Walter Jost,《约翰 · 亨利 · 纽曼的修辞思想》(*Rhetorical Thought in John Henry Newman*)，Columbia: University of South Carolina Press, 1989，第 1、7 章。

要考察这些修辞手段如何能构成理性动机的一个本质方面，我们可以先回顾支配着辩证论辩的一般标准。驱动着问答的批判性检
368 验的辩证过程的，是去表明一个论点能够比对立的论点更好地回答所有相关问题的欲望。然而，在大多数论辩中，这只是一个调节性的理想。不仅没有规定何时相关问题已经得到回答的明确算法，也没有规定两个立场中哪个更好地回答了相关问题的硬性而快速的评判标准。在较为困难的情形那里，参与者对哪些问题是相关的，以及哪个算作更好的回答持不同意见。

关键在于：对一个命题的支持的评估要求参与者在重要的意义上做出一个判断。甚至在人们对相关性的标准没有深层理论上的异议的情形中也是如此，因为不同性情的参与者可能对某个命题获得支撑的牢固程度做出不同的评判。正如伯纳德·朗尼根所指出的，承认所有相关问题已经得到回答，这不是自然而然的事情：一个合格的判断必须既不是轻率的，即忽略了进一步的问题，也不是优柔寡断的，即在并不存在疑问的地方寻找怀疑的根据。[①] 当相关性的标准本身存疑，或当对所讨论的问题存在相互竞争的阐释的时候，判断的问题将变得更加突出。在这些情形中，一个听众必须不仅评判两个相互竞争的论证系列，而且要对既定领域中有关论辩自身应该是什么的相互竞争的阐释做出评判。这看来就是，例如，科学中接近范式转换时的情形。[②] 事实上，人们被要求对在一个既定领域中什

① 朗尼根,《洞见》(*Insight*), 第 284-287 页。Farrell 也提到判断的重要性,《规范》(*Norms*), 第 72-83 页；另参照 Hans Blumenberg, “修辞学的当代意义的人类学路径”, 载《后哲学：终结或转换？》(*After Philosophy: End or Transformation?*), Cambridge: MIT Press, 1987, Kenneth Baynes, James Bohman, and Thomas McCarthy 编, 第 429-458 页。

② 关于这个论题，参见托马斯·库恩,《科学革命的结构》(*The Structure of Scientific Revolutions*), Chicago: University of Chicago Press, 1970, 第二版；以及《批判与知识的增长》(*Criticism and the Growth of Knowledge*), Cambridge: Cambridge University Press, 1970, Imre Lakatos and Alan Musgrave 编。

么构成合理性本身做出判断。

判断的概念提出了一系列进一步的问题。形式语用学的支持者对亚里士多德诉诸品格（character）和审慎美德感到不满，他们试图提供更为形式化的、论辩上更理论化的分析。[①] 我并不是要让判断的概念取代这些分析。而是我把这个概念作为一个补充手段使用，以及使这些形式—实用主义语用的说明语境化。关键的理念在于：在对相互竞争的论证做判断时，人们对相互竞争的合理性（plausibilities）的评价负责。[②] 这种以最谦逊的方式被使用的判断概念，能够让我们懂得一定的修辞装置是如何有助于理性论辩的。

如果我们把这个视角带到前述分析中，那么我们就能把论辩定义为一个合作的判断构造（cooperative judgement formation）的过程。确切地说，修辞学标准支配着社会—心理学语境，在其中这个合作的判断得以产生。换言之，这些标准清楚地说明论辩的社会—心理学条件，这个条件使听众培育出一个可靠判断。我是在宽泛的意义上使用社会—心理学这一术语，它区别于论证自身的内在性质，而是作为一个对讲话者和听众的性质都通用的术语，影响在具体人际语境中的论辩的过程。人们能够用这些术语来阐释论辩的理性化的实用主义假设。抛开细节，这些预设要求参与者能够在考虑论辩的 369
整个范围时不受心理和社会的强制。很难明白其成功依赖于对无意识强迫的操纵的论辩能够被称作是“令人信服的”（在这个词的标

① 参见 Klaus Günther,《得体的意义：德性与法律中的应用话语》(*The Sense of Appropriateness: Application Discourses in Morality and Law*), Albany: State University of New York Press, 1993，John Farrell 译；以及，Rehg,《洞见与团结》(*Insight and Solidarity*), 第 7 章。

② 这里我受到 McCabe 对亚里士多德的解读的启发；参照她的“语境中的论辩”, 第 155 页。也参照 Martin Benjamin,《折衷：伦理学与政治学中的妥协与正直》(*Splitting the Difference:Compromise and Integrity in Ethics and Politics*), Lawrence: University of Kansas Press, 1990, 第 5 章。

准意义上），或者人们如何能把听众对这些论辩的接受看作理性动机引发的。

但作为调节的理想，这些预设具有重要的消极意义，它排除了破坏参与者自由的装置。然而，如果论辩要导致判断，那么至少修辞学的两方面传统在许多情境中肯定是需要的：讲话者的品格的证据（或ethos）和诉诸于听众的情绪（pathos）。[①] 如果得到正确使用，这些装置并不避开或消解逻各斯（logos）或具备这些优点的实质性论辩，而是有助于对这些论辩的交互主体性判断。要明白这一点，让我们想象一个争论涉及两派，每派都有熟悉的基础，以致每派都相信它的观点回答了所有相关问题。人们可能会想到，例如，医生和护士中关于是否要继续积极治疗一个垂死昏迷、只有极小机会康复的病人，或是否要相应减少治疗的争论。一边可能主张，还有康复的希望（建立在病人的年龄和康复的统计学数据的基础上）以及人的生命是神圣的。另一派能够以这样的论证回击：病人不太可能希望这样的治疗，而且医疗资源用到其他地方会更好。[②]

在这个情形中，双方对许多不确定事实的估计不一致（康复的几率，病人的愿望可能是什么），以及在道德估价方面不一致（他们如何给自主权、生命和社会功利的道德价值进行排序）。双

① 参见亚里士多德,《修辞学》(*Rhetoric*), New York: Oxford University Press, 1991, George A. Kennedy 译，特别是 1.2 及 2.1-17；一个简要的评论，参见 John M. Cooper,“亚里士多德《修辞学》(*Rhetoric*) 中的伦理—政治理论”，载《亚里士多德的〈修辞学〉》(*Aristotle's Rhetoric*), Furley and Nehamas 编，第 193-210 页；以及，Alan Brinton,“*Pathos* 以及‘诉诸情感’：一个亚里士多德式的分析”，*History of Philosophy Quarterly* 5 (1988) : 207-19。另参照，Craig R.Smith and Michael J.Hyde,“重新思考‘The Public’：共在中情感的角色”，*Quarterly Journal of Speech* 77 (1991) : 446-466；对此的案例分析，参见 Craig Waddell,“抉择过程中 *Pathos* 的角色：科学政策的修辞学中的一个研究”，*Quarterly Journal of Speech* 76 (1990) : 381-400；Waddell 也揭示了 *ethos* 的角色。

② 我从本雅明那里拿来这个例子,《折衷》(*Splitting the Difference*), 第 24-32 页。

方都可能对什么构成了相关的考量保持高度一致，但他们对合理性（plausibility）的判断是不同的。正是因为此问题要求这样一个判断，所以对于参与者来说，在论证自身之外，做出两种不同的有说服力的修辞请求都是合乎理性的。

首先，在为一方或另一方提出充分理由时，参与者应该表明作为讲话者，也即作为一方立场的支持者，愿意对正反观点做正确的判断。对于一个倾听者，特别是一个反对者，当我呈现的论证给予倾听者以我有可信赖地判断合理性的能力的证据时，严肃地考虑我的论点，这将变得更为理性。这或多或少就是亚里士多德所说的“来自品格的证据”；注意，这个品格不只是声誉问题，也是在论辩过程本身中被给出的。[①] 我将很快再回到这一点。首先值得注意，有许 370
多种策略可以提供这些证据：在发表的学术论辩中，脚注的使用有助于达到这个目的；列出作者的学历（例如在法律期刊文章中）和之前的发表成果大概将起到类似的作用。人们也在免责声明的使用中发现这一作用：例如说，如果在我们的例子中，一个支持相应减少治疗的医生以指出他多么严肃地承认生命的价值作为开场白。这样一个免责声明给反对者传递了这样的信号，即他在判断中是不偏不倚的，他不太可能低估了这个或那个相关考量。由此讲话者给听众提供了严肃地采纳讲话者论点的进一步根据（作为一个负责的判断的结果）。更一般地说，这表明，讲话者在正反论点的呈现时的谨慎不仅是一个辩证的活动，也是为听众提供修辞学根据，以使他们相信讲话者做出了一个可信赖的判断。

因此，诉诸品格使对一个立场的论证更有说服力，并使他们以理性上被动机引发的方式接受该立场，只要它给予倾听者以根据，让其把讲话者判断合理性的方式看作很有可能是正确的。正如前面

① 参见，亚里士多德，《修辞学》（*Rhetoric*），1.2.4.1356a，Kennedy 译，第 24-32 页。

所提到的，依据亚里士多德，这种根据或“证据”首先体现在实质论证或逻各斯（logos）的呈现中；这表明，人们应该更多把它们看作所有实质论证的一个维度，而非一个独立的论证类型。然而，以上品格诉求的例子表明，这一与逻各斯的关系是程度问题，也即，一些品格的证据比另一些相关于实质议题。因此，批判的修辞学分析基于与逻各斯的关系的考虑，必须判定品格证据的特定类型。例如，在反驳反对者的论证之前令人信服地重述该论证的能力更内在地与判断相关联，而其他专家意见的证据，例如学历或以前的发表作品的列举则并不如此。尽管这些证据都能赋予听众对讲话者更大的信任——并且因而能影响听众对讲话者的实质论证的权衡——第一种方法将更不容易被滥用，因而比后面的策略更加内在地值得信任。与此同时，考虑到专家意见和专业化在当代论辩中的重要性，人们不应该简单地将这些更外在的诉求看作与理性动机无关而不予考虑。

在任何情形中，确切而言哪种品格诉求类型被看作恰当的，以及这种诉求对于说服力有多重要，将部分地依赖于语境和论证的领域。发生在专业同行中的论辩，品格可能将不那么重要，在那里每个参与者都有相当的可信度。在没有单个人把握了全部相关考量和
371 次级论点的更复杂情形中，人们将把品格证据看得更为重要。如果我们的昏迷的病人，遭受例如必须由不同专家评估的并发症，那么每个参与者的立场将依赖于对不同专家的证词的接受。因而每个参与者的判断都将不仅依赖于论证自身，而且依赖于对可信度的评估。

在复杂的情形中，论辩的合作特征很明显。但值得注意，有些类似的倾向也能在不太复杂的情形中发生。也即，即使我们的例子中的医生们不需要专家的意见——因此每个医生多少达到了对相关重要考量的完全把握——也不太可能每个人都同样好地把握了每个论点。论辩仍将本质上是合作的，只要每个参与者贡献了他或她那方面的考虑，这些方面其他人可能只是肤浅地考察过。用我们前

面总结的术语来说，对话的结果将超出任何单个的参与者在他或她对问题的私下考察中以独白的方式所能够获得的东西。只要一个讲话者给了我一个对争论的不同于我的评判，而且有根据表明我应该严肃地接受他的判断，那么我就在对话中被引向了对问题的某些方面的考虑，这个考虑比我最初的要更深刻。可以假定，我最终的判断——即使它保持为相同的判断——将因此变得更为理性。[①]

这把我们带向了第二个修辞证据，即源自情感的论证。我在这里关心的不是作为致力于一个结论的论证或理性的情感运用，而是在使参与者倾向于做出可靠判断时情感的角色——也即，作为所有论辩的一个维度的情感（pathos）。[②] 如果论辩导致对合理性的判断，并且如果这意味着在轻率和优柔寡断的结论之间徘徊，那么如果采用了如下修辞策略，论辩将更有说服力：这个策略帮助参与者（作为听者）获得一个进行可靠判断的恰当心灵框架。这已经是 ethos（习俗）的一个方面，只要讲话者和听众之间友谊的培养包含着听众的一个情感，这个情感影响着听众是否乐意接受讲话者。但这个容易被滥用的特定情感在当前的上下文中可能不是最相关的。

与可靠合作式判断内在相关联的情感诉求，乃是那些帮助听众打破判断时轻率和过分小心之平衡的那些诉求。这种诉求所采取的特定形式，取决于所涉及的具体议题和命题。例如，在 1988 年民主党大会上杰西·杰克逊所做的名为“共同基础”的著名演讲中，他挑战民间把贫穷与懒惰相等同，把成功与应得的待遇相等同的观点。

---

① 这依然是对一个真正的选择被实现的方式的抽象，后者在分析的制度层面被确定。

② 然而，存在一个发展的文学，它以情感及其作为论据的使用为其认知方面的特征；例如，参照 Robert C. Solomon，“论作为判断的情感”，*American Philosophical Quarterly* 25（1988）: 183-191；Patricia S.Greenspan,《情感与理智：对情感辩护的探究》（*Emotions and Reasons:An Inquiry into Emotional Justification*），New York: Routledge, 1988；Michael A.Gilbert，“多模式论辩”，*Philosophy of the Social Sciences* 24（1994）: 159-177。

372 他的演说的部分修辞学效果在于把努力工作和对需要的拒绝满足讽刺性地并置起来：穷人“擦拭着发烧和疼痛的人们的身体，倒着他们的便盆，清洗着他们的便桶。没有工作在他们之下，然而当他们病了的时候，他们不能躺在他们每天整理的床上。美国，这是不对的。”① 这个图像激起对工作着的穷人的同情，可能还有对他们的处境的愤慨。如果我们假设杰克逊想要促使听众把贫穷与懒惰等同起来，那么对情感的诉求将使人们倾向于倾听那些被忽略的论证。更一般地说，考虑到解决这些问题的视角的重要性，人们应该期待关于公正议题的论辩包含类似的情感诉求。

在其他的语境中，会有一些其他类型的情感与我们相关。如果一个政治组织正在考虑一项重大政治选择，并且演说者相信听众正过分倾向于不顾可能的危险来推动选择，那么激起对可能危险后果的恐惧将有助于更理性的深思熟虑。人们可能认为这种恐惧不过是另一种理性或论证，但我的论点不依赖于这个观点。毋宁说，在这个情形中，通过诉诸于恐惧，使他们更严肃地考虑某些可能性，能使参与者更好地权衡对立论点。如果政治组织依然选择了一个危险的政策，那么获胜的论点能被看作更有说服力恰恰是因为他们经受了对可能后果的反思。再一次，对情感的诉求把听众放在恰当的情感框架中，以根据事物本身的是非曲直认真负责地判断一个议题。

这里的潜在假设是，对合理性的判断不只是一个逻辑活动，也不是一个提出和回答异议的机械过程，而是一个有关恰当的心理学倾向（psychological disposition）的问题。如果这个假设是正确的，那么讲话者给予一个论证一定的情感偏好就是理性的，无论他通过音调变化和语气，还是通过更复杂的修辞策略。特别是在与实际事务相关的地方，论证暗示着选择将伴随对利益产生影响的后果。这

① Jesse Jackson，引自 Farrell，《规范》（*Norms*），第 259 页。

意味着一定的情感通常是恰当的：对不公正感到愤怒，对危险的后果感到恐惧，对有利的后果抱有希望，等等。只要伴随着理性的恰当的情感投射对听众更深入地考虑一个给定理由的能力有帮助，情感（pathos）就是有说服力的论辩的部分组成要素。

滥用的可能性在这里是很大的。但再一次，人们能够制定更具体的标准，以清楚说明情感（pathos）的某个给定使用是否有助于说服力。包括品格诉求的准则在内，这些标准将使理想化（哈贝马斯已经使之等同于修辞学）更为具体，因为习俗（ethos）和情感（pathos） 373
的准则表明了增强参与者把彼此的论证视作自由平等的参与者的能力的方式。通过进一步发展这些修辞学准则，人们能够给出一个更关注作为交往过程的论辩语境的论辩理论。这里人们必须注意具体的讲话处境：论辩包括特定的讲话者，他试图在具体论证的基础上说服具体的倾听者接受一个命题。从修辞学的角度来看，这个交往是合作的判断的形成过程，它包括三个方面：正反论证的内在性质，相信其他参与者的判断的理性根据，以及每个参与者的判断能力。无论什么东西增强这三者，即增强论证自身的质量、相信参与同伴的判断的理性根据，或增强参与者判断合理性的能力，都将有助于令人信服的论辩——无论它是否导致共识。

注：感谢沃尔特·翁和沃尔特·约斯特对本章初稿的热心审阅和评论。

18. 表达与理解：修辞学与解释学之间的实际亲密关系 *

史蒂芬 · 梅劳克斯

378 在《克拉底鲁篇》中，苏格拉底给一个熟悉的词提供了如下阐释：

> 在我想来，赫尔墨斯（*hermes*）这个名字与讲话有关，意指他是一个阐释者（*hermeneus*），或传信者、小偷、说谎者、商人；这类事情都与语言有很大关联。正如我刚刚告诉你的，语词 *eirein*（说）是言语的富有表现力的使用，而且有一个荷马常讲的词 *emesato*（发明），意指“他构思发明”。从 *eirein* 和 *mesasthai* 这两个词出发，立法者形成了发明语言和讲话的神的名字，我们可以想象他指示我们这个名字的使用。“哦，我的朋友，”他对我们说，“由于他是叙述或讲话的发明者（*eirein emesato*），你们应该正确地称它为 *Eiremes*。”而且如我们所想的那样，这被我们进一步称之为赫尔

* 表达的英文为“articulation”，也可译为“阐明”，阐明的分环勾连的语言行动所形成的结果即“表达”。——中译者

墨斯。①

位于柏拉图的伪词源学后面的，是各种希腊神话，这些神话把赫尔墨斯呈现为诸神的信使、把诸神的含义传递给人们的转译者、卓越的阐释者。也许并不奇怪，赫尔墨斯也是讲话和语言的发明者，苏格拉底把它看作内在地与阐释相关联。此外，这个阐释和语言之神还是一个创制者（contriver）、一个说谎者、一个不被信任的骗子。379
也即，赫尔墨斯是柏拉图眼中典型的智者。

但我正跳到结论。让我们从柏拉图关于赫尔墨斯的词源那得到的一个简单启示来重新开始，这个启示可表述为如下评论：我将主张阐释和语言使用实际上不可分割，以及理论化这些实践的话语，即解释学和修辞学彼此不可分割。在发展这一修辞学的解释学（rhetorical hermeneutics）时，我将处理在人文科学中引起广泛争议的三个问题：阐释的相对主义、文化的不可通约性和民族中心主义政治学。在此过程中，我将以赫尔墨斯和他的近亲们为向导。②

修辞学和解释学的传统都承担着非常实际的使命。解释学处理聚焦于文本的阐释；修辞学处理针对听众的隐喻（figuration）和说服。阐释能够被定义为文本含义的确立，而修辞学（作为隐喻和说

---

① 柏拉图,《克拉底鲁篇》(*Cratylus*)，Benjamin Jowett 译，载《柏拉图：对话集》(*Plato: The Collected Dialogues*)，Princeton: Princeton University Press, 1961，Edith Hamilton and Huntington Cairns 编，407e-408b。后面的引用均为该版本，并以文中注形式出现。

② 赫尔墨斯当然也是灵魂的引导，psychopompos（灵魂向导）。对赫尔墨斯的神话角色的更详尽讨论，参见 Norman O.Brown,《赫尔墨斯窃贼：一个神话的演变》(*Hermes the Thief:The Evolution of a Myth*)，Madison: University of Wisconsin Press, 1947；Karl Kerenyi,《赫尔墨斯：灵魂的向导》(*Hermes:Guide of Souls*)，Dallas: Spring Publications, 1976，Murray Stein 译；以及，William G.Doty，“麻烦制造者的一生：赫尔墨斯作为恶作剧者”，载《神话中的恶作剧角色》(*Mythical Trickster Figures*)，Tuscaloosa: University of Alabama Press, 1993，William J.Hyness and William G.Doty 编，第 46-65 页。

服）可以更中肯地被刻画为文化中的比喻（trope）和论辩的政治效力。[①] 阐释涉及把一个文本转译到另一个文本中，涉及一个赫尔墨斯似的中介，它也是从一个语言事件到之后的另一个语言事件的转换。修辞学涉及从一个听众到另一个听众的转换，它也是一个从一立场到另一立场的灵魂教育的（psychagogic）转译。这些转译和转换活动在复杂的混合中历史地、理论地彼此关联。

修辞学理论之于修辞实践，正如解释学之于阐释。作为实践，修辞和阐释都意味着生产性和接受性行为。也即，阐释指在讲话和一个书面文本的理解或注释中（如同在口头行为中）呈现一个文本；类似地，修辞指有说服力的话语的生产和对文本影响受众的效果的分析。在某些方面，修辞和阐释是范围同样宽广的人类行为的实践形式：修辞建立在阐释的基础上；阐释通过修辞而得到交流。而且，作为对实践的反思，解释学理论和修辞学理论是相互规定的领域：解释学是构建含义的修辞学，而修辞学是疑难的语言处境的解释学。当我们询问一个文本的含义时，我们得到一个阐释性的论辩；当我们寻求说服的含义时，我们阐释处境。作为理论的实践，解释学涉及把一个文本放入一个有意义的语境中，而修辞学要求一个文本的效果的语境化。[②]

做出上述断言的修辞学的解释学也必须承认，修辞和阐释之间的不可分割依赖于比喻和论辩，这些比喻和论辩用于勾勒和规定它所描绘的行动。我们通过考察描绘了这些实践的传统，将能更好地
380 理解这一点。再一次，一个柏拉图的文本将引领我们前进；这是关

① 参见我的《修辞力》（*Rhetorical Power*），Ithaca: Cornell University Press, 1989；以及“修辞学的解释学再考察”，*Text and Performance Quarterly* 11（July 1991）:233-248。

② 这一段改自我的“解释学”一文的开头部分，载《修辞学与创作的百科全书》（*Encyclopedia of Rhetoric and Composition*），New York: Garland, 1996，Theresa Enos 编，第 16-17 页。

于我们的向导赫尔墨斯的埃及近亲的一个神话。

当斐德罗在以他为名的对话中要苏格拉底回答他自己的问题——“你是否知道，如何能够从事或谈论修辞学以便最使神感到高兴”——时，这个哲学家通过叙述一个有关透特神（Thoth）的埃及古老传说来回答，这个神“发明了数字、算术、几何、天文学，也发明了跳棋和骰子，以及最为重要的，发明了文字。”在把这些发明中的最后一个介绍给泰姆斯神时，透特宣称，“哦，王啊，这个发明将使埃及人变得更聪明，并将增进他们的记忆；因为它是我所发现的记忆和智慧的灵药。”但泰姆斯谴责书写之父自认为能够同时生产和判断自己的后代。泰姆斯认为，书写不会帮助人们记忆，反而将阻碍它的使用。“你所发明的不是回忆的灵药，而是提醒的灵药；你提供给你学生的是智慧的外表，而不是真正的智慧，当他们很大程度上一无所知和难以相处时，他们就无需教导地阅读许多事情，并且由此看起来懂得很多事情，因而他们不是真正有智慧，而只是看起来有智慧。”①

在苏格拉底关于这个神话的注解中，他不怎么关心书写将对记忆有何助益，而更关心他对真理不起什么作用。不同于对话中的口头语词，书写文本无力去纠正接受者的误解：“每个语词一旦被书写下来，就任人摆布，传到能看懂它的人手里，也传到对它没有兴趣的人手里。它不知该对谁讲话和不对谁讲话。如果受到曲解和斥责，它总是要它的作者来帮忙，自己却无力保护或帮助自己。（275e）”于是，对苏格拉底来说，泰姆斯的神话是关于一个新技术的使用和滥用的故事；它与缘于书写记录而致缺少阐释和修辞控制有关。

但“书写”很容易成为所有文本性、向阐释的接受开放的所有

① 柏拉图：《斐德罗篇》(*Phaedrus*)，H. N. Fowler 译，载《柏拉图》(*Plato*) 第一卷，Cambridge: Harvard University Press; London: William Heinemann, 1932，274b-275a。翻译有少许改动。进一步的引用将以附带的方式出现在正文中。

修辞产物的一个提喻 。因为口头语词与铭写在书写板上的语词一样是被书写的。根据苏格拉底，在对话中的口头语词，“活生生的、逼真的语词”也是“（以知识）铭写在学习者心灵中的语词，它能够捍卫自身，并且知道应该对谁说话，在谁面前保持沉默”。（276a）也即，所有语词都以这种或那种形式被书写和铭刻，并且不同的形式、它们生产的不同技术都是它们在其中被接受的修辞语境的一部分。柏拉图的苏格拉底，像他通常所是的那样，在这里是典型的智辩修辞家，当他三次以上跟随赫尔墨斯和透特的道路：在说服的技艺、修辞分析和聪明的诡计方面。①

381 苏格拉底以巧妙而有说服力的方式在讲话和书写之间确定了一个常识的区分。他随后通过讲话和书写各自进入的不同修辞语境分析这一区别：对话的语境增加了讲话者的要点被完全把握的可能性，因为讲话者在那里保证修辞的后续行动，而没有作者在场的阅读语境则没有这一后盾。但苏格拉底在他令人信服的对照中所巧妙地忽略的是，讲话者的在场既不保证所意指的要点将被理解，也不保证一旦被理解后它会被接受。任何修辞，无论是讲话的还是书写的，都面临阐释的风险。事实上，也存在这样的语境，在其中书写的语词在阐释成功和修辞有效方面（从作者角度看）有更高的可能性：可以多次进行阐释活动的语境（缓慢地阅读或重读）和文本的特定书写属性可以证明它的权威性（经典著作或宪法）的语境。

这一修辞阐释是德里达对《斐德罗篇》的解构式阅读的回声：

---

① 参见 Patrick Boylan：《透特，埃及的赫尔墨斯：对古埃及神学思想某些方面的研究》（*Thoth, the Hermes of Egypt: A Study of Some Aspects of Theological Thought in Ancient Egypt*），London: Oxford University Press, 1922；以及 Garth Fowden：《埃及的赫尔墨斯：通向后期异教精神的历史道路》（*the Egyptian Hermes:A Historical Approach to the Late Pagan Mind*），Princeton: Princeton University Press, 1993，第 22-24 页。

讲话在原则上且通常都不比书写更贴近源始源泉乃至它自己。[①]在口头或书写的语词和它的生产者的意图之间的距离乃是阐释起作用的地方，这个阐释在语词的接受的修辞语境中进行。这一理论上的要点吊诡地在柏拉图的神话中得到说明，当透特这个书写的创造者失去对它的评价的控制权时。泰姆斯挑战透特的权威，反对透特的要求，而这个抗辩似乎是苏格拉底接受的。我说“似乎”是因为在泰姆斯的论点和苏格拉底对它们的阐释和引申之间有一些有趣的区别。泰姆斯通过攻击透特的可信度来开始他的反驳：“你这个文字的父亲，由于溺爱儿子的原因，赋予了它们实际上并不具有的功用。274e”泰姆斯认为，透特作为一个评判者是不可靠的，因为他对他的孩子有父亲般的偏爱，因而他的话是偏颇和不可信的。但这一对透特的ethos（习俗）的攻击显然恰恰是苏格拉底要抛弃的那种论点，当他指责他自己的听众斐德罗质疑这个刚刚讲的神话所依据的乃是“讲话者是谁方面的区别”而非“是否他的话是真的（275c）”。因此，与苏格拉底相反，泰姆斯主张，谁在说话这一点的确是有区别的。

但泰姆斯的哪些话本身，他所直接做出的哪些论断是直接反对透特关于书写的用处的预言的？在这里苏格拉底并没有激烈地反对泰姆斯的论点，而是给予它们一个完全不同的方向，提出一个在神话中很难找到根据的补充含义。在苏格拉底的注解中关键的一段是：“因此，那些自以为留下了成文的作品便可以不朽的人，或那些接 382
受了那些文字作品便以为它们确凿可靠的人，他们的头脑实在是太简单了。如果他们认为这些书写文字除了提醒已经懂得被书写事情的人们外还有什么用，那么他们肯定不明白阿蒙（泰姆斯）的预

① 雅克·德里达，《柏拉图的药》（*Plato's Pharmacy*），载《播撒》（*Dissemination*），Chicago: University of Chicago Press, 1981，Barbara Johnson 译，第63-171页。另参见 Jasper Neel：《柏拉图、德里达和书写》（*Plato,Derrida,and Writing*），Carbondale: Southern Illinois University Press, 1988。

言。”（275c）这段的第二部分，“阿蒙的预言”之后，的确表述了泰姆斯对书写的其中一个批判——即它并不教导，而只是提醒读者——但这段的第一部分很难与泰姆斯在神话中所说的任何内容联系起来。泰姆斯的确抱怨书写将鼓励无知者盲目的骄傲，但他似乎并不担心书写自身缺少清晰性或确定性，可靠性或持久性。乃是苏格拉底而非泰姆斯引入了阐释的相对主义的危险。

一个修辞学的解释学差不多能同意泰姆斯对阅读的刻画（但不会同意他对阅读的评价）：在某种意义上，阅读者只能理解他们已经知道的东西。这个阐释的观念只是当它如此露骨地表述时才听起来违背直觉。关键在于，成功的阐释依赖于阐释者先行的信念、欲望、实践之网，等等。从这个视角看（这个视角为一些修辞学和解释学理论家所共享），阐释者的假设不是扭曲理解的偏见，而是使这个过程成为可能的基础。例如，在《真理与方法》中，汉斯—格奥尔格·伽达默尔认为，“如果我们要公正地对待人的存在的有限的、历史的模式，就有必要从根本上为前见概念恢复名誉，并且承认有合法的前见这一事实。”① 伽达默尔跟随海德格尔，把前见、前设和前理解视作阐释的特定条件。正如约尔·威舍默所解释的：“理解是筹划，而且它所筹划的是先于文本的期待。”恰当的筹划或所谓的“阐释中的客观性不在于回避先入之见，而在于它的证实；而任意的、不恰当的先入之见不是通过它是先入之见这一事实而被刻画，而是通过它们不能实现这一事实而被规定。”② 没有解读者的先入之见，阐释甚至不能开始。类似地，斯坦利·费西认为“阐释依

---

① 汉斯－格奥尔格·伽达默尔，《真理与方法》（*Truth and Method*）第二版，New York: Crossroad, 1989，Joel Weinsheimer and Donald G.Marshall 编、修订、译，第 277 页。

② Joel C. Weinsheimer：《伽达默尔的解释学：〈真理与方法〉解读》（*Gadamer's Hermeneutics:A Reading of Truth and Method*），New Haven: Yale University Press, 1985，第 166 页。

赖于其他的阐释，或更准确地说，依赖于其他的假设——有关什么是可能的、必要的、有力的、根本的假设，诸如此类——这些假设如此深深的根植于我们以致根本不被当作假设。”又或者，“感知［包括阅读］从不与假设绝缘，并且感知产生于其中的假设将为所被感知之物的外观负责。”①

引发这种实用主义和解释学命题的修辞学的解释学（rhetorical hermeneutics）尚未直接回应柏拉图的苏格拉底在注解透特神话时表露的担心。事实上，修辞学的解释学在基础主义的柏拉图主义者看 383
来，就像是赫尔墨斯的信徒、智者派修辞学家的另一个策略。正如苏格拉底在他给出他对赫尔墨斯的阐释之前，在《克拉底鲁篇》中所阐述的那样：普罗塔哥拉，这个智者派大师，“说人是万物的尺度，事物对于我们就是它显现给我们的样子，它对于你就是它们显现给你的样子……但如果普罗塔哥拉是对的，并且真理是如其显现给任何人的东西，那么我们中的有些人是聪明的，而有些人是愚蠢的，这如何可能？”（386a—c）智者派的相对主义把每个人的知觉放在优先地位（以每个个体的假设、信念、欲望为基础）并且由此使判断谁对谁错，谁聪明谁愚蠢，谁好谁坏变得不可能。根据柏拉图主义者，这不仅是伦理的相对主义，而且是虚无主义的唯我论。

我们能把这个柏拉图对智者的指控翻译成我曾经提到过的三个相互交叉的问题：相对主义、不可通约性和民族中心主义。为了进一步地考察这些问题，我将利用另一个柏拉图的神话，在其中我的引导只占一小部分。

在回应苏格拉底的问题时，普罗塔哥拉讲述了普罗米修斯如何从神那里偷火和实践智慧给人们，以便他们生存下去。（《普罗塔

① Stanley Fish：《顺其自然：变化、修辞学和文学与法学研究中的理论的实践》（*Doing What Comes Naturally: Change, Rhetoric, and the Practice of Theory in Literary and Legal Studies*），Durham, N.C.: Duke University Press, 1989，第 195 页。

哥拉篇》，第 321 页）但随着人们开始在城市中聚集，他们不能和睦相处，因为他们缺少政治德性（*politike arete*）。宙斯担心他们的自我毁灭，派赫尔墨斯（另一个小偷！）把尊敬和公正带给人们，使他们能够联合起来管理他们的城市。“赫尔墨斯问宙斯，他应该如何在人们中分派公正和尊敬：——他应该如技艺被分配的那样分配它们；也就是说，分派给得到偏爱的少数人，让一个人成为训练有素的医生，让他去为许多没有这一技能的人服务？‘我应该如此地在人们中分派公正和尊敬，还是我应该给予他们全体？’宙斯说，‘给他们全体，我愿意他们每人拥有一份；因为如果只有一小部分人分享德性，如同在技艺中那样，那么城市将不能存在。而且，凭借我的命令制定一条法律，任何没有拥有尊敬和公正的人都应该被处死，因为这种人是城邦的祸害。’”①

保罗·费耶阿本德曾经用这个神话来说明他的一个捍卫相对主义的论点：“法则、宗教信仰和习俗制度，如同有限疆域中的国王。它们的规则建立在双重权威的基础上——它们的权力，以及它是正当的权力这一事实：这些规则在它们的疆域中是合法的。”② 费耶阿本德想要表明他的相对主义形式与无限制、“怎么都行”的虚无主义毫无关系。按照费耶阿本德的解读，普罗塔哥拉“相信应该有法则并且它们应该被执行”但“法则和制度必须适应于期待规则的社会，而公正必须‘相对于’这些社会的需要和处境而被规定。”费耶阿本德认为，这并不意味着，“在一些社会中合法而在另一些

① 柏拉图：《普罗塔哥拉》（*Protagoras*），Benjamin Jowett 译，载《柏拉图著作集》（*The Works of Plato*），New York: Modern Library, 1956，Irwin Edman 编，322cd。进一步的引用将以附带的方式出现在正文中。

② 保罗·费耶阿本德，《关于相对主义的注释》（*Notes on Relativism*），载于他的《告别理性》（*Farewell to Reason*），London: Verso, 1987，第 43 页。进一步的引用将以附带的方式出现在正文中。

社会中不合法的制度和规则因而就是任意的和能够随意被改变”（第 384
44 页）。

费耶阿本德继续将他对普罗米修斯—赫尔墨斯神话的相对主义解读与普罗塔哥拉的“人的尺度”的箴言联系起来——“人是万物的尺度，是存在者存在的尺度，也是不存在者不存在的尺度。”[①]——费耶本阿德把它的含义阐释为“在公民面前确定的法则、习俗和事实最终依赖于人们的看法、信念和感知，而且由此所有重要的问题应该由相关人（的感知和思想）而非抽象的代理人和漠不相关的专家来判定”（第 48 页）。费耶阿本德提到传统绝对主义对“人的尺度”的异议：“根据柏拉图，好的理念、程序和法则既不是流行的理念、程序和法则，也不是被诸如国王、流浪诗人或专家这样的权威所支持的事物；好的理念、程序和法则是‘与现实相一致’的事物，并且在这个意义上它是真的。”（第 49 页）对于反智者的客观主义者来说，存在外在于所有共同体、超出有限者、超越人类的标准，历史的共同体要对它负责，他们的行动和信念能够依据它而以绝对的方式得到判定。相反，修辞学的解释学在反对这一柏拉图的图画上与费耶阿本德一致，并且主张作为处境中的阐释者，构成了我们的修辞语境的信念和欲望之网是我们所需要处理的全部事物。

费耶阿本德后来提出了另一个与修辞学的解释学能够相容的命题：“对于每个有很好的理由相信为真的陈述（理论、观点），可能存在表明或者它的对立面，或者一个较弱的替代者为真的论题”（第 74 页）。这个论点（以及它的更强的版本，第 76 页）也可以与普罗塔哥拉的智辩，其（不）著名的 *dissoilogoi* 残篇联系起来：“普

① 参见柏拉图：《泰阿泰德篇》（*Theaetetus*），H. N. Fowler 译，载《柏拉图》（*Plato*）第七卷，Cambridge: Harvard University Press; London: William Heinemann, 1921，152a。

罗塔哥拉是第一个说，对于每个论题，都有两个彼此对立的论点。”[①] 英国的实用主义者费迪南德·凯宁·思戈特·席勒认为这个箴言非常贴切地与“人的尺度”相吻合，因为两者都是在实践的修辞学家所面对的挑战中诞生的。[②] 费耶阿本德无疑将同意席勒的观察。

然而，当费耶阿本德引述由人类学家 E.E. 埃文思 – 普里查德在其研究中非阿赞德时所做的修辞学观察时，他是在不同的方向上发展普里查德 的论点的：“请读者思考任何将彻底破坏支持［他们的］神谕力量的所有赞德命题的主张。如果它被翻译成赞德思维模式，它将用于支持他们的整个信念结构。因为他们的神秘观念是非常前后一贯的，被一个逻辑联系之网相互关联起来，并且如此被组织以致它们从不会生硬地与感觉经验相抵触，而是相反，经验看起来在
385 证实它们。”[③] 费耶阿本德引出的结论是：“赞德人的实践是‘理性的’，因为可被论证支持。”（第 74 页）诉诸文化人类学家的经验这一做法把我们带回到费耶本阿德文章的核心论点：他所捍卫的相对主义“不是关于概念（尽管它的大多数现代版本是概念的版本）而是关于人的关系。它处理的是当不同文化或有不同习惯和趣味的

---

① 第欧根尼· 拉尔修，IX.51，Michael J.O’Brien 译，载《古老的智者》（*The Old Sophists*），Columbia: University of South Carolina Press, 1972，第 4 页。

② F. C. S. Schiller 对 Heinrich Gomperz 的评论，《智辩术和修辞学》（*Sophistik und Rhetorik*），*Mind* 22（January 1913）: 112。进一步的讨论参见我的《导论：智辩术和修辞学的实用主义》（*Introduction:Sophistry and Rhetorical Pragmatism*），载《修辞学、智辩术和实用主义》（*Rhetoric, Sophistry,Pragmatism*），Cambridge: Cambridge University Press, 1995，Steven Mailloux 编，第 8-14 页。关于普罗塔哥拉文本的阐释史的论述，参见 Edward Schiappa，《普罗塔哥拉和逻各斯：对希腊哲学和修辞学的研究》（*Protagoras and Logos:A Study in Greek Philosophy andRhetoric*），Columbia: University of South Carolina Press, 1991。

③ E. E. Evans-Pritchard：《阿赞德的巫术、神谕和魔术》（*Witchcraft,Oracles and Magic Among the Azande*），Oxford: Oxford University Press, 1937，第 319-320 页，引自费耶阿本德：《告别理性》（*Farewell to Reason*），第 74 页。

个体相冲突时所产生的问题。”（第 83 页）

这个冲突恰恰是查尔斯·泰勒富于启发的论文“合理性”所关心的问题，后者也讨论了赞德的文化。[①] 泰勒为修辞学的解释学提供了构想修辞学和解释学之不可分离性的另一条道路，同时得以再一次思考文化的相对主义问题。在“合理性”中，泰勒尝试建立一个做出合法跨文化判断的框架。他通过若干步骤来做到这点，其中许多步骤将证明对我们是有用的。泰勒认为，描述能做出恰当的跨文化甄别。他把区别“理论的”和“非理论的”文化的描述放在优先地位，把从一个“抽离的（disengaged）视角”做出说明定义为“理论的”。古希腊发明了这种理论形式，在那里“理论化的理解相关于理性”而“理性的理解与表达相联系”。表达反过来意味着“以清晰的秩序区别和摆出事物的不同特征”。（第 136-137 页）

修辞学的解释学将从泰勒关于理论作为抽离的视角这一更为疑难重重的假设那，析分出他关于理论理解和说明的表达（articulation）之间的内在关系的有用主张。它将把关于理论的理解（理性）和实践的表达（给出令人信服的说明）之间的内在关联的命题扩展到所有理解和语言使用的形式中去。也即，再说一次，阐释（建立含义）和修辞（做出比喻，给予论证）是密切关联和相互规定的实践。而且，进一步地，这个理解和表达的关系在理论的层次上被再一次复制，即对理解的说明（解释学）与对表达的说明（修辞学）密切地相互关联。正如伽达默尔所说，“解释学可以作为把所说或所写的内容再一次带回言说的技艺而得到准确的规定。于是，我们可以从修辞

① Charles Taylor：《合理性》（*Rationality*），载《哲学与人文科学》（*Philosophy and the Human Sciences*），他的《哲学论文集》（*Philosophical Papers*）（第二卷），Cambridge: Cambridge University Press, 1985，第 134-151 页。进一步的引用将以附带的方式出现在正文中。

学那里学到，这种技艺是何种类型。”①

修辞学的解释学支持泰勒发展理解和表达之内在关系的尝试，但当他把这个模型运用到跨文化比较问题面前时遇到了困难。泰勒利用了彼得·温奇的“理解原始社会”一文，后者和费耶阿本德一样依赖于埃文斯－普里查德关于阿赞德研究的例子。温奇批评人类
386 学家埃文斯－普里查德假设了一个独立于语言使用的现实性观念。“尽管埃文斯－普里查德强调一种科学文化具有与赞德人对巫术的信念不同的现实性概念，但他不满足于单纯记录该事实和说清楚该区别，最后，认为科学的概念与现实实际所是相一致，而巫术的概念则否。”② 现在，温奇的确想要保留“人们的观念和信念必须是可以通过参照独立的事物，即某些现实而得到检验的观念”，因为他担心，抛弃这样的衡量尺度将“直接投入普罗塔哥拉的极端相对主义的怀抱”（第 308 页）。③ 但温奇通过使衡量行为内在而非外在于

① 汉斯－格奥尔格·伽达默尔：《作为理论和实践双重任务的解释学》(*Hermeneutics as a Theoretical and Practical Task*)，载《科学时代的理性》(*Reason in the Age of Science*)，Cambridge: MIT Press, 1981，Frederick G. Lawrence 译，第 119 页。

② 彼得·温奇，《理解原始社会》(*Understanding a Primitive Society*)，*American Philosophical Quarterly* 1 (October 1964) :308。进一步的引用将以附带的方式出现在正文中。其他对温奇的解释学讨论，参见 Richard J.Bernstein：《超越客观主义和相对主义：科学、解释学和实践》(*Beyond Objectivism and Relativism:Science, Hermeneutics, and Praxis*)，Philadelphia: University of Pennsylvania Press, 1983，第 97-107 页，以及 Gerald L.Bruns：《古今解释学》(*Hermeneutics Ancient and Modern*)，New Haven: Yale University Press, 1992，第 4-8 页。

③ 这个相对主义显然不同于费耶阿本德在他对普罗塔哥拉的阐释中所设定的相对主义。也参见温奇的“评论”，载《行为科学中的说明》(*Explanation in the Behavioural Sciences*)，Cambridge: Cambridge University Press, 1970，Robert Borger and Frank Cioffi 编，第 254 页；以及在《道德判断的可普遍化》(*The Universalizability of Moral Judgments*) 他对 *anthropos metron*（人的尺度）的更成熟的解读，从这里出发他也疏远了他自己的立场，载《伦理与行动》(*Ethics and Action*)，London: Routledge and Kegan Paul, 1972，第 168 页。

一个文化的语言使用来坚持“独立的真实的检验”。“现实性不是给予语言意义的东西”，他写道，“真实和不真实之物在语言所具有的意义中显示自身。而且，真实与不真实之间的区别和与现实性吻合的概念自身都属于我们的语言。”（第309页）相应地，温奇在他的跨文化比较中不做价值判断，并且断定“像阿赞德那样的巫术的原始体系构成了像科学那样的一个融贯的世界，借此，一个现实性的可理解概念和判断哪些信念与该现实性吻合的明确方法能够得以确定。”（第309页）

温奇反对在不同文化中做不可通约活动的评价性判断，只是宣称去描述这些文化差异（并且可能从它们那学习）。泰勒也承认“合理性标准的多元性”，但他不同意温奇认为这种承认会使文化间的比较性评价变得不可能（《合理性》，第151页）。相反，他提出进行合理性的跨文化判断的合法标准。

泰勒给出的例子是一个理论的文化（就像他自己的）优于一个非理论的文化（就像阿赞德的）的判断。泰勒并不通过声称它是抽离的来公开为他的判断辩护。毋宁说，他只是主张他判断的文化（在某些方面）较优是因为它已经发展了一个抽离的行为——即理论的理解。他主张，“在理解世界和赢得技术的控制之间存在内在的关联，后者正当地要求每个人的注意力，且并不只是依据我们自己的眼光来为我们的实践辩护。”（第147页）理论的理解通向一个新的科学，这一科学又导致一个必然被任何人所承认的技术进步。一个理论的文化至少是通过理论的理解、科学的知识和技术的进步而优于非理论的文化。

要充分地理解泰勒的论点，我们必须回忆他的另一个观念，即表达（articulation）的观念。一个文化通过得到表达的原因优于另 387
一个文化。并且原因恰恰是泰勒用以支持其关于他的文化优于阿赞德文化的判断的那些理由。然而，表达就像理解，源自一个文化立场内部；它不是与之脱离。因此，泰勒阐明了理论文化优于非理论文化的原因，但他的理由源自他的理论文化内部，并且是向同一个文化内的受众说话。如果修辞语境是不同的——例如，如果是埃文斯－普里查德设定的赞德语境——那么泰勒的表达，也即他那很好的理由将不再让人信服。

有时泰勒似乎承认他的阐释性判断和修辞学根据不可避免地具有民族中心主义特征。例如，他指出，“没有一个单个的论证这样的东西来证明”一个文化对于另一个文化的“总体的优先性”。泰勒似乎暗示，依据一个文化的标准，只能证明某个文化局部的优越性。“可能批评家们是正确的，”他继续道，“他们认为在科技文明中我们自己与我们的世界被弄得越来越疏离。这一点大概像现代科学的优先性一样确定无疑。”泰勒正确地认为这样的一个修辞后果“并不会驳倒这个科学的优先性。这将恰好意味着我们现在有两个跨文化的优先性判断；只是不幸地是，这两个优先性并不落在同一边。”（第149—150页）按照我们的理解，泰勒的主张是，人们能够做出跨文化的判断，但同时承认对他来说哪些是令人信服的则取决于相关的文化语境。

但泰勒并不简单地反对温奇的立场：对不可通约行为做跨文化判断是不恰当的。泰勒显然依然希望捍卫非民族中心主义的跨文化评价的可能性，他通过重新提及赞德巫术和那些基础现代科学背后的信念之间的对比来结束：“两者都提供表达，他们以清晰的条理来展开世界和人类行为的不同特征。因此，他们都属于（我所认为的）合理性的核心行动类型。但一个文化显然能够要求或更高，或更完善，或更有效的合理性，如果与另一个文化相比，它具有更清晰的条理。”（第150页）但问题再次是：对于谁更清晰、更有说服力？修辞事件总是有文化特性的：说服欧洲科学家和他们的信徒的东西，可能并不能使赞德的神谕者和他们的信徒信服。换言之：

温奇在假定合理性标准的多元性方面是对的；泰勒不同意温奇有关这种多元性使跨文化评价变得不可能的观点，这也是对的；但修辞学的解释学反对泰勒，认为这种判断总是以民族中心主义的方式位 388
于塑造他们的文化之中。① 阐释的判断和修辞的表达在一个文化的社会实践中交织在一起，甚至当清晰（articulated）判断的论题是另一个文化的实践时。

温奇和泰勒都试图避免民族中心主义的粗糙形式。正如泰勒写道的："真正地克服民族中心主义是能够理解两个不可通约的分类"（第 145 页）。但这一克服在最好的情况下都是有偏见的，因为正是我们自己的信念和欲望的民族中心之网赋予我们阐释任何关注对象（包括另一个文化的文本或分类系统）的立足点。我们的阐释的合法性是修辞语境的一个功能，我们在此修辞语境中证明这些阐释：谁参与谈话，什么时间，在什么地方，为了什么目的，等等。二十世纪后期学术知识分子的部分修辞语境是这样的一个广泛信念：此信念不仅处于完全不同文化和异域传统的可能的不可通约性中，而且在修辞能动者（agent）的权威习俗（ethos）中——这些能动者在这些文化中并且穿过这些传统而说话。下面我将通过再次论及赫尔墨斯的表亲来思考这一他者性和能动性（agency）主题。

西非的丰族也有一个恶作剧的神灵，雷格巴（Legba），它模仿

① 但参阅泰勒用"清晰对比的语言"来展开的文化比较：Charles Taylor：《理解和民族中心主义者》（*Understanding and Ethnocentricity*），载《哲学与人文科学》（*Philosophy and the Human Sciences*），第 116-133 页；《比较、历史和真理》（*Comparison,History,Truth*），载《神话与哲学》（*Myth and Philosophy*），Albany: State University of New York Press, 1990，Frank Reynolds and David Tracy 编，第 37-55 页；以及，《认同的政治》（*The Politics of Recognition*），载《多元文化论：检查承认的政治》（*Multiculturalism: ExaminingThe Politics of Recognition*），Princeton: Princeton University Press, 1994，第二版，Amy Gutmann 编，第 66-73 页。

约鲁巴的埃祖埃拉格巴拉（Esu-Elegbara）。[①] 雷格巴是一个语言的传播者，巫术的创造者，占卜的首创者，无法无天的小偷和麻烦制造者（也从事恢复和调解行为）。他是丰族神灵中的翻译者，说着不同的语言，把神的消息带给人，授权神谕者在占卜过程中阐释天命。作为巫术的创造者，雷格巴“打开所有的封闭疆界，开启通向新生活的通道，以及进行可能的转换，即使在他搅起冲突时”。他“生活在世界分裂之处，且能够在它们之间来回运动，然而他不能用一个代替另一个”。雷格巴是像赫尔墨斯一样的欺骗者，从事着翻译和转换的工作。他是一个“活动着的阈限”，一个通向他者的通道，“无止境地扩展着人的视野。”[②]

如果跨文化判断总是同时作为跨文化的翻译，那么这种阐释就是开启一个空间的阈限行为，在其中疆界被改变，然而即使在这些疆界被跨越时，疆界依然吊诡地保持着。当一个文化成为另一文化的交谈话题或阐释对象时，疆界在阐释中被跨越；随着修辞交换中的阐释行为在阐释文化的语境中展开隐喻和说服，疆界得到保持；而且疆界随着阐释（轻微或剧烈地）改变着文化的外观而移动，在其中阐释被生产和接受。在去理解异域文化中的一个行为，差异必
389 须在我们自身疆界的边缘被发现。一个完全的他者将是无法理解的。但随着边缘来到聚焦点乃至进入中心，我们的视域的疆界能够移动、甚至被内部的他者扩展。换句话说：随着我们与其他共同体、传统

① “伊苏最直接的西方亲族是赫尔墨斯”，Henry Louis Gates，Jr. 在他对“神圣恶作剧精灵形象”的调查和阐释中写道，他在从非洲传递到新世界的过程中，作为“正式语言使用和它的阐释的形象”而起作用；参见 Gates，《意指的猴子：非洲—美国文学批评理论》（*The Signifying Monkey:A Theory of African-American Literary Criticism*），New York: Oxford University Press, 1988，第 5、8、35 页。

② Robert D. Pelton,《西非的恶作剧精灵：对神话反讽和神圣乐事的分析》（*The Trickster in West Africa: A Study of Mythic Irony and Sacred Delight*），Berkeley: University of California Press, 1980，第 84、88，108-109 页。

和文化互动，我们能够重新编织将他者纳入在内的信念之网，并且通过区别位于我们自己群体之内和之外的观点，我们或多或少成功地做到这点。

当基督教传教士第一次访问达荷美的丰族时，他们把雷格巴阐释为撒旦的原始伪装形式。事实上，他们把丰族创造的其中一个神话解读为亚当夏娃故事的糟糕版本，据此来支撑上述阐释。但丰族不会被这种阐释说服："传教士讲述的果实的故事在这里并不存在。雷格巴给予这个水果，而我们并不知道……但当传教士听到我们的阿丹胡（adanhu）和耶瓦（Yewa）之名时，说我们的神和他们的是同一回事。他们试图教导我们关于男人和女人的起源的其他神话部分，但达荷美人（丰族人）不会同意。他们说这不是他们的故事。他们对雷格巴试图给予果实一无所知。"[①] 这里我们有一个抵制民族中心主义解读的行为，丰族的修辞能动性和阐释力量的主张的例子。一个修辞学的解释学同时考虑传教士的阐释和丰族人的修辞异议。它也试图把握作为理解和表达的相互关联行为的这些历史事件的理论意义。

在本章的论述过程中，我已经试图表明解释学和修辞学如何相互交织的，以及如何把理解看作有助于澄清相对主义、不可通约性和民族中心主义理论难题的表达（articulation）。现在我们对这些要点中的一些加以总结和引申。我已经提及民族中心主义的不可避免，同时也提及民族中心主义行为的一个较粗劣形式。这些用法假设了我们的语汇、信念和欲望之网同时构成了我们的修辞和阐释行为的力量和局限。我们受到我们的文化的熏陶，是由它所造就的能动

① 丰族故事讲述者：《最早的人类：雷格巴所拒绝的传教士版本》（*The First Humans: Missionary Version of Legba Rejected*），载《达荷美叙事：一个跨文化的分析》（*Dahomean Narrative:A Cross-Cultural Analysis*），Evanston: Northwestern University Press, 1958，Melville J.Herskovits and Frances S.Herskovits 编，第 151 页。

者。因此我同意理查德·罗蒂，他把民族中心主义看作“一个必不可少的条件”，实际就是使民族中心成为“‘人的有限性’的严格的同义词。”[①]也即，我们从没有不在一个具体的文化中、一套具体的实践和生活形式中。这种处境并不使人们文化之内和文化之外的行动的阐释和评价成为不可能，相反是为它们奠基。一个具体的族群——人的有限性的特殊外观，它的时间和位置，它的信念和欲望之网——提供了历史的语境，在其中判断被做出和被支持。

一个修辞学的解释学主张，这个文化语境不能被完全超越，但
390 它能被缓慢而意义深远地被改变。民族中心主义总是伴随着我们，但它的外观能够被改变。在西方知识分子族群中现在有一个信念，即禁止把自己的信念强加给其他文化。借用罗蒂多少有些嘲讽的表述，我们西方中的一些人变得“足够悠闲和文明到……用对异域人的征服来代替与他们的交谈”。[②]我们的民族中心主义的特殊形式明确地使言辞说服优先于物理暴力，使修辞学优先于战争，两者都在我们自己文化之内的群体中和在我们与其他文化之间。因此，一个修辞学的解释学同时主张，所有的文化都是民族中心的，并且一个具体文化可以区别民族中心主义行为的多少可以接受的形式。一个具体的族群可以——并且我们的确——建立一个从通过“文化帝国主义”进行“物理征服”到“尊重地理解”的民族中心主义连续体，

① 理查德·罗蒂,《导论：反表象主义、民族中心主义和自由主义》(*Introduction: Antirepresentationalism, Ethnocentrism, and Liberalism*)，载《客观性、相对主义和真理》(*Objectivity, Relativism, and Truth*)，他的《哲学论文》(*Philosophical Papers*)卷一，Cambridge: Cambridge University Press, 1991，第15页。对罗蒂的民族中心主义的实用主义观念的一些实用主义批评，参见 Gile Gunn：《美国思想纵横谈：意识形态、学术和新实用主义》(*Thinking Across the American Grain: Ideology,Intellect,and the New Pragmatism*)，Chicago: University of Chicago Press, 1992，第94-116页。

② 罗蒂：《团结还是客观性？》(*Solidarity or Objectivity?*)，载《客观性》(*Objectivity*)，第25页。

它对待其他文化的态度不被指责为是粗暴的。

我们将看到在我们文化中的这一连续体的历史发展，以及学院派知识分子的一个重要部分所张开的怀抱——当他们形成关于不可通约性的哲学和人类学争论的语境时。“不可通约性”的观念为解释或证明许多更新的立场（连同民族中心主义连续体）提供了修辞的资源。作为总结，我将指出的“不可通约性”这一术语的一些含义，这个术语对修辞学的解释学很有帮助。

正如我在此已经得出的结论，不可通约性不是指文化间翻译的绝对不可能，也不是指阻碍一个文化清晰阐明地（articulated）理解另一个文化的不可穿透的障碍。毋宁说，假设不可通约性意味着承认，为了理解一个陌生的文化行为，这些行为，包括讲话行为，必须被置于他们自己的语汇、信念和欲望的语境中——这些语境可能与我们自己的语境极为不同。但这么说就是主张，不可通约性是一个阐释的范畴，它使得我们能够处理可理解性的诸相互竞争模式，以及位于我们自己文化共同体之内和之外的交流。

如此理解的不可通约性挑战了这样的观点：认为一个文化可以如此不同于另一个文化，以至于跨文化交流从一开始原则上就注定失败。相反，正如罗蒂所说：“［在另一个文化中］我们的生活形式和叙事已经如此广泛地重叠以至我们已经自然而然地、无偿地是参与—旁观者，而非只是旁观者。”而且，“这个重叠实际上把不同文化间的情形还原为一个文化内的情形——它意味着我们以学习我们自身文化中非典型成员的异乎寻常行为相同的方式，去学习把握少数更异乎寻常的本土行为（语言的和其他的）。”[1]

但“不可通约性”也是对不同文化的能动者未能交流或理解彼 391

① 罗蒂：《探究作为语境重构：对阐释的一个反二元论说明》（*Inquiry as Recontextualization: An Anti-Dualist Account of Interpretation*），载《客观性》（*Objectivity*），第107页。

此的行为的修辞学说明的一个速写。它是描述两个行动者处于阐释和修辞困境时所面临的历史情景的方法。它标明了一个策略，这个策略是人们该如何前进、做出何种建议的基础：更努力地尝试阐释性翻译，或放弃翻译的努力而选择双语路线；继续尝试把一系列的外来术语翻译成你自己的语言，或学会另一个共同体的语言。

不论何种文化间和文化内交流的阐释过程，修辞的结果都依赖于不同的能动者如何重新编织他们的信念和实践（作为交流的结果）。这种重新编织构成了我称之为学习的过程。埃文斯－普里查德笔下的阿赞德人也适用于其他文化中的行动者："在这个信念之网中，每一股线都依赖于任何其他线，一个赞德人不能超出它的网，因为这是他知道的唯一世界。这个网不是一个他被封闭于其中的外在结构。它是他的思想的织构，他无法认为他的思想是错误的。然而，他的信念不是绝对固定的，而是可变和不稳定的，考虑到不同的处境，并且允许经验的监视乃至怀疑。"①

这个网通过阐释和说服而被重新编织，由此改变得以发生。这一得到清晰阐明的（articulated）理解的观点同时运用于不同文化共同体之内和之间。正如罗蒂所说，"说我们必定是通过我们自己的眼光（lights）去工作，说我们必定是民族中心主义的，这只不过是说其他文化包含的信念必须通过努力与我们已有的信念编织在一起而得到检验。"② 修辞学的解释学有助于表明这个过程是如何进行的，

---

① 埃文斯－普里查德：《巫术》（*Witchcraft*），第 194-195 页。

② 罗蒂：《团结或客观性？》（*Solidarity or Objectivity?*），第 26 页。对照威廉·詹姆斯论新观点的形成：詹姆斯：《实用主义：一些旧思维方式的一个新名称》（*Pragmatism:A New Name for Some Old Ways of Thinking*），1907；再版，Cambridge: Harvard University Press, 1975，第 34-36 页。对这里的修辞学问题的实用主义者的可供选择的说明，还可参见彼得·卡拉科尔：《美国的理想：文学史作为一个世俗活动》（*The American Ideal:Literary History as a Worldly Activity*），New York: Oxford University Press, 1991，第 161-166 页；以及他的《'我是谁'：种族认同和美国文学的民族中心主义》（*'Who I*

只要它揭示了在诸文化之内和之间理解和表达的实际亲密关系。

我想感谢彼得·卡拉科尔、迈克尔·克拉克、沃尔特·约斯特和爱德华·斯基亚帕给予的有益评论。

Am': Ethnic Identiy and American Literary Ethnocentrism)，载《批评和种族界限：废除美国文学研究的种族隔离》(*Criticism and the Color Line:Desegregating American Literary Studies*)，New Brunswick: Rutgers University Press, 1996，Henry Wonham 编，第 43-62 页。

本书作者

Charles Altieri，查尔斯·阿尔提耶尔，加利福尼亚大学伯克利分校，英语教授

Gerald L.Bruns，杰拉尔德·L. 布伦斯，美国圣母大学，威廉与黑兹尔·怀特英语讲席教授

Rita Copeland，丽塔·科普兰，明尼苏达大学双子城校区，英语副教授

Hans-Georg Gadamer，汉斯 – 格奥尔格·伽达默尔，海德堡大学，哲学荣休教授

Eugene Garver，尤金·加弗，圣约翰大学（考李奇维尔），哲学董事教授

Michael J.Hyde，迈克尔·J. 海德，维克弗斯特大学，传播伦理教授

Walter Jost，沃尔特·约斯特，弗吉尼亚大学，英语副教授

Victoria Kahn，维多利亚·卡恩，加州大学尔湾分校，英语与比较文学教授

Michael Leff，迈克尔·勒夫，西北大学，传播研究教授

Steven Mailloux，史蒂芬·梅劳克斯，加州大学尔湾分校，英语教授

Donald G.Marshall，唐纳德·G. 马歇尔，芝加哥伊利诺伊大学，英语教授，系主任

Wendy Olmsted，温迪·奥姆斯特德，芝加哥大学新大学部与人文学部（古代地中海委员会），副教授

Richard E.Palmer，理查德·E. 帕尔默，麦克莫雷学院，约瑟夫 R. 哈克哲学讲席教授

William Rehg，威廉·雷吉，圣路易斯大学，哲学助理教授

Paul Ricoeur，保罗·利科，芝加哥大学，神学院、哲学系和社会思想委员会约翰·纽文讲席教授

Calvin O.Schrag，加尔文 -O. 施拉格，普渡大学，乔治·艾迪特聘哲学教授

Allen Scult，艾伦·斯库尔特，德雷克大学，美国国家人文科学基金会修辞与传播研究教授

Nancy Struever，南希·S. 斯图沃尔，约翰·霍普金斯大学，历史系与人文中心教授

David Tracy，大卫·特蕾西，芝加哥大学，安德鲁·托马斯·格里利与格瑞丝·马可尼克尔斯·格里利罗马天主教研究杰出教授，神学院及社会思想委员会神学教授

Joel Weinsheimer，约埃尔·魏因斯海默，明尼苏达大学双子城校区，英语教授

致　谢

下面的章节得到出版者许可而重新刊印（部分标题有改动或有修订）：汉斯－格奥尔格·伽达默尔，“修辞学和解释学”，英译本由 Joel Weinsheimer 从德文译出，“Rhetorik und Hermeneutik,” in Gessamelte Werke, 10 vols.（Tübingen: J.C.B.Mohr, 1985-94）, 2:276-91。保罗·利科，“修辞学—诗学—解释学”，源自《从形而上学到修辞学》（*Dordrecht: Kluwer*, 1980），Michel Meyer 编，Robert Harvey 译，第 137-151 页。Gerald L.Bruns，“论解释学经验的悲剧”，源自 Gerald L.Bruns，《古今解释学》（New Haven: Yale University Press, 1992）。Victoria Kahn，“人文主义与对理论的抵制”，载《文学理论 / 文艺复兴时期文本》（Baltimore: Johns Hopkins University Press, 1986），Patricia Parker and David Quint 编。Wendy Raudenbush Olmsted，“修辞的运用：法律推理及实践思维中的不确定性与文学修辞中的阐释”，Philosophy and Rhetoric 24, no.1（1991）:1-24。Copyright © 1991 The Pennsylvania State University Press。重印得到 Pennsylvania State University Press 的许可。David Tracy，“爱、模糊、清晰：奥古斯丁对修辞学和解释学的探索”，源自《信仰的形态论：纪念内森·A. 斯哥特的宗教与文化文集》（Atlanta, Ga.: Scholars Press, 1990），Mary Gerhart and Anthony C.Yu 编。汉斯－格奥尔

格·伽达默尔，“修辞学、解释学与意识形态批判”，源自汉斯－格奥尔格·伽达默尔，《哲学解释学》，David E.Linge 编译，第二章：“解释学反思的范围与功能”（Berkeley: University of California Press, 1976），G.B.Hess and R.E.Palmer 译，第 18-43 页。

Rita Copeland，“中世纪文学理论中字面义的修辞学和政治学：阿奎那、威克里夫和罗拉德派”，源自《阐释：中世纪与现代》（Woodbridge, U.K.;Rochester, N.Y.:D.S.Brewer, 1993），Piero Boitani and Anna Torti 编。

索　　引

本索引所标页码为英文版页码，参见本书边码

索　引

图书在版编目(CIP)数据

当代修辞学与解释学读本 / (美)沃尔特·约斯特,(美)迈克尔·J. 海德编;黄旺译. —北京:商务印书馆,2018
ISBN 978-7-100-15396-6

Ⅰ.①当… Ⅱ.①沃… ②迈… ③黄… Ⅲ.①修辞学 ②阐释学 Ⅳ.①H05②B089.2

中国版本图书馆 CIP 数据核字(2017)第 242725 号

当代修辞学与解释学读本

〔美〕沃尔特·约斯特 迈克尔·J. 海德 编
黄 旺 译

商 务 印 书 馆 出 版
(北京王府井大街 36 号 邮政编码 100710)
商 务 印 书 馆 发 行
北京市十月印刷有限公司印刷
ISBN 978-7-100-15396-6

2018 年 1 月第 1 版　　开本 787×960 1/16
2018 年 1 月北京第 1 次印刷　　印张 33 1/4

定价:85.00 元